Reinhold Breil

Moritz Löwi – Philosophie als Theorie der Subjektivität

Zukunft gestalten – Geschichte im Blick

Aachener Ansichten zum Zeitgeschehen
Band 2

Hrsg. v. Christian Bremen und Christoph Leuchter

Reinhold Breil

Moritz Löwi – Philosophie als Theorie der Subjektivität

Ihre Beziehungen zu Psychologie, Pädagogik und Psychiatrie

Impressum

1. Auflage 2020

Printed in Germany

Gestaltung, Druck und Vertrieb:
Druck & Verlagshaus Mainz GmbH
Süsterfeldstraße 83
D - 52072 Aachen
www.verlag-mainz.de

Umschlaggestaltung:
WoM

Bildnachweise (Umschlag:)
Photo courtesy *Linda Lear Center for Special Collections and Archives, Connecticut College*, USA

ISBN-10: 3-86317-048-2
ISBN-13: 978-3-86317-048-6

Gefördert durch die
Sparkassen-Kulturstiftung Rheinland und den ***Landschaftsverband Rheinland***

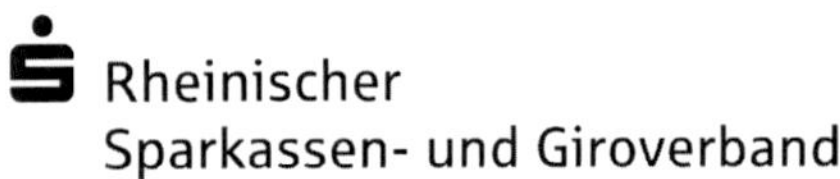

Inhalt

Vorwort ... 9

1. Einleitung ... 11
   1. Wer war Moritz Löwi? ... 11
   2. Philosophie und Psychologie ... 14
   3. Voraussetzungen: Kant und der Neukantianismus ... 16
   4. Komplementäre Philosophien: Löwi und Hönigswald ... 21
   5. Quellen und Zitierhinweise ... 23

Biographischer Teil
Ein Weltbürger aus Breslau

2. Ein deutsches Gelehrtenschicksal ... 29
   1. Jüdisches Leben in Breslau ... 29
   2. Breslauer Jugend, Krieg und Studium ... 32
   3. Hönigswalds Musterschüler: Eine Universitätskarriere ... 37
   4. Die Nazifizierung der Breslauer Universität ... 41
   5. Als »Jude« in Breslau ... 44
   6. Wolfgang Cramer: Freund und Fluchthelfer ... 50
   7. Neubeginn: Die amerikanischen Jahre ... 57
   8. Der Hochschullehrer ... 65
   9. Distanz: Die Beziehung zu Hönigswald ... 68
   10. Ein Einzelschicksal? Deutsche Wissenschaftler in der Emigration ... 76
   11. Vergessen und Wiederfinden ... 80

Systematischer Teil
Begründungen und Anwendungen

3. Grundlagenprobleme der Psychologie ... 91
1. Historischer Überblick ... 92
2. Denkpsychologie als empirische Psychologie ... 97
3. Hönigswald: Die Grundlagen der Denkpsychologie ... 100
4. Erlebnis, Denken, Ich: Grundbestimmungen des Psychischen ... 106
5. Kritik der Psychoanalyse: Bumke und Hönigswald ... 111
6. Denkpsychologie als Theorie der konkreten Subjektivität ... 115
7. Die Subjekt-Subjekt-Relation: Psychologie, Pädagogik, Psychiatrie ... 118

4. Abgrenzung: Physiologie und Psychologie ... 123
1. Psychophysik: Bedingungen der Wahrnehmung ... 124
2. Sind Erlebnisse Tatsachen? ... 126
3. Der Organismus als psychophysische Ganzheit ... 130
4. Sinnesmodalitäten als Erfahrungskonstruktion ... 133
5. Neurologie: Die Zusammenarbeit mit Otfrid Foerster ... 136

5. Die Möglichkeit der experimentellen Psychologie ... 141
1. Prozess und Erfolg als physiologisch-biologische Grundbegriffe ... 141
2. Wie sind psychologische Experimente möglich? ... 145
3. Löwis »Schwellenuntersuchungen« und die moderne Psychologie ... 150
4. Wie Kinder Lesen lernen ... 153
5. Empirische Untersuchungen am Connecticut College ... 156
6. Löwi und Hönigswald ... 160

6. Pädagogik und Erziehungswissenschaft ... 164
1. Menschenwissenschaften: Norbert Elias und Moritz Löwi ... 164
2. Grundbestimmungen der Pädagogik ... 170
3. Die Grundlagen der Erziehungswissenschaft ... 174
4. Konsequenzen für die gegenwärtige Unterrichtspraxis ... 179
5. Eine Pädagogik für die offene Gesellschaft ... 182

7. Die Grundlagen der klinischen Psychiatrie 186
1. Zur Geschichte der Psychiatrie an der Universität Breslau 186
2. Löwi am Norwich State Hopital 191
3. Daseinsanalyse: Binswanger und Hönigswald 196
4. Denkpsychologie als Grundlage der Daseinsanalyse 203
5. Verständigung: Arzt und Patient 208
6. Philosophie und Psychiatrie 212

Aktualität

8. Gehirn und Bewusstsein 219
1. Psychologie statt Biologie: Die Problemstellung bei Löwi 220
2. Falsche Annahmen und Fragen 223
3. Das Erklärungslücken-Argument und die Doppelaspekt-Theorie 227
4. Löwi und das »ungeheure Problem der Subjektivität« 233
5. Weiterführungen: Cramer und Wagner 240

9. Ausblicke 250

Quellen und Verzeichnisse

10. Dokumentarischer Anhang 255
1. Lebenslauf Moritz Löwi 255
2. Handschriftlicher Lebenslauf 257
3. Franz Fink an Hans-Georg Gadamer, 7.2.1949 260

11. Verzeichnisse 261
1. Schriften Löwis 261
2. Rezensionen und unveröffentlichte Texte zu Löwi 262
3. Archiv-Quellen 262
4. Bildnachweise 263
5. Literaturverzeichnis 264
6. Internet-Publikationen 275
7. Personenregister 276
8. Sachregister 280

Dank 283

Vorwort

Während unserer langjährigen Zusammenarbeit im Rahmen des Hönigswald-Archivs entwickelte sich, neben dem Plan einer Neuedition ausgewählter Schriften Hönigswalds, immer bestimmter der Gedanke, dessen wissenschaftlichen Umkreis näher als bislang geschehen in den Blick zu nehmen. Unter den Schülern (u.a. Siegfried Marck, Alfred Petzelt, Wolfgang Cramer, aber auch Eberhard Zwirner, Erich Doflein, Hans-Georg Gadamer, Norbert Elias) und Kollegen anderer Disziplinen, die an seinen Arbeitskreisen teilnahmen (z. B. Richard Koebner, Julius Stenzel, Ernst Lohmeyer, Rudolf Hermann), verdient Moritz Löwi besonderes Interesse. Reinhold Breil hatte 2013 im Rahmen der Tagung *Neukantianismus in Polen* in Katowice auf die aktuelle Bedeutung der Arbeiten Löwis, der jenseits pädagogischer Kreise nach 1945 nahezu unbekannt geblieben ist und über den die Philosophiegeschichtsschreibung weitestgehend hinweggegangen ist, hingewiesen und erste Ergebnisse seiner Forschungen zu dessen Biographie und wissenschaftlichen Arbeit vorgelegt.[1] Löwi hatte bei Hönigswald promoviert, war in seiner akademischen Laufbahn von diesem gefördert worden und hatte mit ihm (vor allem auch in gemeinsamen Lehrveranstaltungen) mehrere Jahre zusammengearbeitet.

Seit dem Beitrag von 2013 hat Reinhold Breil seine Recherchen und Studien erheblich ausgeweitet, um das Leben Löwis, der mit seinem Lehrer das Schicksal des Exils in den USA teilte, zu erforschen und seine wissenschaftliche Arbeit, insbesondere zur Subjektstheorie, zur Psychologie und Psychiatrie, angemessen zu würdigen. Seine Dissertation über Hönigswald und die Auseinandersetzung mit Hönigswaldschen Lehrstücken in seinen Arbeiten zur Wissenschaftstheorie boten dafür die besten Voraussetzungen. Was das Biographische betrifft, wurde neben Stücken aus dem Hönigswald-Archiv umfangreiches, hierzulande bislang unbekanntes Quellenmaterial ausgewertet; ferner ist es gelungen, einige verschollene Publikationen wieder aufzufinden.

---

1 Moritz Löwi. Von der Denkpsychologie zur experimentellen Psychologie. In: Tomasz Kubalica, Stephan Nachtsheim (Hg.), Neukantianismus in Polen, Würzburg 2015, 249-264.

So wird deutlich, wie Löwi von der Denkpsychologie Hönigswalds aus den Weg zur experimentellen Psychologie und zur klinischen Psychiatrie gefunden hat, dabei stets die Grundlagenfragen der Psychologie und Psychiatrie bedenkend. Darüber hinaus gibt das vorliegende Buch Einblick in eine philosophiehistorische Konstellation, für welche die Namen Hönigswald, Löwi, Wolfgang Cramer und auch Hans Wagner stehen – in ihrem Verhältnis auch zu Kant und zum Neukantianismus. Was Löwi selbst betrifft, hilft es einem empfindlichen Mangel ab: einer Unkenntnis, die auf die Zerstörung anspruchsvoller Philosophie und Wissenschaft in Deutschland durch den Nationalsozialismus zurückgeht.

Stephan Nachtsheim

1. Einleitung

All that is Transitory
Is only a Symbol[1]

1. Wer war Moritz Löwi?

Magellane des Geistes, die das Universum in uns erkundeten, so nannte Morton Hunt die frühen Forscher der Psychologie.[2] In besonderer Weise trifft diese Bezeichnung auch auf den heute nahezu vergessenen Philosophen und Psychologen Moritz Löwi zu, dessen erzwungene biographische Wanderschaft sich in seiner wissenschaftlichen Arbeit widerspiegelt. Geboren 1891 in Breslau als Sohn eines jüdischen Religionslehrers und Rabbiners, war er Soldat im Ersten Weltkrieg. Später wurde er vom nationalsozialistischen Terror verfolgt und zur Emigration gezwungen. Er starb 1944 in den USA. Als Schüler geprägt von dem in Breslau lehrenden Richard Hönigswald, arbeitete Löwi als dessen Assistent zunächst an denkpsychologischen Problemen, die in eine erste im Anschluss an Hönigswald entwickelte Grundlegung der wissenschaftlichen Psychologie mündete. Eigene psychologische Forschungen schlossen sich an. Seine fachliche Kompetenz auch in klinisch-psychiatrischen Belangen war anerkannt. Seine Forschungen fielen in eine Zeit, in der Hirnchirurgie und Neurologie große Erfolge feierten und die Psychiatrie an der Schwelle des Übergangs von operativen Behandlungen von »Geisteskrankheiten« hin zur Behandlung durch Gesprächstherapie und Psychopharmaka stand. Wie war es möglich, dass ein solcher Mann, dem wesentliche Einsichten in die Bestimmung und den Begriff der experimentellen Psychologie in ihrem methodischen Verhältnis zu Neurologie und Psychiatrie zu verdanken sind, heute nahezu vergessen ist?

1954 schrieb Wolfgang Cramer, Schüler und Weggefährte Hönigswalds und Löwis in Breslau, in seinem Vorwort zu seiner Schrift *Die Monade*:

---

1 Grabinschrift Moritz und Mary Löwis, Beth-El Cemetery, Groton, New London, CT, USA, https://de.findagrave.com/memorial/133124521/moritz-lowi#source (30.07.2020).

2 »Magellans of the mind« Hunt, M., The Story of Psychology, 2007, 8.

> Moritz Löwi ist so unbekannt, daß es in Deutschland kaum jemanden geben dürfte, der irgendeine Vorstellung mit diesem Namen verbindet. Er war ein Schüler Hönigswalds und Professor für Psychologie in Breslau, aber eigentlich ein Philosoph. Die Gespräche mit ihm haben den Verfasser erst zu selbständigem philosophischen Denken geführt. [...] Unersetzbar ist er für alle, die ihn wirklich kannten.[1]

Fast nichts ist bisher über sein persönliches und wissenschaftliches Schicksal bekannt. Noch 1992 blieb für Barbara Wolandt, die sich unter Auswertung des Aktenbestandes der Philosophischen Fakultät der ehemaligen, 1945 geschlossenen Universität Breslau an der Universität Wrocław mit Leben und Werk Löwis beschäftigt hat, die Zeit nach seiner Emigration im Dunkel.[2] Die biographischen Daten in der vorhandenen Literatur machen widersprüchliche Angaben selbst zum Todesjahr oder zum Zeitpunkt der Emigration.[3] Der erste Teil dieser Studie ist der Aufklärung des persönlichen Schicksals Löwis gewidmet, die nach mehrjähriger Quellenforschung hier erstmals möglich geworden ist.[4] In systematischer Hinsicht wird im zweiten Teil gezeigt, wie Psychologie, jenseits von Therapie, Analyse und einer das Bewusstsein erforschenden Einzelwissenschaft, zuletzt in einer Philosophie der Subjektivität gründet. Diese ist Transzendentalphilosophie, ist Theorie der konkreten Subjektivität.

Gute Philosophie bleibt für die Bestimmung der eigenen Existenz nicht ohne Bedeutung. Zumindest stehen klare und richtige Begriffe in der Theorie, wie Kant gezeigt hat, nicht im Widerspruch zur Praxis.[5] Was hat es für Löwi bedeutet, wegen seiner jüdischen Herkunft aus seiner deutschen Heimat vertrieben worden zu sein? Einen Hinweis gibt die Grabsteininschrift, die Übertragung eines Verses aus dem Schlusschor von Goethes Faust II. Kaum etwas scheint deutscher und ist zugleich universaler, jede nationalistische Enge hinter sich lassend. Das 18. Jahrhundert hat für das Bewusstsein, in einem kosmopolitischen Bewusstsein Men-

---

1 Cramer, W., Die Monade, 1954, 3.

2 Wolandt, B., Moritz Löwi, 1992, 307-308.

3 Die Angaben etwa in Vierhaus, R. (Hg.), Deutsche Biographische Enzyklopädie, Artikel Löwi, Moritz, Bd. 6, 2006, 532, datieren die Emigration auf 1934 (statt 1938) und das Todesjahr auf 1942 (statt 1944). Lückenhafte oder falsche Angaben finden sich noch in Giudetti, L., The Categories in the Younger Neo-Kantians, 2019, 169. Richtige Angaben in Breil, R., Moritz Löwi: Von der Denkpsychologie zur experimentellen Psychologie, 2015, 249-264; Zeidler, K. W., Moritz Löwi, 2015, 290; Geuter, U. (Hg.), Daten zur Geschichte der deutschen Psychologie Bd. 1, 1986, 24 f, 201.

4 Gerd Wolandt und ich haben eine Textsammlung verschiedener Philosophen publiziert, die den einzigen nach dem Krieg herausgegebenen Textauszug aus einer Schrift Moritz Löwis enthält: Löwi, M., Kurze Bemerkung zur Frage des Übersetzens, in: Wolandt, G. / Breil, R., Ostdeutsche Denker, 1992, 309-312. Vorangestellt war jeweils eine Kurzbiographie, die trotz aller damaligen Nachforschungen dürftig ausgefallen ist.

5 Kant, I., Über den Gemeinspruch: Das mag in der Theorie richtig sein, taugt aber nicht für die Praxis, AA VIII.

schen zu sein, den Begriff des Weltbürgers geprägt. Kant hat dem Begriff eine bleibende rechtsphilosophische Bedeutung gegeben. In dieser Hinsicht war Moritz Löwi Weltbürger. Er hat sich nicht als »Jude«, sondern als Deutscher gefühlt, der ab 1933 in einem Land leben musste, dass ihm zunehmend alle Rechte absprach. An seinem Lebensweg können wir sehen, wie autonomes und kritisches Denken nicht nur zu einer hellsichtigen Beurteilung der jeweiligen gesellschaftlichen Umstände führen kann, in die wir eingebunden sind. Solange er konnte, hat er sich gegen das Unrecht und gewalttätige Angriffe von SA-Schlägern, auch zur Unterstützung anderer, tatkräftig gewehrt. Für Löwi war klar, Deutscher ist man nicht durch Zugehörigkeit zu einem »Volk« oder einer »Rasse«, sondern als Mitglied einer Rechtsgemeinschaft. Der Kantianer Julius Ebbinghaus, von den Amerikanern unmittelbar nach Kriegsende zum ersten Nachkriegsrektor der Universität Marburg ernannt, hat das gegenüber den ersten nach Kriegsende immatrikulierten Studierenden am 17. Dezember 1945 so ausgedrückt: Deutschland sei nicht da, wo die deutschen Wälder rauschen, die deutsche Rebe wachse, deutsche Kultur und deutsche Sprache gesprochen werde. Deutschland sei da, wo die Menschen, die zwischen diesen Wäldern wohnen und diese Sprache sprechen, »*nach den Gesetzen des Rechtes der Menschen in Freiheit miteinander leben*«.[1] Ebbinghaus verweist hier auf Kants Begriff des Rechts der Menschheit. Vor aller Nationalität ist der Mensch als freies Wesen Mitglied der menschlichen Rechtsgemeinschaft und Gleicher unter Gleichen. Dieses Recht gilt für alle und kann niemals – durch wen auch immer – aberkannt werden. Nur so kann es möglich sein, »gemeinsam als Menschen unter Menschen der Idee der Menschheit gemäß zu leben.«[2] In diesem Bewusstsein war Löwi ein deutscher Weltbürger aus Breslau, der zusammen mit seiner Frau in Connecticut eine neue Heimat gefunden hatte.

Der NS-Barbarei fielen auch Löwis Publikationen zum Opfer, nur vereinzelte Exemplare waren in Deutschland nach dem Krieg noch aufzufinden, so dass seine wissenschaftlichen Arbeiten zur Grundlegung der Psychologie und zu philosophischen Fragen der Subjektivität vergessen schienen. Bekannt blieb im wesentlichen seine Arbeit zur Pädagogik, jedoch konnte ein Teil der Schriften im Laufe meiner Recherchen wiederentdeckt werden.[3] Diese Schriften zeigen, dass ihn bereits vor nahezu einem Jahrhundert Probleme und Fragen beschäftigten, die auch unsere Probleme und Fragen sind: Welche Antworten sind von der Hirnforschung bzw.

---

1 Ebbinghaus, J., Zu Deutschlands Schicksalswende, 1986, 163 f.

2 Ebd.,141. Kant definiert diese Grundlage allen Rechts so: »*Freiheit* (Unabhängigkeit von eines Anderen nöthigender Willkür), sofern sie mit jedes Anderen Freiheit nach einem allgemeinen Gesetz zusammen bestehen kann, ist dieses einzige, ursprüngliche, jedem Menschen kraft seiner Menschheit zustehende Recht.« Kant, I., Die Metaphysik der Sitten, AA VI, 237.

3 Löwi, M., Grundbegriffe der Pädagogik, 1934. Vgl. dazu Kap. 10.1. Schriften Löwis, 261 f.

Neurologie für unser Verständnis psychischer Vorgänge, oder gar zum Verständnis des Bewusstseins, bestenfalls zu erwarten? Was ist Psychisches, und inwieweit können psychische Gegebenheiten, die Löwi »Erleben« nennt, mit objektiv messenden Verfahren in Experimenten erfasst werden? Wissenschaftsgeschichtlich führen diese Fragen an eine Wegscheide: Die Fächer Medizinhistorie, Neurologie, Psychologie und klinische Psychiatrie bedingen sich gegenseitig, selbst dort, wo sie ihre eigenen Fragen verfolgen. In jedem von ihnen begegnen wir zuletzt denselben Grundfragen. Wie könnte es daher ein Grundverständnis des Psychischen ohne die Philosophie geben?

2. Philosophie und Psychologie

Man könnte glauben, nach 1945 habe man an die Philosophie vor 1933 wieder anknüpfen können. Das aber ist ein Irrtum. Wer nach 1945 an deutschen Universitäten lehrte, tat dies, bis auf wenige Ausnahmen auch vor 1945. An die Stelle systematischer, »rationaler« Philosophie setzten sie eigene, vermeintlich »tiefere« existentialistisch geprägte hermeneutische, »seinsgeschichtliche« oder »seinserhellende« Bemühungen. Diese Geringschätzung des Rationalen führte zu Irrationalismen, die den Anschluss der Philosophie an die Wissenschaft nicht nur erschwerten, sondern geradezu programmatisch ablehnten. So bereiteten sie den Boden für die spätere Dominanz des Empirismus und insbesondere der Sprachanalytik. Doch die analytischen Forschungs- und Erklärungsmuster arbeiten sich bis heute an der Frage ab, wie die Philosophie ihre Selbständigkeit angesichts der schieren Übermacht der Einzelwissenschaften behaupten könnte. So gesehen, führen wir heute eine verspätete Diskussion um die Bedeutung der Philosophie angesichts des umfassenden Erklärungsanspruchs der empirischen Einzelwissenschaften. Soweit im Grundsätzlichen waren viele Philosophen – insbesondere Richard Hönigswald und Moritz Löwi – bereits vor 1933. Gegenstand ist also die Aktualität einer historischen Kontroverse, die auch heute noch weiterführende Lösungsansätze verspricht. Die folgenden Untersuchungen führen in eine Zeit, in der die endgültige Abkehr von Psychologie, Pädagogik und – in bestimmter Hinsicht – Psychiatrie von der Philosophie stattgefunden hat. Doch diese notwendigen Ablösungen allein klärten keine Grundlagenprobleme. Auch eine autonome Psychologie oder Pädagogik gründet auf Voraussetzungen, die sie mit ihren eigenen Methoden nicht untersuchen kann. Die philosophische Untersuchung wird nicht überflüssig, im Gegenteil, sie sichert und bestimmt die Grundlagen, auf denen Wissenschaft möglich ist. Für die methodische Bewältigung der mit diesem Ablösungsprozess verbundenen Grundlagenprobleme sind die Forschungen Löwis ein besonders gutes Beispiel.

Die folgenden Untersuchungen bleiben daher nicht in einer allgemeinen philosophiegeschichtlichen Sicht stehen. Insofern gibt dieses Buch einen Einblick in einen speziellen Sektor der deutschen Philosophiegeschichte von 1920 bis in die Gegenwart, entwickelt am Lebensschicksal des Breslauer Psychologieprofessors Moritz Löwi. Die absolute Unkenntnis seiner Philosophie und seiner psychologischen Arbeiten ist ein unerträglicher Skandal für alle, die sich mit der Spätphase und der institutionellen Vernichtung des Neukantianismus beschäftigen. Es geht hier auch um »Wiedergutmachung«, indem in die Gegenwart geholt werden soll, was zum Schweigen gebracht wurde. Am Beispiel Löwis zeigt sich, wie die Wirkung von Ideen von der Kontingenz des Faktischen abhängt. Hier ist systematische Philosophie nur möglich als biographische Philosophiegeschichte. So kann im Ergebnis hier die erste vollständige Darstellung und Analyse der Philosophie und Wissenschaftsgrundlegung Löwis vorgelegt werden – auf der Grundlage aller von Löwi publizierten Texte.

Löwis zentrales Anliegen ist es, zu klären, was es für die Psychologie und weiterhin für alle »Geisteswissenschaften« bedeutet, dass ihre Objekte der Psychologie *Subjekte* sind. Mit und im Anschluss an Richard Hönigswald entwickelt Löwi dazu eine transzendentalphilosophische Theorie der Subjektivität als Grundlage dieser Wissenschaften. Dazu wird eine Terminologie verwendet, die aus der Denkpsychologie Richard Hönigswalds stammt. Insbesondere der Begriff »Denkpsychologie« meint keine Teildisziplin der Psychologie, sondern die Philosophie, sofern sie Theorie der Subjektivität ist. Im folgenden geht es um die Anschlussfähigkeit dieser Theorie an die gegenwärtigen Diskurse. Zu klären sind prinzipientheoretische Grundbegriffe wie Subjektivität, Erleben und Erlebnis, Organismus, Verständigung, Ausdruck, Präsenz und Zeitlichkeit. Untersucht wird das methodisch-wissenschaftliche Verhältnis von Löwis Theorie des Erlebens zur Denkpsychologie Richard Hönigswalds und zur Psychologie, insbesondere der Gestaltpsychologie der zwanziger und dreißiger Jahre. Welche Einflüsse hat Löwi aufnehmen können und in Zusammenhang mit der empirischen Forschung bringen können? Seine Schriften zeigen bis in die Quellennachweise hinein eine sachliche Nähe zur Philosophie Hönigswalds. Umgekehrt sind Löwis Arbeiten aber auch für Hönigswald anregend und weiterführend gewesen, insbesondere in der genaueren Bestimmung der psychologischen Methode und in der systematischen Standortbestimmung der Psychologie im System der Wissenschaften.[1]

1 So weist Hönigswald auf Löwi in seiner denkpsychologisch zentralen Schrift *Vom Problem des Rhythmus*, 1926, auf Löwi hin. Ebd., 68.

Löwi war ein unzeitgemäß moderner Forscher. Immer suchte er den wissenschaftlichen Austausch und die gemeinsame Arbeit über die Fachgrenzen hinaus: in der Philosophie und psychologischen Grundlagenforschung mit Richard Hönigswald, in der experimentellen Psychologie und Erziehungswissenschaft mit der Montessori-Pädagogin Käthe Stern oder dem Psychologen-Ehepaar Seward, in der Physiologie und Neurologie mit Otfrid Foerster, schließlich in der Psychiatrie mit dem klinischen Direktor des Norwich State Hospitals Louis Cohen. Interdisziplinär in einem modernen Sinne waren seine Forschungsprojekte zur Kognitions- und Wahrnehmungspsychologie, Erziehungswissenschaft und Psychiatrie. So führt die folgende Arbeit zu den aktuellen Grundfragen von Physiologie, Psychologie, Pädagogik und Psychiatrie. Für besondere psychologische, physiologische und medizinische Ausführungen wird an entsprechender Stelle auf geeignete Lehrbuchdarstellungen verwiesen. Zugleich wird der historische Kontext bestimmt, in dem sich das Ringen um die einzelwissenschaftlichen Methoden und Probleme mit dem Streben nach universitärer Autonomie verbunden hat. Vor allem hier hat Löwi begriffliche Pionierarbeit geleistet.

3. Voraussetzungen: Kant und der Neukantianismus

Sowenig es in historischer Hinsicht »eine Stunde Null« geben kann, weil alle Kultur und Gesellschaft auf Vorangegangenes folgt, sowenig kann eine philosophische Untersuchung voraussetzungslos beginnen. Man mag zwar mit der Haltung skeptischen Zweifels anfangen, allein bezieht sich jeder Zweifel doch immer nur auf Gedanken oder Theorien, an denen gezweifelt werden kann. Oft ist die Philosophie Richard Hönigswalds dem Neukantianismus zugeordnet worden, eine Beurteilung, die Hönigswald vermutlich nicht geteilt hätte und die sicher auch für Moritz Löwi gelten würde, der einen ähnlichen philosophischen Standpunkt vertreten hat.

Es war wohl der Breslauer Weggefährte Siegfried Marck, der Hönigswalds Philosophie zuerst als neukantianisch bezeichnet hat.[1] Wenn auch beide Philosophien nicht einer der beiden Hauptschulen, dem Marburger oder Südwestdeutschen Neukantianismus zugeordnet werden können, so lässt sich eine gewisse Nähe zu einigen neukantianischen Hauptcharakteristika nicht bestreiten. Der

1 Marck, S., Am Ausgang des jüngeren Neukantianismus, 1987. Der Text war bei seinem Erscheinen 1947 als »Gedenkblatt für Richard Hönigswald und Jonas Cohn« gedacht. Aufgegriffen und problematisiert wird diese Zuordnung etwa bei Zeidler, K., Kritische Dialektik und Transzendentalontologie, 1995, 90 ff., der Hönigswalds Philosophie als Beitrag sieht, im »Horizont des Neukantianismus« Elemente der Philosophie Kants zur Geltung zu bringen.

Neukantianismus war zwischen der zweiten Hälfte des 19. Jahrhunderts und seinem Ende in den dreißiger Jahren des 20. Jahrhunderts die dominierende philosophische Richtung in Deutschland gewesen. Die Gründe dafür liegen in einem umfassenden Begründungspruch, bezogen auf das Selbstverständnis der Philosophie wie auch der Wissenschaften, der Kunst, der Religion wie auch der Kultur insgesamt. In allem sollte das Gegebene auf seine letzten Gründe in der »*Einheit des Kulturbewusstseins*« zurückgeführt werden.[1] Je nach Schulrichtung sind diese letzten Gründe Geltungsgründe oder Werte, die jeweils in einer philosophischen Systematik zusammengefasst werden. Die Philosophie ist dementsprechend Letztbegründungstheorie von Erkenntnis und Wissenschaft, Recht und Moral, Kunst, Religion und Kultur insgesamt. Diese letzten Gründe können nicht empirisch bestimmt werden, da alles Empirische bereits durch die zugrundeliegenden Prinzipien, Kategorien und Werte bestimmt ist. So nennt Hermann Cohen, einer der einflussreichsten Neukantianer der Marburger Richtung, diese Prinzipien a priori im Anschluss an Kant »rein«. Rein ist auch die zugrundeliegende Subjektivität, die Grund der unbedingten Geltung dieser reinen Prinzipien ist, weil Verstand und Vernunft diese erzeugen (»konstituieren«). Eine solche Subjektivität ist von der Vielzahl empirischer Subjekte, wie wir es sind, zu unterscheiden. Sowenig wie es in der Physik letztlich darum gehe, »wer« ein gewisses Experiment durchgeführt habe, da es nur auf die ordnungsgemäße Durchführung nach den methodischen Standards der Physik ankomme, so müsse auch in der Philosophie verfahren werden. Indem allgemeingültige Regeln des Denkens in einer »transzendentalen Logik« methodisch befolgt werden, drückt sich gerade darin die Tätigkeit reiner Subjektivität aus. Ein Beispiel dafür ist Cohens *Logik der reinen Erkenntnis*, die nicht eine Logik des Denkens, sondern eine Logik der Wissenschaft sein will.[2]

Dazu braucht die Philosophie die Wissenschaften, damit sie sich überhaupt auf etwas außer ihr selbst Liegendes beziehen und an ihren Gesetzen die reinen Bestimmungen auffinden kann, auf denen die wissenschaftliche Erkenntnis beruht. Ebenso ist es in den anderen Gebieten: Die Analyse gegebener Religion, des Rechts, der Ethik, der Kunst führt ihrerseits zu entsprechenden Grundlagen. Und so »gibt« es neben ihren jeweils vorgefundenen empirischen Ausprägungen nach neukantianischer Sicht reine Erkenntnis, reine Ethik, reines Recht, reine Religion als Grundlage »jeder« Erkenntnis, Ethik oder Religion, sofern in ihnen Gültiges ausgedrückt werde – eine geradezu platonische Verdoppelung. Aufgrund seiner Festlegung auf die Analyse wissenschaftlicher Erkenntnis kennt der Neukantianismus auch keine sinnvolle Metaphysik. Mit dem Positivismus und Neopositivismus verbindet ihn eine schroffe Metaphysikkritik. Unter diesen Voraus-

---

1 Cohen, H., Logik der reinen Erkenntnis, 1902, 520.

2 Ebd., 17 ff.

setzungen und unter Berufung auf Kant, der seine *Kritik der reinen Vernunft* als »Tractat von der Methode« bezeichnet hat, wird von Cohen der Begriff der »transzendentalen Methode« verwendet.[1] So wird Philosophie zur Wissenschaft von der Methode und den Methoden überhaupt. Sie ist nur möglich als »Transzendentalphilosophie«.

Das in etwa ist das philosophische Umfeld, in dem die Theorien Löwis und Hönigswalds zu positionieren sind. Mit diesem teilen sie eine grundsätzliche Hinwendung zu einer Analyse der Wissenschaften und Kultur, die Ablehnung metaphysischer Spekulation und die Suche nach rationalen, allgemeingültigen Prinzipien als Grundlage alles Gegebenen. Es sind allerdings nicht die neukantianischen Gemeinsamkeiten, die die Philosophie Löwis und Hönigswalds interessant machen, sondern die Unterschiede. Auf lediglich zwei wesentliche Abweichungen zum gängigen Neukantianismus möchte ich an dieser Stelle hinweisen. Der »Doppelung« von reiner Erkenntnis und der durch einzelwissenschaftliche Methoden bestimmten empirischen Erkenntnisse entspricht im Neukantianismus die Unterscheidung zwischen reinem und empirischen bzw. »psychologischem« Subjekt. Diese Unterscheidung wird aufgehoben. Stattdessen wird danach gefragt, wie konkrete Einzelsubjekte und konkrete Gemeinschaften von Subjekten zu Leistungen unbedingter Geltung fähig sind. Denn es sind die Individuen, die diese Leistungen tatsächlich herstellen müssen oder sie »vollziehen«, wie Hönigswald sagt. In diesem Versuch gründet die Unterscheidung zwischen Prinzip und Faktum, die im konkreten Subjekt zusammenfallen. Eben das Denken als »Vollzug«, als Erleben, als Inbegriff tatsächlich vollzogener psychischer Akte, ist Thema der Psychologie und begründet die enge prinzipientheoretische Nähe zur Philosophie.

Der zweite Unterschied betrifft die Gliederung der Wissenschaften. Für Hönigswald und Löwi gibt es nicht »die« eine wissenschaftliche Methode, die ihren Grund in einer reinen Logik hätte. Wie es eine Vielzahl von Subjekten gibt, so auch eine Vielzahl aller von Menschen geschaffenen Kulturleistungen, zu denen auch die Wissenschaften gehören. Ihre Theorien und Verfahren sind zwar auch durch allgemeine Methoden wie das Prinzip der logischen Widerspruchsfreiheit bestimmt. Logische Prinzipien allein lassen aber nicht die Unterschiede zwischen ihnen verständlich werden, sonst wären alle Wissenschaften nur Varianten derselben Wissenschaft. Ebenso kann es keine Einheitssprache geben, sondern Sprache »ist« nur als Vielzahl tatsächlicher Sprachen. Das Prinzip lässt sich auf sämtliche Kulturleistungen übertragen: nicht die Kunst, sondern viele Künste, nicht das Rechtssystem, sondern viele, nicht die eine Religion, sondern viele. Für

1 Kant, I., KrV B 108. Bei Cohen heißt es: »Denn wo die Wissenschaft Faktum geworden ist, da kann überall die transzendentale Methode einsetzen.« Cohen, H., Kants Begründung der Ethik, 2. Aufl. 1910, 382.

eine hinreichende Bestimmung der Psychologie ist daher die Frage nach Begriff und Methode der Wissenschaften wesentlich. Im Sinne Kants versteht Hönigswald unter einer Methode ein geordnetes »Verfahren nach Grundsätzen«, also »die einem bestimmten Forschungsgebiet angemessene *Art*, Fragen zu stellen«.[1] Forschungsgebiete sind keine Gegenstandsgebiete. Im Gegenteil, dasselbe Phänomen kann ein jeweils verschiedener »Gegenstand« einer je anderen Wissenschaft sein. Ein Knochen beispielsweise bedeutet für Physik, Chemie, Physiologie oder Medizin etwas jeweils anderes, deshalb unterscheiden sich die Wissenschaften nicht durch ihre »ontologischen« Gegenstände, sondern durch ihre Methoden. Dazu bildet jede dieser Disziplinen ihre eigene Nomenklatur aus, die nicht immer unmittelbar einsichtig ist. Doch trotz ihrer Verschiedenheit, die am besten durch einen wissenschaftstheoretischen Methodenpluralismus beschrieben werden kann, stehen die Wissenschaften in einem inneren Zusammenhang, ähnlich den Mitgliedern einer Familie. Dies führt Hönigswald und Löwi dazu, von einer »Wissenschaftsreihe« zu sprechen, die von Logik, Mathematik, über Naturwissenschaften, Medizin und Psychologie bis hin zu den Kulturwissenschaften reicht. Innerhalb dieser Reihe lassen sich drei scharfe prinzipientheoretische Einschnitte nachweisen. Der erste Einschnitt betrifft das Verhältnis formaler »axiotischer« Wissenschaften wie der Logik und Mathematik zu den »exakten« Erfahrungswissenschaften Physik und Chemie. Den Grund der Differenzierung wird mit Kant und gegen den Neukantianismus in der Anschauung gesehen, die an die Seite der Logik tritt. Nach Kant ist Erfahrung durch diese nicht aufeinander rückführbaren Momente (Sinnlichkeit und Kategorialität) möglich. Die diesem Erfahrungsbegriff korrespondierenden Wissenschaften heißen Tatsachenwissenschaften.

Die zweite wichtige Differenzierung erfolgt noch innerhalb der Naturwissenschaften, und zwar mit der Einführung derjenigen Prinzipien, die die Grundlegung von Biologie oder Physiologie ausmachen. Hier wird der Organismusbegriff als prinzipientheoretische methodologische Grundlage ausgewiesen. Da Subjektivität an den Begriff des Organismus gebunden wird, sind Wissenschaften von diesem Typus »monadische« Wissenschaften, in denen der Gegenstand sowohl Faktum als auch Prinzip ist. Von ähnlicher methodischer Beschaffenheit sind alle Geisteswissenschaften. Eine dritte Gruppe bilden schließlich die Prinzipienwissenschaften Psychologie und Philosophie. In dieser Konzeption hat die Philosophie die Aufgabe, die Prinzipien jeder Wissenschaft zu begründen, ihre Gegenstände sind folglich Prinzipien. Die Pointe ist nun, dass auch die Psychologie nur

---

1 Kant, I., KrV B 883; Hönigswald, R., Über die Grundlagen der Pädagogik, 1927, 205, auch Löwi, M., Zum Problem der Ganzheit, 1927, 8 ff. Hier führt Löwi unter ausdrücklicher Berufung auf Kant eine Auseinandersetzung mit der Geltungstheorie des Marburger Neukantianismus.

als eine solche Wissenschaft zu verstehen ist. Die Gründe dafür werden an späterer Stelle diskutiert, hier nur so viel: Jede experimentelle Erforschung von Denkphänomenen setzt bereits das »denkende Verhalten des Versuchsobjektes« selbst voraus, und dieses denkende Verhalten stelle »die oberste und letzte theoretische Voraussetzung jedes Denkexperiments« dar.[1]

Hinter Hönigswald und Löwi steht die Philosophie Kants, und damit ist nicht nur ihr historischer Ursprung, sondern auch ihre in die Zukunft weisende Bedeutung gemeint. Es ist eher der historische Kant, an den sowohl die Bestimmungen zur Subjektivität wie auch zur Wissenschaftsgliederung anschließen, nicht ein neukantianisch verstandener Kant im Sinne Cohens. Was ist also von Löwi zu erwarten? Zunächst öffnen die genannten Korrekturen am neukantianischen Programm neue Dimensionen philosophischer Untersuchungen, indem sie das rationalistische Geltungskonzept erweitern und auch empirisch gewonnene Gliederungsmomente berücksichtigen. Erkenntnis und Wissenschaft beruhen nicht nur auf Prinzipien, sondern auch auf Faktizität. Wie wäre eine Biologie möglich, wenn es keine Lebewesen mit einem konkreten Sosein gäbe? Das Faktische ist kontingent, es könnte auch anders sein. Eben darum kann es in seinen Grundlagen nicht vollständig apriorisch abgeleitet werden. Vor allem sind es die sich neu etablierenden Wissenschaften Psychologie und Pädagogik, die auf eine Weise berücksichtigt und begründet werden, die weit über die neukantianischen Versuche hinausgehen und zuletzt auch ein tieferes Verständnis der Grundlagen der Medizin, insbesondere der Psychiatrie, ermöglichen. Dies ist in den folgenden Kapiteln näher auszuführen.

So bleibt zuletzt die Frage der Bedeutung Löwis für die Philosophie selbst. Das »ungeheure Problem der Subjektivität« habe Löwi ihm eröffnet, schrieb einmal Wolfgang Cramer.[2] Diese Feststellung ist keinesfalls übertrieben. Denn sie betrifft die Kernfrage der Transzendentalphilosophie und jeder Philosophie überhaupt. Ohne eine entwickelte Theorie der Subjektivität sind Fragen wie die nach dem Verhältnis von Körper und Geist oder nach der Bestimmung des Psychischen nicht hinreichend zu beantworten. Damit stößt die Theorie Löwis in das Begründungsvakuum gegenwärtiger Reduktionsversuche, die den philosophischen Diskurs zu beherrschen suchen. Eine reduktionistische Lösung, die das Psychische mit den Prinzipien des Physischen im Gefolge der Neurowissenschaft verstehen will, ist unmöglich, wie mit Löwi gezeigt werden kann. Löwi steht hier in einer Tradition, die von Kant über Hönigswald bis in die Nachkriegszeit zu Wolfgang

1 Hönigswald, R., Prinzipienfragen der Denkpsychologie, 1913, 214. Ebenso Löwi, M., Zum Problem der Ganzheit, 1927, 31. Siehe hierzu Breil, R., Hönigswalds Begründung einer Theorie der Wissenschaften, 2019.

2 Cramer, W., Grundlegung einer Theorie des Geistes, 1999, 8.

Cramer und Hans Wagner reicht und in der sich auch die folgenden Ausführungen sehen. Im Schlusskapitel wird zudem gezeigt, inwiefern Löwis Theorie des Erlebens eine wesentliche Grundlage von Cramers Subjektstheorie ist und somit zwischen Hönigswalds Monadologie und den Transzendentalphilosophien der Gegenwart steht.

4. Komplementäre Philosophien: Löwi und Hönigswald

Steht es schon um die Rezeption Hönigswalds nicht gut,[1] so hat eine Auseinandersetzung mit Arbeiten Löwis – von seiner Pädagogik einmal abgesehen – bisher nicht stattgefunden. Es sind die offensichtlichen Gemeinsamkeiten der Theoriekonzepte, auf die in der Forschung bisher hingewiesen wurde.[2] Bis heute erscheint Löwi als »der Schüler« Hönigswalds. Das liegt nicht nur der dürftigen Quellenlage, da wichtige Löwi-Texte nach dem Krieg nicht mehr bekannt waren. Die bekannten Texte aus der Breslauer Zeit, darunter die Dissertations- und Habilitationsschrift, verwenden nicht nur das einschlägige denkpsychologische Vokabular Hönigswalds, sondern beziehen sich auf ganze Theorieteile. Dabei sollte man allerdings die von Beginn an eigenständigen Anstrengungen nicht übersehen, die der Klärung und Grundlegung der wissenschafts- und erkenntnistheoretischen Grundlagen von Physiologie und Psychologie gelten. So wird in der vorliegenden Studie das Eigenständige der Philosophie Löwis herausgestellt. Zugleich erscheint diese systematische Eigenständigkeit in bestimmten Teilen als notwendige Abgrenzung zur Systematik Hönigswalds. Gegenüber Hönigswald leistet Löwi die Rückbindung der empirischen Psychologie, Pädagogik und Psychiatrie an letztbestimmte Instanzen einer Theorie der konkreten Subjektivität.[3]

---

1 Eine der wenigen Ausnahmen ist der Tagungsband Swertz, C. u.a. (Hg.), Heimkehr des Logos, Köln 2019.

2 Hufnagel, E., Richard Hönigswalds Pädagogikbegriff, 1979, 5 oder Schmied-Kowarzik, W., Richard Hönigswalds Philosophie der Pädagogik, 35 f.

3 Der Verf. versteht wie Gerd Wolandt Hönigswalds Philosophie als eine, die in ihrem Kern eine Theorie der konkreten Subjektivität ist. Für diese Auffassung spricht das Wort Hönigswalds, nach der Philosophie als »*Theorie des Objekts*« notwendig »*Theorie des Subjekts*« sein müsse. Hönigswald, R., Systematische Selbstdarstellung, 1933, 208. An anderer Stelle bestimmt er den Begriff Gegenständlichkeit als Denkbarkeit, der Gegenstand sei »*dawider*«, anders gedacht zu werden als er sei und müsse gedacht werden, wie er »ist«. Philosophie und Sprache, 1937, 10. Siehe auch Wolandt, G., Gegenständlichkeit und Gliederung, 1964, 17.

Tatsächlich hat dies Hönigswald selbst nicht durchgängig geleistet. Solche Untersuchungen sind vor allem in seinen späten Arbeiten zur Sprachphilosophie und Psychiatrie zu finden. Zweifellos ist es das Verdienst Hönigswalds, eine »Erweiterung« bzw. Anwendung der Kant folgenden Transzendentalphilosophie unter Berücksichtigung der Psychologie vorgenommen zu haben. Aber bereits Marck hat gesehen, dass Psychologie und Pädagogik bei Hönigswald als *philosophische* Theorien behandelt werden. So hat Marck Hönigswald gegenüber dessen Theorie als eine »Philosophie des Muß-Werden-Können« bezeichnet.[1] Gemeint ist damit, dass transzendentale Prinzipien als Beurteilungsmaßstäbe für faktisch Gegebenes fungieren. Sie müssen angewendet werden können, wenn dieses Gegebene als Gegenstand von Wissenschaften hinreichend bestimmt werden soll. Hier geht Löwi eigene Wege, indem er in seinen empirischen Arbeiten zur Physiologie, Psychologie und Pädagogik Hönigswalds Theorieansatz notwendigerweise ergänzt und differenziert. Damit werden beide Ansätze an die moderne psychologische und pädagogische Forschung anschlussfähig. Indem Löwi die Psychologie nicht zugleich als eine bestimmte Art der Philosophie versteht, wird eine transzendentale Grundlegung der Psychologie als einer empirischen Wissenschaft möglich. Ihre Methoden folgen nicht aus der Naturwissenschaft, sondern einer im Sinne Hönigswalds entwickelten »Theorie des Erlebens« – denn jedes psychische Phänomen ist zugleich von einem bestimmten Subjekt erlebt. Gegenüber Hönigswald fordert Löwi den Anspruch von Psychologie, Pädagogik und Psychiatrie als eigenständige Erfahrungswissenschaften ein. Von Hönigswald übernimmt Löwi dessen Auffassung von Philosophie als Theorie der Subjektivität sowie dessen Gliederung ihrer Systematik. Die Unterschiede liegen, vereinfacht gesagt, in den unterschiedlichen Zugangsweisen, in denen die Grundlegungsfragen vor allem der Psychologie, aber auch der Psychiatrie und Pädagogik, erschlossen werden. Löwi bestimmt deren Methoden und Grundlagen aus Sicht eines empirischen Forschers, der von seinen Forschungen aus ihre bedingenden Prinzipien entwickelt. Hönigswald fragt aus der philosophischen Perspektive nach den Prinzipien, die vorausgesetzt und angewendet werden müssen, um solche Wissenschaft zu ermöglichen. In diesem Sinne spreche ich von komplementären Philosophien, da beide im wesentlichen dasselbe begriffliche Konstrukt verwenden.

---

1 Marck, S., Am Ausgang des jüngeren Neukantianismus 1949, 28 f u. 32 9 f. Ebenso Wolandt, G., »Der Konsequenz der Hönigswaldschen Lehre zufolge müssen alle diese Bestände in ihrer Faktizität Gegenstand nicht nur der Theorie der Gegenständlichkeit, sondern auch einschlägiger positiver Theorien sein. Leider ist aber gerade an diesem wichtigen Punkte Hönigswalds Lehre nicht ganz eindeutig. So grenzt Hönigswald zwar die Aufgaben der Philosophie der Sprache gegenüber denjenigen der positiven Sprachwissenschaften ab, Psychologie und Pädagogik hingegen werden von ihm fast ausschließlich als philosophische Theorien beansprucht.« Wolandt, G.: Gegenständlichkeit und Gliederung, 1964, 32.

Löwi erkauft diese Anwendbarkeit der Prinzipientheorie auf die Bedingungen empirischer Wissenschaft allerdings mit einer folgenreichen Begriffserweiterung. Während Hönigswald den Begriff des Denkens ins Zentrum rückt, steht dort bei Löwi der Begriff des Erlebens. Nun ist jedes Denken zugleich auch Erleben, aber nicht jedes Erleben notwendig (geordnetes) Denken. Die Folgen dieser Unterscheidung sind auch Löwi klar. Erfordert wird nämlich im Besonderen eine Analyse des geordneten, geregelten Denkens im Sinne einer transzendentalen Logik unter den Bedingungen konkret denkender und erlebender Subjekte. Dies hat Löwi zum Thema seiner Dissertation gemacht, allerdings in Abgrenzung zur Geltungstheorie des Neukantianismus. Die damit verbundenen Analysen hat Löwi leider nicht für die Pädagogik und Psychiatrie fortsetzen können. Die Konsequenz ist eine begriffliche Unschärfe des dort zugrunde gelegten Begriffs des Erlebens. Das Prinzip der wissenschaftlichen Theorie ist methodenbestimmtes Denken, ihre Gegenstande allerdings können auch solche des Erlebens sein.

Wo immer es notwendig ist, wird zur Klärung des begrifflichen Grundlegungsgefüges bei Löwi auf die Philosophie Hönigswalds zurückgegriffen. Deutlich wird dabei, wie die Philosophie Hönigswalds selbst in den zwanziger und dreißiger Jahren zu einer Weiterentwicklung führt, nämlich zu einer zunehmenden Erweiterung und Ausdifferenzierung seiner »Denkpsychologie« hin zu einer umfassenden Theorie der Subjektivität unter Einschluss der Wissenschaftssystematik und Philosophie der Sprache. In der schriftlichen Ausarbeitung der systematischen Arbeit war der Lehrer aufgrund seiner Lebensleistung und Lebensumstände zuletzt weiter vorangeschritten als der Schüler. Löwis Arbeiten zur klinischen Psychiatrie sind aufgrund seines unerwartet frühen Todes unabgeschlossen. Aber dort wird einsichtig, wie sich seine Forschungsergebnisse unter den Bedingungen der Hönigswaldschen Theorie an diese anschließen lassen. Löwi selbst hat dieses Verfahren als »Prinzipienforschung der Denkpsychologie« bezeichnet.[1] Dieses Verfahren sei mit dem Namen Hönigswald verbunden. Namen aber haben gegenüber den Erfordernissen »der Sache« zurückzutreten.

5. Quellen und Zitierhinweise

Löwis akademischer Lebenslauf bis zu seiner Zwangsentfernung von der Universität 1936 ist bereits seit einiger Zeit hinreichend dokumentiert. Diese Arbeiten stützen sich im wesentlichen auf die Auswertung seiner akademischen Lebensläufe, die sich im Archiv der Universität Wrocław befinden. Hinweise auf Löwis Schicksal nach seiner Emigration in die USA finden sich bereits bei Geuter,

1 Löwi, M., Vom Ich und Ichbewußtsein, 1930, 24.

Horn und Tilitzki.[1] Zusätzlich werden im Folgenden erstmals weitere Quellen hinzugezogen, die vor allem die Zeit bis zur Emigration und seines Aufenthalts in den USA bis zu seinem Tod 1944 betreffen. Zurückgegriffen wird auf Akten des *Emergency Committee in Aid of Displaced Foreign Scholars,* die in der New York Public Library aufbewahrt werden, weiterhin das Archive of the *Society for the Protection of Science and Learning,* archiviert in den Bodleian Libraries der Universität Oxford. Eine weitere wichtige Quelle sind die Dokumente der National Archives and Records Administration (NARA), Washington D.C, insbesondere Passagierlisten, Registrierungen und Einwanderungsbelege.

Weitere wertvolle Hinweise enthält die Entnazifizierungsakte Wolfgang Cramers im Bayerischen Staatsarchiv München mit zahlreichen Darstellungen des persönlichen Verhältnisses von Löwi und Cramer. Informationen zu Löwis Familie enthält das Personenstandsregister der Stadt Breslau, aufbewahrt im Landesarchiv Berlin. Dem Universitätsarchiv des Connecticut-Colleges verdanke ich nicht nur die ersten Hinweise auf Löwis Schicksal in den USA, sondern auch das einzige Bild, das von ihm erhalten ist. Hinzugezogen wurden außerdem die Archive der Yale-University, der Universität Frankfurt am Main und das Franz Jona Fink Archiv an der Israel National Library. Ihren Ausgang und ihr Zentrum fanden die Forschungen am Hönigswald-Archiv, das an der RWTH Aachen zu finden ist. Es enthält unter anderem wichtige Briefe von Schülern und Kollegen Hönigswalds. Hilfreich waren auch Internet-Datenbanken, etwa das Gedenkbuch des Bundesarchivs Koblenz oder Jewish Record Indexing Poland, und auch Zeitungsmaterial.

Zur Zitierweise: Es werden Autor, Titel und Erscheinungsjahr der benutzten Auflage und Seitenzahl angegeben. Die vollständigen bibliographischen Angaben finden sich im Literaturverzeichnis. Kants Werke werden mit Titel und der Bandangabe der Akademieausgabe (AA) angegeben. Auf die *Kritik der reinen Vernunft* wird als KrV B bzw. KrV A verwiesen. Die im ersten Teil hinzugezogenen ungedruckten Quellen werden jeweils vollständig ausgewiesen. Hervorhebungen in Zitaten, auch Sperrungen und Anführungszeichen im zitierten Text, werden einheitlich kursiv gesetzt. Die unterschiedlichen Schreibweisen der Namen in den Dokumenten (Löwi, Löwy, Loewi, Lowi) wurden beibehalten. Aufgrund der zum Teil schwer erreichbaren Texte wird aus ihnen häufiger zitiert als üblich.

[1] Geuter, U. (Hg.), Daten zur Geschichte der deutschen Psychologie Bd. I, 1986; Horn, K.-P., Erziehungswissenschaft in Deutschland im 20. Jahrhundert, 2003; Tilitzki, C., Die deutsche Universitätsphilosophie in der Weimarer Republik und im Dritten Reich 1, 2002.

Zuletzt noch ein Hinweis zur Verwendung des Stadtnamens Breslau/ Wrocław: Das alte Breslau ist 1945 für immer untergegangen. Nach der durch Deutsche betriebenen Deportation und Ermordung der jüdischen Bevölkerung erfolgte bis 1948 die Vertreibung der deutschen Bevölkerung; dafür kamen Menschen aus dem ehemaligen Ostpolen, dem polnischen Umland oder den Regionen Posen und und Warschau. So erlebte die Stadt einen kompletten Bevölkerungsaustausch.[1] Auch diejenigen Juden, die den Terror der Konzentrationslager überlebten und nach Wrocław, so der Jahrhunderte alte polnische Name der Stadt, zurückkehrten, zogen entweder nach Westdeutschland weiter oder emigrierten nach Israel oder in die USA. Auch die Schlesische Friedrich-Wilhelms-Universität gibt es nicht mehr. Ihre Räume bezogen vor allem Wissenschaftlerinnen und Wissenschaftler der ehemaligen Universität Lemberg. Inzwischen, seit 1990, gibt es wieder eine allgemeine und auch spezifisch jüdische Erinnerungskultur der polnischen Stadtbevölkerung und das Bemühen, an die tausendjährige Stadtgeschichte anzuknüpfen. Auch eine neue, kleine jüdische Gemeinde ist wieder entstanden, die die Erinnerung an das alte Judentum pflegt. So ist in diesem Buch mit dem Namen Breslau eine Stadt des ehemaligen Deutschlands gemeint und mit Wrocław eine Großstadt im heutigen Polen mit großer Tradition, die mitten in Europa zu neuer Blüte gelangt ist.

---

1 Mühle, E., Breslau, 2015, 265 ff.

Biographischer Teil
Ein Weltbürger aus Breslau

2. Ein deutsches Gelehrtenschicksal

1. Jüdisches Leben in Breslau

Das soziale Umfeld des Breslauer Judentums mit seinen Institutionen, Stiftungen und Vereine wurde für Moritz Löwi in den Jahren zwischen 1933 und 1938 zu einem immer enger werdenden sozialen Rahmen seines Lebens und Arbeitens. Doch wie die meisten deutschen Juden sah sich auch Moritz Löwi als preußischer Bürger und Hochschullehrer als Teil der akademischen Elite. Er kämpfte für Österreich-Ungarn in Verbänden – die oft gemeinsam mit deutschen Truppen operierten – als Soldat und Offizier im Ersten Weltkrieg. Im Rahmen seiner Habilitation erhielt er die preußische Einbürgerung und er war damit, der Weimarer Verfassung entsprechend, gleichberechtigter Staatsbürger, dem alle Funktionen im öffentlichen Dienst und den Universitäten, einschließlich einer Beamtenlaufbahn, offenstanden. Doch die Verfolgungen ab 1933 machten jedem Bürger jüdischer Abstammung klar, »nicht mehr dazuzugehören«. Auf einmal war der deutsche Professor Moritz Löwi »Jude«.

Mit dem Jahr 1932 war eine Phase der Toleranz und rechtlichen Gleichstellung jüdischer Bürgerinnen und Bürger im Deutschen Kaiserreich und der Weimarer Republik zu Ende gegangen. Vorangegangen war seit dem 19. Jahrhundert ein wachsender Assimilationsprozess der jüdischen Bevölkerung. Jüdisches Leben in Breslau ist zwar seit dem 12. Jahrhundert nachweisbar. Aber erst mit der Eroberung Schlesiens durch Friedrich den Großen und den nachfolgenden preußischen Reformen im 19. Jahrhundert entwickelte sich Breslau zu einem der überregional bedeutenden Zentren des Reformjudentums. Bis zum Ende der Weimarer Republik erlebte die Breslauer Gemeinde eine Blütezeit mit wesentlichen Beiträgen zu Wissenschaft, Bildung, Schulwesen, Kunst, Kultur und sozialer Versorgung besonders der ärmeren, oft als Tagelöhner arbeitenden osteuropäischen Juden, die in der Stadt lebten.[1] Große repräsentative Gebäude prägten das Stadtbild, allen voran die 1871 fertiggestellte Neue Synagoge, stilistisch dem Aachener und Wormser Dom nachgestaltet und nach der Berliner Synagoge die zweitgrößte des Landes.[2] Neben weiteren Synagogen verfügte die Gemeinde über eine der bedeutendsten jüdischen Hochschulen zur Rabbiner-Ausbildung, das Jüdisch-

---

1 Łagiewski, M., Breslauer Juden 1850–1944, 2011; Friedla, K., Juden in Breslau / Wrocław 1933-1949, 2015; Müller, R., Auf den Spuren der Breslauer Synagogengemeinde bis zur Shoah, 2018. Friedlas Studie ist die bisher umfangreichste Studie über Alltag, Flucht, Ermordung oder Überleben der jüdischen Bürger Breslaus. Sie enthält zahlreiche Kurzbiographien.

2 Mühle, E., Breslau, 2015, 20.

Theologische Seminar, weiterhin über eine jüdische Volkshochschule und weiterführende Schulen, ein Krankenhaus, Zeitungen, Vereine und Stiftungen. Die wichtigsten waren sicher die Fraenkelschen Stiftungen[1], Verwaltungszentrum und Träger vieler sozialer Einrichtungen und Wohnanlagen sowie des Krankenhauses, des Rabbiner-Seminars und weiterer Institutionen, die bis Anfang der dreißiger Jahre zum festen Bestand des städtischen Lebens zählten. Eine Bedeutung für Löwis Wirken in den letzten Jahren hatten das Haus der »Gesellschaft der Freunde«, ein Treffpunkt toleranter, liberaler Bürger, der auch nicht-jüdischen Bürgern offenstand, sowie die Lessingloge mit ihrem Bildungshaus für verschiedenste Lehr-, Bildungs- und Festveranstaltungen.[2] So war die jüdische Gemeinde heterogen zusammengesetzt: Assimilierte, Orthodoxe und Liberale sowie deutsch-patriotische Juden, ebenso Zionisten, Kosmopoliten, Linke und Marxisten. Man mag die Vielfalt jüdischer Institutionen als Ausdruck einer jüdischen Identität sehen, die nicht auf die Zugehörigkeit zu einer Religionsgemeinschaft zu reduzieren war und der sich viele zugehörig fühlten.[3]

Die jüdischen Institutionen waren Teil der wirtschaftlichen und kulturellen Gesamtentwicklung Breslaus. Betrug die Einwohnerzahl der Stadt um 1800 noch etwa 60.000, wuchs sie bis 1928 auf ca. 600.000 an. Breslau war damit die fünftgrößte Stadt des Kaiserreichs und hatte mit mehr als 23.000 Mitgliedern nach Berlin und Frankfurt am Main die drittgrößte jüdische Gemeinde. Als deutsche Groß- und Universitätsstadt mit zahlreichen Industriebetrieben war Breslau zugleich kulturelles Zentrum von überregionaler Bedeutung über die Reichsgrenzen hinaus bis hinein nach Böhmen und Mähren, die damals Teile der Donaumonarchie Österreich-Ungarn waren. Die expandierenden Gewerbe- und Industriebetriebe, Handel und Banken sorgten für steigenden Wohlstand. Zudem war Breslau als preußische Haupt- und Residenzstadt das Verwaltungszentrum Schle-

---

1 Müller, R., Auf den Spuren der Breslauer Synagogengemeinde bis zur Shoah, 29-33. Am Jüdisch-Theologischen Seminar, dessen Rabbinerausbildung den liberalen Grundsätzen des reformierten Judentums verpflichtet war, studierte zeitweise auch der junge Hermann Cohen, der Begründer des Marburger Neukantianismus. Różanowski, R., Hermann Cohen in Breslau, 2020.

2 Die Lessingloge ist keine Freimaurerloge, sondern wurde 1885 als Sektion des weltlichen »Unabhängigen Ordens B'nai B'rith« (»Söhne des Bundes«) gegründet. Dieser wurde 1843 von ausgewanderten deutschen Juden in New York gegründet. Ziele sind Wohltätigkeit, Toleranz und Humanität zu fördern und jüdisches Bewusstsein zu stärken. Siehe auch Müller, R., Auf den Spuren der Breslauer Synagogengemeinde bis zur Shoah, 99.

3 Etwa Friedla, K., Juden in Breslau / Wrocław 1933-1949, 2015, 44-48. Ein Zeitgenosse beschrieb dies so: »Das Judentum ist keine *Einheit*, sondern eine *Vielfalt*: genauso bunt, genau so politisch, so wirtschaftlich zerrissen wie das deutsche Volk. Einen irgendwie überstaatlichen Bau des Judentums gibt es nicht und kann es nicht geben. Der *jüdische Geist* ist nicht besser, aber auch nicht schlechter als der Geist der Umwelt, in dem er lebt.« Wiener, A., Das deutsche Judentum in politischer, wirtschaftlicher und kultureller Hinsicht, 1924, 21. Doch wie bei Friedla nachzulesen ist, gab es auch in liberalen Zeiten wie den 1920er Jahren immer wieder antisemitische Übergriffe.

siens. Aus dem Zusammenschluss der nach Breslau verlegten Universität Frankfurt/Oder und dem alten Jesuiten-Kolleg »Leopoldina« ging 1811 die »Königliche Universität zu Breslau« hervor, die 1911 in »Schlesische Friedrich-Wilhelms-Universität« umbenannt wurde. Die Universität wurde 1945 geschlossen und als »Uniwersytet Wrocław« neu gegründet.[1] Ausdruck des neuen städtischen Selbstbewusstseins war die Jahrhunderthalle, 1913 zur Jahrhundertfeier anlässlich der preußischen Erhebung gegen Napoleon fertiggestellt. Antiken Vorbildern wie dem römischen Pantheon nachempfunden, misst der Rundbau 95 m im Durchmesser und hat eine freitragende Kuppel in 42 m Höhe mit einer Spannweite von 67 m, damals die größte freitragende Kuppel der Welt.[2]

So fanden viele Zugewanderte seit der zweiten Hälfte des 19. Jahrhunderts den Weg in das kulturelle und wirtschaftliche Zentrum Schlesiens. Unter ihnen war der jüdische Religionslehrer Eduard Löwi, 1846 im nordböhmischen Görkau (heute Jirkov in Tschechien) in der Nähe der Bezirksstadt Chomutov, dem früheren Komotau, am Fuß des Erzgebirges geboren. Wie sein Vater Moses Löwi war auch Eduard Löwi Rabbiner. Eduard Löwis Eltern starben in Wien. Leicht fand Eduard Löwi Arbeit im prosperierenden Breslau mit seiner stark wachsenden jüdischen Gemeinde. Im Hauptberuf jüdischer Religionslehrer an einer der weiterführenden Schulen, war er vermutlich nebenamtlich als Rabbiner an einer der kleineren Synagogen Breslaus tätig.[3] In Breslau heiratete er Marianne (Marie) aus der jüdischen Familie Juliusburger. Beide hatten (mindestens) zwei Kinder: Frieda, geboren am 6. September 1888, drei Jahre später Moritz, geboren am 13. Dezember 1891. Die Familie wohnte bis zum Tod Eduard Löwis auf der Sonnenstraße in der Nähe des Freiburger Bahnhofs im Südwesten der Stadt, an der auch die kleine Fuchs'sche Synagoge und das Wilhelm-Gymnasium lagen. Eduard Löwi (oder auch Löwy, die Schreibweise des Familiennamens wechselte gelegentlich) blieb Staatsbürger der Donaumonarchie, und so war auch sein Sohn Moritz bis zu seiner preußischen Einbürgerung 1925 österreichisch-ungarischer Staatsbürger.

---

1 Mühle, E., Breslau, 2015, 189-218; 237 ff.

2 Ebd., 201.

3 Die Sterbeurkunde Eduard Löwis weist ihn als Rabbiner und Religionslehrer aus. Dort wird auch der Vater als Rabbiner bezeichnet. Sterbeurkunde Eduard Löwi, Landesarchiv Berlin, Personenstandsregister ehemalige deutsche Ostgebiete, Standesamt Breslau IV, C, Nr. 757, jetzt Nr. 7821 [künftig zitiert: Sterbeurkunde Eduard Löwi, LAB, Nr. 7821]. Das Handbuch der Rabbiner nennt Löwi nicht, vermutlich, weil er weder an einer der großen Synagogen noch hauptamtlich als Rabbiner tätig war. Zudem wurde die Fuchs'sche Synagoge, auch »Fuchs-Schul« oder »Landschul« genannt, vor allem von außerhalb der Stadt lebenden jüdischen Familien besucht. Vgl. Müller, R., Auf den Spuren der Breslauer Synagogengemeinde bis zur Shoah, Leipzig 2018, 26 f, ebenso Brocke, M. (Hg.), Biographisches Handbuch der Rabbiner, Teil 2, 2009.

2. Breslauer Jugend, Krieg und Studium

Sicher waren Eduard und Marianne Löwi bestrebt, ihren Kindern eine gute schulische und berufliche Ausbildung zu geben. Die Tochter Frieda arbeitete wohl in einer der staatlichen Verwaltungsstellen oder einer Gerichts- bzw. Anwaltskanzlei.[1] Wir wissen wenig über Löwis private und persönliche Verhältnisse. Es gibt Hinweise auf ein bürgerlich gebildetes Elternhaus, das ihn früh mit bildender Kunst und Literatur vertraut werden ließ.[2] So wuchs er im Spannungsfeld zwischen einer bewusst angestrebten Integration in die preußische Gesellschaft und einer der jüdischen Religion verpflichteten Kulturpflege der Familie auf.[3] Vermutlich hat er sich auch später nie völlig aus dem sozialen Umfeld der jüdischen Gemeinde gelöst. Jedenfalls übernahm er in den Jahren vor seiner Emigration dort eine Reihe von Lehr- und Vortragstätigkeiten, die in Zusammenhang mit einem couragierten sozialen und zionistisch geprägten Engagement zu stehen schienen.

Nach der Vorschule der katholischen Realschule besuchte Löwi das renommierte, im Bildungsbürgertum Breslaus und weit darüber hinaus angesehene protestantische Elisabeth-Gymnasium, an dem er 1913 das Abitur erwarb. Das Jahr über fanden, wie überall in Deutschland, die städtischen Jahrhundertfeiern statt. Höhepunkte waren der Besuch Kaiser Wilhelm II., eine Uraufführung von Gerhart Hauptmann (»Festspiel in deutschen Reimen«), Max Regers monumentale Introduktion, Passacaglia und Fuge und die eigens für die damals größte Orgel der Welt, die in die Jahrhunderthalle eingebaut wurde, komponiert wurde. Weitere Ereignisse waren Aufführungen von Mahlers Achter Sinfonie (Beiname: »Sinfonie der Tausend«) und natürlich Beethovens Neunte Sinfonie.[4] Doch in demselben Jahr, am 18. Juni 1913, starb im Alter von 66 Jahren Löwis Vater Eduard.[5] Die Mutter zog in die Wallstraße im jüdischen Viertel, Moritz begann

---

1 In der Heiratsurkunde von Frieda Löwi vom 18. Dezember 1917 wird ihr Beruf als »Hilfsschreiberin« angegeben. Vgl. Landesarchiv Berlin, Personenstandsregister ehemalige deutsche Ostgebiete, Standesamt Breslau IV, B, Nr. 570, jetzt Nr. 7422 [künftig zitiert: Heiratsurkunde Frieda Löwi, LAB, Nr. 7422].

2 Sein Schüler Wolfgang Ritzel schreibt etwa: »Löwi war innerhalb der großen Denkbewegung, der er angehört, einer der ästhetisch Aufgeschlossensten, aber zum Unterschied von dem geheimen Musikanten Natorp besonders ansprechbar für bildende Kunst und Literatur. Im Kapitel über das Gedächtnis [in *Grundbegriffe der Pädagogik*, 1934, Anm. R. Breil] bringt er als Beispiel für die Erinnerung die Reproduktion eines vordem erlebten Eisenbahnunglücks. Sie entspricht Thomas Manns Erzählung gleichen Titels (1909); wollte der um Lehramt und Existenz besorgte Denker dem von ihm verehrten, zu der Zeit bereits verfemten Erzähler huldigen?« Ritzel, W., Philosophie und Pädagogik im 20. Jahrhundert, 1980, 88.

3 Brämer, A. u.a., (Hg.), Jüdisches Leben zwischen Ost und West, 2014.

4 Mühle, E., Breslau, 2015, 202.

5 Sterbeurkunde Eduard Löwi, LAB, Nr. 7821.

zum Wintersemester ein Studium an der Friedrich-Wilhelms-Universität in den Fächern Philosophie, Physik und Zoologie. Diese auf den ersten Blick etwas eigenwillige Studienkombination lässt sich aus den Besonderheiten des Fachs Psychologie und dessen Nähe zu physiologischen experimentellen Untersuchungsmethoden in der Tradition Wilhelm Wundts und Hermann Ebbinghaus', insbesondere an der Universität Breslau, verstehen. Ebbinghaus gründete das psychologische Laboratorium an der Universität Breslau. Offenbar lag schon früh eines der Hauptinteressen Löwis auf dem Studium der Psychologie, die eben in Breslau auch von Hönigswald vertreten wurde, der als Nachfolger des Psychologen William Stern 1916 Extraordinarius und 1919 Ordinarius für Philosophie, Psychologie und Pädagogik wurde.[1]

Der Erste Weltkrieg brachte für die Familie eine Zäsur. Mit dem Wintersemester 1915 wurde Moritz' Studium durch seine Einberufung in die österreichische Armee unterbrochen. Als einer von vielen jüdischen Männern kämpfte er im Ersten Weltkrieg auf den wechselnden Kriegsschauplätzen in Osteuropa und Italien. Noch im Krieg, am 14. Januar 1917, starb die Mutter, vielleicht in Folge der allgemein schlechten Umstände.[2] In diesem besonders harten Winter 1916/17 war die Versorgungslage der Bevölkerung kritisch bis katastrophal, geprägt durch Nahrungsmangel, Mangel an Brennstoffen, Krankheiten und Epidemien.[3] Auf welchem der Friedhöfe Breslaus Eduard und Marianne Löwi bestattet wurden, ist nicht mehr herauszufinden.[4] Seine Schwester Frieda heiratete am 18. Dezember den jüdischen Handelsvertreter Kurt Danziger während eines Fronturlaubs. Doch der Ehe war keine lange Dauer beschieden; der Gefreite Kurt Danziger fiel am 27. April 1918 als einer von etwa 12.000 im Ersten Weltkrieg gestorbenen jüdischen Soldaten im deutschen Heer.[5] Moritz Löwi gab seine Schwester gegenüber der amerikanischen Einwanderungsbehörde als nächste lebende Verwandte an. Sie

---

1 Schmied-Kowarzik, W., Daten zu Leben und Werk von Richard Hönigswald, 1997, 464.

2 Adressbuch für Breslau und Umgebung, 1915, 371, http://obc.opole.pl/Content/1302 (17.06.2020). In der Heiratsurkunde von Frieda Löwi vom 18. Dezember 1917 werden beide Eltern als verstorben geführt. Heiratsurkunde Frieda Löwi, LAB, Nr. 7422. Sterbeort und -datum der Mutter sind dokumentiert in: https://jri-poland.org/databases/jridetail_2.php (19.06.2020).

3 Mühle, E., Breslau, 2015, 205.

4 E-Mail von Piotr Gotowicki, Leiter des Neuen Jüdischen Friedhofs vom 18.03.2020, Privatarchiv Reinhold Breil.

5 Die jüdischen Gefallenen des deutschen Heeres, der deutschen Marine und der deutschen Schutztruppen 1914-1918, 1933, 177. In der Heiratsurkunde von Frieda Löwi wird der Beruf ihres Mannes als »Geschäftsreisender« angegeben. Heiratsurkunde Frieda Löwi, LAB, Nr. 7422.

lebte bis zu ihrer Deportation am 27. Oktober 1941 in Breslau. Im Ghetto Litzmannstadt (Lodz) verliert sich ihre Spur. Sie ist ziemlich sicher im Ghetto ermordet worden, vielleicht durch Verhungern oder gestorben an einer Krankheit, wie so viele. Ihr Name ist auf keiner späteren Deportationsliste mehr vom Ghetto Litzmannstadt in eines der Vernichtungslager aufzufinden.[1]

Dass Löwi den Krieg mit mehreren schweren Kriegsverletzungen überlebte, grenzt an ein Wunder. Nach Kämpfen in »Russland«, wie er schrieb – vermutlich Galizien –, nahm er an einigen der verlustreichen Isonzo- und Piave-Schlachten teil. Die von General Otto von Below geführte deutsch-österreichische 14. Armee schaffte Ende Oktober 1917 den Durchbruch durch die italienischen Linien bei Tolmein (im heutigen Slowenien) in der letzten, 12. Isonzoschlacht und stieß etwa 100 km weit bis zum Piave, etwa 30 km vor Venedig, vor. Er geriet bei der »Erstürmung des Piave« im November 1917, wie er schrieb, »schwer verwundet« in italienische Kriegsgefangenschaft, also an vorderster Front.[2] Er überlebte und wurde im Februar 1919 »als Invalide ausgetauscht«. Im Mai 1919 wurde er als Offizier im Leutnantsrang aus der Armee entlassen. Es blieb ihm eine lebenslängliche Behinderung am linken Fuß.[3] Man darf annehmen, dass die Kriegserlebnisse sein späteres Verhalten wesentlich mitbestimmten. Allgemein wurde Löwi von seinem sozialen Umfeld als freundlich, hilfsbereit, zugleich aber auch als durchsetzungsstark und unerschrocken charakterisiert. Auch von SA-Schlägern und anderen Repressalien während der NS-Gewaltherrschaft ließ er sich wohl eher

---

1 Gedenkbuch. Opfer der Verfolgung der Juden unter der nationalsozialistischen Gewaltherrschaft in Deutschland 1933-1945, hg. v. Bundesarchiv Koblenz u. d. Internationalen Suchdienst, Arolsen, https://www.bundesarchiv.de/gedenkbuch/directory.html (08.07.2020).

2 Moritz Löwi: Lebenslauf ca. 1924. Archiwum Uniwersytetu Wrocławskiego (Universitätsarchiv Wrocław), Album der Philosophischen Fakultät 1886-1926), F 26, p. 207. Die Gefangennahme fand möglicherweise am 10./11. November statt, als nach der Querung des Piave am anderen Ufer ein Brückenkopf errichtet werden konnte. Vgl. auch Stuhlmann, F., Below, Otto von, 1955, 33. Zum militärischen Verlauf siehe Münkler, H., Der Große Krieg, 2015, 593-618. Siehe auch den abgedruckten Lebenslauf im Rahmen der Promotion, 257 f.

3 Löwi war mehrfach schwer kriegsverletzt, vgl. Kapferer, N., Die Nazifizierung der Philosophie an der Universität Breslau 1933-1945, 2001, 120. Nach Ritzels Angabe humpelte Löwi, siehe unten, 66. Löwi selbst gab bei seiner Einreise mit der S.S. »Volendam« am 3. Oktober 1938 in die USA an, »kriegsverwundet am linken Fuß« zu sein. Vgl. National Archives and Records Administration (NARA), Records of the Immigration and Naturalization Service, 1891-1957, RG 85, Passenger and Crew Lists of Vessels Arriving at New York, New York 1897-1957, microfilm publication [künftig zitiert: Passagierlisten New York, NARA], T 715, Roll 6229, Volumes 13412-13413, Images 29 f. 1935 war selbst der Dekan der Philosophischen Fakultät Malten noch beeindruckt, der mit dieser Begründung eine Verlängerung von Löwis Lehrauftrag vorgeschlagen hatte.

weniger beeindrucken und nahm immer wieder auch öffentlich in diversen Vorträgen kritisch Stellung – das Gestapo-Quartier lag in direkter Nähe der Neuen Synagoge und der Lessingloge, die beide unter ständiger Observation standen. Außerdem unterstützte er wohl die zionistischen Auswanderungsbestrebungen junger Menschen.

Nach seiner Rückkehr nahm er 1919 sein Studium wieder auf. Er promovierte bei Richard Hönigswald bereits im Dezember 1921 mit der Arbeit *Synthesis und System. Ein Beitrag zur Theorie des Ganzheitsgedankens.*[1] Mitglieder der Prüfungskommission waren außer Hönigswald der Philosoph Matthias Baumgartner, der Zoologe Franz Doflein und der Physiker Otto Lummer. Die Arbeit wurde als »ausgezeichnet« – *opus eximium, summa laude dignum* beurteilt, die mündliche Prüfung erhielt die Note *magna cum laude.*[2] Aufgrund von Inflation und Wirtschaftskrise ist nur eine dreiseitige Zusammenfassung der Dissertation gedruckt worden. Bereits hier hat Löwi das zentrale Thema seiner künftigen Forschungen gefunden: Eine transzendentale Erkenntnistheorie könne sich nur in konkreten Bezügen, im »Hier und Jetzt« aktualisieren, indem sie Urteil und Anschauung immer nur als Ganzheit zu fassen imstande sei. Das aber zwingt zu einer grundsätzlichen Bestimmung des Begriffs der Psychologie. Abzuwehren gelte es den Psychologismus, denn das Erkennen trete nicht an die Stelle der Gültigkeit des Erkannten, sondern umgekehrt sei dieser an den Begriff des Erkennens gebunden: »Erkenntnistheorie und Psychologie sind methodisch miteinander verflochten«.[3]

Im Zusammenhang mit seiner Habilitation beantragte Löwi als Voraussetzung für eine preußische Hochschullaufbahn die deutsche Staatsbürgerschaft. Die Einbürgerungsurkunde erhielt er am 23. Februar 1925. Zugleich vollzog er mit der Habilitationsschrift *Schwellenuntersuchungen. Theorie und Experiment,* publiziert 1924, die endgültige Hinwendung zur Psychologie. Am 4. Dezember 1923 reichte Löwi den Habilitationsantrag bei der Philosophischen Fakultät ein, die am 18. Dezember 1923 das Verfahren eröffnete. Die Prüfungskommission gehörten neben Hönigswald der Dekan der Philosophischen Fakultät Paul Diels und die Philosophie-Professoren Matthias Baumgartner und Eugen Kühnemann an; außerdem der an wissenschaftstheoretischen Fragen interessierte Mathematiker Adolf Kneser, der Physiker Erich Waetzmann – Forschungsschwerpunkt Akustik

---

1 Löwi, M., Synthesis und System, 1921, ohne Seitenzählung. Die vollständige Dissertation erschien schließlich unter dem Titel Löwi, M., Zum Problem der Ganzheit, 1927.

2 Promotionsakten Philosophische Fakultät 1921/22, Archiwum Uniwersytetu Wrocławskiego (Universitätsarchiv Wrocław), F 243, p. 226 f.

3 Löwi, M., Synthesis und System, 1921.

–, der Zoologe Karl von Frisch und der Kunsthistoriker August Grisebach. Die Kommission nahm die Arbeit einstimmig an. Hönigswalds Gutachten der Habilitationsschrift ist uneingeschränkt positiv und weist geradezu prophetisch den weiteren Weg der akademischen Forschungen Löwis mit seinem Bemühen um eine kritisch transzendentale Grundlegung der experimentellen Psychologie:

> Sie entwickelt an dem psychologischen Sonderproblem der Schwelle einen neuen Begriff der experimentellen Psychologie und fördert damit die Einsicht sowohl in jenes Sonderproblem, als auch in diesen Begriff. Indem sie die experimentelle Psychologie in den großen Zusammenhang der Denkpsychologie und deren Prinzipienlehre hineinstellt, sichert sie auf eine aktuelle und definierte Weise den stetigen Zusammenhang zwischen den Einzelaufgaben wissenschaftlich-psychologischer Erfahrung und den Grundsätzen der kritischen Erkenntnistheorie [...] Seine Gedanken und Methoden sind voll ausgereift, seine Formeln scharf, die Ausdrucksweise schlicht und sachlich [...], die Arbeit dementsprechend – trotz großer methodischer Schwierigkeiten – aufs beste gegliedert. Die Probleme, die sie stellt, weisen [...] überall zu neuen Aufgaben hinaus; bewährt sich auch darin die wissenschaftliche Fruchtbarkeit der Abhandlung, so läßt es zugleich von deren Verfasser mit Sicherheit weitere wertvolle Forschungen erwarten.[1]

Am 25. Februar 1924 fand der Probevortrag zum Thema »Gedächtnis und Assoziation« statt, in dem er sich, wie dem Fakultätsprotokoll zu entnehmen ist, kritisch auseinandersetzt mit den psychologischen Methoden und Experimenten von Ebbinghaus und Georg Elias Müller.[2] Im anschließenden Kolloquium wurden im Anschluss an den Vortrag moderne Versuche zur Gedächtnisforschung, zur Zeitschätzung, zur Seelenblindheit oder zum Empfinden der Töne sowie die Stellung der Psychologie im System Rickerts und bei Dilthey diskutiert, weiterhin die Experimentalpsychologie Stumpfs. Abgeschlossen wurde das Verfahren mit der

---

1 Hönigswald, R., Gutachten zur Habilitationsschrift von Moritz Löwi. Lehrfach der Philosophie und die Personalien der zu demselben gehörenden Dozenten 1923-1931, Archiwum Uniwersytetu Wrocławskiego (Universitätsarchiv Wrocław) [künftig zitiert: Personalien Philosophie, Archiwum UWr], F 71. Das Gutachten ist vollständig abgedruckt in Wolandt, B., Der wissenschaftliche Weg von Moritz Löwi im Anschluß an Richard Hönigswald, 1996, 245-247.

2 »Er hält sinnlose Silben nicht für das richtige Material für die Erforschung des Gedächtnisses; besser seien Texte. Er analysiert einen Versuch mit einem Text, der im psychologischen Seminar in Breslau gemacht worden ist, und entwickelt an der Hand dieses Versuches seine Anschauungen über Gedächtnis u. Assoziationen.« Fakultätsprotokoll der Probevorlesung des Herrn Dr. M. Löwi zum Zwecke der Habilitation für Psychologie vom 25.2.1924, Personalien Philosophie, Archiwum UWr F 71.

akademischen Antrittsvorlesung »Zur Frage des simultanen Helligkeitskontrastes« und der Verteidigung seiner Thesen am 3. März 1924. Der Fakultätsbeschluss lautete: »Auf Grund des Ausfalls dieser sowie der übrigen Habilitationsleistungen erteilt die Fakultät dem Herrn Dr. phil. Moritz Löwi die venia legendi für das Fach Psychologie.«[1]

3. Hönigswalds Musterschüler: Eine Universitätskarriere

Damit hätte eine glänzende und erfolgreiche Hochschulkarriere des Privatdozenten Moritz Löwi beginnen können. Die Anfänge waren, auch durch die Förderung Hönigswalds, vielversprechend. Neben gemeinsamen Lehrveranstaltungen und Forschungen am psychologischen Laboratorium mit Hönigswald zu Problemen der experimentellen Psychologie setzt sich Hönigswald auch für ein Privatdozentenstipendium ein.[2] Zugleich suchte Löwi die Zusammenarbeit mit dem berühmten Neurologen Otfrid Foerster am Breslauer Wenzel-Hancke-Krankenhaus. Foerster war ein weltweit anerkannter Pionier und Experte der Hirnforschung und der chirurgischen Behandlung der Epilepsie. Er gab einen Hirnatlas heraus und suchte zeitlebens nach empirischen Bestätigungen der Lokalisationstheorie. Diese ordnet einzelnen Hirnarealen, besonders einzelnen Arealen der Großhirnrinde, definierte neurologische Funktionen zu, so dass als Ergebnis ein funktioneller Bauplan der Großhirnrinde angestrebt wird. Foerster beschränkte sich nicht nur auf Diagnose und Erforschung neurologischer Krankheiten und Funktionen, sondern er entwickelte auch operative und nichtoperative Therapiemaßnahmen und Schmerzbehandlungen insbesondere von Gehstörungen, die ihren Ursprung in dauerhaft krankhaften spastischen Kontraktionen von Muskeln der Beine haben und auf Schädigungen von Hirn bzw. Rückenmark zurückgehen. Ein Beispiel dafür ist die nach ihm benannte Foerstersche Operation, die operative Entfernung (Resektion) der hinteren Rückenmarkswurzeln. Im Ersten Weltkrieg soll er tausende verwundete Soldaten operiert haben. Auf Foerster geht auch die sogenannte Übungstherapie zurück, eine Therapie, die aus wiederholenden stimulierenden Übungen an geschädigten, neuronal funktionsgestörten Körperteilen besteht. Diese Übungstherapie ist somit ein früher Vorläufer physiotherapeutischer Rehabilitationsmaßnahmen. Sein berühmtester Patient war Lenin von 1922-1924. Bis 1932 war er acht Jahre Vorsitzender der Gesellschaft Deut-

1 Wolandt, B., Der wissenschaftliche Weg von Moritz Löwi im Anschluß an Richard Hönigswald, 1996, 234.

2 Es gibt Nachweise über zehn gemeinsame Übungen bis 1930. Vgl. Grassl, R., Breslauer Studienjahre, 1996, 6. Zu Hönigswalds Förderung siehe Grassl, R. / Richart-Wilmes, P., Denken in seiner Zeit, 1997, 78.

scher Nervenärzte. Zusammen mit Oswald Bumke war Foerster Mitherausgeber und -autor des umfangreichen *Handbuchs der Neurologie.*[1] Zwischen 1925 und 1935 kamen vor allem amerikanische Neurologen und Neurochirurgen zu Foerster nach Breslau, die später in den USA Foersters Forschungen zur Epilepsie und Hirnrindenanalyse weiterführten. Foerster galt seit 1924 über Deutschland hinaus als einer der führenden Neurologen und als Wegbereiter und Begründer der modernen Neurologie und Neurochirurgie. Aufgrund seiner Verdienste hat die *Deutsche Gesellschaft für Neurochirurgie* eine Otfrid-Foerster-Medaille gestiftet.

Löwi berichtete in seinem 1941 verfassten Lebenslauf anlässlich seiner Bewerbung am Connecticut College for Women, New London, von vier Jahren »clinical work« an der von Foerster geleiteten neurologischen Abteilung des Wenzel-Hancke-Krankenhauses.[2] Es entstand die gemeinsam mit Foerster 1932 publizierte Studie *Über die Beziehung von Vorstellung und Wahrnehmung bei Schädigung afferenter Leitungsbahnen*[3], in der an klinischen Fallbeispielen nicht nur neuronale Störungen der Handbewegung oder Gehstörungen beschrieben werden, sondern auch der Erfolg einzelner Therapiemaßnahmen durch übende Wiederholung. Löwis Anteil an der Studie ist darin zu sehen, dass er eine denkpsychologisch begründete Analyse gibt, die über einen bloßen psychophysischen Parallelismus hinausgeht.

Bereits in Breslau arbeitete Löwi immer wieder an experimentellen Studien, die Eingang in seine Schriften gefunden haben. Außerdem betreute Löwi, zusammen mit Hönigswald, mehrere psychologische Promotionen. 1928 wurde das Verfahren von Susanne Stadie, 1930 das von Franz Fink, abgeschlossen. Beide nannten als ihren akademischen Lehrer an erster Stelle Moritz Löwi.[4] Zwischen 1870 und 1930 waren Psychologie und empirische psychologische Forschung an einen Lehrstuhl für Philosophie angebunden, wie damals häufig an deutschen Universitäten anzutreffen. Außerdem war die Pädagogik angegliedert. Das Philo-

---

1 Katner, W., Foerster, Otfrid, 1961, 280 f. Siehe auch Bumke, O. / Foerster, O., Handbuch der Neurologie 1-17, 1935-37.

2 Lebenslauf vom 1. Februar 1941, Connecticut College, Linda Lear Center for Special Collections and Archives, Files Moritz Loewi. Vgl. auch Connecticut College Alumnae News 21(1941)1, 10.

3 Zeitschrift für die gesamte Neurologie und Psychiatrie, 1932, 658-692.

4 Stadie, S., Vom Tiefensehen, 1928; Fink, F., Über die Farbenbeständigkeit der Außendinge und die sogenannte Berücksichtigung der Beleuchtung, 1930. Das persönliche Schicksal Franz Finks (1906-1962) war geradezu abenteuerlich: Er arbeitete als Lehrer bis zu seiner Entlassung 1933 in Niedersachsen. Später emigrierte er unter widrigsten Umständen nach Uruguay, wo er in sehr beschränkten finanziellen Verhältnissen leben musste. Er war zunächst als Lehrer, dann als Publizist und nebenberuflich auch als Maler tätig. Er emigrierte 1960 nach Israel, wo er im Kibbutz Ma'abarot starb. Sein wissenschaftlicher Nachlass befindet sich in der National Library of Israel, Franz Jona Fink Archive [künftig zitiert: NLI, Franz Jona Fink Archive], ARC. Ms. Var. 398.

sophische Seminar bestand aus einer geschichtlich-systematischen und einer psychologischen Abteilung, die Hönigswald leitete. So hatte Hönigswald von 1916 bis zu seiner Berufung an die Münchener Universität 1930 als Nachfolger des Psychologen William Stern auf den Lehrstuhl für Philosophie, Psychologie und Pädagogik zugleich die Leitung des psychologischen Laboratoriums übernommen, das er für seine denkpsychologischen Forschungen mit nutzte. Wichtige Schriften Hönigswalds sind im Zusammenhang auch mit Forschungen des psychologischen Laboratoriums zu sehen.[1]

Spätestens nach seiner Promotion arbeitete auch Löwi im psychologischen Laboratorium des Seminars, in dem die in seiner 1924 publizierten Habilitationsschrift *Schwellenuntersuchungen* beschriebenen Experimente entstanden. Sie sollten zeigen, dass empirisch-physiologische Untersuchungen etwa zu Reaktionszeiten, die zwischen physischem Reiz und psychischer Reaktion liegen, allein keine hinreichende psychologische Erklärung der beschriebenen Phänomene liefern. Anschließend, bereits als Mitarbeiter und Assistent Hönigswalds, begann Löwi zunächst mit Hönigswald in Forschung und Seminaren begrifflich an einer an psychischen Phänomenen orientierten philosophischen Theorie der Denkpsychologie zu arbeiten. Nicht nur in seiner wichtigen Studie *Zum Problem des Rhythmus*, 1926, hat sich Hönigswald auf Löwis Schwellenuntersuchungen bezogen, sondern Löwis Anteil an der Entwicklung der Denkpsychologie, wenigstens was die Einbeziehung empirisch untersuchter psychischer Phänomene betraf, später auch ausdrücklich eingeräumt.[2] Doch zunehmend setzte Löwi eigene Forschungsschwerpunkte. Bereits seine nächste große Arbeit *Über spezifische Sinnesenergien*, erschienen 1927, nahm in noch höherem Maße als die Habilitationsschrift die drängende Frage nach der systematischen Bedeutung empirisch-experimenteller Forschung für die Psychologie auf. Wie auch in seinen späteren Arbeiten untersuchte Löwi im psychologischen Laboratorium 1928 bis 1929 Leseprozesse und die damit verbundenen Fragen, wie beim Lesen aus physiologischen Bedingungen echtes Textverständnis entsteht. So untersuchte er Aufmerksamkeitsspannen oder Reaktionszeiten in psychischen Prozessen am Beispiel von

---

1 Alechnowicz-Skrzypek, I., Neukantianer an der Breslauer Universität, 2015, 209-217 u. 214. Alle Informationen zur Geschichte des psychologischen Laboratoriums an der Universität Breslau stammen von Alechnowicz-Skrzypek, I., Badania Richarda Hönigswalda i Moritza Löwiego w laboratorium psychologicznym worcławskiego Seminarium Filozoficznego (1916-1930), 2015. Leiter waren bis 1916, dem Jahr der Lehrstuhlübernahme duch Hönigswald, Benno Erdmann, Theodor Lipps, Hermann Ebbinghaus, William Stern. Siehe auch Geuter, U. (Hg.), Daten zur Geschichte der deutschen Psychologie Bd. I, 1986, 24. Hönigswald, R., Die Grundlagen der Denkpsychologie, 1925, Ders., Vom Problem des Rhythmus, 1926, sowie Ders., Beiträge zur Psychologie des Lesens, 1939. Eine Übersicht über die Geschichte des philosophischen Seminars von 1811-1911 hat im übrigen Hönigswald selbst gegeben. In: Hönigswald, R., Philosophie, 1911, 337-348.

2 Hönigswald an Lohmeyer, 03.01.1935. In: Otto, W. (Hg.), Aus der Einsamkeit – Briefe einer Freundschaft, 1999, 81, siehe auch 2.9. Distanz: Die Beziehung zu Hönigswald, 73.

Text- und Verständnisergänzungen zu Satzlücken. Vom Sommersemester 1928 bis zu Hönigswalds Berufung nach München 1930 behandeln die gemeinsamen, seit dem Sommersemester 1925 in jedem Semester durchgeführten Seminare als »Experimentelle Übungen zur Psychologie« die Psychologie des Lesens und Sprechens.[1] Beide haben die Ergebnisse dieser Forschungen und ihre denkpsychologische Relevanz sicher in diesen gemeinsamen Seminaren diskutiert, aber in ihren später publizierten Schriften zum Lesenlernen ohne gegenseitige Namensnennung oder Bezugnahme unterschiedlich verarbeitet; Hönigswald beispielsweise in seiner Studie *Beiträge zur Psychologie des Lesens*, 1939, Löwi in seinem zusammen mit Käthe Stern[2] publizierten Beitrag *Zur Analyse des Lesenlernens*, der die auf dem 12. Kongreß der Deutschen Gesellschaft für experimentelle Psychologie in Hamburg 1931 gehaltenen Vorträge publizierte.

Erstaunlicherweise stehen die späten – wohl weitgehend Löwi überlassenen – empirischen Forschungen Hönigswalds wie Löwis eigene Arbeiten in der strukturalistisch-empiristischen Tradition der Psychologie, die am psychologischen Laboratorium der Universität Breslau etabliert war. Offenbar haben beide eine denkpsychologische Deutung und Fortsetzung der experimentellen Arbeiten Ebbinghaus' und Sterns zum psychologischen Verständnis von Gedächtnis, Lernen und Lesen unter Berücksichtigung des empirisch-denkpsychologischen Forschungsansatzes Bühlers unternommen. Doch dieses Forschungsprojekt kam mit Hönigswalds Berufung 1930 nach München spätestens 1933 an ein zwangsweises Ende. Löwi griff diesen Forschungsansatz unter veränderten äußeren Bedingungen erst nach seiner Emigration in die USA wieder auf. Dafür spricht auch, dass Löwi sich Ende 1934 in einem seiner späteren Lebensläufe als Vertreter

---

1 Die entsprechenden Vorlesungsverzeichnisse der Universität Breslau sind zitiert nach Grassl, R., Der junge Richard Hönigswald, 1998, 230-232.

2 Käthe Stern gründete nach dem Ersten Weltkrieg ein Montessori-Kinderhaus (Kindertagesstätte, Kindergarten) in Breslau, das sie bis 1933 leitete. Dort entwickelte sie eine erweiterte Montessori-Pädagogik, die Einflüsse und Erkenntnisse Fröbels mit denen Maria Montessoris verband. Diese Arbeit setzte sie später nach der Emigration in die USA dort mit erheblicher Wirkung fort. Vgl. Berger, M., Erinnerung an eine vergessene Montessori-Pädagogin, 2011, 37-44.

der »Strukturpsychologie«, also der Psychologie in der Tradition Wundts, bezeichnet hat.[1] Für diese Interpretation der Bedeutung der denkpsychologischen Forschungen spricht auch, dass Löwi sich in seinem Habilitationsvortrag »Gedächtnis und Assoziation« kritisch mit dem empirischen Ansatz Ebbinghaus' auseinandergesetzt hat.[2]

1931 wurde Löwi zum nichtbeamteten außerordentlichen Professor für Psychologie und Pädagogik berufen und damit zum ersten Fachvertreter für Psychologie und Pädagogik an der Universität: mit Löwi wurde die Psychologie in Breslau auch fachlich selbständig.[3] Zugleich übernahm Löwi nun auch offiziell die Leitung des psychologischen Laboratoriums. Verstärkt suchte er die Zusammenarbeit mit den empirisch arbeitenden Kollegen. Anlässlich des 12. Kongresses der Deutschen Gesellschaft für Psychologie in Hamburg, der von William Stern ausgerichtet wurde, erscheint eine zusammen mit der Breslauer Montessori-Pädagogin Käthe Stern (nicht verwandt mit William Stern) verfasste Arbeit zur Analyse des Lesenlernens. Das *Psychological Register* führt ihn 1932 als Mitglied der Deutschen Gesellschaft für Psychologie, zudem war er seit 1920 Mitglied der Kant-Gesellschaft.[4]

4. Die Nazifizierung der Breslauer Universität

Ab 1933 beginnt Löwis gesellschaftliche und akademische Isolation. Einen Eindruck von den zunehmenden Verfolgungen der jüdischen Bürger in Breslau erhält man durch die Tagebuch-Aufzeichnungen des jüdischen Gymnasiallehrers Willy Cohn, der aufgrund des »Gesetzes zur Wiederherstellung des Berufsbeamtentums« 1933 aus dem Schuldienst ausschied – er unterrichtete am St.-Johannes-Gymnasium, später am jüdischen Reformgymnasium Breslau. Anschließend lebte er von Vortrags- und Publikationsarbeiten. Cohn bemühte sich vergeblich 1938 – zu spät – um eine Ausreise. Schließlich wurde er Ende November 1941,

1 Löwi an Academic Assistance Council, London, 21.11.1934, Anlage Confidential Information. Bodleian Libraries, University of Oxford, Department of Special Collections, Archive of the Society for the Protection of Science and Learning, 1933-87, Löwi, Moritz (1891-), File 1934-42 [künftig zitiert: Bodleian Libraries, Society for the Protection of Science and Learning] SPSL 521/2, fol. 477. Das Academic Assistance Council (AAC) wurde später umbenannt in die Society for the Protection of Science and Learning (SPSL).

2 Fakultätsprotokoll der Probevorlesung des Herrn Dr. M. Löwi zum Zwecke der Habilitation für Psychologie vom 25.2.1924. Personalien Philosophie, Archiwum UWr, F 71.

3 Horn, K.-P., Erziehungswissenschaft in Deutschland im 20. Jahrhundert, 2003, 76. Ebenso Geuter, U. (Hg.), Daten zur Geschichte der deutschen Psychologie Bd. I, 1986, 201.

4 Murchison, C. (Hg.), The Psychological Register III, 1932, 843 und Mitteilungen der Kant-Gesellschaft, 1920, 90.

zusammen mit seiner Frau und zwei Töchtern und den (ersten) mehr als 1000 deportierten Breslauer Juden in Kaunas, Litauen, in einer Massenerschießung durch ein SS-Mordkommando ermordet. In seinen Aufzeichnungen spiegelt sich das gesellschaftliche Leben Breslaus seit 1933. Die Bildungsbürger kennen sich untereinander, und Cohn kennt Breslau und die jüdische Gemeinde sehr gut. So finden sich in seinen Aufzeichnungen Hinweise auf die Entlassung von Marck an der Universität Breslau und Hönigswalds in München[1]. Er beschreibt die ersten Gewaltexzesse, die diskriminierenden Ausweisstempel, die Barbarei der Bücherverbrennungen, die Schwierigkeiten und Verbote, eine öffentliche Bibliothek aufzusuchen, die Verfolgungen und Synagogenbrände in der Reichspogromnacht, schließlich die Vorbereitung der Deportationen. Schnell schritt die äußere soziale Reduzierung der Lebenswelt voran.[2]

Die Zustände an der Breslauer Universität entsprechen da nur den allgemeinen gesellschaftlichen Zuständen. Die Universität wird zur »Reichsuniversität«, eine von vier deutschen Universitäten, in denen in einem Pilotprojekt der nationalsozialistische Umbau der deutschen akademischen Institutionen vorangetrieben werden sollte. An der Universität war nicht nur in der Philosophischen Fakultät, sondern generell der Anteil der akademisch Lehrenden jüdischer Herkunft hoch, was die Breslauer Universität zu einem Angriffsobjekt mit »nicht zu unterschätzenden Auswirkungen auf das akademische Leben im gesamten Reich« machte.[3] Dennoch wurde Löwi erst Anfang 1936 entlassen und konnte bis dahin bei Aufrechterhaltung seines bezahlten Lehrauftrages arbeiten und lehren. Selbst in der nationalsozialistischen Barbarei gab es Unterschiede in der Behandlung des jüdischen akademischen Universitätspersonals. Löwi erhielt erst mit Anfang des Wintersemesters 1935 Lehrverbot.[4] Offenbar scheuten sich die Nationalsozialisten noch, einen verdienten und im Krieg verwundeten Veteranen aus dem Amt zu treiben. Grundlage für Löwis vorläufiges Verbleiben im Amt war der berüch-

---

1 Die Söhne besuchten früher gemeinsam das St.-Johannes-Gymnasium in Breslau. Cohn, W., Kein Recht, nirgends, 2008, 13 u. Anm. 14, auch 27 u. Anm. 43.

2 Bereits am 24. Februar 1933 stellt Cohn mit klarem Urteil fest: »Immerhin hat man sich auf allerhand Terror noch gefaßt zu machen. Nirgends ist mehr Recht in Deutschland! Nirgends.« Cohn, W., Kein Recht, nirgends, 2008, 10.

3 Kapferer, N., Die Nazifizierung der Philosophie an der Universität Breslau 1933-1945, 2001, 243. Es lehrten zwischen 1918 und 1934 Hönigswald, Guttmann, Marck, Löwi, Stein. Vgl. ebd., 20.

4 Kapferer, N., Die Nazifizierung der Philosophie an der Universität Breslau 1933-1945, 2001, 62. Nach Auskunft von Ritzel lehrte Löwi noch 1935 über »Psychologische Experimente«, vgl. Ritzel, W., Jugend zwischen den Kriegen, Heft 2, unveröffentlicht, 132 f. Teilabdruck in: Ritzel, Nataly: Das 6. Semesterprotokoll, 2016, 99-102. Den vollständigen Textauszug, die Ausführungen Ritzels zu Breslau betreffend, hat Nataly Ritzel dem Hönigswald-Archiv, Aachen, zur Verfügung gestellt. Die Nachricht von der Einstellung der Vorlesungstätigkeit mit Beginn des Wintersemesters war auch zu lesen in: Jüdische Zeitung Breslau 44 (1935) vom 15. November 1935, 3.

tigte »Arierparagraph« 3 des Gesetzes zur »Wiederherstellung des Berufsbeamtentums« vom 7. April 1933, nach dem zwar alle Beamten »nichtarischer Abstammung« unverzüglich zu entlassen sind. Eine Ausnahme galt aber für diejenigen, die »im Weltkrieg an der Front für das Deutsche Reich oder für seine Verbündeten gekämpft haben«, eine Regelung, unter die auch Löwi fiel.[1] 1934 wird zwar seine Nichtberücksichtigung für die Vorschlagsliste zur Besetzung der Pädagogik-Professur (Nachfolge Marck) allein mit seiner »nichtarischen Abkunft« begründet. Doch gleichzeitig setzte sich Dekan Ludolf Malten in einem Schreiben an das Ministerium für den Verbleib Löwis ein: Da Löwi als fünffach Kriegsverwundeter auch bei der NS-Studentenschaft in gutem Ansehen stehe, würde die Fakultät es

> [...] dankbar begrüssen und sachlich und persönlich für begründet halten, wenn das Ministerium anläßlich dieser Neubesetzung die Stellung Löwis unter Beibehaltung seines Lehrauftrages sichern und befestigen würde.[2]

Die Wiederbesetzung der Professur verzögerte sich. Am 2. Juli 1935 drängte der Dekan Malten auf die Besetzung der Pädagogik-Professur, da diese zur Zeit durch den »tüchigen und mehrfach schwer kriegsverletzten, jedoch nichtarischen Prof. Löwi vertreten« wurde.[3] Es gab Verzögerungen, die zur Wiederbesetzung der Pädagogik-Professur erst zum SS 1936 führten. Für das WS 1935/36 wurde sogar noch eine Vertretung durch Löwi selbst in einem Schreiben des Dekans Malten an den Minister vom 30. August 1935 nicht ausgeschlossen.[4] Der Pädagoge Wolfgang Ritzel, der sich selbst als Schüler Löwis bezeichnet hat, schrieb in seinen Erinnerungen an seine Breslauer Studienzeit ab dem WS 1933/34, dass Löwi sogar noch eine pädagogische Dissertation betreut habe, zu deren erfolgreichem Abschluss es aber nicht mehr kam:[5] Löwi wurde aus der Prüfungskommission ausgeschlossen.

---

1 Reichsministerium des Innern (Hg.), Gesetz zur Wiederherstellung des Berufsbeamtentums. Vom 7. April 1933. In: Reichsgesetzblatt 1933, I, 175-177.

2 Dekan Ludolf Malten an das Preußische Ministerium für Wissenschaft, Kunst und Volksbildung vom 6.3.1934. Zitiert nach Tilitzki, C., Die deutsche Universitätsphilosophie in der Weimarer Republik und im Dritten Reich Bd. 1, 2002, 668.

3 Zitiert nach Kapferer, N., Die Nazifizierung der Philosophie an der Universität Breslau 1933-1945, 2001, 120.

4 Ebd., 122.

5 Wolfgang Ritzel berichtet in seinen Erinnerungen von einem Kolloquium Löwis: »An meinem Fensterplatz im breiten Seminarflur hatte ich Karl G. und Käthe Sch. zu Nachbarn, Studenten in hohen Semestern und eigentlich erwachsen, was ich im Grunde noch nicht war. Er war Naturwissenschaftler und strebte das Staatsexamen an; sie schrieb, durch Löwi betreut, eine pädagogische Doktorarbeit«. Ritzel, W., Jugend zwischen den Kriegen, Heft 2, Privatarchiv Nataly Ritzel, 136. Auszüge des Textes sind gedruckt in Ritzel, N., Das 6. Semesterprotokoll, 2016, Anhang. Frau Ritzel danke ich für die Überlassung einer Kopie der Löwi betreffenden Passagen.

5. Als »Jude« in Breslau

Die Entscheidung, nach England oder in die USA zu emigrieren, musste Löwi wegen der wegfallenden Emigrationsmöglichkeiten in das benachbarte kontinentale Ausland und auch wegen der Sprachbarriere schwergefallen sein. Ausschlaggebend waren vermutlich persönliche Beziehungen und die Selbstverpflichtung, andere zu unterstützen, die ihn so lange in Deutschland hielten. Viele habe er in diesen Tagen aufzurichten, schrieb er in einem verloren gegangenen Brief an Richard Hönigswald nach München.[1] Möglicherweise versuchte er auch, seine Schwester Frieda zur Emigration zu bewegen. Außerdem arbeitete seine spätere Frau, Maria Trautmann, eine Nicht-Jüdin, in Breslau als Krankenschwester. Unwahrscheinlich, dass er sie erst in New York kennengelernt hat und dort bereits nach einigen Monaten, am 12. September 1939, geheiratet hat. Vermutlich wollten beide schon ab 1934 gemeinsam emigrieren.[2] Der Erlass der »Nürnberger Gesetze« vom 15. September 1935 und der Folgeverordnung vom November 1935 setzte die Bürgerrechte endgültig außer kraft. Ehen zwischen »Deutschen« und »Juden« wurden verboten.[3] Was es bedeutete, gegen diese Auflagen zu verstoßen und sich der »Rassenschande« schuldig zu machen, konnte man in Breslau in der Zeitung lesen, ebenso die verhängten Strafen, z. B. ein Jahr und drei Monate Zuchthaus für den jüdischen Mann, drei Monate Gefängnis für die Frau.[4] Solche Meldungen mussten nicht nur die jüdischen Zeitungen drucken. In der Rubrik »Am Pranger« sind in der Schlesischen Tageszeitung täglich Namen und Adres-

---

1 Siehe das Zitat unten auf Seite 73.

2 Moritz Löwi: Declaration of Intention, No. 8861, 30.01.1942, National Archives and Records Administration (NARA), Index to Naturalizations, 1/17/1910-3/18/1975, RG 21 [künftig zitiert: NARA, Index to Naturalizations], NAI 4527073. Bereits in dem Auskunftsformular »Confidential Information« als Anlage zu seinem Schreiben an das Academic Assistance Council, London, vom 21. November 1934, gibt er an, mit »einer von ihm abhängigen Person« zu kommen. Bodleian Libraries, Society for the Protection of Science and Learning, SPSL 521/2, fol. 479. Maria (Marie) Trautmann wurde am 2. Mai 1897 in Breslau geboren. Maria Lowi: Declaration of Intention No. 8952, 11.06.1942, NARA, Index to Naturalizations, NAI 4527073.

3 Reichsministerium des Innern (Hg.), Gesetz zum Schutze des deutschen Blutes und der deutschen Ehre. Vom 15. September 1935. In: Reichsgesetzblatt 1935, I, 1146 f.

4 Jüdische Zeitung Breslau 43(1936)47 v. 11.12.1936, 2.

sen der betroffenen Personen veröffentlicht worden.[1] Damit wurde die Situation in Deutschland für beide immer schwieriger. Hinzu kam die Entlassung Löwis aus dem Staatsdienst in der Folge der ersten »Verordnung zum Reichsbürgergesetz« vom 14. November 1935, unter die nun auch die jüdischen Kriegsveteranen fielen.[2]

Spätestens Anfang 1934 beschäftigte sich Löwi mit dem Gedanken, Deutschland zu verlassen. Am 21. November 1934 übermittelte Löwi an das *Academic Assistance Council* eine Publikationsliste, einen zuvor zugesandten Fragebogen mit Angaben zu seinen gegenwärtigen Arbeits-, Einkommens- und Lebensverhältnissen. Aufgrund der zunehmenden Repressalien sah sich Löwi gezwungen, wie er in dem Begleitschreiben ausführte, Brief und Fragebogen »im Auslande«, also vermutlich in der nahen Tschechoslowakei, auszufüllen und aufzugeben, verbunden mit der Bitte, den Empfang des Briefes nicht zu bestätigen, »um meine Stellung nicht zu gefährden«. Löwi gab an, Ende 1934 »in unveränderter Weise« an der Universität Breslau zu lehren und zu arbeiten: »ich beziehe mein Gehalt weiter, nur bin ich als Jude aus der Prüfungskommission ausgeschieden«. Als Referenzen gab Löwi an erster Stelle Hönigswald, dann auch Ludwig Baur, Theodor Litt, Karl Bühler und Fritz Medicus an, weiterhin, dass er – inzwischen nur noch inoffiziell – das Psychologische Seminar an der Universität Breslau leite. Löwi spricht nach eigenen Angaben schlecht Englisch, besser Französisch und Italienisch. Einzige Einkommensquelle ist der Lehrauftrag, es gebe keine Pensionsberechtigung. Vermutlich, so Löwi, reichen die Ersparnisse für weitere knapp drei Jahre. Löwi kann sich vorstellen, in die Schweiz, Österreich, Tschechoslowakei oder die Niederlande zu emigrieren, allerdings nicht in den Fernen Osten, Südamerika oder die Sowjetunion, denn »für meine Art der Wissenschaftsbehandlung ist in diesen Ländern kein Interesse vorhanden«. Löwi hatte die Absicht, auch im Ausland weiter akademisch zu forschen und zu lehren.[3]

---

1 Mühle, E., Breslau, 2015, 249. Ebenso Przyrembel, A., ›Rassenschande‹, 2003, 65-79 u. ö.

2 Nach § 4 Abs. 2 sind jüdische Beamte »mit Ablauf des 31. Dezember 1935 in den Ruhestand« zu versetzen. Erste Verordnung zum Reichsbürgergesetz. Vom 14. November 1935. In: Reichsgesetzblatt, 1935, Nr. 125, S. 1333 f. Löwis Entlassung wurde in internationalen jüdischen Kreisen bemerkt. Vgl. Jewish Telegraphic Agency, New York, Vol. 1, Nr. 86 vom 15. November 1935, 3.

3 Löwi an Academic Assistance Council, London, 21.11.1934, Anlage Confidential Information. Bodleian Libraries, Society for the Protection of Science and Learning, SPSL 521/2, fol. 479.

Vermutlich auch wegen der fehlenden Hilfsmöglichkeiten betrieb Löwi das Projekt nicht weiter. Immerhin übermittelte der *Academic Assistance Council,* London, bereits am 4. März 1934 und nochmals im November 1934 an das *Emergency Committee in Aid of Displaced Foreign Scholars* in New York einige Angaben zu Löwi, insbesondere seine Bitte um die Vermittlung von Arbeitsmöglichkeiten. Jedenfalls wurde auf diese Angaben in dem Schriftwechsel Löwis mit dem *Emergency Committee in Aid of Displaced Foreign Scholars,* der Löwis Einwanderung 1938 in die USA vorausging, eindeutig Bezug genommen.

In Breslau blieb Löwi auch weiterhin anerkannter Mittelpunkt des Kreises der Hönigswald-Schüler und Freunde in Breslau, zu denen neben jüdischen Freunden, Schülerinnen und Schülern auch der nicht-jüdische Gelehrte Wolfgang Cramer gehörte.[1] Zunehmend engagierte er sich in den liberalen Bildungseinrichtungen der Jüdischen Gemeinde, zu der er aber ziemlich sicher keine religiösen Bindungen unterhielt.[2] Zwischen 1936 und Ende 1937 gab Löwi Psychologiekurse am noch bestehenden Rabbiner-Seminar, dem Jüdisch-Theologischen Seminar Breslau.[3] Dies sei für jüdische junge Menschen die einzige noch verbliebene Möglichkeit gewesen, Psychologie zu studieren.[4] In der jüdischen Presse Breslaus sind außerdem Ankündigungen und Kurzberichte zu Kursen und Vorträgen dokumentiert, die in der Freien Jüdischen Volkshochschule und nun »Jüdisches Lehrhaus« heißen musste, in den Räumen der Lessingloge stattfanden. Die Arbeit der Dozenten erfolgte ehrenamtlich wurde nur in Ausnahmefällen schlecht bezahlt.[5] So lehrte und sprach Löwi über Fragen der Kindererziehung bis hin zu psychologischen Fachthemen, mit denen er gegen den ideologischen Mainstream anging. Etwa setzte er sich öffentlich mit Ernst Kretschmers bekannter Theorie

---

1 Fink an Gadamer vom 1949, Universitätsarchiv Frankfurt am Main [künftig zitiert UAF], Abt. 134, Nr. 93, Blatt 17, abgedruckt unten auf Seite 260. Cramer habe auch vor bevorstehenden »Aktionen« der Gestapo gewarnt, was nichts anderes bedeutet, als dass auch die Vorträge in der Lessingloge überwacht wurden. Siehe auch Cramer, K., Um einen nationalsozialistischen Fichte von Innen bittend, 2010, 285-309, 291. Eine biographische Arbeit zu Wolfgang Cramer befindet sich in Vorbereitung.

2 So lehnt er in seiner Auskunft über seine persönlichen Verhältnisse mögliche Kontaktaufnahmen von religiösen Gemeinschaften – christliche, jüdische und alle anderen – ab. Löwi an Academic Assistance Council, London, vom 21.11.1934, Anlage Confidential Information, Bodleian Libraries, Society for the Protection of Science and Learning, SPSL 521/2, fol. 479.

3 Es wurde nach den November-Pogromen 1938 geschlossen. Müller, R., Auf den Spuren der Breslauer Synagogengemeinde bis zur Shoah, 2018, 32.

4 Siehe auch Löwi an Emergency Committee, 23.02.1942. New York Public Library, Manuscripts and Archives Division, Emergency Committee in Aid of Displaced Foreign Scholars Records, MssCol 922, Series I. Grant files, 1927-1949, Box 22, Folder 4, Lowi, Moritz, [zitiert als NYPL, Emergency Committee, Lowi, Moritz].

5 Zum jüdischen Kulturleben im Breslau der dreißiger Jahre siehe Müller, R., Auf den Spuren der Breslauer Synagogengemeinde bis zur Shoah, 2018, 104 und Friedla, K., Juden in Breslau / Wrocław 1933-1949, 2015, 151 ff.

zum Zusammenhang von Körperbau und Charakter auseinander. Das zugrundeliegende Buch erlebte zahlreiche Auflagen und passte durchaus zur herrschenden Rassenideologie. Kretschmer, immerhin seit 1929 Nobelpreisträger, vertritt darin die Auffassung, dass sich grundlegende Charaktereigenschaften vom Körperbau ableiten ließen.[1] Fink berichtet von einer kenntnisreichen Zusammenfassung der Theorie Kretschmers durch Löwi, der dieser zwei grundsätzliche Einwände folgen ließ. Der erste Einwand besagt, dass Räumliches, also Körperbau, niemals der Grund für Psychisches sein könne, denn Erlebnisse und Charaktereigenschaften sind, wie alles Psychische, nur zeitlich, nicht aber auch räumlich bestimmt. Die Verbindung liegt in einer angemessenen Bestimmung des Organismusbegriffs, der bei Kretschmer fehle. Der zweite Einwand zielt auf Kretschmers Typenlehre selbst (von ihm stammt die Unterscheidung zwischen Athleten, Leptosomen und Pykniker) und ihre scharfen qualitativen Trennungen, die prinzipiell messbar wären. Doch Psychisches trete immer in Graden auf, außerdem seien Erlebnisse prinzipiell nicht messbar, weil über ihren Anfang, ihr Ende und ihre Dauer die betreffende Person entscheide.[2] Folglich könne die Typentheorie nicht zu empirisch überprüfbaren Ergebnissen führen. Das auszusprechen war Ende 1935 mutig, zumal immer mit der Anwesenheit von Gestapo zu rechnen war. Der Vortrag Löwis eröffnete das Wintersemester am Jüdischen Lehrhaus, zugleich auch seinen Kurs »Probleme der modernen Charakterforschung«.[3]

Eine Reihe im März 1936 über »Nervöse und schwer erziehbare Kinder« schloss sich an.[4] Den Lehrbetrieb des Wintersemesters eröffnete Löwi mit dem Vortrag »Seelenleben und Gehirn im Experiment«.[5] Auch eine größere Buchrezension war möglich. Sie war einer Hauptschrift des Rabbiners Albert Lewkowitz (1883-1954) gewidmet. Lewkowitz studierte und lehrte Pädagogik und Religionsphilosophie am Jüdisch-Theologischen Seminar Breslau bis zur Schließung 1938, floh nach Amsterdam und wurde nach Bergen-Belsen deportiert, überlebte und starb in Haifa. Er publizierte zahlreiche philosophische und jüdisch-theologi-

1 Kretschmer stand zwar der ideologischen Rassenlehre kritisch gegenüber, unterstützte anderseits aber das Regime. So war er, obwohl nie NSDAP-Mitglied, förderndes Mitglied der SS und 1933 Mitunterzeichner des »Bekenntnisses der deutschen Professoren zu Adolf Hitler«. Biographische Daten in Seidler, E., Kretschmer, Ernst, 1982.

2 Fink, F., Professor Löwi: Körperbau und Charakter, Probleme und Scheinprobleme, in: Jüdische Zeitung Breslau 43(1936)5 vom 31. Januar 1936, 3. Vgl. auch Kretschmer, E. Körperbau und Charakter, 1936. »Die ernsten wissenschaftlichen Probleme wurden von Professor Löwi so klar und schlicht vorgetragen, daß auch die Laien den Auseinandersetzungen mit Interesse folgen konnten.« Breslauer Jüdisches Gemeindeblatt 13(1936)4 vom 29. Februar 1936, 7. Löwis denkpsychologische Theorie wird im systematischen Teil ausführlich diskutiert.

3 Breslauer Jüdisches Gemeindeblatt 12(1935)24 vom 31. Dezember 1935, 12.

4 Breslauer Jüdisches Gemeindeblatt 13(1936)4 vom 29. Februar 1936, 10.

5 Jüdisches Gemeindeblatt Breslau 14(1937)17 vom 10. September 1937, 2 u. 10.

sche Schriften, darunter der von Löwi rezensierte letzte Band einer 1929 begonnenen Trilogie mit dem enzyklopädischen Titel *Das Judentum und die geistigen Strömungen des 19. Jahrhunderts.* Nach einer ausführlichen Darstellung und Würdigung der Hauptgedanken endete Löwi wie auch an anderer Stelle wiederum mit einem appellartigen Resümee, gerichtet an seine durchaus nicht überwiegend akademisch gebildete Leserschaft, das durchaus einer politischen Botschaft gleichkommt:

> Nur die Hingabe der vollen Persönlichkeit, nur der gewichtige Einsatz moralischer und physischer Kräfte ermöglichten Lewkowitz die Bewältigung der gestellten Probleme. Außergewöhnliche Gelehrsamkeit, Weite des wissenschaftlichen Horizonts, Schlichtheit und Klarheit des Urteils sind die selbstverständlichen Voraussetzungen, um jene Probleme zu sehen und zu meistern. Was aber dem Buche ein besonderes Ansehen gibt, ist dies: An allen Punkten fühlt man unmittelbar, wie sehr *Lewkowitz* Forschung zugleich eine Sache des Herzens wird: hinter allen scharfsinnigen Formulierungen, hinter allen Argumenten und Gegenargumenten sieht man das Bild eines Mannes, fest im Glauben und unbeirrbar in seiner Zuversicht.[1]

Man sieht auch hier wieder Löwis Fähigkeit, persönliche und fachliche Wertschätzung mit praktischen Konsequenzen zu verbinden. Philosophie, die den Menschen als Subjekt und Gemeinschaftswesen zum Thema hat, kann und darf die Zeitläufte nicht ignorieren. Da, wo die Würde des Menschen auf dem Spiel steht, bedarf es der Stellungnahme. Das pädagogische Wirken erlangt hier eine politische Dimension. Es war mutig von Lewkowitz, in Deutschland eine Studie vorzulegen, die die enorme Bedeutung des Judentums für die deutsche und gesamteuropäische Kultur und Philosophie hervorhob, und es war nicht minder mutig von Löwi, diese Studie zum Anlass zu nehmen, öffentlich sein Publikum zur Zuversicht und Hoffnung in einer zunehmend finsteren Zeit aufzufordern. Indem er Lewkowitz' wissenschaftliche und persönliche Haltung würdigte, wurde sie zum Beispiel für alle. Die Botschaft war klar: Verzagtheit ändert nichts und Wahrheit, Klarheit und Standfestigkeit führen auf lange Sicht zum Erfolg. Überhaupt war Löwi für seine Unerschrockenheit gegenüber dem Nazi-Regime bekannt. Dr. Arno Müller, Mitglied der kommunistischen Partei und Widerstandskämpfer, 1944 in Frankreich desertiert, berichtete im Rahmen des Entnazifizierungsverfahrens von Wolfgang Cramer von regelmäßigen Treffen der »*Staatsfeinde* der Universität« in Löwis Universitätsbüro und an seinem Mittagstisch im jüdischen Warenhaus Wertheim. Müller hatte Löwi bei Treffen in Cramers Wohnung kennengelernt.[2]

---

1 Lewkowitz, A., Das Judentum und die geistigen Strömungen des 19. Jahrhunderts, 1935, und Löwi, M., Judentum und Philosophie des 19. Jahrhunderts, 1935.

2 Staatsarchiv München, Spruchkammerakte Karton 4117, Cramer, Wolfgang [künftig zitiert: StAM, Spruchkammerakte Cramer, Wolfgang], Blatt 26, Anlage 5.

Die zunehmende Papierknappheit, unter der die jüdischen Zeitungen leiden mussten, reduzierte auch den zur Verfügung stehenden Rezensionsplatz.[1] Größere Buchbesprechungen gab es immer weniger oder unterblieben schließlich. Trotz der zunehmenden Repressalien trat Löwi weiterhin couragiert und andere ermunternd öffentlich hervor. So schlug ein weiterer Vortrag Löwis innerhalb der Gemeinde höhere Wellen, nicht zuletzt aufgrund der lebendigen Berichterstattung des Löwi-Schülers Franz Fink. Eingeladen von der *Zionistischen Vereinigung und der Arbeitsgemeinschaft zionistischer Lehrer* hielt Löwi am 17. November 1936 einen Vortrag mit dem Titel »Handarbeit als Erziehungsproblem«. Was wie ein akademischer Pädagogik-Vortrag begann und bekannte Positionen wie die von Dewey oder Kerschensteiner streifte, endete damit, den zionistischen Auswanderungskampagnen der jüngeren deutschen Juden eine philosophische Basis zu geben. Körperliche Arbeit behauptet nicht nur gegenüber geistiger Arbeit ein gleichberechtigtes Recht und ist wie diese wertzuschätzen. Sie sei sogar notwendig, »da ohne Landarbeit die Juden als Volk offenbar nicht möglich sind.«[2] Das ist nichts weniger als der Kern einer prinzipientheoretischen Begründung des Zionismus. Löwi hatte das Unheil, das den deutschen und europäischen Juden drohte, offenbar deutlich kommen sehen: Ende 1937 wurden endgültig alle Lehr- und Vortragstätigkeiten wie auch die gesamte Bildungs- und Kulturtätigkeit verboten. Die öffentlichen Räume der Lessingloge wurden zusammen mit den Räumen des jüdischen Lehrhauses und aller weiteren Räume der Gemeinde für die Bildungsarbeit geschlossen.[3]

Ein letzter Aspekt ist noch zu beleuchten, der für seine Emigration wichtig wird. 1935 wurde Löwi als Mitglied der *Internationalen Föderation Eugenischer Organisationen* berufen.[4] Löwi nahm den Antrag an. Das mag befremden, hatte aber, neben wissenschaftlichen Gründen vor allem einen praktischen Grund. Im Rahmen seines akademischen Lebenslaufs versprach sich Löwi sicher Vorteile für das weitere berufliche Wirken in den USA. Er gab die Mitgliedschaft in seinen amerikanischen Lebensläufen an, allerdings mit dem Hinweis »Section: psychometry«[5]. Möglicherweise suchte Löwi im Zuge der Vorbereitung seiner Auswanderung Anschluss an internationale Forschungsgesellschaften zu gewinnen, denn die internationale Dachorganisation der Eugeniker beruhte seit ihrer Gründung auf einer Vernetzung der nationalen britischen, US-amerikanischen und

1 Zur Biographie siehe Jospe, A., Lewkowitz, Albert, 1985.

2 Fink, F., Handarbeit als Erziehungsproblem, 1936, 2. Näheres dazu unten, Seite 183 f.

3 Müller, R., Auf den Spuren der Breslauer Synagogengemeinde bis zur Shoah, 2018, 99-110.

4 Bericht der 12. Versammlung der Internationalen Föderation Eugenischer Organisationen, 1936, 116.

5 Moritz Löwi: Lebenslauf vom 1. Februar 1941. Connecticut College, Linda Lear Center for Special Collections and Archives, Files Moritz Loewi.

deutschen Organisationen. Dafür spricht auch seine frühe Mitgliedschaft in der *American Psychological Association* nach seiner Einwanderung in die USA. Die in ihrem Wesen zutiefst inhumane eugenische Forschung ist heute zu Recht diskreditiert. Doch bis zu ihrer nationalsozialistischen Unterwanderung, die Mitte der dreißiger Jahre verstärkt einsetzte, war sie »zentraler Bestandteil biologischer, medizinischer, anthropologischer und sozialwissenschaftlicher Forschung«.[1] Sie diente dem grundsätzlich vergeblichen Bemühen, die Eugenik als Wissenschaft zu etablieren – ein Versuch, der bis zum Ende des Zweiten Weltkriegs endgültig gescheitert ist.

Immerhin erhielt Löwi mit seiner Ernennung als Mitglied eine »ehrenvolle« Einladung zur 12. Internationalen Versammlung nach Scheveningen in den Niederlanden, um seine künftigen Forschungsprojekte vorzustellen. Ob Löwi die Einladung angenommen hat und ausreisen durfte, ist nicht bekannt. Immerhin war man in Breslau der Meinung, die Organisation betreibe »völkerpsychologische Forschungen mit dem Ziele die Verschiedenheit der Rassen unter dem Gesichtspunkt ihrer intellektuellen Struktur nachzuweisen.«[2] Das Angebot der Mitgliedschaft anzunehmen, hatte wohl noch einen weiteren Grund. Der damalige Präsident der *International Federation of Eugenic Organizations* war der US-amerikanische Anthropologie Morris Steggerda. Ihn hätte Löwi in Scheveningen persönlich kennengelernt. Löwi gab ihn bei der Einreise in die USA im Oktober 1938 als Besuchsgrund (»Friend«) an. Der gebürtige Niederländer Steggerda lebte 1938 in Cold Spring Harbor und arbeitete für die *Carnegie Institution for Science*, New York. Später lehrte er in Hartford, Connecticut.[3]

6. Wolfgang Cramer: Freund und Fluchthelfer

Spätestens mit Beginn des Jahres 1938 trieb Löwi aufgrund der sich stetig verschlechternden Lebensumstände die Emigration zielstrebig voran. Am 15. März 1938 bat Löwi um Unterstützung bei der Suche nach Arbeitsmöglichkeiten an amerikanischen Universitäten und um Informationen zur Einwanderung in die Vereinigten Staaten. Am 3. April sendete er nach Aufforderung Lebenslauf und

---

1 Einen kritischen Überblick über die institutionalisierte Eugenik und ihr Bemühen um akademische Anerkennung gibt Grimm, C., Netzwerke der Forschung, 2011, 19, ebenso Kühl, S., Die Internationale der Rassisten, 2014. Zu Steggerda ebd., 106.

2 Jüdische Zeitung Breslau 43(1936)21 vom 5. Juni 1936, 5.

3 Passagierlisten New York, NARA T 715, Roll 6229, Volumes 13412-13413, Images 29 f. Zu Steggerda siehe Kühl, S., Die Internationale der Rassisten, 2014, 106. Siehe auch Hodson, Cora, International Federation of Eugenic Organizations, Report of the 1936 Conference, in: Eugenics Review 28(1936)3, 217-219.

Publikationsliste an das amerikanische *Emergency Committee in Aid of Displaced Foreign Scholars* nach New York.[1] Die Realität allerdings, mit der nahezu alle akademischen Emigranten konfrontiert wurden, war, dass eine Einladung oder mindestens eine Anfrage einer amerikanischen Hochschule vorliegen musste, um als Ausländer dort tätig werden zu können. Da Löwi keine solche Einladung vorlegen konnte, stieß er auf erhebliche bürokratische Schwierigkeiten bei der Einwanderung.

Hürden gab es aber auch bei der Ausreise aus Deutschland, obwohl die jüdische Auswanderung für das nationalsozialistische Regime grundsätzlich willkommen war und ab dem 9. November 1938 gewaltsam forciert wurde: die Pogromnacht diente als letzte brutale Warnung davor, in Deutschland zu bleiben. Bereits mit der ersten großen Auswanderungswelle 1933 verließen zahlreiche Breslauer Juristen, aufgrund von Ausschreitungen an Breslauer Gerichten, das Land. Einer von ihnen war der Juraprofessor Ernst Cohn, der an der Universität Breslau lehrte und womöglich Löwi näher gekannt hatte. Denn Franz Fink berichtet im Zusammenhang mit dem Entnazifizierungsverfahren Wolfgang Cramers, dass Löwi 1932/33 eine tatkräftige Unterstützung bedrohter Kollegen organisiert hätte und auch selbst beherzt im Bedarfsfall eingegriffen und sich »sogar vor dem braunen Pöbel behauptet« hätte.[2] Sicher ist, dass Cohn seine Vorlesungen nur unter Polizeischutz abhalten konnte und sofort am Semesterende beurlaubt worden ist und ab März 1933 auch juristisch nicht mehr tätig sein durfte. Er emigrierte nach London, wurde schließlich nach einigen Jahren als Anwalt zugelassen und lehrte auch am King's College. Von London aus unterstützte er flüchtende Wissenschaftler und war auch für das *Academic Assistance Council* tätig. An den Nachforschungen nach dem Schicksal Löwis, die sofort nach dem Krieg unternommen wurden, war auch Ernst Cohn beteiligt.[3] Nach stagnierenden Emigrationen wurde der nächste Höhepunkt mit einer zweiten Welle nach dem Erlass der Nürnberger Gesetze ab September 1935 erreicht, die dritte und letzte schließlich nach den Novemberpogromen 1938.

Die Verschärfung der Devisenbestimmungen, Vermögensbeschlagnahmen sowie eine »Reichsfluchtsteuer« verhinderten für jüdische Bürger die legale Transaktion größerer Geldbeträge ins Ausland, was im Grunde nichts anderes als staatlich organisierte Ausplünderung darstellte. So berichtet rückblickend der Breslauer Notar und Rechtsanwalt Ernst Marcus von zahlreichen bürokratischen Schikanen, an denen insbesondere das Finanzamt und weitere Behörden beteiligt

---

1 Cecilia Razovsky, National Refugee Service, an Betty Drury, Emergency Committee, 22.01.1940. In: NYPL, Emergency Committee, Lowi, Moritz.

2 Fink an Gadamer vom 7.2.1949, UAF, Abt. 134, Nr. 93, Blatt 17, abgedruckt unten auf Seite 260. Zum Breslauer Hochschulkonflikt um Ernst Cohn vgl. auch Kapferer, N., Die Nazifizierung der Philosophie an der Universität Breslau 1933-1945, 2001, 43 f.

3 Zu Cohn siehe Friedla, K., Juden in Breslau / Wrocław 1933-1949, 2015, 521 f.

waren. Auch die Bemühungen um Visa für die USA wurden willkürlich erschwert.[1] Sicher ist, dass Löwi weder nennenswerten Hausrat noch größere Geldbeträge mitnahm, was auch mit seinem zuletzt doch schnellen und angesichts der Zeitläufte gerade noch rechtzeitigem Aufbruch zusammenhängen mochte: Anders als seinem Lehrer Hönigswald blieben ihm körperliche Misshandlungen und Konzentrationslagerhaft in der Folge der Verfolgungen der Novemberpogrome erspart. Es drohte die im Oktober vollzogene Annexion weiter Gebiete der Tschechoslowakei, in der NS-Propaganda »Anschluss« des Sudetenlandes genannt. Die näheren Umstände von Löwis zuletzt doch recht schneller Emigration, die geradezu Züge einer Flucht zeigte und zunächst von Breslau über die Tschechoslowakei nach Frankreich führte, lassen sich nur indirekt nachvollziehen und bestätigen. In ihrem Mittelpunkt steht der Breslauer Privatdozent Wolfgang Cramer. In einem seiner Lebensläufe aus der Frankfurter Zeit schreibt Cramer:

> Ich bin aus der Schule des hervorragenden philosophischen Forschers Richard Hönigswald hervorgegangen, der bis 1930 ordentlicher Prof. für Philosophie an der Universität Breslau, dann bis 1933 ordentlicher Professor an der Universität München war. Er starb im Jahre 1946 in New York als Emigrant. Sehr wesentliche wissenschaftliche Anregungen verdanke ich dem a.o.Professor für Psychologie in Breslau Moritz Löwi, welcher ebenfalls 1944 in den USA verstorben ist.[2]

Cramer war es auch, der publizistisch in den Vorworten seiner Hauptwerke *Die Monade* (1954) und *Grundlegung einer Theorie des Geistes* (1957) auf das Schicksal des Menschen Moritz Löwi und dessen wissenschaftliches Werk hinwies und dem er wesentliche Impulse verdankte.[3] Im Kontext seines Entnazifizierungsverfahrens geht Cramer kurz auf seiner Rolle bei Löwis Emigration in die Tschechoslowakei und weiter in die USA ein, die durch mehrere Zeugnisse von Kollegen, Bekannten und Schülern Löwis aus der Breslauer Zeit bestätigt wurden. Zweifellos gab es bis 1930 eine enge Schülerbeziehung zu Hönigswald wie auch zu Löwi, mit dem ihn später auch ein kollegial-freundschaftliches Verhältnis verband. Geboren am 18. Oktober 1901 in Hamburg, studierte Cramer Philosophie in Breslau bei Hönigswald und war von 1930 bis 1935 Assistent am Mathematischen Seminar der Universität Breslau. Cramer wurde 1935 in Breslau habilitiert und wirkte dort als Privatdozent, zunächst für das Gebiet »Philosophie der exakten Wissenschaften«, ab 1938 für das Gesamtgebiet der Philosophie. Die allgemeinen Zeitläufte wie auch die persönlichen Lebensumstände zwischen 1940

---

1 Friedla, K., Juden in Breslau / Wrocław 1933-1949, 2015, 116-119 u. 224.

2 Cramer, W., Lebenslauf von 1947/48, UAF, Abt. 14, Nr. 27, Blatt 9. Ebenso Cramer, W., Lebenslauf vom 13.7.1953, UAF, Abt. 14, Nr. 27, Blatt 6 und Cramer, W., Schreiben an das Kuratorium der Johann-Wolfgang-Goethe-Universität vom 11. Januar 1957, UAF, Abt. 4, Nr. 379, Blätter 34-37. Hönigswald starb allerdings erst 1947 in New Haven.

3 Siehe Kap. 8.5. Weiterführungen: Cramer und Wagner, 240 ff.

und 1948 bedingten eine langjährige Unterbrechung der Universitätslaufbahn Cramers. Ab Dezember 1940 leistete Cramer Kriegsdienst und musste am Russlandfeldzug teilnehmen. Er wurde im Dezember 1941 zum Leutnant befördert. Als Zugführer eines »Wetterzuges« und als Heeresmeteorologe wurde er nach Frankreich versetzt.[1] In einem seiner Lebensläufe aus dem Herbst 1947, in denen er sich um die Umhabilitation von der nicht mehr existierenden Universität Breslau an die Universität Frankfurt am Main bemühte, notiert er dazu lapidar: »von September 1944 bis Juni 1945 im Lazarett«. Ein aufgrund der Kriegsumstände nicht mehr beendetes Gestapoverfahren »wegen Umgangs mit Juden« von 1944 forderte »meine Entlassung als Offizier«, das aber »durch den Lauf der Ereignisse nicht mehr zum Austrag kam«.[2] Nach kriegsbedingter Unterbrechung lehrte Cramer nach dem Krieg ab 1949 durch Vermittlung und Bemühung Hans-Georg Gadamers[3] als Privatdozent an der Universität Frankfurt. Er wurde dort 1953 zum außerplanmäßigen und schließlich 1962 zum außerordentlichen Professor ernannt. Eine ordentliche Professur blieb ihm trotz mehrfacher Bemühungen versagt. Cramer starb in Frankfurt am 2. April 1974.

Cramer war in Löwis Umfeld eine der interessantesten Persönlichkeiten. Er trat zum 1. Mai 1932 mit der Mitgliedsnummer 1196889 in die NSDAP ein[4], aus »vaterländischer Sorge«, wie es im Protokoll des Spruchkammerverfahrens Laufen heißt – Cramer lebte mit seiner Familie nach dem Krieg zunächst als Flüchtling in Oberbayern. Er selbst räumte hier wie auch später immer wieder ein, anfangs ein überzeugter Nationalsozialist gewesen zu sein. Der Reichstagsbrand, die Verfolgung von Freunden und Kollegen aus politischen und rassistischen Gründen gibt Cramer als Gründe an, die zu einer frühen Distanzierung ab 1933 geführt hätten. Auch sei er, wie sich aus Zeugenaussagen ergibt, von Freunden wie Löwi selbst dazu gedrängt worden, in der Partei zu bleiben, da nur so tatkräftige Hilfe und Unterstützung möglich gewesen wäre. Auch die Spruchkammer folgte mit ihrem Entlastungsurteil – Stufe 5 – dieser Argumentation, wohl auch, weil Cramer bereits in den dreißiger Jahren durch eine Auseinandersetzung mit NSDAP-Funktionären auffiel.[5]

---

1 Wetterzüge lieferten Wetterdaten an die Feuerleitstellen der Artillerie. StAM, Spruchkammerakte Cramer, Wolfgang, Blatt 3.

2 Wolfgang Cramer: Lebenslauf vom 10.08.1948, UAF, Abt. 14, Nr. 27, Blatt 16R.

3 Cramer, W., Lebenslauf vom 13.7.1953, UAF, Abt. 14, Nr. 27, Blatt 6.

4 StAM, Spruchkammerakte Cramer, Wolfgang, Blatt 2.

5 »Aus einen beigebrachten Originalschreiben der NSDAP Ortsgruppe Breslau-Zimpel, vom 20.4.34, geht hervor, dass er Seitens der Part. wegen antinaz. Bemerkungen zur Rechenschaft gezogen wurde. Er hat es bedauert, dass er sich für kurze Zeit von der tarnenden Propaganda der NSDAP hat düpieren lassen.« Spruchkammerurteil Laufen, 7.7.1947. StAM, Spruchkammerakte Cramer, Wolfgang, Blatt 1R.

Immer wieder hatte Cramer seine NSDAP-Mitgliedschaft als einen schweren Fehler bedauert. Tatsächlich pflegte er nicht nur ständigen öffentlichen und privaten Umgang mit seinen jüdischen Freunden und Bekannten über die gesamte Zeit von 1933 bis zu seiner Zwangsversetzung an die Ostfront. Diese hatte er noch während des Krieges finanziell, durch Lebensmittel, Aufbewahrung von Wertgegenständen, Warnungen vor Gestapo-Aktionen oder Verstecken unterstützt. Dafür gibt es eine Reihe von Zeugenaussagen, auch von jüdischen oder als jüdisch bezeichneten Betroffenen oder deren Angehörigen. Dazu gehörten z. B. Franz Fink oder Ilse Abramczyk, die ebenfalls bei Moritz Löwi promovierte.[1] Für Cramers Unterstützung der jüdischen Familie Abramczyk bürgt ein Brief von Kenneth Knight, einem Neffen von Ilse Abramczyk, die bis auf ihre Schwester zusammen mit ihrer Familie ermordet wurde.[2]

Im August 1938 half Cramer seinem Freund Moritz Löwi bei der Emigration, zunächst beim inzwischen illegalen Grenzübertritt in die Tschechoslowakei. Dort liefen bereits die Vorbereitungen zur Annexion der Sudetengebiete, zu denen auch das an Schlesien angrenzende Altvatergebirge gehörte. Cramer traf dort Ende August Löwi noch einmal, indem er ihm einen größeren Geldbetrag übergab. Dabei kam es für beide zu einer gefährlichen Situation. Offenbar wurde das Treffen verraten, denn Löwi wurde von den tschechoslowakischen Behörden »als Spion« festgenommen, da »deutsche Behörden« – also die Gestapo – seine Auslieferung verlangten. Cramer ist das Scheitern dieser Bestrebungen zu verdanken. Er fand dabei wohl auch die verdeckte Unterstützung des tschechischen Polizeikommissars in Wiesenthal, der ihm dafür »in unmissverständlicher Form seine

---

1 Die Akten des Laufener Spruchkammerverfahrens führen eine Reihe glaubwürdiger Berichte dieser Zeugen für diese Aktivitäten Cramers an. Dazu zählten die ehemaligen Breslauer Kollegen und Bekannten Prof. Dr. Erich Rothe, der wegen seiner jüdischen Abstammung in die USA emigrierte und Professur für Mathematik an Ann Arbor, Michigan war. Weiterhin Studienrat Rudolf Laubhardt, »Halbjude« und KZ-Häftling, Breslau, Dr. Arno Müller, Mitglied der kommunistischen Partei, Widerstandskämpfer, 1944 in Frankreich desertiert. Außerdem Prof. Dr. Josef Koch, kath. Philosoph, Breslau, nach dem Krieg Göttingen, und Dr. Hans Kuttner, der im Zusammenhang mit dem Attentat vom 20.7.1944 in KZ-Haft genommen wurde.

2 Knight dankt Cramer und seiner Frau dafür, »dass Sie eins der wertvollsten Besitzstücke meiner Breslauer Großeltern Abramczyk vor dem Zugriff der Gestapo gerettet und durch die letzten Kriegsjahre für mich erhalten haben. [...] wie Sie meine Familie im Kriege mit Lebensmitteln unterstützt haben und, ohne Rücksicht auf Ihre eigene Gefährdung, bis zuletzt regelmässige Gäste in deren Haus in Breslau waren, das hat mir meine Mutter schon beim ersten Wiedersehn mit mir vor zwei Jahren geschildert.« Knight an Cramer, 26.5.1947, StAM, Spruchkammerakte Cramer, Wolfgang, Blatt 11.

Hochachtung« ausgedrückt habe.[1] Für Cramer hatte die Episode später noch ein lebensbedrohliches Nachspiel, da das Vernehmungsprotokoll von Löwis Festnahme nach der Annexion der Tschechoslowakei in die Hände der Gestapo fiel. Dem Verfahren entging Cramer letztlich nur durch eine schwere Verwundung am 3. September 1944, anschließender Kriegsgefangenschaft und dem allgemeinen Zusammenbrechen der staatlichen Ordnung bis Mai 1945. Cramers Versetzung von Russland nach Frankreich war vermutlich durch wohlwollende Vorgesetzte bedingt.[2]

Cramers Biographie ist, wie die Lebensläufe vieler, die im »Dritten Reich« leben und arbeiten mussten, gebrochen. Cramers Hilfsbereitschaft Juden, Kommunisten und Sozialdemokraten gegenüber wies geradezu Züge eines aktiven Widerstandsverhaltens auf.[3] Auch nach dem Krieg konnte Hans Friedrich Fulda, einer seiner Schüler aus der Frankfurter Zeit, von Cramers Hilfsbereitschaft auch Fremden gegenüber berichten, die weit über jedes normale Maß hinaus »bis zur Selbstverleugnung« ging. Am Hauptbahnhof habe er ein französisches Ehepaar getroffen, »das kein Deutsch verstand und Mühe hatte, spät abends noch eine Hotelunterkunft zu bekommen«. Cramer habe sich darum gekümmert und nach vergeblichen Versuchen schließlich entschieden: »maintenant j'odre: vous venez avec moi«.[4] Ohne seine spätere Hilfe hätten einige den

---

1 StAM, Spruchkammerakte Cramer, Wolfgang, Blatt 20. Eine Bestätigung der Löwi-Flucht geben ebenfalls Koch, ebd., Blatt 17, Müller, ebd., Blatt 19, Bauer, ebd., Blatt 22, Anlage 1 und Fink an Gadamer, 07.02.1949, UAF, Abt. 134, Nr. 93 Blatt 17. Rudolf Laubhardt beispielsweise schrieb: »Als Prof. Löwi im Jahre 1938 über die Tschechoslowakei nach Amerika auswanderte, brachte er ihm eine grössere Summe Geldes über die Grenze. Als Prof. Löwi irrtümlicher Weise von der tschechischen Polizei verhaftet wurde, erwirkte er durch mutigen persönlichen Einsatz dessen Freilassung.« Ebd., Blatt 22, Anlage 2.

2 Am 2. Juni 1944 wurde Cramer von seinem Kommandeur dienstlich dazu aufgefordert, zu den Gestapo-Ermittlungen Stellung zu nehmen: »Der jetzige Ltn. d. R. Wolfgang Cramer [...] hat bis zum Jahre 1938 mit dem jüdischen früheren Universitätsprofessor Dr. Moritz Löwi in Breslau gelegentliche Zusammenkünfte zur Erörterung wissenschaftlicher Fragen seines Fachgebiets gehabt, zuletzt am 28.8.1938 im Gebiet der damaligem Tschechoslowakei. Sie haben gemäß dem Merkblatt für die Behandlung von Ehrenfällen von Offizieren [...] zu diesem Ergebnis der Ermittlungen innerhalb von 7 Tagen nach Empfang dieses Schreibens schriftlich Stellung zu nehmen«. Beglaubigte Abschrift dieses Schreibens in StAM, Spruchkammerakte Cramer, Wolfgang, Blatt 23. Cramer wurde danach versetzt. Ebd., Blatt 3 ff.

3 Der Historiker Hans-Peter Schwarz schreibt dazu in seiner Adenauer-Biographie: »Widerstand kann damals vielerlei Gestalt annehmen: Systematische Diskussion von politischen wirtschaftlichen, gesellschaftlichen Neugestaltungsplänen für die Zeit nach dem Sturz des Dritten Reiches; Zellenbildung innerhalb des Staatsapparates; organisierte Unterstützung von Verfolgten, insbesondere von verfolgten Juden; Aufbau eines konspirativen Netzes mit dem Ziel eines Staatsstreiches gegen Hitler; Kontaktaufnahme ins Ausland [...] Eine gewisse Vorform des Widerstands ist die Aufrechterhaltung der Verbindungen zu jenen Gesinnungsfreunden, die 1933 abgesetzt, oft zeitweilig inhaftiert worden sind.« Schwarz, H.-P., Adenauer, Bd. 1, 1994, 403.

4 Fulda, H., In memoriam Wolfgang Cramer, 1987, 310.

NS-Terror vermutlich nicht überlebt, auch nicht Moritz Löwi. Löwis ehemaliger Schüler und Doktorand Franz Fink fasst Gadamer gegenüber zusammen, was man vernünftigerweise von dem Verhalten eines Menschen in der damaligen Situation Cramers erwarten dürfe, nämlich das frühe Bedauern der NSDAP-Mitgliedschaft, vielfältige Unterstützung der von der NS-Diktatur Verfolgten, insbesondere der jüdischen Freunde und Kollegen, sowie aktiver Widerstand durch tatkräftige Hilfeleistungen.[1]

Damit sind die Umstände von Löwis Emigration klar: Ende August 1938 hat Löwi im Besitze eines gültigen Besuchervisums für die USA, das in Breslau am 17. Juli 1938 ausgestellt wurde, Deutschland endgültig zu verlassen.[2] Er traf seinen Freund und Kollegen Wolfgang Cramer in der Tschechoslowakei, der ihm am 28. August 1938 im Altvatergebirge, das als Teil der Sudeten an Schlesien grenzt, Geld und Wertsachen übergab. Beide wurden von tschechischen Polizisten unter dem Verdacht der Spionage verhaftet. Löwi drohte die Auslieferung nach Deutschland, die aber Cramer verhindern konnte. Cramer selbst entging aufgrund des später in die Hände der Gestapo gelangten tschechischen Vernehmungsprotokolls nur knapp dem bereits angesprochenen »Gerichtsverfahren«.[3] Wie Löwi nach Nordfrankreich gelangte, ist spekulativ, vermutlich durch Ungarn über Jugoslawien weiter per Schiff oder auf dem Landweg anschließend über Italien nach Nordfrankreich. Am 24. September 1938 reiste Löwi vom französischen Hafen Boulogne-sur-Mer mit der *Volendam*, einem Passagierschiff der Holland-Amerika-Linie, nach New York City. Dort traf er, allein und weitgehend mittellos, aber mindestens im Besitz der vorgeschriebenen 50 US-Dollar, am 3. Oktober ein. Gegenüber der Einwanderungsbehörde gab er als nächste Verwandte in Breslau seine unverheiratete Schwester Frieda an und als Einreisegrund, einer Einladung des amerikanischen Kollegen Morris Steggerda zu folgen.[4] Einige Wochen später reiste auch seine spätere Frau, Marie Trautmann, über Hamburg am 21. Dezember 1938 auf der *S.S. Hamburg* nach New York, wo sie am 29. Dezember 1938 eintraf.[5]

---

1 Fink an Gadamer, 07.02.1949, UAF, Abt. 134, Nr. 93, Blatt 17.

2 Cecilia Razovsky, National Refugee Service, an Betty Drury, Emergency Committee, 22.01.1940. In: NYPL, Emergency Committee, Lowi, Moritz.

3 Löwis Emigration wurde später mehrfach als »illegal« bezeichnet, z.B. von Theo Bauer, StAM, Spruchkammerakte Cramer, Wolfgang, Blatt 22.

4 Passagierlisten New York, NARA, T 715, Roll 6229, Volumes 13412-13413, Images 29 f.

5 Passagierlisten New York, NARA, T 715, Roll 6266, Volumes 13489-13490, Images 773 f.

7. Neubeginn: Die amerikanischen Jahre

Am 3. Oktober 1938 traf Löwi in New York ein. Bereits einen Tag später führte er mit einer Vertreterin des *Emergency Committee in Aid for Displaced Foreign Scholars* das erste Gespräch. Nach der Aktennotiz muss Löwi einen guten Eindruck auf die Interviewerin gemacht haben:

> Appearance and personality: attractive, greyhaired man, tall, guish smile. Semitic appearance. Apologized for his English, which was really not bad. I'd liked him.[1]

Löwi suchte eine Anstellung für Psychologie oder Pädagogik an einer amerikanischen Universität. Doch bis er in relativ geordnete Beschäftigungsverhältnisse eintreten konnte, vergingen trotz Unterstützung verschiedener Hilfsorganisationen knapp drei Jahre, in denen seine wissenschaftliche Arbeit vollständig zum Erliegen kam. Löwis privates Engagement wurde vor allem von Personen, die in verschiedenen Hilfsorganisationen tätig waren, durch Anfragen, die Vermittlung von Kontakten zu Vertretern amerikanischer Universitäten und Colleges, durch deren finanzielle Unterstützung und persönliche Gespräche mit Löwi unterstützt. Neben dem *Emergency Committee in Aid for Displaced Foreign Scholars*[2] waren regelmäßig und über den gesamten Zeitraum mindestens drei weitere Organisationen involviert: der *National Refugee Service*[3], das *Committee on Displaced Foreign Psychologists* und die *American Psychological Association*, daneben auch die *American Philosophical Society*.

Erste Pläne, mit Unterstützung des *Emergency Committee in Aid for Displaced Foreign Scholars* an die University of New Mexico zu wechseln, scheitern schließlich 1940, nicht zuletzt wegen der unterschiedlichen Auffassungen über die Ausrichtung und Ausgestaltung der akademischen Psychologie. Aber nicht nur die fehlenden Anschlussmöglichkeiten der psychologischen und pädagogischen Forschungen Löwis an die amerikanische, empiristisch-behavioristisch ausgerichtete Wissenschaft waren Hindernisse, ebenso der ungeklärte Einwanderungsstatus und die fehlende finanzielle Unterstützung zur Einrichtung einer solchen Stelle. Dabei waren die meisten Universitäten durchaus hilfsbereit, ebenso

---

1 Interview Moritz Löwi, 04.10.1938. In: NYPL, Emergency Committee, Lowi, Moritz.

2 Das *Emergency Committee in Aid of Displaced Foreign Scholars* existierte zwischen 1933 und 1945. Es war sicher die bedeutendste Hilfsorganisation für verfolgte deutsche, später auch für alle europäischen habilitierten Wissenschaftler, die wegen der nationalsozialistischen Verfolgung in den USA neue Arbeitsmöglichkeiten suchten.

3 Der *National Refugee Service* NRS (1939-1946) wurde als Dachorganisation verschiedener Hilfsorganisationen in New York gegründet, um vom Nationalsozialismus verfolgten Menschen bei der Einwanderung – sowohl bei den gesetzlich-bürokratischen Anstrengungen, wie auch mit Darlehen, Arbeitssuche und der sozialen und kulturellen Integration – zu unterstützen.

das (auch finanzielle) private Engagement vieler Professoren. Doch tausende akademischer Migranten suchten Beschäftigungsmöglichkeiten an amerikanischen Universitäten, die sich oft außerstande sahen, diese neben dem eigenen Nachwuchs aufzunehmen. Löwis Situation ist dazu nur ein Beispiel. So konnte die University of New Mexico Löwi nur eine unbezahlte Professur anbieten.[1]

Die äußeren Lebensumstände gestalteten sich schwierig. Seit Ende 1938 lebte Löwi zunächst in New York in äußerst prekären Verhältnissen. Eine Arbeitsaufnahme außerhalb des akademischen Umfeldes war aufgrund der Einwanderungsbestimmungen nicht möglich. Immerhin konnte Löwi nach Ablauf seines Visums, im Gegensatz zu anderen Flüchtlingen, in den USA bleiben, sicher auch aufgrund der Unterstützung des *National Refugee Service* und des *Emergency Committee in Aid for Displaced Foreign Scholars*. Jedenfalls schien der offizielle Grund seines geduldeten Aufenthalts die tatsächliche Verfolgung jüdischer Bürger nach den Novemberprogromen in Deutschland gewesen zu sein.[2] Bleiberecht und Arbeitserlaubnis hingen von quotierten Einwanderungsvisa ab. In diese Zeit fiel die Eheschließung mit Marie Trautmann, die am 21. Dezember 1938 Deutschland über Hamburg für immer verlassen hatte. Am 29. Dezember 1938 traf sie in New York ein. Beide heirateten in New York am 12. September 1939.[3]

Immer wieder bemühte Löwi sich um wissenschaftliche und finanzielle Unterstützung. Professoren der Yale-University haben ihn mit mehreren, privat aufgebrachten größeren Beträgen unterstützt. In einem Glückwunschschreiben vom 19. Juli 1939 zum 81. Geburtstag bedankte sich Löwi 1939 bei Franz Boas für dessen Ermutigung und Unterstützung und für den »Kampf oberster moralischer Gesetze«.[4] Der deutschstämmige Boas (1858-1942) hatte die Kultur der arktischen Inuit und verschiedener nordamerikanischer Indianerstämme erforscht und galt als Begründer der amerikanischen Kulturanthropologie. Möglicherweise hatte der Anthropologe Steggerda den Kontakt zu Boas hergestellt. In den USA war Boas über den akademischen Fachbetrieb hinaus weit bekannt, vor allem

1 Cecilia Razovsky, National Refugee Service, an Betty Drury, Emergency Committee, 22.01.1940. In: NYPL, Emergency Committee, Lowi, Moritz.

2 Diesen Grund gibt Löwi in einem Schreiben an das Emergency Committee vom 23. Februar 1942 selbst an. In: NYPL, Emergency Committee, Lowi, Moritz.

3 Passagierlisten New York, NARA, T 715, Roll 6266, Volumes 13489-13490, Images 773 f. Das Datum der Eheschließung ist dokumentiert in: Moritz Löwi: Declaration of Intention No. 8861, 30.01.1942 und Maria Lowi: Declaration of Intention No. 8952, 11.06.1942, beide in NARA, Index to Naturalizations, NAI 4527073.

4 Löwis an Boas, 12.07.1939, American Philosophical Society Library, Franz Boas Papers, Ms. B.B61, Text 81169. Online http://diglib.amphilsoc.org/islandora/object/text:81169 (17.6.2020). Aus den Akten des *Emergency Committee in Aid of Displaced Foreign Scholars* ist zu entnehmen, dass auch andere Professoren Löwi unterstützt haben. Siehe NYPL, Emergency Committee, Lowi, Moritz.

wegen seines Engagements gegen jede Form von Rassismus, Diskriminierung und politischer Unterdrückung, sowohl gegen Missstände in den USA als auch gegen die nationalsozialistische Diktatur. Dafür ist der berühmte offene Brief von Franz Boas an Reichspräsident Hindenburg vom 27. März 1933 ein typisches Beispiel, das zeigt, was einem Menschen mit scharfem Urteilsvermögen offen zutage lag.[1]

1940 muss Löwi die Situation zunehmend hoffnungsloser erschienen sein. Sowohl Philosophie- als auch Psychologiestellen waren nicht in Sicht. Zugleich wird in den Aufzeichnungen des *Emergency Committee in Aid of Displaced Foreign Scholars* davon berichtet, wie Löwi um finanzielle Unterstützung bei verschiedenen Professoren der Yale University gebeten hat, insbesondere, um die Mittel für das Stellenangebot am Connecticut College zusammenzubringen. Zugleich scheitern weitere Versuche, Löwi wenigstens zeitweise im akademischen Betrieb der USA unterzubringen. Im September 1940 schrieb Rubinstein, *National Refugee Service,* an Betty Drury, *Emergency Committee in Aid for Displaced Foreign Scholars*:

> Because of the particular field of psychology to which Dr. Lowi applied himself, there has been difficulty in the last two years in securing a placement for him. The few American colleges which ascribe to the same field of philosophy that Dr. Lowi does, do not seem to be in need of professors. We therefore have the situation of a fifty year old professor, who is in this country on a visitor's visa, and married to a woman several years his junior, also a visitor; where if no positive step is made in the way of retraining in American methods, we shall have a slowly deteriorating personality and debit to the community.[2]

Zweifellos konnte Löwi nur schwer Anschluss an die akademische Forschung seines Faches finden. Ein Zwischenbericht über den Stand der Vermittlungsbemühungen des *Emergency Committee in Aid for Displaced Foreign Scholars,* der auf eine Einschätzung eines Mitglieds der *American Philosophical Association* zurückgeht, vom 24. Mai 1940 beschreibt die fachlichen Schwierigkeiten:

---

[1] »Weiß ich nicht, dass tüchtige Männer, nur weil sie Juden sind, aus Amt und Stellung gejagt werden, weiß ich nicht, daß wehrlose Juden auf Schritt und Tritt gewärtig sein müssen, beleidigt zu werden, daß der Mund von Gift und Galle überläuft, wenn das Wort *Jude* genannt wird, habe ich nicht mit eigenen Ohren wieder und wieder gehört, *Juda verrecke*? Ich bin jüdischer Abstammung, aber im Fühlen und Denken bin ich Deutscher. Was verdanke ich meinem Elternhause? Pflichtgefühl, Treue, und den Drang die Wahrheit ehrlich zu suchen. Wenn das eines Deutschen unwürdig ist, wenn Unfläterei, Gemeinheit, Unduldsamkeit, Ungerechtigkeit, Lüge heutzutage als deutsch angesehen werden, wer mag dann noch ein Deutscher sein?« Zitiert nach Carstens, U., Franz Boas »Offener Brief« an Paul von Hindenburg, 2007, 70-75, 73 f.

[2] Ben Rubinstein, National Refugee Service, an Betty Drury, Emergency Committee, 20.9.1940. In: NYPL, Emergency Committee, Lowi, Moritz.

> The approach to elementary psychology and laboratory psychology in Germany was so different from what it is here that Löwi will find it very difficult to make the adjustment.[1]

Man war bemüht, Löwis wissenschaftlichen Hintergrund und den Schwerpunkt seiner Forschungen an die amerikanischen Verhältnisse anzupassen. Löwi wurde als Experte für »educational psychology« und für »clinical psychology« geführt.[2] Schließlich konzentrierten sich die Versuche der beteiligten Institutionen auf die Vermittlung einer Anstellung an einem der zahlreichen amerikanischen Colleges, vor allem, um Löwi überhaupt den Anschluss an die amerikanische akademische Lehre und Forschung zu ermöglichen, so Rubinstein vom *National Refugee Service:* »he will be able to retrain in American College techniques and procedures and this would open up other opportunities for him«.[3]

Dieser Weg war schließlich erfolgreich. Im Juni und Juli 1940 wurde eine Anstellungsmöglichkeit am Connecticut College diskutiert und damit auch die Möglichkeit, endlich den unsicheren Einwanderungsstatus Löwis zu beenden. In einem Schreiben vom 19. Juli 1940 beschrieb Barbara Burks, Mitglied der *American Psychological Association* und des *Committee on Displaced Foreign Psychologists,* das anzustrebende Verfahren: Erst nach einer Einladung von einer akademischen Institution kann die (erneute) Einreise mit einem Einwanderungsvisum, verbunden mit einer Aufenthalts- und Arbeitserlaubnis, erfolgen.[4] Die Bedingungen schienen Mitte 1940 zunächst günstig, denn das Connecticut College, New London, das kurz zuvor einen Erweiterungsbau auf dem College-Gelände errichtet hatte, war an Löwis Verpflichtung für ein Jahr interessiert, wenn die Zahlung des Gehalts wenigstens zum Teil von Stiftungen übernommen würde. Die College-Präsidentin Katherine Blunt zeigte sich nach einem Gespräch mit Löwi, das dieser im Juni 1940 zusammen mit ihr und dem am College beschäftigen Psychologen Ehepaar Dr. Gorgene und Dr John Seward

---

1 Memorandum vom 24.5.1940. In: NYPL, Emergency Committee, Lowi, Moritz. Diese Einschätzung teilte auch Katherine Blunt, Präsidentin des Connecticut Colleges, in ihrem Schreiben an das Emergency Committee vom 21. April 1942. In: NYPL, Emergency Committee, Lowi, Moritz.

2 Löwi, Moritz: Lebenslauf vom Dezember 1941. In: NYPL, Emergency Committee, Lowi, Moritz.

3 Ben Rubinstein, National Refugee Service, an Betty Drury, Emergency Committee, 20.9.1940. In: NYPL, Emergency Committee, Lowi, Moritz.

4 »We therefore feel that in this two cases [gemeint sind Löwi und eine weitere Person] an effort should be made to get them extra-quota visas so that they may remain in this country and be free accept any sort of professional employment available wether that should be in an academic institution or elsewhere. The only way this can be done ist through an academic invitation. We felt much gratified when Connecticut College extended such an invitation to Professor Loewi.« Barbara Burks, American Psychological Association, an Betty Drury, Emergency Committee, 19.07.1940. In: NYPL, Emergency Committee, Lowi, Moritz.

führte, nachhaltig von Löwis fachlicher Kompetenz und Erfahrung beeindruckt.[1] Mit beiden Sewards blieb Löwi bis zu seinem Tod freundschaftlich und kollegial verbunden. John Seward ebnete Löwi auch den Weg in die *American Psychological Association*. Er sorgte für die Aufnahme von Vorträgen Löwis im Rahmen der jährlichen Tagungen der *Eastern American Psychological Association* und unterstützte die Publikation der beiden letzten Arbeiten Löwis in Fachzeitschriften sowie deren Erwähnung in Rezensionen und Literaturberichten.[2]

In den ersten Gesprächen am Connecticut College ging es auch um Forschungsperspektiven. Möglich wäre neben der Lehre die Wiederaufnahme der psychologischen Forschungstätigkeit, insbesondere zu Denken und Verstehen, also zu den Themen, die Löwi selbst vorgeschlagen hatte. Durchgeführt werden sollten dazu psychologische Experimente mit Reaktionsmessungen, die mit Reaktionen in Tierversuchen verglichen werden sollen. In Aussicht gestellt wurde für die Durchführung dieser Forschungen eine gesamte Etage des Neubaus,

> it includes a fairly large laboratory for student work, a number of small rooms for individual problems, an animal room, a dark room, a soundproof room and a seminar room.[3]

Ein Büroraum für Löwis Arbeit könne eingerichtet werden. Daneben erhoffte man sich Löwis tatkräftige Unterstützung bei Einrichtung, Organisation und Betrieb des psychologischen Laboratoriums, offenbar im Hinblick auf seine Leitung des psychologischen Laboratoriums an der Universität Breslau, auf die Löwi in seinem Lebenslauf hingewiesen hatte. Selbst eine Festanstellung wurde für den Fall nicht ausgeschlossen, dass Löwis Forschungen erfolgreich verlaufen sollten. Löwis Beschäftigung sollte mit Beginn des neuen Semesters im Herbst 1940 erfolgen. Doch die Anstellung scheiterte zunächst, da die Übernahme des Jahresgehalts nicht geleistet werden konnte. Man blieb aber während der nächsten Zeit in ständigem Kontakt, bis es schließlich zu einer Anstellung als Research Associate und Research Professor am Connecticut College kam. Löwi schreibt rückblickend im Sommer 1942, verbunden mit der Bitte um Unterstützung für ein weiteres Jahr am Connecticut College:

---

1 »I enjoyed a conversation which I had with him when he was here visiting. Dr. Georgene Seward and am greatly impressed with his ability and experience.« Katherine Blunt an Emergency Committee vom 28. Juni 1940. In: NYPL, Emergency Committee, Lowi, Moritz.

2 Leider sind die Vortragsunterlagen nicht mehr auffindbar. Dass diese tatsächlich gehalten wurden, zeigen die jährlichen Berichte über die stattgefundenen Tagungsbeiträge. Vgl. Helson, H., Proceedings of the thirteenth annual meeting of the Eastern Psychological Association, 1942, 601-608, 606 und Abel, T. M., Proceedings of the sixteenth annual meeting of the Eastern Psychological Association, 1945, 527-533, 531.

3 Katherine Blunt, Connecticut College, an Emergency Committee vom 28. Juni 1940. Vgl. auch Ben Rubinstein, National Refugee Service, an Betty Drury, Emergency Committee, 05.07.1940. In: NYPL, Emergency Committee, Lowi, Moritz.

> Finally I succeeded in obtaining an immigration visa for U.S. from the American Consulate in Havana, Cuba, and entered this country May 20, 1941. From September 1, 1941 on I have been working as research associate in psychology at Connecticut College.[1]

Zu diesem Zweck der formal korrekten Einwanderung in die USA verließ Löwi zusammen mit seiner Frau New York und reiste nach Havanna. Am 17. Mai verließen beide Kuba und kehrten am 20. Mai nach New York zurück, um ein zweites Mal über das amerikanische Konsulat in Havanna endgültig in die USA einzureisen. Moritz und Marie Löwi »verließen« also die USA zu einem Aufenthalt in Havanna, Kuba, und erhielten unter Vorlage der Einladung und des Stellenangebots, am Connecticut College lehren und arbeiten zu können, endlich das begehrte Einwanderungsvisum. Beide kehrten am 20. Mai 1941 nach New York zurück. Mit dem 1. September 1941 nahm Löwi, zusammen mit seiner Frau, die in der Krankenstation arbeitete, seine Lehr- und Forschungstätigkeit am Connecticut College auf und verlegte deshalb seinen Wohnsitz von New York nach New London.[2] Kurioserweise erhielt er in der Folge eines Erlasses vom 19. März 1942 von Präsident Roosevelt später auch einen Registrierungsbescheid für die Armee. Bei dieser sogenannten »Registrierung alter Männer« ging es nicht um den Militärdienst, sondern um eine möglichst vollständige Erfassung der zur Verfügung stehenden »manpower resources«.[3]

Löwi selbst suchte offenbar berufliche Kontakte zur Wiederaufnahme seiner wissenschaftlichen Forschungs- und Publikationstätigkeit. Im Januar 1943 erschien der Aufsatz *Observations on Comprehending* im *American Journal of Psychology*[4], in dem Löwi die empirisch-denkpsychologische Linie der Arbeiten mit Käthe Stern und Otfrid Foerster weiterführte.[5] Eine knappe Korrespondenz

---

1 Löwi an Emergency Committee, 23.02.1942. In: NYPL, Emergency Committee, Lowi, Moritz. Die Umstände der zweiten Einreise Löwis belegen auch die Unterlagen der Einwanderungsbehörde und die entsprechende Passagierliste: Passagierlisten New York, NARA, T 715, Roll 6546, Volumes 14086-14087, Images 405 f.

2 In der College-Zeitung wird Löwi als Experte für klinische Psychologie angekündigt: »Dr. Moritz Lowi, appointed research associate in Psychology, earned his PhD. at the University in Breslau, Prussia. He was a professor there and has had four years of clinical work in the Neurological Department of the Wenzel Hanke Hospital in Breslau.« Connecticut College News 27(1941)1, vom 01.10.1941, 4.

3 The National Archives and Records Administration (NARA), Washington, D. C., Records of the Selective Service System, RG 147, NARA Publication M 1962, 72 Rolls, NAI 2555449, Moritz Lowi.

4 1943, 129-133.

5 »Dr. Moritzi Lowi, a former instructor at the University of Breslau, Germany, is here doing research work in the psychology de partment. Dr. Lowi graciously took time to demonstrate his present experiment, which is a study of the process by which people gain the meaning of sentences. He has a very good impression of the college and its »community spirit. In calling it a progressive college, he pointed out a with well equipped laboratories and their up-to-date facilities.« Connecticut College News 27(1941)2, 08.10.1941, 3.

zwischen Februar und Juni 1942 mit Albrecht Goetze, einem deutschstämmigen Altorientalisten, der an der Yale University lehrte, ist erhalten.[1] Darin bat Löwi Goetze um einen kollegialen Austausch zur Frage nach den psychologischen Grundlagen und Bedingungen der Dechiffrierung unbekannter Sprachen und Texte. Insbesondere suchte er Hinweise zur amerikanischen Forschungsliteratur, da er zuversichtlich für die Zukunft am Connecticut College gute Forschungs- und Lehrbedingungen sah. Er war ab 1942 assoziiertes Mitglied der *American Psychological Association*[2]. Bei den von dieser Gesellschaft – bzw. ihrer Teilorganisation, der *Eastern American Psychological Association* – organisierten Jahrestagungen begann Löwi ab 1942, wissenschaftlich Fuß zu fassen. Dokumentiert sind zwei Vorträge, die er während der Jahrestagung 1942 vorgetragen hat bzw. von seiner Frau 1945 verlesen wurden: 1942, mit einer Einführung seines Kollegen John Seward vom Connecticut College, »Experiments in Comprehending«[3], und 1945 »On the Method of Psychology«[4].

Die Bemühungen um eine feste Übernahme in das Kollegium des Connecticut Colleges ab 1942/43 scheiterten, doch es fanden sich Alternativen. Zwar kam eine Anstellung am Guilford College, North Carolina, nicht zustande[5], ebensowenig am MacMurray College, Illinois, wo immerhin für die Folgejahre eine Anstellung in Aussicht stand, und einer Reihe weiterer Colleges. Schließlich wurde Löwis Vertrag am Connecticut College aufgrund aufgebrachter finanzieller Mittel bis zum Sommer 1943 verlängert, ohne ihm jedoch eine Daueranstellung in Aussicht stellen zu können. Das Kollegium am Connecticut College zeigte sich von Löwi beeindruckt, er stehe in hohem Ansehen bei Kollegen und Studenten, wie Prof. David C. McCelland berichtete:

> He is an unusually inspiring teacher even if he is unfamiliar with American pedagogy.[6]

---

1 Yale University Library, Manuscripts and Archives, Albrecht Goetze Papers, MS 648, Box 14, Folder 345. Goetze lehrte bis 1933 semitische und altorientalische Sprachen an der Universität Marburg, wurde entlassen, emigrierte und war ab 1934 mit Lehraufträgen und schließlich einer Professur Mitglied der Yale University. Er hat sich unter anderem mit der Entschlüsselung alter hethitischer, assyrischer und babylonischer Texte beschäftigt.

2 Das geht aus der Publikation des Todesdatums hervor, vgl. Olson, W. C.: Proceedings of the fifty-second annual meeting of the American Psychological Association, 1944, 725-793, 727.

3 Helson, H., Proceedings of the thirteenth annual meeting of the Eastern Psychological Association, 1942, 601-608, 606.

4 Abel, T. M., Proceedings of the sixteenth annual meeting of the Eastern Psychological Association, 1945, 527-533, 531.

5 Barbara Burks, American Psychological Association, an Betty Drury, Emergency Committee, 11.12.1941. In: NYPL, Emergency Committee, Lowi, Moritz.

6 Betty Drury, Emergency Committee, 18.05.1942. In: NYPL, Emergency Committee, Lowi, Moritz.

Man möchte, wie Katherine Blunt, die Präsidentin des Connecticut College schrieb, Löwi auch über 1943 hinaus halten, wenn die Zahlungen fortgesetzt werden könnten:

> He is teaching a course in the Psychology of Aesthetics with sucess, and is entering much more into the general life of the College than he did his first year with us.[1]

Im Juli 1943 verließ Löwi das College und nahm als Research Associate eine Lehrtätigkeit am Hartford Junior College (dem späteren Hartford College for Women) und eine psychiatrische Forschungsanstellung am Norwich State Hospital für Geisteskranke in Preston/Conn. an.[2] Dort führte er unter anderem zusammen mit dem Psychiater und Neurochirurgen Louis H. Cohen psychologische Untersuchungen an vermutlich auch operativ behandelten Geisteskranken, vor allem Schizophrenie-Patienten, durch, deren Forschungsergebnisse in einem gemeinsamen Aufsatz 1945 publiziert wurden.[3]

Moritz Löwi starb am 6. Januar 1944 überraschend und unerwartet an den Folgen mehrerer Herzinfarkte im Lawrence Memorial Hospital, New London.[4] Es erschien noch posthum der gemeinsam mit Cohen verfasste publizierte Aufsatz, der Aufschluss über seine klinischen Forschungen am Norwich State Hospital gibt. Marie Löwi lehnte zunächst eine nach dem Tod ihres Mannes offerierte Wiederanstellung am Connecticut College ab. Sie arbeitete dort von September 1942 bis Juni 1943, anschließend am Norwich State Hospital und von Februar bis April 1944 am Hospital for Joint Diseases in New York City. Sie war bis 1946 am Connecticut College als Chef-Krankenschwester und Managerin tätig. Anschlie-

---

1 An Betty Drury, Emergency Committee, 30.01.1943. In: NYPL, Emergency Committee, Lowi, Moritz.

2 Connecticut College News 29(1944)11, vom 12. Januar 1944,1 f., sowie Connecticut College Alumnae News 23(1944)2, 1. Auch an diesem College studierten zu dieser Zeit nur Frauen.

3 Löwi, M. / Cohen, L. H.: Comprehension-defects in the psychoses, 1945, 391-400. Vgl. dazu VII. 2. Löwi am Norwich State Hopital, 191 ff.

4 Dorothy Schaffter, Präsidentin Connecticut College an Betty Drury, Emergency Committee, 13.03.1944. In: NYPL, Emergency Committee, Lowi, Moritz.

ßend bildete sie Krankenschwestern an Röntgengeräten und in klinischer Laborarbeit aus. Sie beantragte am 2. Mai 1948 in New York die amerikanische Staatsbürgerschaft und starb am 7. April 1972 in Florida. Das gemeinsame Grab liegt in New London, Connecticut, auf einem jüdischen Friedhof.[1] Mary Löwi hat nicht nochmals geheiratet und kehrte niemals nach Deutschland zurück.

8. Der Hochschullehrer

Nur wenige Zeugnisse gibt es, die uns den Menschen und Gelehrten Moritz Löwi nahebringen. Bereits im öffentlichen Leben im nationalsozialistischen Breslau ließ sich Löwi durch den allgemein drohenden Terror weder einschüchtern noch von öffentlichen Vorträgen und Treffen mit Gleichgesinnten abhalten. Zeichnete ihn nach außen gegenüber einer zunehmend feindseligeren Umwelt eine gewisse Härte aus, so war er im privaten und akademischen Kreis umgänglich und seinen Studierenden gegenüber ein freundlich engagierter, didaktisch hervorragender Lehrer. Der Pädagoge Wolfgang Ritzel hat ihm in seiner Studie *Philosophie und Pädagogik im 20. Jahrhundert*[2] ein eigenes Kapitel gewidmet, er war von der Persönlichkeit Löwis nachhaltig beeindruckt. Ritzel studierte in Breslau ab dem WS 1933/34 Philosophie, Psychologie und Pädagogik, später auch Theologie. Von Löwi spricht er voller Hochachtung als dem »wichtigsten meiner Breslauer Lehrer, zugleich die stärkste Persönlichkeit, der ich unter den Dozenten begegnet bin«:

---

1 Siehe Dorothy Schaffter, Präsidentin Connecticut College an Betty Drury, Emergency Committee, 13.03.1944. In: NYPL, Emergency Committee, Lowi, Moritz. Vgl. Koiné 1945, 157. Die weiteren Lebensumstände von Mary Löwi gehen aus einer E-Mail von Rebecca Parmer, Linda Lear Center for Special Collections and Archives, Connecticut College, New London, an Reinhold Breil vom 11.10.2013 hervor. Rebecca Parmer danke ich für ein Foto von Löwi, die Todesanzeige und mehrere von Löwi verfasste Lebensläufe. Der Brief und die übersendeten Unterlagen sind im Privatarchiv Reinhold Breil vorhanden. Weitere Exemplare sind vorhanden in: Hönigswald-Archiv, Philosophisches Institut, RWTH Aachen University, wiss. Nachlass Richard Hönigswald [künftig zitiert: Hönigswald-Archiv, Aachen]. Die Beantragung der amerikanischen Staatsbürgerschaft und die Sterbeurkunde sind dokumentiert in: The National Archives at New York City, Naturalization Records New York City, 1792-1989, Southern District, New York, No. 6868623. Außerdem: Florida Department of Health, Office of Vital Records, Jacksonville, Florida Death Index 1877-1998, certificate number 30752, https://www.familysearch.org/ark:/61903/1:1:VVNJ-6CW (23.06.2020). Das Grab befindet sich auf dem Beth-El Cemetery, Groton, New London, CT, USA, https://de.findagrave.com/memorial/133124521/moritz-lowi#source (19.06.2020).

2 Ritzel, W., Philosophie und Pädagogik im 20. Jahrhundert, 1980, 85-91.

> Als Kriegsteilnehmer und Kriegsversehrter (er humpelte) glaubte er naiv genug, vor den Verfolgungen sicher zu sein, denen seine Rassegenossen ausgesetzt waren. Wirklich konnte er, als ich in Breslau studierte, noch lehren und prüfen, aber seit seinen 1934 erschienen Grundbegriffen der Pädagogik« nichts mehr publizieren. [...] – ich war, als ich Löwi hörte, noch nicht reif genug, die Problematik der Subjektivität zu erfassen. Immerhin kam, was ich von dem Verehrten vernahm und begriff, meinem Kant-Studium zugute, mit dem ich in derselben Zeit begann. Immer wieder muss ich die wunderbare Kraft des Gedächtnisses bestaunen, und zwar nicht einmal so sehr der Fülle dessen wegen, was in dieser »ingens aula« aufbewahrt wird, als in der Wahrnehmung der Ordnung, die hier herrscht. [...] In Löwis Seminar gab jemand etwas ziemlich Albernes über Rousseaus Naturbegriff zum besten, Anlass für den Professor, das Verfehlte dieser Vorstellung aufzuzeigen und einen Exkurs über Natur bei Rousseau anzuschliessen. Ich kannte damals von Rousseau wenig mehr als den Namen und konnte durchaus nicht folgen. Aber ein Vierteljahrhundert später trieb ich Rousseau-Studien und kam auf die Frage von damals zurück, und schlagartig stand es klar vor meinem Geiste: DAS hat der alte Löwi gemeint![1]

In seinen Erinnerungen beschreibt er, wie Löwi durch seine Persönlichkeit pädagogisch wirkte, ohne im eigentlichen Sinne erzieherisch lehrerhaft zu agieren. Was Pädagogik ausmache, habe er durch Löwis Lehre und sein persönliches Beispiel gelernt. Ritzel verdeutlicht das an der Frage nach Sinn und Wert des Auswendiglernens und Gedächtniswissens, einem Thema, das in einem Kolloquium Löwis diskutiert wurde. Löwis umfangreiche Fachkenntnis diente in dessen Seminaren in klärenden Exkursen immer der systematischen und historischen Analyse des diskutierten Problemstands. So blieben dessen Ausführungen niemals Selbstzweck, sondern erschienen pädagogisch und sachlich geboten. Daher verdanke er Löwi unter anderem die Einsicht, dass es kein »totes Gedächtniswissen« oder »geistloses Auswendiglernen« gebe, auch wenn es natürlich Grade der Lebendigkeit gebe. Das Gelernte sei als Gelerntes immer geistiger Besitz und füge sich damit ein in den Bildungskontext der Persönlichkeit. Ritzel verbindet diese Ausführungen mit einer Kritik an der Pädagogik des 20. Jahrhunderts, die den Wert des Auswendiglernens ehre geringschätzte, obwohl doch das Gedächtnis, wie jede andere Fähigkeit auch, geübt werden müsse. So wie es aus psychologischer Sicht keine »isolierten« Wahrnehmungen gibt, so gibt es nach Löwi auch keine isolierten Lerninhalte. Alles Gelernte verbindet sich mit bereits Bekanntem und für wichtig oder unwichtig Gehaltenem zu neuem Gelernten, mag es wiederum für wichtig oder unwichtig gehalten werden. Ritzel gibt hier nicht nur ein Beispiel für Löwis praktisches pädagogisches Wirken, das immer an der Weiterentwicklung der fachlichen und persönlichen Fähigkeiten seiner Studenten interessiert blieb. Sein Zeugnis ist kein Einzelfall. So wie Ritzel emp-

---

1 Ritzel, W., Jugend zwischen den Kriegen, Heft 2, Privatarchiv Nataly Ritzel, 132 f.

fanden auch Löwis Doktorand Franz Fink oder der befreundete Wolfgang Cramer. Löwis Persönlichkeit hat da, wo er lehrte und wirkte, nachhaltig beeindruckt. Offenbar hat Löwi das, was er gelehrt und in seiner 1934 erschienenen Schrift *Grundbegriffe der Pädagogik* theoretisch entwickelt hat, auch im praktischen persönlichen Umgang angewendet.

Das bestätigen ebenso die wenigen bekannten Zeugnisse, die sich auf seine Lehrtätigkeit in den USA beziehen. Offenbar war es ihm gelungen, über die übliche Höflichkeit hinaus einen freundlichen, zugewandten, von Respekt geprägten Umgang mit fachlicher Autorität und hoher didaktischer Kompetenz zu verbinden.[1] Die persönlich ungesicherten Lebensverhältnisse hatten nicht zu einem verbitterten Umgang mit Kollegen und Studentinnen geführt. Es gelang ihm zunehmend besser, in der ungewohnten englischen Fremdsprache ein zugewandtes, respektvolles und didaktisch fruchtbares Verhältnis aufzubauen, das ihn menschlich und fachlich bereits in Breslau ausgezeichnet hatte. Dr. John Seward, einer seiner Kollegen und Förderer am Connecticut College, notierte, dass Löwi ihn sehr beeindruckt habe »by his success in meeting our undergraduates on their own level. He is a real teacher.«[2] Ebenso schrieb Dorothy Schaffter, Nachfolgerin Katherine Blunts als Präsidentin des Connecticut College, dem *Emergency Committee in Aid for Displaced Foreign Scholars* am 13. März 1944 positiv über Löwi. Er sei ein »brilliant scholar, of a fine personality« gewesen. Die Connecticut College News widmeten Löwi einen langen Bericht, verbunden mit einem Nachruf:

> The student body and faculty of Connecticut College regret deeply the passing of Dr. Moritz Lowi. By the death of Dr. Lowi the college has lost a friend as well as a fine professor. Typical of his courtesy was his ability to remember the girls as individuals and greet them by name whether on campus or in a different and unexpected setting. He was known to many of the students through his research. For these girls it is his extreme patience and his ability to explain the meaning and

1 »Ich habe immer die Auffassung vertreten, daß der Universitätslehrer [...] von der Voraussetzung ausgehen darf, daß seine Schüler [...] keiner erzieherischen Zuwendung mehr bedürfen. Zugleich habe ich angemerkt, daß die Wirklichkeit dem die Reife bestätigenden Diplom nicht immer entspricht, so daß der Professor zu rühmen ist, der nicht von Amtswegen, sondern aus wohlwollendem Interesse an seinem jungen Gegenüber pädagogisch wirkt. Mir jedenfalls kam das zugute, als ich Löwis Schüler war – und noch einmal viel später, als ich Bruno Bauch meine Dissertation vorgelegt hatte. Wir saßen in Löwis Dienstzimmer im Konviktsgebäude, ein Kolloquium von vielleicht zehn jungen Leuten, unter denen ich der Jüngste war; auf dem Tisch stand ein Aschbecher, aber niemand rauchte. Da zog ich Pfeife und Tabak aus der Tasche, stopfte die Pfeife und entzündete sie. Löwi aber sah mich an und sagte: ›Ja, rauchen Sie, Herr Ritzel, rauchen Sie ruhig!‹ Hernach ging mir auf, daß ich mir die Erlaubnis, die er mir nachträglich erteilte, ja wohl vorweg hätte erbitten müssen.« Ritzel, W., Jugend zwischen den Kriegen, Heft 2, Privatarchiv Nataly Ritzel, 134 f. Vgl. dazu den Bericht einer an einem psychologischen Experiment teilnehmenden College-Studentin in Kap. 5.5. Empirische Untersuchungen am Connecticut College, 157 f. und die Nachrufe in Kap. 2.8. Der Hochschullehrer, 67 f.

2 E-Mail von Rebecca Parmer, Connecticut College, Linda Lear Center for Special Collections and Archives, an Reinhold Breil, 11.10.2013, Privatarchiv Reinhold Breil.

> importance of his work that is the outstanding memory. The girls who studied under Dr. Lowi enjoyed his ability to combine facts with absorbing illustrative examples. His eagerness to understand our college life was at the same time flattering and thought-provoking; he in turn told us of his university days in Germany, helping to broaden our points of view. Through Dr. Lowi we attained an increased depth of understanding into the war situation. Within the department, Dr. Lowi's colleagues have missed the daily contacts with his stimulating personality, keen mind, and never-failing cooperation. Although he has not been present on the campus this year, it is with sorrow that we realize that the college has lost an irreplaceable member of the psychology department as well as a loyal friend. His untimely death marks another tragedy of this war.[1]

Aufgrund seiner Persönlichkeit hatte Löwi selbst in den wenigen Monaten seiner Tätigkeit am Hartford Junior College den Respekt und wohl auch die Zuneigung der Studentinnen gewonnen. Im College-Jahrbuch von 1944 wird seiner mit den Worten gedacht:

> In Memoriam of Moritz Lowi our beloved Psychology Professor whose kindness and deep understanding will always be remembered by the class of 1944. May we live up to the ideals and standards in which he believed, and may we find the beauty of the life he enjoyed.[2]

Niemand hätte es nötig gehabt, einen Menschen, der nicht zum langjährigen Kernkollegium gehörte, über das gebotene höfliche Maß hinaus so persönlich ausführlich zu würdigen. Betrauert wurde ein Mensch, Lehrer und Forscher, dem es trotz persönlich widriger Umstände gelungen war, nicht nur den Verstand, sondern auch das Herz seiner Mitmenschen zu erreichen.

9. Distanz: Die Beziehung zu Hönigswald

Anders als der weiterhin sozial und in der wissenschaftlichen Lehre in bescheidenem Rahmen engagierte Löwi brachte der ältere Richard Hönigswald die Jahre bis zu seiner Emigration zunehmend einsamer zu. Geblieben sind ihm zuletzt nur noch die Familie und wenige gute Freunde. Soziale Isolation, Verfolgung, Exil oder Ermordung waren das Schicksal aller »nichtarischen« deutschen Wissenschaftler. Äußerungen zu seiner stetig sich verschlechternden persönlichen Lage sind von Hönigswald nur indirekt aus den wenigen Briefen an Freunde zu erschließen. Verbote, die Universitätsbibliothek oder andere Ressourcen der Universität zu benutzen, und Lehrverbot brachten auch Hönigswalds öffentliches Wirken zum Erliegen. Dabei kam es Anfang 1933 zu einem bemerkenswerten Widerstand der Philosophischen Fakultät der Universität München gegen die

---

1 Connecticut College News 29(1944)11, vom 12. Januar 1944, 2.

2 McCrum, R. C. e.a. (Ed.), The Highlander. Hartford Junior College, 1944.

zwangsweise Entlassung. Zahlreiche Kollegen aus ganz Deutschland formulierten Eingaben, andere und viele Münchener Kollegen unterzeichneten eine diesbezügliche, vom evangelischen Theologen Rudolf Hermann im April 1933 verfasste Erklärung. Doch das Unternehmen scheiterte, auch bedingt durch den Widerstand Heideggers, der sich mit einem unsäglichem »Gutachten« für Hönigswalds Entfernung aus dem Amt aussprach.[1] Für Hönigswald erreichte die zunehmende akademische und private Isolation einen traurigen Höhepunkt nach dem November 1938. Er berichtete, nach seiner KZ-Internierung in Dachau, dass »meine gesamte Habe, inclusive meiner grossen Bibliothek, von den Nazis geraubt worden war«.[2] Wie sehr er unter den Repressalien litt, zeigen indirekt die Briefe an den evangelischen Theologen und späteren Freund Ernst Lohmeyer, einer der wenigen aus der Breslauer Zeit, der noch den Kontakt zu Hönigswald hält.[3] Hönigswald berichtete auch über einen erfreulichen Kontakt zu Vossler[4], insgesamt aber brechen die Kontakte ab.[5]

Mit dem erzwungenen Rückzug ins Private verstärkte sich die wissenschaftliche Forschungstätigkeit in zahlreichen, bis zur Druckreife fertiggestellten Typoskripten, in vollem Bewusstsein »für die Schublade« geschrieben. Besonders schlimm empfunden wurde die Beschränkung der Arbeitsmöglichkeiten. Zunächst arbeitete Hönigswald an einem seiner systematischen Hauptwerke, *Philosophie und Sprache*, erschienen 1937 in einem kleinen Baseler Verlag, ohne Aussicht auf angemessene Wahrnehmung in der deutschen akademischen Philo-

---

1 Schmied-Kowarzik, W. (Hg.), Erkennen – Monas – Sprache, 1997, 466 u. 470 f.

2 Von dieser Praxis rückte Hönigswald auch im amerikanischen Exil nicht ab. Brief an Hermann vom 24.1.1947. In: Wiebel, A., Rudolf Hermann: Aufsätze, Tagebücher, Briefe, 2009, 341 f.

3 Eine wichtige biographische Quelle zu Hönigswald ist sein Sohn Henry Hoenigswald: Zu Leben und Werk von Richard Hönigswald, 1997, 426-435. Vgl. auch Köhn, A., Der Neutestamentler Ernst Lohmeyer, 2004, 214. Köhn behauptet einen brieflichen Kontakt Löwis und Hönigswalds bis Anfang 1938, allerdings gibt es dafür keine auffindbaren Belege. Zu Hönigswalds Breslauer Freunden zählen neben Ernst Lohmeyer, Georg Wobbermin, der Historiker Richard Koebner, der Physiker Clemens Schaefer, und natürlich der nach Greifswald strafversetzte Rudolf Hermann.

4 Brief an Lohmeyer vom 23.12.1936. In: Otto, W., Aus der Einsamkeit – Briefe einer Freundschaft, 1999, 103. Der Münchener Literaturwissenschaftler Karl Vossler (1872-1949) war einer der wenigen Münchener Freunde Hönigswalds. Er setzte mit einem bemerkenswerten Engagement den Protest der Philosophischen Fakultät der Universität München gegen die zwangsweise Amtsenthebung Hönigswalds mit durch und unterstützte ihn später bei der Flucht. Vgl. Schmied-Kowarzik, W., Daten zu Leben und Werk von Richard Hönigswald, 1997, 463-473, 466, 470. Briefliche Beziehungen gab es weiterhin zu dem bekannten Schweizer Psychiater Ludwig Binswanger in die Schweiz. Siehe Kap. 7.3. Daseinsanalyse: Binswanger und Hönigswald, 196 ff.

5 »Von der Species *homo sapiens* habe ich mich – 2-3 Exemplare ausgenommen – völlig zurückgezogen. Auch im beruflichen Verkehr habe ich Scheidewände errichtet, die zu überschreiten niemandem gelingt.« Brief an Lohmeyer vom 24.7.1933. In: Otto, W. (Hg.), Aus der Einsamkeit – Briefe einer Freundschaft, 1999, 64.

sophie. Überhaupt trug die Arbeit »am Schreibtisch«, den Hönigswald nach eigenem Bekunden fast gar nicht mehr verlässt, zunächst etwas über den Verlust des Münchener Lehrstuhls hinweg.[1] In der Schreibtisch-Einsamkeit entstanden in den Jahren bis 1947 im Typoskript für die Publikation vorbereitete Schriften, die zum Besten gehören, was Hönigswald geschrieben hat. Sie konnten schließlich in zehn Nachlassschriften unter der Leitung Hans Wagners bis 1977 publiziert werden. Hinzu kamen an verstreuten Orten im Ausland erschienene Aufsätze. Das akademische Gespräch ersetzten ihm Briefe mit akademischen Freunden, deren Intensität allerdings beständig abnahm, sowie die eigene Familie: Die Kant-Lektüre mit seiner Frau und seinem Sohn Heinrich seien so für ihn »das denkbar beste Seminar«[2].

Bekannt sind Zeugnisse aus seiner Breslauer Lehrtätigkeit von Edith Stein, Plessner, Gadamer oder den Schülern Löwi, Fink und Kaulla.[3] In ihren autobiographischen Notizen begegnet uns eine beeindruckende, sachlich strenge Lehrerpersönlichkeit, mit ironischem Florett fechtend, dabei durchaus auch autoritär. Hönigswald war wohl »die Sache« in jeder Hinsicht wichtiger als jede Form beschwichtigender Freundlichkeit, die aber Studenten nicht weiterbringt. Dankbarkeit überwiegt bei allen. So schreibt der Soziologe Norbert Elias, der 1924 bei Hönigswald mit der Schrift *Idee und Individuum* promovierte, über seinen Lehrer, dass er von ihm produktives Selbstdenken, das sich selbst etwas zutraut, gelernt habe, obwohl ihre Beziehung in einem »echten und kaum heilbaren Krach« geendet habe. Der Anlass waren einige Passagen aus Elias' Dissertation, mit denen Hönigswald nicht einverstanden war.[4] Dieses Urteil hat Elias in milde-

---

1 Über die entstehende »Methodenlehre«, die in zwei Bänden 1969/70 publiziert werden konnte, schrieb er 1936: »Es hat einen eigentümlichen Reiz, mit den Problemen allein zu sein und zu wissen, dass man weder die Zeitgenossen noch die Nachwelt belastet. [...] Und so sind meine Interessen in mancher Hinsicht auf einen engsten Kreis begrenzt, in anderer erstrecken sie sich in die ungemessene Weite wissenschaftlicher Aufgaben, deren Größe und Fruchtbarkeit mir mehr denn je zu Bewußtsein kommt.« Brief an Lohmeyer vom 19.9.1934. In: Otto, W. (Hg.), Aus der Einsamkeit – Briefe einer Freundschaft, 1999, 76.

2 Brief an Lohmeyer vom 22.3.1936. In: Otto, W. (Hg.), Aus der Einsamkeit – Briefe einer Freundschaft, 1999, 94.

3 Die Vorlesungsmitschriften von Gadamer und Helmut Kaulla sind im Hönigswald-Archiv, Aachen, vorhanden. Vgl. Grassl, R., Breslauer Studienjahre, 1996. Äußerst kritisch äußert sich Aschenberg zu Gadamers Verhalten gegenüber Hönigswald: Aschenberg, R., Ent-Subjektivierung des Menschen, 2003, 118 ff.

4 »Übrigens hat diese Querele weder meine Hochschätzung des Mannes noch meine Dankbarkeit für das, was ich von ihm gelernt habe, im geringsten gemindert. Er war autoritär wie viele deutsche Professoren seiner Generation, konnte keinen Unsinn ausstehen, hatte wenig Geduld mit Narren und Metaphysikern; was er als philosophische Spekulation erkannte, also unter anderem auch Husserls Phänomenologie, lehnte er ab. Heidegger und die Existenzphilosophie überhaupt waren indiskutabel, und er konnte nur schwer seine Verachtung für solche Unsauberkeiten des Denkens verbergen.« Elias, N., Notizen zum Lebenslauf, 1996, 107-197, 120 f.

rer Form in einem Brief an Gerd Wolandt nochmals bestätigt. Weniger die Inhalte als die Methode des Denkens hätten ihn maßgeblich beeinflusst und beeindruckt. Hönigswalds Schärfe des Denkens und seine »kompromißlose und ungeduldige Abweisung der alten wie der neuen Metaphysik«, die keine Konzessionen an den Zeitgeist zugelassen habe – habe er als eigene Haltung übernommen.[1] Siegfried Marck, der frühere Schüler, Kollege und zuletzt wohl einer der wenigen Freunde, bemerkte an ihm einen »mephistophelisch gefärbten Spott«[2], ein Eindruck, den offenbar die junge Edith Stein teilte. Sie sprach sogar von einem nahezu rhetorischen Ehrgeiz der Studenten, mit Hönigswald in die argumentative Auseinandersetzung zu treten. Auch wo sich philosophische Überzeugungen eher unterschiedlich entwickelt haben, blieb doch das Gefühl, Hönigswalds strenger Methodik viel zu verdanken.[3]

Lohmeyer berichtete er von einer geöffneten Briefsendung und einem auf dem Postweg »verschwundenen« Exemplar seiner »Denker der italienischen Renaissance«, das er einem Kieler Kollegen zu Weihnachten schicken wollte.[4] Schließlich Resignation: »Ich selbst verlasse meinen Schreibtisch kaum noch. Eine Reihe großer Werke liegt fertig. Ihr äußeres Schicksal ist mir freilich in weitestem Umfang gleichgültig. Meine persönliche Korrespondenz richtet sich praktisch nur noch an Clemens.«[5] Es folgten die erschreckenden Ereignisse der Reichspogromnacht, der sich eine mehrwöchige KZ-Internierung in Dachau anschließt. Hönigswald erging es hier wie allen jüdischen Männern, die während der Pogrome des 9. Novembers in die Konzentrationslager deportiert wurden, um sie und ihre Familien durch Inhaftierung und Folter ein letztes Mal zur Emigration zu bewegen. Im Lager blieb Hönigswald nicht nur passives Opfer, sondern er kümmerte sich aktiv um seine Leidensgenossen, so gut er konnte. Hönigswald sprach nur in Andeutungen von den Schrecknissen. Sein Sohn Henry Hoenigswald schrieb dazu:

---

1 Brief von Norbert Elias an Gerd Wolandt vom 21. Februar 1977, 1983. Hier hebt Wolandt dessen systematische Bezüge zu zentralen Lehrstücken Hönigswalds hervor, besonders zu dessen Lehre von der Subjektivität und Verständigung.

2 Marck, S., Am Ausgang des jüngeren Neukantianismus, 1987, 19-43, 24.

3 Stein, E., Aus dem Leben einer jüdischen Familie, 2007, 141.

4 Brief an Lohmeyer vom 25.12.1937. In: Otto, W. (Hg.), Aus der Einsamkeit – Briefe einer Freundschaft, 1999, 109.

5 Ebd., 112.

> Es ist für seine Schweigsamkeit bezeichnend, daß beinahe alles, was ich über seine Existenz während der folgenden Wochen weiß, nicht von ihm selber herrührt, sondern von dem einen oder anderen seiner Münchener Leidensgenossen. Sie waren alle voll von Geschichten, die ihn von einer Seite zeigten, welche sonst nicht mehr besonders stark zum Ausdruck kam. Es war seine alte ärztliche Rolle: er konzentrierte sich auf Überleben und Hygiene (›nur nicht krank werden‹), gab seinen Mitgefangenen, von denen er die wenigsten persönlich kannte, praktischen und moralischen Rat und war ganz offenbar vielen eine Stütze. Daß man ihn gequält und mißhandelt hat, ist gewiß.[1]

Nach der Emigration im Frühjahr 1939, in letzter Minute, berichtete Hönigswald von einer Antrittsvorlesung in Scranton und einigen Seminaren, die geplant gewesen seien. Gemeint ist wohl die University of Scranton, Pennsylvania, eine römisch-katholische Privatuniversität, ab 1942 in jesuitischer Trägerschaft. Sein Freund Lohmeyer überlebte zwar den Krieg, wurde aber 1946 von einem sowjetischen Hinrichtungskommando erschossen.[2] Ehemalige Schüler versuchten, ab 1945 wieder mit Hönigswald in Verbindung zu treten. Eine Rückkehr nach Deutschland wurde vorgeschlagen, die Hönigswald aber verbittert ablehnte. Immerhin übernahm er die Mitherausgeberschaft der neugegründeten Zeitschrift *Archiv für Philosophie*. Kurz vor seinem Tod – Hönigswald starb unerwartet während eines Besuchs bei seinem Sohn 1947 in New Haven, USA – erläuterte er seinem ehemaligen Schüler Oswald Opahle die Gründe, von einer Rückkehr nach Deutschland vorläufig abzusehen. Zu tief waren die Demütigungen und persönlichen Verletzungen, die er erfahren musste.[3]

Die persönliche Schroffheit im brieflichen Umgang war sicher auch eine Folge der beruflich-gesellschaftlichen Isolation und persönlichen Verfolgung. Sein Sohn Henry warnt vor einem allzu leichten Umgang mit Hönigswalds brieflichen, gleichsam »verschlüsselten« Äußerungen seit 1933 bis 1947.[4] Uns bleibt, was Hönigswald selbst die Arbeit an der Sache genannt hat, die zunehmend kompro-

---

1 Hoenigswald, H., Erinnerung an den Vater, 1999, 23 f.

2 Otto, W. (Hg.), Aus der Einsamkeit – Briefe einer Freundschaft, 1999, 15.

3 »Nebenbei: Dass ich nicht daran denke, nach Deutschland zurückzukehren, hat nicht nur in der traurigen materiellen Lage dort seinen Grund. Ich habe sehr viel Anlass zu zweifeln, ob sich die Dinge so gewandelt haben oder in absehbarer Zeit so wandeln werden, dass ein unabhängiger wissenschaftlicher Forscher dort seinen angemessenen Platz findet. Ich habe keineswegs vergessen, wessen sich Deutschland mir gegenüber schuldig gemacht hat.« Brief an Oswald Opahle vom 7.2.1947, Hönigswald-Archiv, Aachen. Oswald Opahle (1887-1964) promovierte 1926 bei Hönigswald und war Lehrer, ab 1947 Dozent für Systematische Pädagogik und Geschichte an der Pädagogischen Akademie Oberhausen. Vgl. Grassl, R. / Richart-Wilmes, P., Denken in seiner Zeit, 1997, 95.

4 »Ihr eigentlicher Sinn geht nur dem auf, der sie auf dem Hintergrund der früheren Korrespondenz in sich aufnimmt, ohne sich an ihrem bruchstückhaften Charakter zu stoßen, und dem es gegeben ist, sich die imponderablen, aber unentrinnbaren Stimmungen zu vergegenwärtigen, die sie widerspiegeln.« Hoenigswald, H., Erinnerung an den Vater, 1999, 23 f.

misslosere Orientierung an einem absoluten Wahrheitsmaßstab, die man berücksichtigen muss, wenn man das zuletzt schwierige Verhältnis zu Löwi verstehen will. Leider gibt es nur spärliche Zeugnisse, die das Verhältnis zu Löwi seit 1933 betreffen, das überschattet wurde von einem Streit, der den Freunden des Breslauer Arbeitskreises unverständlich und unnötig erschien. Geblieben ist für Hönigswald vor allem die Erinnerung »an die Zeit der seligen Arbeitsgemeinschaft«. Der Isolationismus der nationalsozialistischen Barbarei vergiftete auch zwischenmenschlich und akademisch intakte Beziehungen durch bewusst herbeigeführte Entfremdung. 1935 schrieb Hönigswald an Lohmeyer, er konzentriere sich nur noch auf »die Sache« und kümmere sich mehr »um kein Getöse und Geschwätz«. Resigniert zieht er das Fazit, sein Name brauche »niemandem in die Erinnerung gerufen zu werden, der ihn nicht ohnehin in Erinnerung hat oder haben will.«[1]

Nach Hönigswalds Wechsel auf den Lehrstuhl für Philosophie in München 1930 wurde die Beziehung Löwis zu Hönigswald lockerer, bis sie schließlich irgendwann Mitte der dreißiger Jahre ganz abbrach. Trotz seiner kritischen Einschätzung von Löwis 1934 erschienen *Grundbegriffe der Pädagogik* war Hönigswalds charakterliche Beschreibung Löwis nach wie vor positiv:

> Über Moritz' Buch urteile ich ganz wie Sie. Es ist bei allem Schein der Exaktheit *dünn*. Die Fragen sind nicht bis zu Ende verfolgt, auch wenn beim Autor die Überzeugung besteht, daß es geschehen sei. Daher treten sie nicht in ihrer wirklichen Komplexion, d.h. in ihrer wirklichen Wissenschaftlichkeit, also auch in ihrem wahren Milieu, auf. Deshalb treten auch die Ergebnisse nicht in scharfen Konturen hervor. Auch er schrieb mir kürzlich aufmunternde Worte. Er habe, so schreibt er, überhaupt sehr viele »aufzurichten«, was ihm auch bestens zu gelingen scheint. Auf meine letzte kleine Arbeit ging er mit keinem Worte ein. Ich glaube, die Gründe zu kennen. Er ist zu ehrlich, um Schlechtes für gut zu erklären; zu delikat, um offen auf die Zeichen senilen Schwachsinns hinzudeuten, die die Arbeit deutlich an sich trägt; zu bescheiden, um auszusprechen, daß ihre wenigen brauchbaren Motive eigentlich aus seinem Gedankenschatze stammten und in der Zeit der seligen Arbeitsgemeinschaft, wenn auch ohne böse Absicht und mehr aus Beschränktheit, von mir rezipiert wurden.[2]

---

1 Brief an Lohmeyer vom 8.8.1935. In: Otto, W. (Hg.), Aus der Einsamkeit – Briefe einer Freundschaft, 1999, 87.

2 Brief an Lohmeyer vom 3.1.1935. In: Otto, W. (Hg.), Aus der Einsamkeit – Briefe einer Freundschaft, 1999, 81.

Lohmeyer kannte Löwi aus seiner Breslauer Zeit.[1] Für Löwi wandelte sich die Beziehung zu Hönigswald von einem Lehrer-Schüler-Verhältnis in den zwanziger Jahren zu einem freundschaftlich kollegialen Verhältnis. Doch spätestens Ende der zwanziger Jahre begannen sich beider Wege, auch in sachlicher Hinsicht, zu trennen. Hönigswald folgte 1930 dem Ruf nach München, Löwi widmete sich verstärkt der empirischen Psychologie und Pädagogik, die er auf ihre methodischen und begrifflichen Grundlagen zurückführen wollte. Zwangsläufig entfernte er sich dabei von Hönigswaldschen Positionen. Während für Hönigswald eine Pädagogik, und mehr noch eine wissenschaftliche Psychologie, außerhalb der Philosophie unmöglich schien, suchte Löwi den Anschluss an die empirische Praxis.

Löwi selbst hatte bis zu seinem unerwarteten Tod in allen Lebensläufen und als wissenschaftliche Referenz immer und an erster Stelle Hönigswald genannt. Noch in Deutschland gab es offenbar ernsthafte Bestrebungen Löwis, zu Hönigswalds sechzigsten Geburtstag 1935 eine Festschrift herauszugeben. Das Projekt scheiterte an den Schwierigkeiten einer Publikation und der fehlenden Bereitschaft vieler früherer Kollegen und Schüler, daran mitzuwirken, wie Löwi in einem Brief an Hönigswalds Kollegen und Freund Rudolf Hermann beklagte.[2] Doch zu einer Realisierung des Festschrift-Projekts kam es nicht mehr. Löwis Kontakte zu Hermann, Lohmeyer, Hönigswald, Cramer und den anderen Kollegen und Freunden des Breslauer Kreises brachen endgültig ab. Franz Fink hat 1945 nach dem Krieg seinen Festschrift-Beitrag Hönigswald zu seinem 70. Geburtstag als Typoskript noch zusenden können, von den anderen ist nichts bekannt.[3] Immerhin erfuhr Hönigswald zuletzt doch noch – von Löwis Frau – vom Schicksal seines früheren Schülers, mit dem er jahrelang in New York lebte, ohne davon zu wissen. In die Enttäuschung über die ihm völlig unverständlich erscheinen müssende Scheu Löwis, mit ihm in Kontakt zu treten, mischte sich Traurigkeit:

> Neuerdings habe ich relativ viel und erfreulichen Kontakt mit deutschen Kollegen und alten Schülern. Ich erfahre dabei leider auch sehr viel Trauriges aus allen Gegenden der Welt. Nachrichten über den Plan meiner Rückberufung nach München sind mehrfach zu mir gedrungen. – Sie fragen nach Löwi und Petzelt. Von ersterem weiss ich nur, dass er vor etwa drei Jahren einem Herzleiden erlegen ist. Er hat sich, ohne den geringsten mir bekannten Anlass, wohl pathologisch, von mir in schroffster Weise abgewendet, sich mir nie wieder gezeigt, obwohl wir, wie ich anderweitig erfuhr, geraume Zeit in derselben Stadt, in New York, und auch

1 Hönigswald bestellte in einem Brief vom 20.3.1925 Lohmeyer Grüße von Löwi. Vgl. Hutter-Wolandt, U., Ernst Lohmeyer und Richard Hönigswald, 1996, 205-230, 211.

2 Löwi an Hermann vom 19.12.1934, Hönigswald-Archiv, Aachen. Vgl. Fink, F., Richard Hönigswald – Festschrift, NLI, Franz Jona Fink Archive, ARC. Ms. Var. 398 / 011.

3 Schmied-Kowarzik, W., Daten zu Leben und Werk von Richard Hönigswald, 1997, 463-472, 467.

> später, da er an einem kleinen College lehrte, recht nahe zueinander lebten. Er versäumte es auch, mir seine Verheiratung anzuzeigen. Seinen Tod erfuhr ich durch einen telephonischen Anruf seiner Wittwe, zu der ich aber, nach der Art seines Benehmens, begreiflicherweise nicht in Beziehungen trat. Er war gewiss ein recht begabter Mensch, den in jeder Hinsicht gefördert zu haben ich niemals bedauerte, wohl auch eine im Grunde genommen anständige Natur, aber leider belastet durch eine starke Unsicherheit, die sich ja, wie so oft, in Ressantiments verschiedenster Färbung, in einer pathologischen Empfindlichkeit, kundtat, und dann durch den Besitz einer Energie kompensiert wurde, die oft genug an Rücksichtslosigkeit grenzte.[1]

Doch man muss die menschlich verständliche Reaktion Hönigswalds nicht nur in persönlichen Vorbehalten Löwis begründet sehen. Die erzwungene Isolation beider nach 1933 in Deutschland – Hönigswald in München, Löwi in Breslau – hatte sicher wesentlich zur Entfremdung beigetragen: wo nicht mehr miteinander gesprochen werden kann, sind Missverständnisse unvermeidlich. Ein ausgewogenes Urteil über das zuletzt schwierige Verhältnis von Löwi und Hönigswald stammt von ihrem gemeinsamen Schüler Franz Fink, der selbst einen durch die Zeitläufte erzwungenen abenteuerlichen Lebensweg verfolgen musste. Er schrieb an Eberhard Zwirner:

> Mit Löwi war ich gut befreundet; wir haben fast zwei Jahre in Breslau zusammen gewohnt, als er von seinem arischen Hauswirt hinausgeworfen wurde. Ich habe ihn sehr hoch geschätzt, und der betrübliche Streit mit Hönigswald entstand, soweit ich sehe, wohl aus übersteigerter Empfindlichkeit auf beiden Seiten. An der Lauterkeit von Löwis Charakter ist nicht zu zweifeln. Sein wissenschaftliches Konzept war tief, wenn auch in einem entscheidenden Punkte verfehlt; während Hönigswald vor gewissen Konsequenzen seiner Theorie zurückschreckte. Jeder von beiden war in seiner Art bedeutend – und beiden Lehrern verdanke ich viel.[2]

Offenbar drängten Hönigswalds beste Schüler über seine Lehre hinaus in Richtung der empirischen Wissenschaften: Erich Doflein[3] wurde ein renommierter Musikwissenschaftler, Eberhard Zwirner ein bedeutender Sprachwissenschaftler, Norbert Elias ging in die Soziologie, Löwi und Fink in die Psychologie, Petzelt[4] in die Pädagogik; Marck verfolgte einen eigenen philosophischen Ansatz. Eine Ausnahme bildete Wolfgang Cramer, bei dem Meder zu dem – allerdings irrigen – Schluss kommt, dass Cramer wahrscheinlich der einzige originäre Schü-

---

1 Hönigswald an Opahle, 02.08.1946, Hönigswald-Archiv, Aachen.

2 Fink an Zwirner, 12.8.1949, Hönigswald-Archiv, Aachen. Eberhard Zwirner (1899-1984) war Arzt und einer der renommiertesten deutschen Sprachtheoretiker. Zwirner promovierte 1925 bei Hönigswald mit der Arbeit: Zum Begriff der Geschichte, 1926. Wie Löwi arbeitete er vor dem Krieg auch an neurologischen und hirnphysiologischen Problemen.

3 Erich Doflein (1900-1977): Promotion bei Hönigswald: Gestalt und Stil in der Musik, 1987. Vgl. dazu meine Rezension Breil, R., Erich Doflein: Gestalt und Stil in der Musik, 1988, 155-157.

4 Alfred Petzelt (1886-1967): Promotion bei Hönigswald 1923 mit der Arbeit *Zur Frage der Konzentration bei Blinden*, 1925.

ler Hönigswalds gewesen sei. Doch auch Cramer ging in der Philosophie weit über Hönigswald und schließlich auch Löwi hinaus.[1] Sie gingen über Hönigswald hinaus in dem Sinne, wie auch die Neukantianer über Kant hinausgehen zu müssen glaubten. Dies ist eine Konsequenz des »kritischen« Verständnisses von Philosophie. Sie folgt aus dem »kritischen« Kantverständnis, das Hönigswalds Philosophie von Anfang an durchzieht: Wenn er im Vorwort zu seinen *Grundfragen der Erkenntnistheorie* schreibt, dass keines Mannes Name groß genug sei, an die Stelle von Problemen zu treten, so ist damit eben auch gemeint, dass philosophische Schulbildungen nur dann gerechtfertigt sind, wenn sie gemeinsame Probleme »kritisch« erörtern; eben deshalb ziehen sie auch keine »Jüngerschaft« nach sich. Hönigswald habe, so sein Sohn Henry Hoenigswald, versucht, einen *kritischen* Standpunkt zu ermitteln, aber keiner der »etablierten neukantianischen Sekten« angehört. Auch habe er niemals versucht, eine eigene »Schule« zu begründen, deren Oberhaupt er gewesen wäre.[2] So hat sich auch Hönigswald selbst auf Löwis Arbeiten nur dann bezogen, wenn es »der Sache« diente, also im wesentlichen in der Ausarbeitung der Denkpsychologie. Hönigswald zitiert Löwi nicht in *Philosophie und Sprache*, auch nicht in seinen späteren Abhandlungen zur Psychiatrie und zum Lesen, wohl aber in den Nachlass-Schriften, sofern sie denkpsychologische Fragen betreffen.[3]

10. Ein Einzelschicksal? Deutsche Wissenschaftler in der Emigration

Ausgrenzung aus der bürgerlichen Öffentlichkeit, Publikations- und Lehrverbote, Schikanen im Alltag, Einschüchterung und Drohungen durch die Gestapo, Repressalien, Ausbürgerung – bis hin zur kollektiven Ausbürgerung von etwa 155.000-170.000 jüdischen Emigranten im Ausland bis 1941 – und schließlich Ermordung – betrafen alle deutsch-jüdischen Staatsbürger.[4] Löwis Flucht aus Deutschland war Teil eines akademischen Exodus, von dem sich die deutschen Universitäten niemals wieder erholt haben. Zugleich stellte dieser vor allem die amerikanischen Universitäten vor große Probleme. So steht Löwis Schicksal für das Schicksal vieler deutscher Wissenschaftler, davon der überwiegende Teil Männer. Inzwischen ist die Emigration deutschsprachiger Forscher historisch und

---

1 Meder, N., Das Problem der Grundlegung einer Theorie des Subjektes im Vergleich von Hönigswald und Cramer, 1987, 112-131, 112. Cramer hat später eine Metaphysik entwickelt, die dem metaphysikskeptischen Hönigswald vermutlich suspekt gewesen wäre.

2 Hoenigswald, H., Zu Leben und Werk von Richard Hönigswald, 1997, 425-435, 433.

3 Die Grundlagen der allgemeinen Methodenlehre, Bde. I und II, 1969/1970; Die Systematik der Philosophie, Bde. I und II, 1976/1977.

4 Etwa Paul, G., Nationalsozialismus und Emigration, 2008, 46-61.

soziologisch gut untersucht und dokumentiert worden, deshalb mögen an dieser Stelle einige wenige Hinweise genügen.[1] Oft ist der akademische und private Integrationsprozess langwierig, selten problemlos und nicht immer erfolgreich verlaufen. New York, wo die meisten versuchten, auch beruflich Fuß zu fassen, war für diese Bemühungen aufgrund der zunehmenden Immigrationsdichte aus nachvollziehbaren Gründen eher ungeeignet. Früh versuchten daher amerikanische Hilfsorganisationen, landesweite Arbeitsmöglichkeiten an den kooperierenden Universitäten und Colleges zu vermitteln, die dazu nicht zuletzt deshalb auch bereit waren, weil in der Regel für maximal zwei Jahre über das Emergency Committee in Aid for Displaced Foreign Scholars Stellen aus Spendengeldern finanziert worden sind.[2]

1947 haben Stephan Duggan, Vorsitzender, und Betty Drury, Geschäftsführerin des *Emergency Committee in Aid for Displaced Foreign Scholars* einen abschließenden Bericht über ihre Arbeit von 1933 bis 1945 publiziert. Der Bericht beeindruckt auch heute noch durch die unmittelbare zeitliche und emotionale Nähe zu der Hilfe, die seit 1933 erst den deutschen, dann den verfolgten europäischen Wissenschaftlern insgesamt, gegeben werden konnte. In den Berichten der Organisation und ähnlicher Vereinigungen finden sich die meisten deutschen emigrierenden Wissenschaftler wieder. Nach eigenen Angaben hat das *Emergency Committee in Aid for Displaced Foreign Scholars* mithilfe der Unterstützung durch die *Rockefeller Foundation*, die *Carnegie-Corporation*, den *Oberländer Trust* und anderer Geldgeber 335 Wissenschaftlern helfen können. Die Mitglieder des Komitees entwickelten ein Netzwerk engagierter Wissenschaftler, das nicht nur Arbeitsmöglichkeiten an amerikanischen Hochschulen und anderen Institutionen vermittelte. Sie halfen auch durch Zahlungen, die nicht direkt an die einzelnen Personen flossen, sondern in den entsprechenden Institutionen zur finanziellen Einrichtung akademischer Stellen verwendet wurden. Unterstützt wurden Privatdozenten und Professoren, die aufgrund ihres Alters größere Schwierigkeiten als die jüngeren Kollegen hatten, eine Anstellung an einer Universität oder einem Wirtschaftsunternehmen zu finden. Wer es schaffte, in einem persönlichen Vorstellungsgespräch in den Räumen des *Emergency Committee in Aid for Displaced Foreign Scholars* in 2 West 45th Street, New York City einen guten Eindruck zu machen, verbesserte seine Vermittlungschancen erheblich. Notizen und Gesprächsmemos im *Archiv des Emergency Committee in Aid for Displaced Foreign Scholars* zeigen, dass die Qualität der Englischkenntnisse ebenso festgehalten wurde, wie persönliche Umgangsformen oder die Beschaffenheit der Kleidung, die zu Rückschlüssen auf die finanzielle Lage der Betroffenen

---

1 Etwa Krohn, C.-D., u.a. (Hg.), Handbuch der deutschsprachigen Emigration 1933–1945, 2008.

2 Fleck, C., Etablierung in der Fremde, 2015, 244-250.

führte. Löwi hat diese erste Hürde, wie wir wissen, im Oktober 1938 leicht genommen. Nach den erhaltenen Zeugnissen konnte sich Löwi zunehmend besser in das öffentliche Leben eingliedern und der verbreiteten Unkenntnis über die allgemeine Lage in Deutschland entgegentreten. So erzählte er in mindestens einem der regelmäßigen öffentlichen Campus Meetings von seinen Deutschland-Erfahrungen.[1]

Zwischen Kriegsende und 1947 wurden Erhebungen des *Emergency Committee in Aid for Displaced Foreign Scholars* durchgeführt, denen zufolge es gelungen sei, viele dieser Wissenschaftler dauerhaft an ihren Arbeitsorten zu etablieren, einige aber eben auch nicht. Unter den geförderten 335 Wissenschaftlern befand sich auch Moritz Löwi.[2] Wie viele der ab 1933 in die USA emigrierten jüdischen Wissenschaftler hatte auch er mit erheblichen Schwierigkeiten zu kämpfen, die vom Verlust der persönlichen Bibliothek bis hin zu dem Gefühl reichten, statt eines wirtschaftlich autonomen, angesehenen Wissenschaftlers nun ein Hilfsbedürftiger zu sein.[3] Viele der Emigranten besaßen keine oder nur unvollständige Ausweise, Visa oder Zeugnisse. Ein Touristen- bzw. Besuchervisum berechtigte nicht zur Aufnahme einer bezahlten Beschäftigung, dazu benötigte man eine Einladung zu einer Vortrags- oder Forschungstätigkeit an einer der amerikanischen Hochschulen, die bei der Einreise vorgelegt werden musste. Hönigswald beispielsweise konnte hier seine Einladung an die University of Scranton vorweisen. Das ausgestellte Einwanderungsvisum zu erhalten, war somit, neben der Sicherung des alltäglichen Lebensunterhalts, eines der wichtigsten Ziele. Das führte, wie im Falle Löwis, zu merkwürdigen Aktionen. Nach Ablauf seines Besuchervisums wurde Löwis Aufenthalt in New York geduldet, während er sich mit Hilfe des *Emergency Committee in Aid for Displaced Foreign Scholars* um irgendeine, sei sie noch so finanziell kärglich ausgestattete oder selbst zeitlich äußerst knapp befristete Anstellung bemüht hatte. Bürokratisch offiziell reiste Löwi mit seiner Frau aus Sicht der amerikanischen Behörden deshalb zweimal in die USA ein: zunächst 1938 als Besucher, dann 1941 auf Einladung des Connecticut Colleges mit einem Arbeitsvertrag und einem immigration visum, das von der amerikanischen Botschaft in Havanna ausgestellt wurde.

---

1 Connecticut College Alumnae News 22/2, 1943, 15.

2 Duggan, S. / Drury, B., The Rescue of Science and Learning, 1948, 48.

3 »The authors met with many difficulties: The loss by the scholars of credentials and other documents in the haste of their exit from Germany and the overrun countries; the unwillingness of scholars to bare their lives lest they appear as applicants for charity; their hesitancy to tell all the facts about their circumstances because of fear of reprisals to loved ones at home; reluctance to describe candidly their experiences in their college environment here lest they be considered guilty of ingratitude.« Ebd., VII.

Das US-Wissenschaftssystem war, wie eigentlich jedes Universitätssystem zu jeder Zeit, mit knappen finanziellen Mitteln ausgestattet, was schon unter normalen Umständen zu Anstellungsproblemen für den eigenen wissenschaftlichen Nachwuchs geführt hätte. Eigentlich waren kaum Stellen für hunderte und tausende, fachlich und sprachlich schwer zu integrierende Wissenschaftler vorhanden. Trotzdem hat man sich bemüht, viele von ihnen zeitweise und auch dauerhaft zu integrieren. Als das *Emergency Committee in Aid for Displaced Foreign Scholars* 1933 gegründet wurde, steckte die US-Wirtschaft noch in der großen Wirtschaftskrise. Finanzielle Mittel mussten mühsam akquiriert werden. Zu den beschränkten Hilfsgeldern kamen für die Migranten eigene geringe finanzielle und soziale Möglichkeiten hinzu. Viele hatten ihr Vermögen verloren. Sprachprobleme kamen häufig vor und erschwerten die soziale und akademische Integration, ebenso zu hohes Alter – viele waren Mitte vierzig oder älter als fünfzig Jahre. Eine mit den US-amerikanischen Wissenschaftsrichtungen inkompatible wissenschaftliche Reputation kam oftmals hinzu. Es wanderten eben nicht nur Albert Einstein oder Karl Bühler ein, sondern auch viele kaum bekannte Wissenschaftler aus der zweiten oder dritten Reihe. Die psychologische Arbeit Löwis, die der strukturalistischen Wundt-Psychologieschule und der Gestaltpsychologie nahestand, passte eigentlich überhaupt nicht zum empiristisch-behavioristischen Wissenschaftsverständnis der amerikanischen Psychologie und Pädagogik, wie sie beispielsweise von John Dewey und anderen vertreten wurde. So veränderte sich in den USA zwangsläufig Löwis Forschungsprofil von denkpsychologischen hin zu psychologisch empirischen und psychiatrischen Arbeiten, was allerdings auch auf der Linie der eigenen Forschungsabsichten lag. Arbeit fand Löwi schließlich als College-Lehrer und als Mitarbeiter in einem psychiatrischen Krankenhaus, dem Norwich State Hospital.

Oft wirkte die amerikanische Kultur fremd oder zumindest befremdlich: dass angelsächsische Höflichkeit öfter mit festen Hilfszusagen verwechselt wurde, ist da nur eine eher geringfügige Schwierigkeit gewesen. Selbst Löwis plötzlicher, früher Tod ist kein bedauerliches Einzelschicksal, sondern eines, das er mit anderen Gelehrten teilen musste. Von den 335 unterstützten Wissenschaftlern starben zwar »nur« zwei durch Selbstmord, aber 26 durch Krankheit und frühen Tod, meistens durch Herzinfarkt. Physische Anstrengungen und psychischer Stress, weit über das normale Maß persönlicher Belastbarkeit hinaus über lange Zeit im Kampf um eine neue Existenz, waren aus Sicht des *Emergency Committee in Aid for Displaced Foreign Scholars* häufige auslösende Faktoren.[1]

---

1 Ebd., 44 ff.

Man mag aus heutiger Perspektive die Arbeit des *Emergency Committee in Aid for Displaced Foreign Scholars* in mancher Hinsicht kritisch beurteilen können. So könnte nach der demokratischen Legitimität der wenigen dort festangestellten Personen gefragt werden oder danach, ob nicht mehr Wissenschaftler hätten unterstützt werden können. Möglicherweise wurden auch insgesamt Akademiker aus Deutschland und Österreich gegenüber anderen vertriebenen Wissenschaftlern bevorzugt, und unter diesen wiederum weniger Vertreter der klassischen Geisteswissenschaften. Insgesamt aber muss man, wie auch Fleck, zu einer positiven Würdigung der Arbeit des *Emergency Committee in Aid for Displaced Foreign Scholars* kommen, allein schon deshalb, weil die Alternative Wegschauen und Gleichgültigkeit gewesen wäre. Man darf nicht vergessen, dass eben niemand zur Hilfe verpflichtet gewesen ist. Hilfsbereitschaft, Anteilnahme und persönliches Engagement der Mitarbeiter des *Emergency Committee in Aid for Displaced Foreign Scholars* und vieler amerikanischer Wissenschaftler haben über einen langen Zeitraum hinweg vielen heimatlos gewordenen Gelehrten den Start in eine neue akademische Existenz ermöglicht.[1]

11. Vergessen und Wiederfinden

Unmittelbar nach dem Krieg gab es viele Bemühungen von ehemaligen deutschen Schülern und Freunden, Aufschluss über den Aufenthalt und das Schicksal Löwis nach 1938 zu erhalten. Mitte 1947 gab es Nachforschungen, in die der ehemalige Schüler Hans Schelosky, der Psychologe Wilhelm Peters[2] sowie auch Siegfried Marck involviert waren. Vermittelnd wirkten Vertreter der britischen *Society for the Protection of Science and Learning* mit ihren Kontakten zu Hilfsorganisationen in den USA. Schelosky bat Professor Ernst Cohn, London, um die Adresse Löwis, um wieder den Kontakt herzustellen, den er 1939 bei seiner eigenen

1 Ein kritisch differenziertes Bild der Entstehung, der Etablierung der organisatorischen Routinen, der Mittelbeschaffung oder der Netzwerkarbeit innerhalb des US-amerikanischen Wissenschaftssystems findet sich in Fleck, C., Etablierung in der Fremde 2015, 244 ff.

2 Hans Schelosky (1897-1984) gibt an, 1931-1933 Psychologie in Breslau bei Löwi studiert zu haben. Er emigrierte in die Schweiz. Über seine Gründe, nach Löwis Verbleib nachzuforschen, ist nichts bekannt. Vgl. Schelosky an Cohn, 01.04.1947, Bodleian Libraries, Society for the Protection of Science and Learning, SPSL 521/2, fol. 482.

Emigration in die Schweiz verlor, wegen seiner Zugehörigkeit zur »sozialdemokratischen Studentengruppe an der Universität Breslau unter Dr. Ernst Thiel«.[1] Schelosky wendete sich also an jenen »Breslauer« Cohn, der bereits 1933 in der Folge des durch SA-Banden herbeigeführten Universitätsskandals Deutschland verließ und seitdem in London lebte.[2]

Cohn gab diesen Brief an die *Society for the Protection of Science and Learning* weiter mit der Bitte, direkt in Verbindung mit Schelosky zu treten. Man vermutete Löwi in der Schweiz oder, schlimmer, er habe Breslau niemals verlassen können.[3] Es wurden daraufhin Professor Wilhelm Peters[4] in Istanbul und Siegfried Marck angeschrieben. Peters, der Löwi niemals kennengelernt hatte, antwortete immerhin mit dem Hinweis, Löwi könne in die USA emigriert sein, und er vermutete, Löwis Namen in einem amerikanischen Fachjournal gelesen zu haben. Seine diesbezüglichen Nachforschungen blieben allerdings vergeblich, außer, dass er aufgrund seiner gründlichen Kenntnis der deutschen Emigrantenszene in der Schweiz, ziemlich sicher eine Flucht Löwis in die Schweiz ausschließen konnte.[5] Marck antwortete am 14. September 1947 mit konkreteren Nachrichten:

> Unfortunately the answer with regard to Moritz Löwi is very sad. Three years ago – I think – he suddenly died in his early fifties or late forties. It is possible that he got a heart ailment during World War I.[6]

---

1 Schelosky an Cohn, 01.04.1947, Bodleian Libraries, Society for the Protection of Science and Learning, SPSL 521/2, fol. 482.

2 Neben Tätigkeiten als Rechtsanwalt und einer Lehrtätigkeit als Professor am King's College London, diente er als Soldat in der British Army und war unter anderem für verschiedene Hilfs- und Flüchtlingsorganisationen tätig. 1957 kehrte Cohn nach Deutschland zurück an die Universität Frankfurt am Main. Vgl. Diestelkamp, B., Kurzer Abriss der Fakultät/des Fachbereichs Rechtswissenschaft der Johann Wolfgang Goethe-Universität zu Frankfurt am Main bis zum Ende des 20. Jahrhunderts, 2015.

3 Offenbar kannte man in der Society for the Protection of Science and Learning nur den Aktenstand von 1934.

4 Psychologe, 1880-1963.

5 Peters in einem Brief vom 27.04.1947, Bodleian Libraries, Society for the Protection of Science and Learning, SPSL 521/2, fol. 487.

6 Briefauszug von Siegfried Marck, 14.09.1947, Bodleian Libraries, Society for the Protection of Science and Learning, SPSL 521/2, fol. 491.

Mit einer Übermittlung dieser Auskunft an Schelosky wird die Akte Löwis auch bei der *Society for the Protection of Science and Learning* geschlossen. Die Freunde und Kollegen aus der Breslauer Zeit blieben bis auf Marck und Opahle weitgehend im Ungewissen über Löwis Schicksal. Während Cramer zeitlebens Löwis Tod in den Vereinigten Staaten auf das Jahr 1942 datiert hat, legte Opahle – offenbar aufgrund eines Schreibens von Hönigswald –, das Todesjahr auf das Jahr 1943[1].

Löwis Arbeiten bis 1933 wurden durchaus auch über den engeren fachlichen Kontext hinaus zur Kenntnis genommen.[2] Natürlich bezieht sich Hönigswald auf Löwi, aber auch Marck beispielsweise weist in *Die Dialektik in der Philosophie der Gegenwart*[3] auf Löwi hin. Seine Schriften werden rezensiert, und selbst dem renommierten *Psychological Register* war Löwi einen Eintrag wert. In den Kant-Studien findet sich 1934 ein Hinweis auf die *Grundbegriffe der Pädagogik.*[4] Noch *Kürschners deutscher Gelehrtenkalender* von 1935[5] führte Löwi mit einem Eintrag an, ebenfalls mit einem Hinweis auf die 1934 erschienen *Grundbegriffe der Pädagogik.* Hingewiesen und ausdrücklich auf seine Forschungsergebnisse Bezug genommen wird später auch auf Löwis Aufsatz *Observations in comprehending*[6], der zusammen mit Cohen posthum publizierte Aufsatz *Comprehension-defects in the psychosis* in der US-Psychologie der Nachkriegszeit durchaus zur Kenntnis genommen wird.[7]

Im Kontext der frühen deutschen Nachkriegsphilosophie spielten die Arbeiten Löwis kaum noch eine größere Rolle, wenngleich sie von den wenigen Freunden und Schülern, die Löwi noch persönlich gekannt hatten, gelegentlich erwähnt wurden: Cramer, Opahle und Ritzel haben Löwi nach dem Krieg in ihren wissenschaftlichen Schriften zumindest erwähnt. Opahle hat immerhin einen eigenen Aufsatz zu Löwis Pädagogik publiziert, indem er die Bedeutung des Begriffs der Ganzheit für eine erkenntnistheoretische Urteilstheorie und weiterhin die Konse-

---

1 Opahle, O., Der weitere Ausbau der Ganzheitstheorie Hönigswalds durch Moritz Löwi, 1961, 25-28. Siehe auch Hönigswald an Opahle, 02.08.1946, Hönigswald-Archiv, Aachen.

2 Beispielsweise Nehring, A., Zur Begriffsbestimmung des Satzes, 1928, 238-279.

3 Marck, S., Die Dialektik in der Philosophie der Gegenwart, Bd. 2, 1931, 65.

4 Berichte der Kant-Studien über Zeitschriften und Bücher aus dem Gebiete der Philosophie, 1934, 438.

5 Berlin 1935.

6 Gray, W. S., Summary of Reading Investigations July 1, 1942 to June 30, 1943, 1944, 401-440, 406 und 434; Huber, M., Paragnosia and Paraphasia, 1946, 321-326. Ausführlich noch Harker, W. J., Reading comprehension to 1970, 1971, 48 f.

7 Brody, M. B. / Williams, M., Intelligence testing, 1950, 163-196, 179 u. 194.

quenzen für Pädagogik, Unterricht und Schule hervorhob. Leider aber sei Löwis Werk »ein Torso« geblieben, eine Einschätzung, die darauf beruht, dass Opahle, wie alle anderen auch, wichtige Arbeiten Löwis nicht mehr kannte.[1] Cramer widmete seine zentrale Studie *Grundlegung einer Theorie des Geistes* 1957 dem Andenken Moritz Löwis:

> »Das gibt es also, daß ein edler, zum Denken hochbegabter Geist, der eine Fülle weitreichender Gedanken hatte, nicht eine Spur seines Wirkens hinterläßt.«[2]

So wurde Löwi nahezu ausschließlich als der in Erinnerung behalten, der im wesentlichen Hönigswalds Denkphilosophie vertreten hat, sonst aber kaum eigenständig gewirkt habe. Wenn überhaupt, dann wurde Löwis Pädagogikgrundlegung berücksichtigt. Denn bei ausschließlicher Kenntnis der in Deutschland publizierten Schriften Löwis schien es so, als sei die Beschäftigung mit einer Grundlegung der Pädagogik sein letztes wissenschaftliches Projekt gewesen, für das die eher denkpsychologisch orientierten Arbeiten, die zuvor entstanden, gewissermaßen Vorstufen, Vorarbeiten darzustellen schienen. Wolfgang Ritzel, dem neben Opahle die einzige größere Auseinandersetzung mit Löwi bis in die 1980er Jahre hinein zu verdanken ist, beschreibt seine Entdeckerfreude, ein Exemplar von Löwis *Grundbegriffe der Pädagogik* aufgefunden zu haben und studieren zu können.[3] Ritzels Auseinandersetzung mit Löwis und Hönigswalds Pädagogik-Konzeption geht so weit, dass er eine deutliche sachliche Differenz bestimmen kann, auf die später in Kapitel VII näher eingegangen wird. Auch in Hans Günther Richters *Ästhetische Erziehung und moderne Kunst* wird Löwi mehrfach zitiert und seine Bedeutung für die Ästhetik und den Kunstunterricht herausgestellt.[4]

Danach, auch im Zusammenhang mit den internationalen Hönigswald-Tagungen 1992 in Wrocław und 1995 in Kassel, wurde die Situation besser, nicht zuletzt auch deshalb, weil so nach langer Zeit wieder ein breiter internationaler akademischer Austausch möglich wurde: Wer etwas Biographisches über Hönigswald und seinen Breslauer Kreis wusste, trug seine Informationen bei.[5] Inzwischen gibt es wieder Arbeiten zur Erziehungswissenschaft, die sich auch auf Löwi beziehen. Wolfdietrich Schmied-Kowarzik vergleicht die pädagogischen Entwürfe von Löwi

---

1 Opahle, O., Der weitere Ausbau der Ganzheitstheorie Hönigswalds durch Moritz Löwi, 1961, 28.

2 Cramer, W., Grundlegung einer Theorie des Geistes, 1999, 8.

3 Ritzel, W., Philosophie und Pädagogik im 20. Jahrhundert, 1980, 85 f.

4 Richter, H. G., Ästhetische Erziehung und moderne Kunst, 1975, 38 ff. und öfter.

5 Vgl. die beiden Tagungsbände Orth, E. W. / Aleksandrovicz, D., Studien zur Philosophie Richard Hönigswalds, 1996; Schmied-Kowarzik, W., Erkennen – Monas – Sprache, 1997.

und Petzelt auf dem Hintergrund der Pädagogik Hönigswalds.[1] Dietmar Hartwich[2] verweist im Kontext der Zeitlichkeit des Bildungsbegriffs auf Hönigswald – und dabei auch auf Löwis Ganzheitsbegriff. In aktuellen Studien haben Katayon Meier und Johannes Gutbrod Löwi ein eigenes Kapitel gewidmet und ihn in dem Zusammenhang der neukantianischen Pädagogik ausführlich gewürdigt.[3]

Tatsächlich aber ist das »torsohafte« Werk Löwis wesentlich breiter angelegt. Cramer hatte bereits bemerkt, dass Löwis grundlegende frühe Studien eine denkpsychologische Grundlegung der Subjektivität, insbesondere der Zeitlichkeit des Bewusstseins, unternahmen, die ihm allerdings zu »neukantianisch« geraten sei.[4] Für Cramer war Löwi »eigentlich ein Philosoph«, er habe ihn »erst zu selbständigem philosophischen Denken geführt«[5] und er verdanke ihm »den ersten Einblick in das ungeheuere Problem der Subjektivität«[6]. Mittelbar hat Cramer doch bewirkt, dass im Umfeld Hans Wagners, unter dessen Leitung die Nachlass-Schriften Hönigswalds herausgegeben worden sind, die Erinnerung an Löwi nicht verlorengegangen ist. Hariolf Oberer, Gerd Wolandt, Wolfdietrich Schmied-Kowarzik u.a. haben von Löwi auch und vor allem durch die Auseinandersetzung mit Cramer erfahren. So nannte Oberer im Literaturverzeichnis seiner Dissertation Schriften Löwis.[7] Wolandt, der mit seiner Habilitationsschrift die erste Gesamtwürdigung und Kritik der Philosophie Hönigswalds gegeben hat, wies auf die starken Einflüsse der denk- und prinzipientheoretischen Elemente der Philosophie Hönigswalds auf Cramer und Löwi hin. Der von Wolandt und mir herausgegebene Sammelband *Ostdeutsche Denker* enthält den einzigen nach 1945 publizierten Textauszug aus einem Werk Löwis – *Grundbegriffe der Pädagogik* –, zusammen mit einer äußerst lückenhaften Biographie und Bibliographie.[8] Der leider viel zu früh verstorbene Manfred Brelage wies auf Löwis Auseinandersetzung mit dem neukantianischen Erkenntnisbegriff und seinen entwickelten

1 Schmied-Kowarzik, W., Richard Hönigswalds Philosophie der Pädagogik, 1995, 35 f., 45.

2 Hartwich, D., Rekursive Hermeneutik, 2002, 7 f. u. 95.

3 Meier, K., Kultur und Erziehung, 2014 und Gutbrod, J., Schule und Gemeinschaft, 2018. Siehe auch Kap. 6.5. Eine Pädagogik für die offene Gesellschaft, 182 ff.

4 Cramer, W., Die Monade, 1954, 11.

5 Ebd., Vorwort.

6 Cramer, Grundlegung einer Theorie des Geistes, 1999, 8.

7 Oberer, H., Vom Problem des objektivierten Geistes, 1965. Oberer hat 2014 zwei 1960 erworbene Schriften Löwis – Grundbegriffe der Pädagogik sowie Schwellenuntersuchungen, Sonderdruck Leipzig 1933 – dem Hönigswald-Archiv überlassen.

8 Wolandt, G., Gegenständlichkeit und Gliederung, 1964, 25; Wolandt, G. / Breil, R., Ostdeutsche Denker, 1992, 307-312.

Begriff der konkreten Subjektivität hin.[1] Stephan Nachtsheim bezog sich auch auf die notwendige Unterscheidung zwischen künstlerischer und außerkünstlerischer Verständigung bezüglich des Begriffs der Kunst im Anschluss an Löwi, wonach der Kunstbegriff eben nicht auf einem zeichenhaften Gebrauch von Gestalten zurückzuführen sei.[2]

Im Kontext seiner Hönigswald- und Cramer-Forschungen ging Wolfgang Cramers Sohn Konrad Cramer auch auf Löwi ein, insbesondere darauf, dass sein Vater Wolfgang Cramer Löwi bei der Emigration unterstützt habe und auch den Kontakt in Breslau nach 1933 – im Gegensatz zu anderen – freundschaftlich aufrechterhalten habe, ein Umstand, auf den sich auch der Cramer-Schüler Hans Friedrich Fulda bezieht.[3] Eine erste Darstellung vom damals bekannten Leben und Werk Löwis unternahm Barbara Wolandt[4]. Daneben gibt es kurze Verweise. Manuel Schneider erwähnt Löwi in seinen Untersuchungen zu Hönigswald und Plessner im Zusammenhang mit seiner Analyse des Begriffs des sinnlichen Erlebens[5]; Spuren finden sich bei Norbert Meder.[6] Ausführlicher gehen Zander und Zeidler auf Löwi ein.[7]

Völlig unbekannt hingegen blieben bis heute die wichtigen Arbeiten Löwis zur Psychologie, Neurophysiologie und Psychiatrie seit 1930.[8] Eine Ausnahme bildet die gemeinsam mit Foerster publizierte neurophysiologische Arbeit, die während Löwis vierjähriger Forschungsarbeit am Wenzel-Hancke-Krankenhaus Breslau entstanden ist, deren Kenntnis von der Mitautorschaft Löwis aber verlorengegangen ist. Dies lag ausdrücklich nicht an Otfrid Foerster. Dem in den deutschen Wissenschaftsinstitutionen stark vernetzten Otfrid Foerster ist es gelungen, in dem lange als Standardwerk geltenden *Handbuch der Neurologie* mit langen Zitaten diese gemeinsame Forschungsarbeit mit Löwi zu würdigen und der nationalsozialistischen Zensur zu entziehen. Insbesondere auf die Tatsache, dass physiologische Vorgänge durch psychische Voreinstellungen beeinflusst und zur Übung und Therapie verletzter Nervenbahnen eingesetzt werden können, ver-

1 Brelage, M., Studien zur Transzendentalphilosophie, 1965, 151.

2 Nachtsheim, S., Die musikalische Reproduktion, 1981, 57, Anm. 13, 227.

3 Cramer, K., Um einen nationalsozialistischen Fichte von Innen bittend, 2010, 291. Fulda, F., Nationalsozialismus und Philosophie, 1999, 207.

4 Wolandt, B., Der wissenschaftliche Weg Moritz Löwis, 1996; Dies., Moritz Löwi, 1992.

5 Er verweist auf Löwis Schrift Über spezifische Sinnesenergien, 1927. Vgl. Schneider, M., Das Urteil und die Sinne, 1989, 248 u. 357.

6 Merkwürdigerweise spricht Meder vom »freundlich lieben empirischen Superintelligenzler Moritz Löwi«. In Meder, N., Kritik und Skepsis – ein Ausblick, 2003, 143-151, 151. Ders., Prinzip und Faktum, 1975, 172.

7 Zander, H., Prätheoretische Anschauung – Bereitstellungen und Erwägungen, 2011, 85-102, Zeidler, K. W., Moritz Löwi, 2015, 290.

8 Breil, R., Moritz Löwi: Von der Denkpsychologie zur experimentellen Psychologie, 2015, 249-264.

wies Foerster in seinen Beiträgen – bei Nennung seines Mitautors Löwi. Von Foerster und Löwi sei nachgewiesen worden, dass die mit einer bestimmten Empfindungsqualität korrespondierende Vorstellung einen »bahnenden Einfluß« auf die nachfolgende Empfindung ausübe.[1] Im Band *Allgemeine Therapie* des 17-bändigen *Handbuchs der Neurologie* wird ausdrücklich auch auf die Arbeit von Foerster und Löwi hingewiesen,

> daß der Wahrnehmungsakt als solcher durch die psychische Haltung des Wahrnehmenden, durch Erwartung, Aufmerksamkeit, Angst usw. in bestimmter Weise konstelliert werden kann; so können Empfindungen, die sonst wegen einer organischen Störung nicht zu Bewußtsein gelangen, durch entsprechende Einstellung doch noch wahrgenommen werden.[2]

Der Neurologe Klaus Joachim Zülch gibt in seiner Würdigung des Lebenswerkes Foersters ein seitenlanges Zitat aus der Studie von Foerster und Löwi wieder.[3] Noch 1939 wurde im *Handbuch der Inneren Medizin* auf das von Foerster und Löwi untersuchte Phänomen der »Bahnung« bei beschädigten Nervenbahnen hingewiesen und ausführlich erläutert.[4]

Wenn man das Gesamtwerk Löwis betrachtet, beschäftigt sich selbst die geringe, ausschließlich in Ansätzen vorhandene Rezeption nur mit einem Teil der Arbeiten Löwis. Der Schwerpunkt der wissenschaftlichen Arbeiten Löwis selbst lag dagegen weniger auf der Pädagogik, sondern auf den grundlegenden denkpsychologischen Arbeiten und auf dem Bemühen um die Grundlegung einer empirischen Psychologie und Psychiatrie, die neurophysiologische und psychologische Grundbegriffe zugleich als denkpsychologische Prinzipienbegriffe bestimmt. So wird in den folgenden Kapiteln in dreifacher Hinsicht der Versuch unternommen, eine Gesamtanalyse zu geben. Es ist zunächst der Beitrag Löwis für die Philosophie zu bestimmen, der vor allem in der Selbstgrundlegung einer Theorie der konkreten Subjektivität im Anschluss an Richard Hönigswald zu sehen ist. Doch Löwi hat die Grundlegung einer empirischen Psychologie, Psychiatrie und Pädagogik nicht nur auf den Begriff der konkreten Subjektivität gestellt. Darüber hinaus hat er *zweitens* wesentliche Beiträge zu Begriff und Theorie des physiologischen, psychologischen Experiments und Ansätze zu einer psychiatrischen Therapie geliefert, die den konkreten, individuellen Menschen in den Mittelpunkt stellte und als das Subjekt der Therapie auswies: Nach Löwi gibt es keine »Fälle«, sondern nur menschliche Individuen. Eine humane Psychologie

---

1 Foerster, O., u.a., Rückenmark, Hirnstamm, Kleinhirn, 1936, 316.

2 Reinhold, J., Psychotherapie, 1936, 655.

3 Zülch, K. J., Otfrid Foerster, 1966, 80 f. u. 100. Die englische Ausgabe erschien 1969. Vgl. auch Zülch, K. J., Otfrid Foerster, 1973, 180.
Die Schrift von Foerster und Löwi wird auch genannt in: Kennard, M. u.a., Otfrid Foerster 1873–1941, 1942. Siehe auch Gottwald, W., Otfrid Foerster 1873-1941, 1995.

4 Bergmann, G. v. / Staehelin, R., Handbuch der Inneren Medizin 5, 1939, 217.

und Psychiatrie beruht auf allgemein verbindlichen Werten und dem Wert der menschlichen Persönlichkeit. Die entsprechenden Theorien dazu werden hier im Folgenden entwickelt. *Drittens* schließlich war Löwi selbst empirisch psychologisch tätig. Seine empirischen Beiträge zur Psychologie und für das Wissenschaftsverständnis der Psychologie sind an den entsprechenden Stellen zu bestimmen und kritisch zu diskutieren. Im Schlusskapitel wird gezeigt, wie sich Löwis Arbeiten an eine transzendentalphilosophische Theorie der Subjektivität anschließen lassen. Insbesondere wird ihre aktuelle Bedeutung für die Philosophie des Geistes nachgewiesen, diskutiert am Leib-Seele-Problem.

Systematischer Teil
Begründungen und Anwendungen

3. Grundlagenprobleme der Psychologie

In den ersten Jahrzehnten des 20. Jahrhunderts waren Gegenstände und Methoden der Psychologie noch nicht exakt definiert und streng abgegrenzt. Sicher wird man zögern, die Psychologie als bloße Naturwissenschaft anzusehen. Aber denkt man an die Bedeutung, die physiologische Fragen in psychologischen Wahrnehmungs- oder Aufmerksamkeitstheorien besitzen, dann scheint eine bloße Charakterisierung als »Geisteswissenschaft« als zu unscharf. Historisch entstand die akademische Psychologie ab ca 1850 als Sammeldisziplin von Psychiatrie u. Physiologie, Neurologie und Philosophie und wurde daher entweder der Naturwissenschaftlichen oder Philosophischen Fakultät zugeordnet.

Das Bemühen um die begriffliche Klärung der Grundlagen der Psychologie hat die ersten Jahrzehnte des 20. Jahrhunderts bestimmt. Löwis und Hönigswalds Untersuchungen zur Psychologie fallen so in eine Zeit, in der die Psychologie endgültig auch an den deutschen Universitäten eigenständig vertreten wird. An der Geschichte des psychologischen Laboratoriums am Philosophischen Seminar der Universität Breslau lässt sich die Entwicklung der Psychologie von ihren wissenschaftlichen Anfängen bis in die dreißiger Jahre hinein zu großen Teilen exemplarisch verfolgen.[1] Löwi war an der Universität Breslau der erste, der als Nachfolger Hönigswalds eine (außerordentliche, nichtbeamtete) Professur für Psychologie erhielt. Wenn auch Löwi in seiner akademischen und wissenschaftlichen Entwicklung Hönigswald als seinem Lehrer zunächst folgt, so beginnt er nach seiner Habilitation, die Grundlagen der Psychologie zunehmend aus der Perspektive der empirischen psychologischen Forschung zu untersuchen. Das Ergebnis ist zunächst aus einem Prozess gemeinsamer arbeitsteiliger Lehr- und Forschungstätigkeit entstanden. Dabei scheinen Löwis denkpsychologische Arbeiten den von Hönigswald gelegten Grundlagen zu entsprechen. Dieser Eindruck täuscht jedoch: die sachlichen Unterschiede nehmen zu. Die Gründe dafür werden im Folgenden erläutert. Zur Bestimmung des sachlichen Kontextes der Arbeiten Löwis und Hönigswalds zur Denkpsychologie soll zunächst eine skizzierte Übersicht über die historische Entwicklung der Psychologie gegeben werden.

---

[1] Vgl. dazu Kap. 2.3. Hönigswalds Musterschüler: Eine Universitätskarriere, 37.

1. Historischer Überblick

Aus heutiger Sicht lässt sich die Entwicklung der akademischen, an Universitäten vertretenen Psychologie als ein Konzentrations- und Selektionsprozess verschiedener, teilweise konkurrierender Schulrichtungen beschreiben.[1] Die Anfänge werden meistens auf das Jahr 1871 datiert, das Jahr, in dem der Physiologe Wilhelm Wundt an der Leipziger Universität das erste Psychologische Institut gegründet hat. Die historischen Wurzeln der Psychologie liegen damit in der Physiologie und in der medizinischen Psychiatrie. Damit verbunden ist die Übertragung naturwissenschaftlich-physiologischer experimenteller Methoden auf die Forschungsgegenstände des »neuen« Fachs, insbesondere die Untersuchung von Wahrnehmungs- und Sinnesempfindungen. Wundt sieht die Aufgabe der Psychologie vor allem darin, »die unmittelbare Erfahrung in ihrer Entstehung und in den wirklich gegebenen Wechselbeziehungen ihrer Bestandteile zu analysieren«, insofern sei die Psychologie eine streng empirische Wissenschaft.[2] Dem Wissenschaftsverständnis des 19. Jahrhunderts entsprechend war die psychologische Forschung überwiegend an der Entdeckung mechanistisch-kausaler Zusammenhänge interessiert. Wahrnehmungen und Empfindungen werden aus einfachen Elementen aufgebaut gedacht, so dass man diese Position häufig auch als psychologischen Elementarismus bzw. Strukturalismus bezeichnet. Als einen Ableger dieser Richtung begründete Wundts Schüler Edward Titchener den Strukturalismus an der New Yorker Cornell University. Titchener verwendete die Methode der Introspektion. Menschen sollten durch Selbstbeobachtung ihrer Erlebnisse, z.B. beim Erleben des Dufts einer Rose beim Einatmen, psychische Erlebnisse versprachlichen und dadurch mitteilbar machen. Dabei versuchte er, diese Methode objektiven Standards zu unterwerfen, etwa, indem er nur trainierte Probanden zuließ, die selbst Wissenschaftler waren und aufgrund des Trainings zwischen vermittelten und »reinen«, unabhängig von persönlichen Erfahrungen vorhandenen Sinneseindrücken zu unterscheiden in der Lage waren – ein

---

1 Ich beziehe mich auf Funke, J., Problemlösendes Denken, 2003, 27 ff.; Hussy, W., Denkpsychologie Bd. I, 1984; Hussy, W., Denkpsychologie Bd. II 1986; Spada, H., (Hg.) Allgemeine Psychologie, 2006; Birbaumer, N., / Schmidt, R. (Hg.), Biologische Psychologie, 2006; Gundlach, H., Die Lage der Psychologie um 1900, 2004; Gundlach, H., Oswald Külpe und die Würzburger Schule, 1999; Myers, D., Psychologie, 2014.

2 Wundt, W., Über die Definition der Psychologie, 1896, 28.

schwieriges, nahezu unlösbares Problem.[1] Wissenschaftshistorisch gilt Wundt zusammen mit Hermann Ebbinghaus als Begründer der experimentellen Psychologie und als Hauptvertreter der sogenannten »Ersten Leipziger Schule«. Wundt hatte zahlreiche Schüler, die selbst wiederum weitere im Folgenden näher umrissene Richtungen der Psychologie begründeten.[2]

Dieses analytisch-elementaristische Konzept stieß da an Grenzen, wo es um die Frage nach der Bedeutung von Wahrnehmungen und Empfindungen geht: was bedeutet es beispielsweise, wenn ich ein Bild, ein empirisches Objekt wie ein Smartphone oder eine Empfindung von Schmerz habe? Bühler definierte bereits 1907 solche »unanschaulichen« Bewusstseinsinhalte als »Gedanken«, so dass sich mit Funke hier der Ursprung und das methodische Recht denkpsychologischer Fragestellungen zeigen.[3] Die durch Külpe in den 1890er Jahren begründete und ebenso durch Bühler repräsentierte Würzburger Schule steht am Beginn der Denkpsychologie, deren Fragestellungen phasenweise auch Wundt nahestand. Die Grundidee lässt sich so charakterisieren: Die Bedeutung, die Wahrnehmungs- und Empfindungsgehalte für eine Person besitzen, lässt sich durch Selbstbeobachtung, also durch introspektive Methoden erschließen: Versuchspersonen berichten über ihre Einfälle und Erlebnisse und werden dabei beobachtet. Dazu wird eine Versuchsperson im Nachhinein befragt, was in ihr vorgegangen ist, etwa, wenn sie den Sinn bestimmter Aphorismen erklärt hat. Untersuchungen dieser Art haben etwa Bühler und Marbe durchgeführt, indem sie Übersetzungen aus dem Lateinischen anfertigen ließen. Um zu erschließen, was denkpsychologisch bei solchen komplexen Bewusstseinstätigkeiten vorgeht, kann nach Bühler auf Selbstbeobachtung der Versuchspersonen nicht verzichtet werden. Wundt gründet darauf eine Kritik der Introspektion als experimentelle Methode, da diese aus grundsätzlichen methodischen Gründen den empirischen Anforderungen an Experimente niemals genügen können: Sowohl Wiederholbarkeit als auch willkürliche Veränderungen der Versuchsbedingungen als auch die Vergleichbarkeit der Aussagen verschiedener Versuchspersonen sei bei solchen Versuchen problematisch, wenn nicht gar niemals herzustellen: selbst das Berichten im Nachhinein ist ein bewusster Vorgang, der unter einschränkenden verändernden Bedingungen steht, etwa Erinnerungslücken, Interpretationen usw.. Auch die Fähigkeit der Versuchspersonen, sich in unterschiedlicher Weise sprachlich artikulieren oder nicht artikulieren zu können, wiegt schwer.

---

1 Myers, D., Psychologie, 2014, 5; Hussy, W., Denkpsychologie Bd. I, 1984, 28.

2 Zum Beispiel Schmithüsen, F. / Krampen, G., Geschichte der Psychologie, 2015, 10. Ausführlicher Funke, J., Problemlösendes Denken, 2003.

3 Bühler, K., Tatsachen und Probleme zu einer Psychologie der Denkvorgänge, Bd. I, 1907, 297-365; Funke, J., Problemlösendes Denken, 2003, 26.

Die Übergänge zur Denkpsychologie und schließlich zur besonders in den zwanziger Jahren dominierenden Gestalt- bzw. Ganzheitspsychologie sind häufig unscharf oder verschwinden ganz. Offenbar gehen denkpsychologische Problemstellungen in den allgemeineren gestalttheoretischen Konstruktionen auf, in denen nach der Einheit wahrnehmungs- und denkpsychologischer Bestimmungen des Bewusstseins gesucht wird. Wer etwas über die Psyche herausfinden will, müsse dies in ihrer Ganzheit und Gesamtheit untersuchen. Auch diese durch Wertheimer, Köhler, Lewin und Külpe vertretene Gestaltpsychologie versteht sich selbst als experimentelle Psychologie auf der Suche nach Wahrnehmungs- und Gestaltgesetzen, allerdings unter anderen methodischen Bedingungen als Wundt.[1] Ausgangspunkt sind Fragestellungen, wie sich Figuren vom Grund abheben oder wann und wie sich Reizmuster zu bestimmten Gestalten formen. »Kippbilder«, die durch »Gestaltwechsel« erklärt werden, sind für diese Untersuchungen anschauliche Beispiele. Insofern stellt die Gestaltpsychologie eine Vorläuferin der modernen Systemtheorie bzw. der Intelligenzforschung dar. Leider brach der Schuldzusammenhang aufgrund der erzwungenen Emigration vieler jüdischer Wissenschaftsvertreter im »Dritten Reich« zusammen und konnte nach dem Krieg nicht wieder hergestellt werden. Dennoch werden auch heute noch Gestaltprinzipien entdeckt.[2]

Weitere Vertreter sind Ehrenfels und Marbe. Gemeinsam ist die Annahme, die Bedeutung von Wahrnehmungselementen erschließe sich erst in ihrer Ganzheit bzw. in der jeweils zugrundeliegenden »Gestalt«: Eine zeitliche Aufeinanderfolge von Tönen ist eben nicht bereits eine Melodie, sondern die Melodiegestalt bestimmt die Beziehungen der einzelnen Töne zueinander. Man muss die Melodie »kennen«, wenn die Töne zugeordnet werden. Deshalb führen selbst Tonfolgen, die nur als Melodiefragmente erkannt werden, zur Rekonstruktion der Gesamtmelodie. Ähnliches geschehe auch beim Leseverständnis, wenn aus Satz oder Buchstabenfragmenten ganze Textpassagen rekonstruiert werden können. So geschieht auch Lernen aus Einsicht. Echtes Verständnis liegt da vor, wenn sich beispielsweise im »Aha-Effekt« (Bühler) zuvor Isoliertes zu einem Verständnis zusammenschließt. Weitere Schlüsselbegriffe sind »Einsicht«, »Einstellung« oder »funktionale Gebundenheit«. Nach Funke führten Gestaltprinzipien dieser Art wenigstens in der Wahrnehmungspsychologie erfolgreich zur Klärung von Selbstorganisationsprozessen.[3]

---

1 Hussy, W., Denkpsychologie Bd. I, 1984, 30 ff.

2 Funke, J., Problemlösendes Denken, 2003, 44 ff.

3 Ebd., 47.

Je nach Forschungsschwerpunkten lassen sich mindestens drei gestalttheoretische Hauptrichtungen unterscheiden: Die Grazer Schule um Brentano, Meinong und Benussi, auf den die Erfindung des Lügendetektors zurückgeht, Ehrenfels stellte Fragen der Produktionspsychologie in den Mittelpunkt und versuchte, den Begriff »Produktion« zu bestimmen. Die Berliner Schule wurde zu Beginn des 20. Jahrhunderts vor allem von drei Schülern Carl Stumpfs repräsentiert: Wertheimer, Köhler und Koffka. Ihre Forschungen haben Wirkungen bis in die Gegenwart, denn sie haben den experimentellen Grundstein gelegt und zahlreiches gestaltpsychologisches experimentelles Material entwickelt. So sind die von Wertheimer gefundenen Gestaltgesetze selbst in der Werbung wiederzufinden, z. B. dort, wo übergroße Schrift einen Text durchbricht, das Prinzip der Ähnlichkeit oder Methoden der Werbepsychologie. Gestaltpsychologische Ansätze wirken etwa in der Systemtheorie oder modernen phänomenologischen Ansätzen bis in die Gegenwart. Insbesondere Begriffe wie »Bedeutung« oder »Intentionalität« lassen die Vermutung plausibel erscheinen, dass moderne lernpsychologische Konzepte sich ohne einen denk- bzw. gestalttheoretischen Ansatz nicht vollständig beschreiben lassen.[1]

Daneben existierten weitere Schulformen, etwa die geisteswissenschaftliche Psychologie, die unter anderem auf Husserl, Spranger oder Jaspers zurückging und hermeneutische Methoden zur Erforschung menschlicher Erlebnisse anwendeten. Eine andere Entwicklung nahm die Psychologie dagegen in den USA. Ausgehend von Positionen des philosophischen Pragmatismus begründeten James und Dewey den psychologischen Funktionalismus. Forschungsschwerpunkte waren lernpsychologische und motivationspsychologische Fragestellungen, die sich auf die Erforschung von Lernprozessen und Assoziationen bezogen. Sie gingen von der Annahme aus, dass Verhalten und Denken eine Funktion besitzen, die ständiger Veränderung unterworfen sind, z.B. durch den Einfluss neuer Erfahrungen. Untersuchungsmethoden waren Introspektion, aber auch Tierexperimente. Die funktionalistische Untersuchung von Lernprozessen beschäftigt sich weniger mit der Analyse von Lerninhalten oder Lernmotiven, sondern eher mit Fragen ihrer funktionalen Organisation. Vorbild sind kybernetische Forschungsansätze, wie sie zur allgemeinen Beschreibung informationsverarbeitender Systeme herangezogen werden und bis in die Gegenwart prägend für die Bearbeitung lernpsychologischer Fragen sind.[2]

1 Funke, J., Problemlösendes Denken, 2003, 57.

2 Schmithüsen, F. / Krampen, G., Geschichte der Psychologie, 2015, 10. Ausführlicher Funke, J., Problemlösendes Denken, 2003, 60 ff.

Der Funktionalismus wurde damit zum Vorläufer des radikalen Behaviorismus, der die amerikanische Psychologie bis in die 60er Jahre geprägt hat: Watson, Skinner, Hull, Tolman. Jegliche Arten von Introspektion wurden abgelehnt, denn Psychologie sei nur möglich als wissenschaftliche Untersuchung des beobachtbaren menschlichen Verhaltens. Empfindungen und Erlebnisse könne man nicht beobachten und beschreiben, daraus resultierende Verhaltensweisen hingegen schon. Lernpsychologische Prozesse gelten als ausschließlich erlernt und wurden vor allem auf klassische und operante Konditionierung zurückgeführt. Zugrunde liegt die Annahme, lernpsychologische Prozesse ließen sich auf Reiz-Reaktions-Schemata erklären.[1]

Erst ab den 50er Jahren mit dem Einsetzen der »kognitiven Wende« beschäftigte sich die amerikanische Psychologie, wie auch die Psychologie insgesamt, wieder verstärkt mit der Erforschung mentaler Prozesse, die im Zusammenhang mit Themen der Informationsverarbeitung stehen.[2] Kennzeichnend sind für die Psychologie eine funktionalistische Ausrichtung und eine zunehmende Distanzierung von ihrer Organisierung in Schulzugehörigkeiten und eine Emanzipierung psychologischer Forschungsmethoden. Schulzugehörigkeiten spielen insofern noch eine Rolle, als sie sich auf verschiedene Forschungsbereiche oder unterschiedliche theoretische oder methodische Annahmen beziehen. Zugrundeliegend ist das »Paradigma der Informationsverarbeitung«, das auf elementare geistige Prozesse ebenso angewendet wird wie auf komplexe Abläufe. Forschungsmethoden sind Experiment, Intro-, Retro- und Extraspektion sowie Computersimulationen oder auch Blickbewegungsregistration. Fremd- und Selbstbeobachtung werden beide als Forschungsmethoden verwendet.[3] Insofern finden denk- und problemlösende psychologische Forschungsansätze wieder mehr Beachtung.

Doch in den zwanziger Jahren des 20. Jahrhunderts sind weder das Verhältnis der Psychologie zur Philosophie noch die wissenschaftlichen Methoden der Psychologie geklärt. Viele Schulstreitigkeiten lassen sich allein darauf zurückführen, dass nicht klar ist, was eigentlich ein psychologisches Experiment ist, ob es solche in Analogie zu den exakten Naturwissenschaften methodisch durchgeführte Experimente überhaupt geben könne und welchen methodischen Bedingungen diese jeweils unterliegen müssen, um gültige Experimente zu sein. Introspektion, Selbstbeobachtung und Fremdinterpretation gehören jedenfalls nicht dazu, es sei denn, sie werden begrifflich präzise gefasst. Löwis Arbeiten sind insofern Teil dieses Klärungsprozesses. Ein Teil der Schwierigkeiten, auf die Löwi

---

1 Hussy, W., Denkpsychologie I, 1984, 29 f.

2 Myers, D., Psychologie, 2014, 7; Schmithüsen, F. / Krampen, G., Geschichte der Psychologie, 2015, 9.

3 Schmithüsen, F. / Krampen, G., Geschichte der Psychologie, 2015, 9; Funke, J., Problemlösendes Denken, 2003, 59; Hussy, W., Denkpsychologie Bd. I, 1984. 19 f. u. 42.

bei seiner Suche nach adäquaten akademischen Arbeitsmöglichkeiten in den USA stieß, sind in diesen weit auseinanderliegenden Selbstverständnissen der akademischen Psychologie zu suchen. Es war die Forschungsrichtung des Funktionalismus der Psychologie, an die sich die empirischen Forschungen Löwis am ehesten anschließen ließen.

2. Denkpsychologie als empirische Psychologie

Diese Fragen führen historisch in den Kontext der Denkpsychologie und der damit verbundenen anthropologischen Frage nach dem Selbstverständnis des Menschen. Die heutige wissenschaftliche Erforschung des Denkens ist vor allem aus der Leipziger und Würzburger Schule sowie der Gestaltpsychologie hervorgegangen. Die klassische »Denkpsychologie« erlebte ihre Blütezeit in den 1920er Jahren in Deutschland und betrifft daher die Forschungen Löwis. Das »Dritte Reich« bedeutet, wie für die deutsche Wissenschaft insgesamt, einen erzwungenen Abbruch, der zusammen mit dem Erstarken des amerikanischen Behaviorismus ein vorläufiges Ende denkpsychologischer Forschung und Theoriebildung herbeigeführt hat.[1]

Nach Hussy macht »Denken« als psychologisches Phänomen neben Wahrnehmung, Lernen, Motivation eine der vier klassischen Teildisziplinen der Allgemeinen Psychologie aus. Die Denkpsychologie besteht wiederum aus den Kerngebieten Begriffsbildung, Problemlösen, Schlussfolgern und Urteilen. Heute treten denkpsychologische Fragestellungen im Kontext der Kognitionspsychologie auf. Das »Denken« soll durch theoretische Modelle und Konstrukte, die sich an der Erfahrung, also den zugrundeliegenden Beobachtungen, objektiv beschrieben und erklärt werden. Es wird hier als ein interagierendes System von Strukturen und Prozessen beschrieben, wobei die Strukturen Wissensbereiche im Gedächtnis repräsentieren. Untersucht werden sollen die Prozesse, die diese gespeicherten Informationen zur Problemlösung bzw. Zielerreichung nutzen. Die korrespondierenden Forschungsmethoden erschließen die zu erklärenden Daten durch Fremd- oder Selbstbeobachtung, die durch moderne Methoden ergänzt werden. Dazu zählen sequentielle Verfahren, die einen komplexen Prozess in kleinere

---

1 Funke, J., Problemlösendes Denken, 2003, 26 ff.

Teilschritte zerlegen und analysieren, Computersimulationen oder neurophysiologische Untersuchungsmethoden. Abgelehnt werden ausschließlich behavioristisch orientierte Theorieansätze, da Denken als Phänomen nur indirekt an beobachtbaren Verhaltensweisen oder an messbaren neurophysiologischen Befunden erschlossen werden kann.[1]

Nicht alles Denken ist bewusst oder frei. Aber es gibt Teile, die bewusster freier Entscheidung unterliegen, z. B. dann, wenn es zielorientiert ist. Dieses Denken nenne ich mit Funke »problemlösendes Denken«, und es ist dieses geordnete Denken, das den eigentlichen Forschungsgegenstand denkpsychologischer Untersuchungen bildet. Damit erscheint auch die erneute Verwendung klassischer denkpsychologischer Begriffe, z. B. »Intentionalität«, wieder sinnvoll. Den Begriff des problemlösendes Denkens muss man notwendig annehmen, um zielgerichtetes Verhalten zu beschreiben, das auf Widerstände stoßen kann, die nicht durch biologische Routinen allein überwunden werden können.[2] Das Denken wird als eine psychische Funktion begriffen, die introspektiv für jeden einzelnen Menschen zugänglich ist. Eine Phänomenologie des Denkens ist nach Funke durch folgende Begriffe zu beschreiben:[3]

Vergegenwärtigung entspricht dem, was in der Denkpsychologie Hönigswalds und Löwis »Präsenz« genannt wird: An das vergangene Erlebte kann sich gegenwärtig erinnert werden, an Pläne, die sich auf Zukünftiges richten, »jetzt« gedacht werden. Fantasien, Wünsche, Möglichkeiten treten »vor das geistige Auge und sind damit präsent«. Erleben und Denken als geordnetes Denken und Erleben setzen das Prinzip des *Ordnens durch Begriffe* voraus. Die Vielzahl konkreter Erlebnisse wird durch Abstraktion durch ein Allgemeines beschrieben und auf den Begriff gebracht. Erleben und Denken haben innere Bezüge und sind weiterhin durch das Prinzip der *Innerlichkeit* bestimmt. Nach Funke ist damit das Phänomen gemeint, im Denken als denkende Person sich nach Innen zu wenden, während die handelnde Person Außenbezüge besitzt. Sinnes- und Umgebungsreize werden, während man denkt, nebensächlich oder sind dem Denkgegenstand gegenüber unwichtiger. *Selektivität* bedeutet, dass Wahrnehmungen nicht nur bewusst gefiltert werden, sondern auch assoziativ frei verbunden werden können: »Die denkende Person ist frei in der Wahl ihres Objekts.« Als problemlösendes Denken ist es schließlich durch die Begriffe *Urteil* und *Entscheidung* bestimmt. Denken ist kein Selbstzweck, sondern als bewusst problemlösendes Denken dient es der Realisierung von Zielen und Absichten. Die Auswahl von Handlungsalter-

1 Vgl. dazu Hussy, W., Denkpsychologie Bd. I, 1984, 17 ff.

2 »Das Abgrenzungsmerkmal zwischen bloßem Verhalten und einer Handlung ist aber gerade die Intentionalität, die Zielgerichtetheit, die bewusste Zielantizipation.« Funke, J., Problemlösendes Denken, 2003, 18.

3 Ebd., 23 ff.

nativen bedingt Auswählen durch das Treffen von Entscheidungen, welche der verschiedenen Alternativen als geeignet und damit zweckmäßig erscheint. Diese Alternativen müssen bewertet und beurteilt werden, erst danach wird eine bewusste Entscheidung getroffen. Schließlich kann sich die Person im Denken selbst zum Gegenstand des Denkens machen, ein Merkmal, das Funke mit anderen als ein Unterscheidungsmerkmal zur künstlichen Intelligenz ansetzt. *Reflexivität* ermöglicht durch die Reflexion auf es selbst den bewussten Denkabbruch und das Richten auf einen neuen Denkgegenstand. *Personalität* bezeichnet die Konkretheit des Denkens, das heißt, es ist immer das Denken einer bestimmten Person, die ihre Gedanken besitze und diese dem fremden Zugriff verweigern könne. Denken sei freies Denken und damit wesentliches Element des Menschen als Individuum: »Denkfreiheit ist insofern ein Aspekt der Willensfreiheit – nicht von ungefähr führen Denkzwänge zu einer reduzierten Willensfreiheit und gelten daher als pathologisch und behandlungsbedürftig.«[1]

Entdeckt hat diese Merkmale des geordneten, bewussten Denkens nicht die Psychologie. Sie sind wesentliche Elemente philosophischer Reflexion und Theoriebildung. Die psychologische Definition des Denkens begreift es nicht phänomenologisch, sondern als einen empirisch erforschbaren Phänomenbestand, der psychologischer Beschreibung und Theoriebildung zugänglich ist. Die Schwierigkeiten, hier überhaupt eine Definition anzugeben, sieht man an dem Versuch von Funke, der als »Arbeitsdefinition« für problemlösendes Denken folgendes anbietet:

> *Problemlösendes Denken erfolgt, um Lücken in einem Handlungsplan zu füllen, der nicht routinemäßig eingesetzt werden kann. Dazu wird eine gedankliche Repräsentation erstellt, die den Weg vom Ausgangs- zum Zielzustand überbrückt.*[2]

Diese Definition lässt ausreichend Raum für die empirische Bearbeitung von Themen, die aussichtsreich am besten in einem gemeinsamen interdisziplinären Paradigma zu bearbeiten sind, wie es die Kognitionspsychologie darstellt: Philosophie und Psychologie, Linguistik und Neurophysiologie sowie Informatik stellen nach Funke dafür das methodische Instrumentarium bereit. Doch aus philosophischer Sicht ist möglicherweise dieselbe heute vielfach hervorgehobene Interdisziplinarität des Faches Ausdruck einer bis heute nicht ausgeräumten prinzipi-

---

1 Ebd., 25.

2 Ebd., 25. Ähnlich Schmithüsen, F. / Krampen, G., Geschichte der Psychologie, 2015, 217: »Allgemein versteht man unter Denken alle mentalen Vorgänge, bei denen Begriffe, Ideen, Vorstellungen und andere Formen der mentalen Repräsentation mental verändert, neu kombiniert und umgestaltet werden. Dabei ist es ein wesentliches Merkmal des Denkens, dass hierbei geistige Produkte unabhängig von der aktuellen Wahrnehmungssituation gebildet werden können. Dies erlaubt uns, Handlungsmöglichkeiten, Problemlösungen und Hypothesen mental durchzuspielen, die in der Realität oft nur mit großem Aufwand oder Risiko ausgetestet werden können.«

entheoretischen Unbestimmtheit: Was »ist« nämlich genau dasjenige am Menschen (und dem mit Bewusstsein begabten Tier), das ihn zum Objekt der Psychologie und nicht etwa der Biologie und Physiologie oder der Philosophie macht? Ist es wirklich das Paradigma der kognitiven Wende, das die Psyche als ein mehr oder weniger komplexes informationsverarbeitendes System auffasst? Die Übernahmebestrebungen von seiten der Neurologie und Hirnforschung scheinen gerade hier erfolgversprechend, besonders, wenn kybernetische bzw. informationstheoretische Modelle bemüht werden. Dennoch bleibt die Frage: Was hat es zu bedeuten, wenn ein solches »System« nicht nur »von außen« durch andere informationsverarbeitende »Systeme« untersucht werden kann, sondern aus sich selbst – gewissermaßen »von innen« – wiederum andere informationsverarbeitende »Systeme« seinerseits zum Objekt solcher Beschreibung »von außen« machen kann? Was bedeutet es also, dass die menschliche Psyche nicht Objekt psychologischer Wissenschaft und Forschung, sondern immer auch zugleich deren Urheber ist, denn eben derselbe Mensch bringt diese Wissenschaft mit ihren Geltungsansprüchen über ihn selbst hervor? Diesen Fragen gehe ich im letzten Kapitel nach.

3. Hönigswald: Die Grundlagen der Denkpsychologie

So scheint die leitende wissenschaftstheoretische Fragestellung in ein begriffstheoretisches Dilemma zu führen. Dieses Dilemma ist für das Selbstverständnis der wissenschaftlichen Psychologe, die sich weitgehend als eine empirische Wissenschaft versteht, zwischen 1920 und 1933 existentiell. Das Problem stellt sich für Hönigswald und Löwi, die beide die Psychologie an der Universität Breslau mitvertreten haben, folgendermaßen: Denken als empirisches Phänomen ist zugleich der Grund dafür, dass es Theorien über das Denken gibt. Der selbstreferentielle Bezug des Denkens ist deshalb nicht nur ein Thema der Psychologie, sondern zugleich immer auch ein philosophisches Problem. Eine methodisch unzulängliche Bearbeitung dieses Dilemmas führt aus Sicht beider in den Psychologismus, also zu der Auffassung, philosophische Fragen, z.B. nach der Gültigkeit von Sätzen oder der Möglichkeit wissenschaftlicher Erkenntnis, ließen sich sinnvoll mit Methoden der Psychologie bearbeiten. Diese Problematik zwingt zur Bearbeitung in zwei Teilkomplexen:

Wenn Psychologie eine Wissenschaft ist, dann müssen zuerst ihre Voraussetzungen, Grundbegriffe und Methoden aufgezeigt werden können. In diesem Kontext ist ebenfalls zu klären, inwiefern die Psychologie eine empirische Wissenschaft ist, also Beobachtung, Versuch oder Experiment möglich sind, oder ob sie eine Wissenschaft anderen Typus ist. Konkurrierend waren etwa neben der

Tiefenpsychologie nach Freud hermeneutische Formen, die Spranger oder Binswanger vertraten. Dementsprechend rückt die Psychologie in die methodische Nähe der historischen oder hermeneutischen Wissenschaften. Kennzeichnend für diese methodische Unsicherheit ist die Frage, ob Psychologie nur als Denkpsychologie möglich sei, oder mindestens, weil jedes psychologische Phänomen »irgendwie« Denken sei, die Denkpsychologie die Grundlagendisziplin der Psychologie sei. So hat man etwa zwischen »bewusstem« und »unbewusstem« Denken unterschieden.

Erforderlich ist daher die Untersuchung eines weiteren Problemkomplexes. Löwi und Hönigswald schlossen sich keiner dieser Auffassungen an, sondern beide entwickelten einen davon grundsätzlich verschiedenen Begründungsansatz. Ausgangspunkt war die Frage, wie das wissenschaftliche Verhältnis der Psychologie zur Philosophie zu bestimmen ist. Verschärft wurde diese Frage noch einmal durch das Dilemma, in das die transzendentalphilosophischen Konzeptionen des Neukantianismus geraten waren. Sowohl in der Marburger wie auch der Südwestdeutschen Richtung wurde zwischen einer reinen und unbedingten Subjektivität und der kontingenten Vielzahl konkreter, bedingter Subjekte unterschieden. Es fehlt daher eine grundlegende transzendentalphilosophisch konzipierte Theorie der Subjektivität, die sowohl die Bedingtheiten wie Unbedingtheiten des Subjekts zusammen denkt.[1] So sind es scheinbar dieselben Phänomene und Probleme, auf die Philosophie und Psychologie stoßen. Die Frage nach der Gültigkeit des Denkens als Prinzip, das seinen Ausdruck in der Annahme apriorischer Konstitutionsprinzipien und eines »reinen« Bewusstseins findet, scheint mit der Frage zusammenzufallen, inwiefern ein solches Bewusstsein in konkreten »Denkakten« bzw. in welchen allgemein psychischen »Denkakten« sich das Anspruch auf allgemeine Gültigkeit erhebende wissenschaftliche Denken vollzieht. Dann aber können diese Denkakte eben auch mit den Mitteln der Psychologie beschrieben und erklärt werden. Ist also Philosophie letztlich doch »nur« Psychologie? Ihren Ausdruck und ihre Bearbeitung findet diese Frage seit dem 19. Jahrhundert im Auftreten verschiedener Formen des Psychologismus und verschiedener Bewusstseinsphilosophien, etwa der Immanenzphilosophie (Schuppe), der Phänomenologie (Husserl), dem Realismus Külpes. Selbst Heideggers »Daseinsanalytik« muss als eine Form des Psychologismus angesehen werden, ein Grund z. B. für den Psychiater Ludwig Binswanger u. a, diese für die Psychologie und Psychiatrie fruchtbar machen zu wollen.

---

1 Vgl. dazu Wolandt, G., Idealismus und Faktizität, 1971, A.1 und Breil, R., Hönigswald und Kant, 1991, 35-41.

Bereits 1913 hat Hönigswald in seinen *Prinzipienfragen der Denkpsychologie*[1] den Neukantianismus als eine Rückkehr zu Kant begriffen, die im Kern darin bestanden habe, erfolgreich Philosophie von Psychologie abzugrenzen. Der philosophische Kritizismus, so heißt es, habe sich der Methode Kants versichert, die eben nicht bloß, wie die Marburger oder Südwestdeutsche Schule meinen, in einer Theorie der Einheit der Geltungsgebiete bestanden habe und sich auf eine Theorie wissenschaftlicher, ethischer, ästhetischer, religiöser Gedanken gerichtet habe. Das Besondere an dieser Theorie sei das Prinzip der Selbstrechtfertigung, der Letztbegründung, das sich in Kants kritischer Philosophie verwirkliche, da sie »zugleich durch sich selbst die Forderung begründet und erfüllt, sich in der Unerlässlichkeit ihrer eigenen Aufgabe zu rechtfertigen«[2]. Der Psychologismus erscheint in solcher Perspektive als eine Bedrohung des Kritizismus, die immer dann entsteht, wenn nicht auf die Geltung von Begriffen und Theorien, also dem Bemühen um ihre Rechtmäßigkeit und Möglichkeit abgestellt wird. Stattdessen meint jede Form des Psychologismus diesen Nachweis durch die Analyse der »Einrichtungen des menschlichen Geistes« erbringen zu können, also durch die psychologische Analyse der Funktion und Struktur der psychischen Akte und Gesetzmäßigkeiten. Dennoch zeigt sich für Hönigswald in dieser Ablehnung des Psychologismus ein unerledigter Problemrest. Dieser liegt in dem begrifflich und methodisch ungeklärten Verhältnis einer wissenschaftlichen Psychologie zu den Methoden des philosophischen Kritizismus. Der Psychologismus ist nur Ausdruck dieser Unbestimmtheit, und dieser Unbestimmtheit ist nur durch eine wissenschaftstheoretische Analyse »auf der Grundlage und unter der Voraussetzung einer Kritik des Begriffs der *Psychologie als Wissenschaft*« zu begegnen.[3]

Hönigswald stellt an den Anfang dieser Analyse die »Psychologie des Denkens«[4], und zwar in zweifacher Hinsicht: Denkpsychologie wird *erstens* verstanden als diejenige wissenschaftliche Form, in der psychologische Fragen überhaupt methodisch hinreichend bearbeitet werden können. Diese Auffassung richtet sich auf eine Wertschätzung denkpsychologischer und gestalttheoretischer Richtungen der Psychologie, insbesondere der Külpes[5]. Sie ist ausdrücklich gegen den Elementarismus und die Assoziationspsychologie Wundts gerichtet. Hönigswald macht einfach gegenüber allen Formen von Wahrnehmungspsychologie nur geltend, dass auch das »Unanschauliche«, nicht bloß das auf Wahrnehmung beruhende assoziative Verknüpfen Gegenstand der Psychologie sein könne: »der

1 Hönigswald, R., Prinzipienfragen der Denkpsychologie, 1913.

2 Ebd., 205.

3 Ebd., 206.

4 Ebd., 210 ff.

5 Hönigswald beruft sich auf Külpe, O., Über die moderne Psychologie des Denkens, 1912. Vgl. Hönigswald, R., Prinzipienfragen der Denkpsychologie, 1913, 225.

Gedanke als solcher wurde jetzt zum psychologischen Problem«, das gewusst werden könne, was niemals assoziiert werden könne. Aus der psychologischen Forschung erwächst so notwendig die Forderung nach einer Analyse des Begriffs »Wissen«, die unabhängig von Anschauung oder Assoziation zu begründen sei. Hönigswald fordert also eine grundlagentheoretische Analyse, die zwar aus der Psychologie erwächst, aber nicht mit psychologischen Methoden und Begriffen geleistet werden könne. Knapp fasst Hönigswald die Leistungen der »neuen« Denkpsychologie Külpes dahingehend zusammen: sie liegen in der Analyse aller den Begriff des Wissens betreffenden Phänomene und Prozesse, aber auch Glauben, Meinen, Vermuten, Annehmen lassen sich denkpsychologisch untersuchen. Selbst das Erkennen, das sich in den Urteils- und Schlussformen zeige, sei grundsätzlich diesem Zugriff nicht entzogen.[1]

Folglich richtet sich *zweitens* eine solche Grundlagenerforschung der Psychologie gegen alle Formen des Psychologismus und Bewusstseinsphilosophien, aber auch gegen die reinen Geltungstheorien des Neukantianismus. In Auseinandersetzung mit Natorp, Cassirer, Husserl und Meinong entwickelt Hönigswald erstmals skizzenhaft eine neue Art kritischen Philosophierens, das sich nicht nur an den historischen Wissenschaften, wie der Südwestdeutsche Neukantianismus, oder an den mathematisch-naturwissenschaftlichen Disziplinen – wie der Marburger Neukantianismus – orientiert, sondern die Psychologie als Wissenschaft ernsthaft berücksichtigt. Gefordert werden müsse daher, statt allein auf die Konstitutionsleistungen reiner Subjektivität abzustellen, »dass die experimentelle Erforschung des Denkphänomens eben das *denkende* Verhalten des Versuchsobjektes selbst voraussetzt; [...] dass dieses denkende Verhalten die oberste und letzte theoretische Voraussetzung jedes Denkexperiments darstellt.«[2]

Gefordert wird hier nichts anderes als eine Theorie der konkreten Subjektivität.[3] Denn diese »Form des Psychischen« beruhe auf einer begrifflichen Relation, in der die reinen Geltungswerte sich mit Seinsbestimmtheit verbinden. Nach welchen Gesetzen psychische Prozesse ablaufen, und wie genau ein Psychisches als Faktum beschaffen ist – wann also diese Seinsbestimmtheit zeitlich »eintritt« –, sind Fragen der experimentell-psychologischen Forschung, also der experimentellen Denkpsychologie.[4] Wie die Beziehung selbst aber die Grundstruktur des Psychischen ausmachen kann, ist Thema kritischer Philosophie. In konkreten psychologischen Sachverhalten also aufzuzeigen, wie ein Faktum zugleich Prinzip

---

1 Ebd., 210.

2 Ebd., 211.

3 Hönigswald kann hier der Phänomenologie Husserls bei aller Kritik durchaus positive Aspekte abgewinnen, da Husserl diese theoretische Analyse zum Programm erhoben hat. Kritisch diskutiert werden auch Cassirers und besonders Natorps Begriffsbestimmung der Psychologie. Ebd., 219 ff.

4 Dieser Begriff fällt tatsächlich. Ebd., 214.

ist, ist die Aufgabe. Wie eine solche Theorie nach den Vorstellungen Hönigswalds ausgeführt werden müsste, sehen wir im nächsten Kapitel. In diesem Zusammenhang ist eines entscheidend: Die Denkpsychologie kann nicht nur Gegenstand einer Wissenschaft sein, deren Analyse ihrer Grundlagen aus einer bloß wissenschaftstheoretischen Perspektive erfolgen und von psychologischen Faktoren gänzlich unbetroffen sein könnte. Sie ist nicht »von außen« – in der Perspektive der 3. Person, wie man heute zu sagen pflegt – möglich, einfach deshalb, weil das konkrete Subjekt immer auch Gegenstand (Tatsache) wie Träger (Prinzip) der Analyse ist. Die Denkpsychologie kann deshalb nie in einem gegenständlichen Sinn die Frage klären, was das Denken sei, denn der kritisch geklärte Begriff des Denkens ist die methodische Grundlage, auf der die psychologische Fragestellung beruht. Die Denkpsychologie muss deshalb beides gleichzeitig leisten: mit der psychologischen Analyse die kritische Reflexion ihres eigenen Begriffs durchzuführen. Diese Analyse ist damit gewissermaßen »kritische« Denkpsychologie bzw. denkpsychologische Prinzipienlehre, also Transzendentalphilosophie.[1]

Einige methodische Konsequenzen folgen aus diesen Bestimmungen. Der Experimentator als Subjekt der Untersuchung und die Versuchsperson als Versuchsobjekt können jederzeit die Funktionen tauschen. Wenn diese weiß, was untersucht werden soll, kann sich das Verhältnis geradezu umkehren. Entscheidend ist auch hier: Die Frage, was Denken ist, kann nicht allein mit den Mitteln der empirischen Psychologie beantwortet werden. Vielmehr werde das psychologische Phänomen des Denkens zum Medium, »*in* dem und *durch* das sich die Gesamtheit des psychischen Lebens entfaltet«[2]. Gegen den Neukantianismus wendet Hönigswald ein, dass sich zwar in den Urteilsformen und ihren Gesetzlichkeiten der Anspruch objektiver Geltung finden ließe, allerdings nicht ohne Beziehung auf ein konkretes Denkerlebnis, das wiederum nur Denkerlebnis aufgrund solcher Prinzipienbestimmtheit ist[3]. Daraus folgt zugleich die Notwendigkeit, dass Denkerlebnisse nicht ohne Beziehung auf Repräsentation im Denken als ein möglicherweise Gewusstes verstanden werden können. Es gibt keine isolierten Erlebnisse, die wie bloße Naturgegenstände bestimmt werden könnten. Ein Denkerlebnis ist immer auch ein der Möglichkeit nach bewusstes Denkerlebnis, da das Subjekt als Bedingung des »Habens« dieses Erlebnisses jederzeit mitberücksichtigt werden muss:

---

1 Die Denkpsychologie ist »nicht nur ein Objekt, sondern auch ein Vehikel der kritischen Untersuchung. Sie vertieft den Begriff der Psychologie überhaupt und sie erweitert den Begriff der Wissenschaftslehre. Sie schafft der Erkenntnis ein neues Gebiet der Rechtfertigung ihres eigenen Bestandes. In neuer und kritischer Form rechtfertigt sie damit die Unvergänglichkeit der Problemstellung *Kants*.« Ebd., 245.

2 Ebd., 214 f.

3 Ebd., 23.

> Das *Ich denke*, so meine ich muss es mit allen seinen Bedingungen *begleiten können*. In seiner Repräsentabilität erst wird es im kritischen Sinn dieses Wortes *möglich*.[1]

Später scheint Hönigswald die Möglichkeit einer methodisch selbständig verfahrenden »experimentellen Denkpsychologie« eher zu bestreiten. In einer seiner systematischen Hauptschriften unterscheidet Hönigswald zwischen Prinzipienwissenschaften und Tatsachenwissenschaften. Tatsachenwissenschaften sind z. B. die Naturwissenschaften. Diese haben ihre eigenen Gegenstandsbereiche und Methoden, ihre Forschung zwingt im Allgemeinen nicht zur Reflexion ihrer eigenen Grundlagen, oder, wie Hönigswald sagt, zur Reflexion ihres eigenen Begriffs. Tatsachenwissenschaften bestimmen in ihren Gesetzen und Beziehungen, die sie finden, sie sind Wissenschaften von dem, was gilt bzw. gelten soll. Anders die Prinzipienwissenschaften, vor allem die Philosophie. Sie sind Wissenschaften vom »Sinn und Begriff des Geltenwollens und Geltensollens selbst«.[2] Anders gesagt: Tatsachenwissenschaften handeln vom Gegebenen, vom Tatsächlichen, Prinzipienwissenschaften von der Möglichkeit von Gegebenheit, von »Gegenständlichkeit«. Zu den Prinzipienwissenschaften gehört auch die Psychologie als Denkpsychologie. An jedem ihrer psychologischen Gegenstände der empirischen Forschung kann niemals außer Acht gelassen werden, dass sich im Erfassen und Bestimmen dieser Gegenstände stets derselbe Prinzipienbestand zeigt: Keine psychologische Tatsache ist einfach gegeben, sondern Produkt eines setzenden und erlebenden Subjekts. Wie aber ein Subjekt seinen Gegenstand gültig zu bestimmen vermag, ist eine Aufgabe der Philosophie. Wenn man zugleich danach fragt, wie dies unter den Bedingungen eines konkret existierenden Subjekts möglich ist, dessen Erleben grundsätzlich zeitlich strukturiert ist – wie sich z. B. in der Funktion des Gedächtnisses zeigt –, fällt die Bearbeitung in die Psychologie. Diese philosophisch-psychologische Analyse des Begriffs der Geltung und ihrer Bedingungen steht in einem Wechselverhältnis. Es gibt für Hönigswald keine reine geltungstheoretische Analyse der Wissenschaften und ihrer Grundlagen, ohne zugleich berücksichtigen zu müssen, dass es ein konkretes Subjekt bzw. eine reale Gemeinschaft von Subjekten ist, in deren Denken die Theorie in Frage steht. Insofern ist die Psychologie auch Teil der Philosophie, wie umgekehrt die Philosophie notwendiger Teil der Psychologie ist. Denn wenn die Psychologie als Denkpsychologie das Denken untersucht, macht sie genau diejenigen Prinzipien zu ihrem Gegenstand, die sie benötigt, um diesen Gegenstand zu bestimmen.[3]

---

1 Ebd., 217.

2 Hönigswald, R., Die Grundlagen der Denkpsychologie, 1925, 391.

3 »In der Denkpsychologie erfaßt, weil das Problem des Denkens im tiefsten Sinn das des Gegenstandes und der Geltung ist, Psychologie sich selbst, ihren eigenen Begriff. In der Denkpsychologie wird sie *kritisch*, d. h. sie wird [...] *Philosophie*.« Ebd., 401.

4. Erlebnis, Denken, Ich: Grundbestimmungen des Psychischen

Soweit geht Löwi selbst in seiner Dissertation und seiner Habilitationsschrift unter dem Einfluss seines Lehrers Hönigswald nicht. Seine Sache ist nicht die radikale Zuspitzung pointierter Thesen. Nicht zuletzt auch deshalb war Löwi ein besonderer Schüler Hönigswalds. Mit niemandem hat Hönigswald sonst über einen so langen Zeitraum hinweg gemeinsame Lehrveranstaltungen durchgeführt. Beide verbindet fachlich ein gemeinsames Programm bezüglich einer hinreichenden Bestimmung des Psychischen. Doch bis in die Gegenwart ist Löwi, wenn überhaupt auf ihn Bezug genommen wurde, entweder als ein systematischer Epigone der Denkpsychologie Hönigswalds oder als Theoretiker der Erziehungswissenschaft und Pädagogik gewürdigt worden. Daran mögen die Hinweise Cramers ebenso wie die verdienstvolle Würdigung Ritzels aus den achtziger Jahren ihren Anteil haben, die in Unkenntnis vieler geradezu verschollener Publikationen Löwis entstanden sind. Immerhin hat Ritzel ein Kapitel seiner Studie *Philosophie und Pädagogik im 20. Jahrhundert* Moritz Löwi gewidmet. Ritzel weist selbst auf die desaströse Quellenlage hin, etwa, dass es ihm gelungen sei, ein Exemplar vom Löwis Grundlagen der Pädagogik zu finden.[1]

Löwis großes Thema in den zwanziger Jahren ist nicht die Frage nach den Grundlagen der Pädagogik, sondern die Frage nach der Eigenständigkeit und den Grundlagen der Psychologie. So geht Löwi zwar von den theoretischen Überlegungen Hönigswalds aus, ohne diese jedoch vollständig zu übernehmen. Bereits in seiner Dissertation von 1921 wird dieser Unterschied zu Hönigswald deutlich. Hier legt Löwi mit dem Begriff »Ganzheit« einen denkpsychologischen Schlüsselbegriff aus der Würzburger Schule zugrunde, in der die Begriffe »Ganzheit«, »Gestalt« bzw. »Gestaltganzheit« zentral sind.[2] Löwi unternimmt es, den Gestaltbegriff der Denkpsychologie auf der Grundlage des Begriffs »Erleben« einer Kritik zu unterziehen. Keine wissenschaftliche Frage könne jemals eindeutig gestellt und bearbeitet werden, wenn nicht als Bedingung ihrer Eindeutigkeit eben die Ganzheit der Bedingungen mitgesetzt werde, unter denen ihre Eindeutigkeit gegeben ist. Hier spielt Löwi indirekt auf einen Kernbegriff der Gestaltpsychologie an. Wahrgenommene Gestalten sind Ganzheiten. Ein Beispiel dafür ist das berühmte, von Ehrenfels stammende Beispiel der Melodie, die als ganzheitliche Gestalt mehr ist als die Summe der Töne, aus denen sie besteht.

---

1 Ritzel, W., Philosophie und Pädagogik im 20. Jahrhundert, 1980, 86.

2 Insbesondere Bühler, K., Tatsachen und Probleme zu einer Psychologie der Denkvorgänge, 1907, 297-365; auch Ehrenfels, C., Über Gestaltqualitäten, 1890, 249-292.

Gegenüber ihren Elementen ist die Melodie eine Ganzheit eigener Qualität. Dazu zählen eben nicht nur logische Prinzipien. Wie Hönigswald lehnt Löwi den Logizismus der neukantianischen Urteilstheorien ab, insbesondere der Marburger Richtung. Von vorneherein ist Löwi vor allem an der psychologischen Dimension der kritizistischen Gegenstandstheorien interessiert.[1]

Verbunden ist dies mit dem gegenüber Cohen, Natorp und Cassirer vertretenen Anspruch, der Anschauung im Anschluss an Kant ihre ursprüngliche Bedeutung innerhalb der Erkenntnistheorie wiederzugeben. Konkret ist immer nur ein »Jetzt und Hier« gegeben, das damit die Bedingung des Individuellen und Konkreten ist. Der Sinn der reinen Anschauung ist, eine jede Beziehung auf Gegenstände überhaupt zu ermöglichen, darum muss »das *Jetzt und Hier* in einer Theorie der Erfahrung auf den Sinn des Urteils bezogen werden«.[2] Die Ganzheit des Urteils ist nicht nur logisch notwendig gegeben, sondern, wenn es sich auf Konkretes bezieht, eben auch in der Anschauung. Träger dieser konkreten Ganzheit ist ein Ich in konkreten raum-zeitlichen Bezügen, das diesen Gegenstandsbezug des Urteils setzt und herstellt. Das in der Anschauung Gegebene ist nach Kant in einer Mannigfaltigkeit gegeben, die das Ich als Ganzes, Konkretes und in dieser Verschiedenheit als Teil einer umfassenden Einheit fasst. Jedes empirisch Gegebene ist dies nur, weil es zugleich »einer« raum-zeitlich bestimmten Wirklichkeit zugehört. Erkenntnis ist Progress, ist Vollzug urteilender Subjekte. So interessiert sich Löwi nicht, wie der Neukantianismus, für die geltungstheoretischen Bedingungen der *Erkenntnis,* sondern für die psychologischen Bedingungen des *Erkennens.*[3]

Das Ergebnis ist, wenn man auf den ursprünglich bei Kant zu findenden Kontext zurückgeht, eine ins Psychologische gewendete Konstitutionstheorie der Erfahrung.[4] So geht für Löwi die kritische Fragestellung in die psychologische über, ohne doch mit dieser zusammenzufallen. Sie entsteht erst dann, wenn der Begriff der Psychologie zum Thema werden muss. Urteile sind Ganzheiten. Ihre logische Verbindung in Relationen zwischen den Urteilsmomenten besitzt immer, da folgt er Hönigswald, eine psychische Implikation in Form psychischer Zeitmo-

---

1 »Der Begriff der Setzung involviert den Begriff der Psychologie, er stellt die Beziehung her zwischen dem Gegenstand und dessen Erlebt-werden, er stellt neben die Frage, *wie nämlich subjektive Bedingungen sollten objektive Gültigkeit haben* jene andere, wie nämlich objektive Gültigkeit soll subjektive Bedingung sein; er ruft die Psychologie an die Seite der Philosophie.« Löwi, M., Zum Problem der Ganzheit, 1927, 31.

2 Ebd., 7.

3 »Bedingungen der Möglichkeit der Erkenntnis sind zugleich geknüpft an die Bedingungen der Möglichkeit des Erkennens und haben darum objektive Gültigkeit und umgekehrt.« Ebd., 18 f.

4 Bei Kant heißt es: »die Bedingungen der *Möglichkeit der Erfahrung* überhaupt sind zugleich Bedingungen der *Möglichkeit der Gegenstände der Erfahrung* und haben darum objective Gültigkeit in einem synthetischen Urteile a priori.« KrV B 197.

mente. Urteile sind Formen bestimmter Erlebnisse eines jeweils konkreten Subjekts.[1] Die begrifflichen Mittel, die dem Kritizismus entnommen sind, sind allerdings noch untauglich, einen Psychologismus vollständig auszuschließen, auch wenn dies Löwis Absicht ist. Stattdessen bezieht er sich hier auf denkpsychologische Ausführungen seines Lehrers Hönigswald. Eine zusammenhängende Darstellung der Grundlagen der Denkpsychologie hat Löwi auch in seinen späteren Arbeiten nie gegeben, stattdessen eine transzendentale Untersuchung psychologischer Themen und Begriffe immer am jeweils konkreten Einzelfall vollzogen. Transzendentalphilosophie ist für Löwi zwar, wie auch für Cohen, die kritizistische Selbstrechtfertigung des Begriffs der Erkenntnis. Im Unterschied zu Cohen aber muss dies immer aber eine Analyse konkreter Erkenntnis sein, sofern sie »den Bedingungen *wirklicher* Forschung« genügt, also konkret gegeben ist.[2]

Mit Hönigswald allerdings vertritt Löwi eine streng wissenschaftsvorgängige Begründung der Denkpsychologie. Eine Zusammenfassung und Bewertung zum Stand der Grundlagenforschung der Denkpsychologie gibt er 1930.[3] Denkpsychologie kann zunächst verstanden werden als empirische Denkpsychologie, die das Denken und seine Phänomene als Tatsachen untersucht, also die Denkpsychologie der Würzburger Schule als eine Teildisziplin der allgemeinen Psychologie. Daneben und vor allem aber bezeichnet der Begriff für Löwi »alle Einzelerscheinungen« der psychologischen Analyse, da sie die »einheitliche psychologische Methode« sei. Denn was für das Denken gilt, gelte für jedes seelische Erlebnis, das die Bedingungen enthalte, die auch das Denken bestimmen. Das Denken ist daher das »Prinzip aller seelischen Erscheinungen«[4]. Denken ist nicht eine psychische Tatsache neben anderen, z.B. Wahrnehmungen, sondern im Denken finden sich bereits alle Bedingungen, die jedem anderen psychischen Erlebnis auch zu finden seien. Mit anderen Worten: Denkpsychologie ist die Methode der Psychologie selbst, denn Psychologie habe es immer mit Erlebnissen, also mit

---

1 Löwi, M., Zum Problem der Ganzheit, 1927, 29 f.

2 Ebd., 6 f. Löwi spielt hier auf Cohens berühmte Beschreibung der kritischen Methode an: Ebd., 4. Bei Cohen heißt es: »Diesen Ausweis bringt die transscendentale Methode, deren Prinzip und Norm der schlichte Gedanke ist: solche Elemente des Bewusstseins seien Elemente des erkennenden Bewusstseins, welche hinreichend und notwendig sind, das Factum der Wissenschaft zu begründen und zu festigen. Die Bestimmtheit der apriorischen Momente richtet sich also nach dieser ihrer Beziehung und Competenz für die durch sie zu begründenden Thatsachen der wissenschaftlichen Erkenntniss.« Cohen, H., Kants Theorie der Erfahrung, 1885, 77.

3 Löwi, M., Vom Ich und Ichbewußtsein, 1930, 19-26.

4 »So sieht die Denkpsychologie in den von ihr aufgestellten Prinzipien des Denkens zugleich die Prinzipien des Seelenlebens überhaupt. Ebendarum nimmt sie sich das Recht, die Psychologie als Denkpsychologie zu bezeichnen.« Ebd., 20.

jeder nur möglichen und wirklichen psychischen Tatsache und mit jedem psychischen Vorgang zu tun. Das Grundproblem der Denkpsychologie ist demnach: »Welchen Bedingungen genügt jedes Erlebnis ohne Ausnahme?«[1] Es bezeichnet zugleich den methodischen Anfang einer experimentellen, empirischen Psychologie.

Löwi verdeutlicht das an einem denkpsychologischen Schlüsselbegriff, dem Begriff »Erlebnis«. Ein Erlebnis ist ein jede mögliche psychologische Tatsache, eine beliebige Empfindung oder Wahrnehmung, beliebiger Affekte, Absichten, Denkinhalte usw. Folglich muss denkpsychologisch nach den Bedingungen gefragt werden, denen jedes Erlebnis ohne Ausnahme genügt. Ein beliebiges Erlebnis ist aber eben nicht bloß eine empirische Tatsache, deren Auswirkungen für andere beobachtbar sind oder über das eine Person berichten kann. Erlebnisse können nicht sinnlich wahrgenommen werden, sind folglich keine Naturgegenstände. Das Auge, beispielsweise, das etwas sieht, kann untersucht werden, ebenso die Nerven und das verarbeitende Gehirn. Das, was das Auge sieht, kann ebenfalls untersucht werden. Die Empfindung selbst aber niemals das Erleben dessen, was das Auge sieht. Was in der Natur an Ordnung und Gesetzen erscheint, setzt schon Tätigkeiten des Denkens voraus, also bewusst erzeugende Funktionen des begrifflich-urteilenden Herausstellens, Ordnens und Vergleichens. Natürliche Komplexe von Sinnesempfindungen, Vorstellungen oder Gedanken werden dadurch Erlebnisse, dass sie bewusst erzeugte isolierte, abgeschlossene Ganzheiten unter den Bedingungen der Zeit sind. Dennoch sind sie keine bloßen raum-zeitlichen Gegenstände wie die Naturgegenstände. Erlebnisse entstehen nicht ursächlich in der Zeit aus vorhergehenden Erlebnissen, so wie Naturereignisse aus anderen Naturereignissen hervorgehen. Erlebnisse, sagt Löwi, sind »isoliertes Sein«. Zwar scheinen Erlebnisse zeitlich bestimmt zu sein, sind dies jedoch nur deshalb, weil ein Ichbewusstsein sie tätig mit Anfang und Ende setzt:

---

1 »Wir verstehen unter dem Worte *Erlebnis* alles, was seelische Erscheinung oder seelische Tatsache genannt werden kann, ohne Rücksicht auf die Besonderung in Empfindungen, Wahrnehmungen, Affekte, Wille usw. Danach muß die allgemeinste Frage der Denkpsychologie lauten: Welchen Bedingungen genügt jedes Erlebnis ohne Ausnahme?« Ebd., 20.

> Das Erlebnis in seiner Beziehung auf sich selbst stellt ein ganzes, Unzerstückbares, Abgeschlossenes dar. Man kann aber nicht vom Erlebnis sprechen und von der Rückbeziehung als von etwas Zweitem. Beides ist *eines;* darum gibt es keine Anordnung des Erlebnisses im Sinne einer Folge, keine zahlenmäßige Aneinanderreihung von Erlebnissen. Die Beziehung auf sich selbst kann also nichts Erlebnisfremdes bedeuten, nichts wovon sich das Erlebnis unterschiede, sonst stünde diese erlebnisfremde Beziehung *zwischen* Erlebnis und Erlebnis [...]. Die Beziehung des Erlebnisses auf sich selbst muss folglich selbst *Erlebnis* sein.[1]

Zugrunde liegt immer das Prinzip der Ganzheit. Erlebnisse sind Ganzheiten, bloße Naturereignisse dagegen nie, da sie stets Teil einer zeitlichen Reihe sind. Gruppen von Erlebnissen in der Erinnerung sind wiederum eine Ganzheit. Es ist jedes Mal dieselbe Struktur, die sich zeigt. Die Beziehung des Erlebnisses auf sich selbst kann wiederum erlebt werden, weil sie Erlebnis *ist*. Als Erlebnis vollzieht es diese Beziehung, und im Vollzug erlebt es diese. Insofern sind Erlebnisse isoliert, indem ihr Anfang und ihr Ende gesetzt sind, und zwar als ein »durch das Erlebnis selbst vollzogenes Sich-Beziehen auf sich selbst«[2] Löwi zeigt das am Beispiel eines Empfindungserlebnisses, dem Eindruck der roten Farbe. Psychologisch zeigt sich etwas Doppeltes, das untersucht werden kann, das Erlebnis, das im Erleben eben dieser roten Farbe besteht und zweitens das Erleben - gedacht als vollziehender Prozess – dieser roten Farbe selbst. Beide Aspekte sind für jedes Erlebnis im Erlebnis untrennbar verbunden.[3]

Im Unterschied zu Hönigswald ist für Löwi die Rückbezüglichkeit des Erlebnisses entscheidend, während Hönigswald den Reflexionscharakter hervorhebt. Beides entspricht sich. Zwar klingt der Reflexionscharakter von Erlebnissen in der Reihe »ich weiß«, »Ich weiß, das ich weiß«, also in Reflexionsstufen bei Hönigswald an. Für Löwi zeigt sich darin nichts anderes als die prinzipielle Möglichkeit des Subjekts, »tätige Rückbeziehung« zu sein. Das Ich ist immer präsent im Erlebnis als Bedingungsmoment, gleich, ob es bewusst vollzogen wird. Ein Erlebnis ist immer ganz grundsätzlich niemals ein Naturereignis, sondern Ergebnis einer Leistung eines Subjekts. Erlebnisse, sagt Löwi, sind aufgrund ihrer Struktur, Erlebnisse eines Bewusstseins zu sein, immer an ein Ich gebunden. Die Ausdrücke »das Erlebnis ist sich bewußt, rot zu erleben«, »ich bin mir bewußt, rot zu erleben«, »Ich erlebe rot« bezeichnen das Gleiche. Das »Ich ist keine metaphysische Substanz, sondern ein gebräuchliches Wort »für die Tätigkeit des Erlebnisses beim Vollzug des Beziehens auf sich selbst«[4].

---

1 »Das Erleben, welches sich auf irgend etwas erstreckt, *tritt vor sich selbst hin.* [...] Das Erleben wird sich seiner selbst bewusst. Abgeschlossenheit oder Rückbeziehung des Erlebens auf sich selbst heißt mithin *Bewußtsein.*« Ebd., 23.

2 Ebd., 23.

3 In diesem Sinne unterscheidet auch T. Nagel in Der Blick von Nirgendwo, 2012, 44 ff.

4 Löwi, M., Vom Ich und Ichbewußtsein, 1930, 23.

5. Kritik der Psychoanalyse: Bumke und Hönigswald

Ein weiterer Vertreter eines ganzheitlichen Begriffs vom Menschen als Grundbegriff von Psychologie und Psychiatrie ist Oswald Bumke, den Hönigswald aus seiner Breslauer und Münchener Zeit persönlich gekannt hat. Beide vereint eine kritische Beurteilung der Psychoanalyse, und zwar hinsichtlich der Wissenschaftlichkeit ihrer Methoden, mehr noch aber hinsichtlich des zugrundegelegten Subjektbegriffs. Bumke kritisierte scharf die Subjektaufspaltung in Ich, Es und Über-Ich und hielt wie Hönigswald und Binswanger an der Einheit der »Seele«, fest, ein Begriff, den Hönigswald und Binswanger so nicht verwendet haben. Die klinische Anwendung der Psychoanalyse sah Binswanger pragmatisch; er hielt sie für möglich, ohne die Grundlagen, die Freud und andere ihr gaben, übernehmen zu müssen.

Oswald Bumke hat aus medizinisch-therapeutischer Sicht durchaus Verständnis für eine pragmatische Haltung gegenüber der Psychoanalyse Freuds und würdigte durchaus einige der Entdeckungen Freuds.[1] Zugleich lehnte er die Prinzipien der Psychoanalyse ab. Seine Kritik betrifft folgende Punkte: *Erstens* sei die Psychoanalyse inzwischen eine Weltanschauung, die sämtliche Kulturbereiche ergriffen habe, so dass man sich die Frage stellen müsse, ob die Psychoanalyse überhaupt eine Wissenschaft sei. Zu einer Wissenschaft gehörten beispielsweise klare Begriffe und Prinzipien sowie eine verbindliche, nachprüfbare Methode. Mit der Psychoanalyse jedoch könne man alles beweisen, »*weil sie sich weder auf Tatsachen stützt noch auf ein klares verstandesmäßiges Erkennen*«, dagegen aber ein irrationaler, verschleierter Materialismus sei.[2] Bumke zitiert Widersprüche, Absurditäten, Merkwürdigkeiten, die man in Freuds Schriften zuhauf finden kann und die immer wieder vorgebracht werden.[3] Es kommt hier nur auf eines an: es werden Dinge behauptet, die niemals widerlegt werden können, weil sie weder bewiesen wurden noch die Behauptung, es handele sich hier um Tatsachen, überprüfbar sei.[4] Als Psychologe weist Bumke *zweitens* auf die Haltlosigkeit der Begriffe Ich, Es und »das Unbewusste« in der Freudschen Theorie hin, die letzten Endes den Freudschen Materialismus bedingen. Sie werden nämliche als ontische Substrate psychischen Geschehens gesetzt. Die Psyche zergliedert sich nicht ontologisch in ein Es und ein Ich, auch nicht in der Traumanalyse, wenn das Ich nach Freuds Meinung im Grunde wisse, was sein Traum bedeute, aber glaube, es nicht zu wissen. Bumke wendet ein, man könne nicht einfach das Ich, das weiß, mit

---

1 Bumke, O., Die Psychoanalyse, 1931, 5 u. 75.

2 Ebd., 9 f.

3 Etwa in Selg, H., Siegmund Freud – Genie oder Scharlatan?, 2002.

4 Bumke spricht von der Verachtung »selbst der einfachsten Regeln der Logik und der Erkenntniskritik«. Bumke, O., Die Psychoanalyse, 1931, 49.

dem Ich, das nicht weiß, dass es weiß, gleichsetzen, gerade das sei zu beweisen. Ebenso verhalte es sich mit dem das Bewusstsein steuernden »Es«, das Unbewusste. Denn das Unbewusste werde wie ein »Heinzelmännchen« gesehen, das im Verborgenen arbeite, aber das Bewusstsein determiniere[1]. Nach Bumke gebe es zwar ein absolutes Unbewusstes, z.B. physiologische Vorgänge im Gehirn, aber dieses sei nicht das Unbewusste der Psychoanalyse. Dieses sei einfach nur das, was wir von uns selbst nicht wissen möchten, aber nur zu genau wüssten.[2]

Drittens schließlich leistet der Begriff des Unbewussten nicht das, wofür er in Anspruch genommen wird. Alle ungelösten psychischen Probleme und Erkrankungen des bewussten Ichs werden auf eine »tiefere« Ebene gelegt, eben die des Unbewussten. Was sich dort scheinbar nicht lösen ließe, solle nunmehr da unter wesentlichen schwierigeren methodischen Bedingungen lösbar sein – wo aber bleibe da der Bezug auf empirisch nachvollziehbare Tatsachen? Außerdem: Selbst wenn man, wie Bumke, zugäbe, dass letztlich nicht rationale Gründe, sondern Gefühle und ihre Schwankungen den meisten Entschlüssen und Überzeugungen zugrundeliegen, so lägen diese innerhalb der Sphäre des Bewusstseins und könnten auch nur dort verstanden und bearbeitet werden.[3] So kommt Bumke zu dem Schluss, die Psychoanalyse sei nur eine notwendige Phase der Entwicklung der frühen Psychologie gewesen, über die die Forschung inzwischen hinweggeschritten sei. Es bleibe aber die Einsicht, und da nähert sich Bumke dem pragmatischen Ansatz Binswangers, dass es keine Psychologie geben könne, die nicht den ganzen Menschen zu erfassen suche, und zwar »immer nur am *einzelnen* Menschen«.[4]

---

1 Wie eine »Unterseele, die mit den Gefühls- und den Verstandesmitteln des Oberbewußtseins arbeitet, ohne dem Bewußtsein je etwas anderes als Fertigware zu liefern, wie eine Küche im Keller, in der man die raffiniertesten Gerichte bereitet, um sie im Aufzug nach oben zu schicken; das eigentliche Ich, das denkt, fühlt und will, begehrt und ablehnt, haßt und liebt, das vor allem aber immer geil ist; das nicht bloß die anderen, sondern auch das eigene Bewußtsein dauernd belügt und betrügt und das dazu die umständlichsten Erwägungen anstellen muß – und doch bloß ein Hirngeschehen, das zwangsläufig rein energetischen Prinzipien gehorcht.« Ebd., 16 f.

2 Ebd., 70.

3 Ebd., 69.

4 Ebd., 75.

Hönigswald war in seiner grundsätzlichen Kritik auch hier schärfer und präziser.[1] Während Bumke vom Standpunkt des Psychologen aus urteilt, fragt Hönigswald nach den prinzipien- und wissenschaftstheoretischen Grundlagen der Psychoanalyse. Dabei stellt er die Kritik Bumkes auf die eigenen denkpsychologischen Fundamente. Hönigswald kritisiert insbesondere den unzulänglichen Subjektsbegriff. Er thematisiert die Frage nach dem Begriff von Psychologie und Psychiatrie und ist geradezu beißend in seiner Analyse des »tiefenpsychologisch« zentralen Begriffs des Unbewussten. Da ist zunächst der Begriff der »Rationalisierung« unbewusster Vorgänge. Hönigswald entlarvt diesen als einen Abwehrbegriff mit einer einfachen Überlegung. Auch das Unbewusste müsse methodisch-wissenschaftlicher Untersuchung zugänglich sein, sonst käme es weder als Tatsache noch als Erklärungshypothese in Betracht: wovon man nichts aussagen könne, das kann auch nicht als Erklärungsgrund für anderes gelten. Allein die Aussage, es sei »unbewusst«, ist eine Aussage, die aufgrund ihrer Mitteilbarkeit den Bedingungen möglicher Verständigung unterliegt, sonst wäre die Aussage selbst unmöglich. Wenigstens das, dass es »unbewusst« sei, ist Ausdruck positiver Bestimmtheit. Daher müsse auch das Unbewusste in irgend einer Weise positiv bestimmt sein, also auch von anderem unterschieden sein – eben vom »Bewussten«. Das Unbewusste bestimmt sich nicht selbst, sondern durch ein »Ich«. Andernfalls kämen diesem »okkulte Qualitäten« zu, die in beliebiger Weise zu- oder abgesprochen werden könnten. Auf keinen Fall aber wären die weitreichenden Konsequenzen gerechtfertigt, die die Psychoanalyse vornimmt, wenn das »Es« determinierend für das »Ich« verstanden wird – das eben würde gerade die Bestimmtheit des Unbewussten meinen, determinierend wirken zu können.

Wichtiger noch ist hier ein anderer Aspekt. Hätte das Unbewusste tatsächlich die ihm zugesprochenen Merkmale, käme diesem ein »Ich-Wert« zu. Hönigswald meint damit den gemeinsamen Bezug auf ein auch das »Psychoanalyse-Ich« umfassende »Gesamt-Ich«.[2] Wenn das »Es« überhaupt psychischer Art ist, ist es ein Erleben, selbst wenn man unterstellen würde, das Unbewusste wäre ein Erleben, das nicht um sich weiß. Die Psychoanalyse nimmt aber an, dass in der

---

1 »Die positiven Leistungen der Psychoanalyse entfalten sich diesseits aller Erkenntnistheorie. Über sie hat die von schärfster Kritik geleitete wissenschaftliche Erfahrung des Psychiaters das erste Wort; ob sie auch das letzte beanspruchen darf, ist selbst eine der schwierigsten Fragen wissenschaftstheoretischer Forschung. Die Psychoanalyse bestreitet es. Sie mag zusehen, daß sie damit nicht selbst in das Fangnetz dieser Fragen gerät und über das öde Trümmerfeld der Tradition heil hinwegkommt.« Hönigswald, R., [Rez.] Oswald Bumke: Die Psychoanalyse, 1931, 1292.

2 »Das aber bedeutet, daß das Unbewußte, also ein *Es*, selbst wieder einen Ich-Wert repräsentiert. Nun müßte aber auch zu diesem *Ich-Wert* in der Konsequenz der Psychoanalyse wiederum ein neues *Es* gehören. D. h. man kann nicht absehen, warum nicht im *Ich Es-e*, und natürlich auch *Iche*, verschiedenen Ranges gesetzt sein sollten. Dann aber erhebt sich die unbequeme Frage nach dem Verhältnis dieser *Es-e* und *Iche* zueinander und, wenn der Ausdruck gestattet wäre, zu dem *Haupt-Ich*.« Ebd., 1289.

Analyse das im Unbewussten Vorhandene – also Erlebte – zu Bewusstsein gebracht werden kann, also tatsächlich den Bezug auf ein erlebendes Ich besitzen muss. Nach Hönigswald wird nicht genügend scharf zwischen Erleben und Geschehen unterschieden. Ein Geschehen besitzt objektive Bestimmtheit. Fasste man psychische Vorgänge so auf, würden sie gerade wie objektive, bestenfalls naturwissenschaftlich bestimmbare, physiologische Sachverhalte bestimmt, also auf ein Organ wie das Gehirn bezogen. Erleben dagegen bestimmt konstitutiv die Psyche – die entsprechenden Argumente hat Hönigswald immer wieder vorgebracht. Einer grundsätzlichen Klärung dieses Begriffs bedarf auch die Psychoanalyse, sonst verfällt sie dem Diktum einer dogmatischen Setzung. Denn das vermeintliche Argument, »alles« könne zum Gegenstand der Psychoanalyse werden, weil »alles« eben mögliches Symbol sei, wendet sich sofort gegen die Psychoanalyse, die dem Einwand begegnen müsse, warum sie selbst nicht »Symbol« sei. Man darf hinzusetzen: etwa für die unbewältigten seelischen Konflikte des Urhebers der Psychoanalyse. Umgekehrt aber, wenn von den Institutionen gesprochen wird, auf die die Psychoanalyse angewendet worden ist, etwa auf das »Unbehagen« in der Kultur, ist kritisch zu fragen: Wie ist ihr objektiver Bestand zu sichern, wenn nicht zugleich der Begriff des Psychischen hinreichend begründet ist? Beides hat die Psychoanalyse nicht geleistet.[1] Überlegungen wie diejenigen Bumkes und Hönigswalds haben auch einige Psychiater nachdenklich gemacht, die der Psychoanalyse als einer Therapiemethode durchaus wertschätzend gegenüber gestanden haben. Insbesondere Binswanger, der später dazu überging, eine eher an Husserl und Heidegger orientierte »daseinsanalytische« Psychologie und Psychiatrie zu entwickeln, ging eigene Wege. Ähnliches gilt für die sogenannte »Züricher Schule« mit Bleuler und seinen Schülern.[2]

---

1 »Mit welchem Recht spricht der Psychoanalytiker von der *Kultur und ihren großen Institutionen, wie Kunst, Religion und Gesellschaftsordnung* als von objektiven, d. h. *wirklichen* Instanzen? Weshalb gelten ihm nicht auch sie nur als *Symbole*? Angesichts solcher und verwandter Fragen, die in immer neuen Abwandlungen auftauchten, fordert eben der Begriff des *Psychischen*, an und mit diesem aber auch der des *Gegenstandes*, kritische Klärung. Nur wer diese erkenntnistheoretische Arbeit geduldig auf sich nimmt, darf [1292] sich rühmen, nach einem brauchbaren Begriff des *Symbols* zu streben.« Hönigswald, R., [Rez.] Oswald Bumke: Die Psychoanalyse, 1931, 1291 f.

2 »Vom Unbewussten spricht am meisten der, dem die Struktur des Bewusstseins nicht bekannt ist.« Binswanger, L., Über Ideenflucht, 1992, 194. Zur Züricher Schule und Bleulers Verhältnis zur Psychoanalyse vgl. Schott, H. / Tölle, R., Geschichte der Psychiatrie, 2006, 136-141.

6. Denkpsychologie als Theorie der konkreten Subjektivität

Die Konsequenzen aus diesem theoretischen Ansatz sind in zwei Richtungen weiterzuführen, und zwar im Hinblick auf die Psychologie und die Klärung ihrer theoretischen Grundlagen sowie ihres Verhältnisses zur Philosophie. Für diese ist die historische Vorlage die Subjekts- und Geltungslehre des Neukantianismus. Diese Lehre war darauf gerichtet, die Objektivität und Allgemeingültigkeit wissenschaftlicher Erkenntnis, aber auch ethisch-rechtlicher Prinzipien wie Kants kategorischen Imperativ oder ästhetische Prinzipien als a priori geltend und grundlegend für jede Art von Wissenschaft, Ethik, Recht oder Ästhetik auszuweisen. Der Neukantianismus ist ein entschiedener Gegner des Psychologismus, Historismus und jeder Form von Philosophie, die materiale, inhaltliche Momente als Geltungsprinzipien auszuweisen versuchen. Im Sinne des Idealismus wird die Geltungslehre an den Begriff des Subjekts gebunden und rückbezogen. Doch dieses Subjekt kann nicht ein Subjekt sein, mit dem sich die Psychologie oder eine andere Wissenschaft beschäftigt. Es ist dasjenige, das in der Subjekt-Objekt-Relation als leistender subjektiver Geltungsgrund ausgewiesen ist, dem ein Subjekt, das möglicher Gegenstand der Psychologie ist, nicht genügen kann. Denn in der Psychologie wird es zum Objekt einer wissenschaftlichen Untersuchung, und damit zum Objekt eines Subjekts, das auch dieser besonderen Erkenntnisrelation zugrunde liegt. Wissenschaften erfassen das Subjekt nur als mögliches Objekt, oder, anders gesagt, sie erfassen am Subjekt das, was auch Objekt sein kann, also seine Verankerung in Raum und Zeit an einen Organismus, ein Organ wie das Gehirn, usw. Sofern aber z.B. das Gehirn Objekt wird, ist es Objekt eines möglichen Subjekts. Das Ich, so scheint es, verschwindet im Neukantianismus.

Manfred Belage, ein Schüler Hans Wagners, hat deshalb die kritizistische Erkenntnistheorie als eine »Erkenntnistheorie ohne Subjekt« bezeichnet.[1] Das hat Auswirkungen auf den Begriff der Psychologie. So unterscheidet Rickert, ein Vertreter des Südwestdeutschen Neukantianismus, zwischen einem »reinen« erkenntnistheoretischen Subjekt und zwischen vielen individuellen empirisch-psychologischen Subjekten. Grund dafür, dass empirische Subjekte die Möglichkeit zu allgemeingültigen, intersubjektiven Erkenntnissen, ethischen, rechtlichen oder ästhetischen Werten und Bewertungen haben, ist das reine Subjekt, in dem alle faktischen Subjekte übereinkommen, wenn sie z.B. Wissenschaft treiben. Indem sie das tun, sehen sie, z.B. in der Ausführung von Experimenten gerade davon ab, konkrete Individuen zu sein. Es darf in den Naturwissenschaften keine Rolle spielen, ob »Herr Meyer« oder »Frau Müller« ein bestimmtes Experiment durchführen. Wenn beide die methodischen Standards beachten, ist das Messergebnis unabhängig von der Individualität der Experimentierenden. Geltungs-

1 Brelage, M., Studien zur Transzendentalphilosophie, 1965, 96.

träger ist immer dieses »reine« Subjekt, das Ausdruck aller Geltungs- und Wertbestimmtheit ist.[1] Auch für Natorp ist das Bewusstsein eine Grundtatsache, an der sich drei Grundmomente unterscheiden lassen: der Inhalt dieser Bewusstseinstatsache, dessen Bewusstsein, diesen Inhalt zu haben, also dessen Bezogenheit auf ein Ich, das sich noch einmal als ein drittes Moment von der Beziehung Gegenstand – Subjekt unterscheiden lässt. Dieses »Ich« ist kein konkretes Ich mehr, sondern abstrahierte »Bewusstheit«[2] Aufgabe der Psychologie könne es deshalb nur sein, die Inhalte des Bewusstseins in Beziehung und Verbindung auf ein jeweiliges unmittelbares Bewusstsein zu untersuchen. Die Rückführung auf die Grundlagen, also das ursprüngliche, reine Ich, zurückzuführen, sei Aufgabe der Psychologie, die Aufgabe der Erkenntniskritik sei es dagegen, das Recht der Grundgesetze, auf denen dies beruht, aufzuzeigen.[3]

Dieses neukantianische Verständnis von Subjektivität ist für Löwi und Hönigswald unzureichend für ein angemessenes Verständnis der Psychologie. Es ist aber auch aus grundsätzlichen Gründen verfehlt. Bereits in Löwis Dissertation ist zu erkennen, wie zur Ablehnung einer ausschließlich naturwissenschaftlich orientierten Psychologie eine kritische Auseinandersetzung mit dem logizistisch bestimmten, »reinen« Subjektsbegriff des Neukantianismus hinzukommt. Beide Auseinandersetzungen führen zu einem neuen Subjektsbegriff, der wiederum das Selbstverständnis der Psychologie grundlegend betrifft. Löwi bestreitet gegenüber Natorp und Cassirer die Möglichkeit »reinen« und damit »zeitlosen« Denkens, wie der Marburger Neukantianismus behauptet hat. Erkenntnis sei, so Natorp, eine unendliche Aufgabe, sei Prozess, ein ewiges »Fieri«. Damit ist für Löwi nur ein, wenn auch wesentlicher Teil der Erkenntnisthematik umrissen. Offen bleibt, wie ein konkretes Subjekt einen konkreten Gegenstand in einem konkreten Vollzug zu bestimmen vermag. Die Erkenntnistheorie bedarf daher einer zeitlichen Komponente, die den Erkenntnisprozess nicht im Sinne des Natorpschen »Fieri« bestimmt, sondern auch unter Ansetzung psychischer Zeitmomente. Der Erkenntnisprozess besteht nicht nur aus der Ganzheit urteils- und geltungstheoretischer Momente, dem eine Theorie reiner Urteilsformen entspräche. Die

---

1 Dieses »darf jetzt nicht mein Bewußtsein, sondern nur Bewußtsein überhaupt genannt werden, und dies erkenntnistheoretische Subjekt allein ist Subjekt im strengsten Sinne des Wortes,... steht [...] also im Gegensatz nicht nur zu allen Körpern, sondern auch im Gegensatz zu allem individuellem Seelenleben.« Rickert, H., Der Gegenstand der Erkenntnis, 1904, 26.

2 Von dieser heißt es: »Diese läßt nun aber gar keine weitere Erklärung oder Ableitung zu; sie ist nicht darstellbar durch irgendeine Art von Beziehung, wie sie unter Bewußtseinsinhalten stattfindet; sie liegt vielmehr solchen allen schlechthin zu Grunde. [...] Das ursprüngliche Ich kann nicht Gegenstand werden, da es vielmehr, allem Gegenstand gegenüber, das bedeutet, dem etwas Gegenstand ist.« Natorp, P., Allgemeine Psychologie, 1910, 4.

3 Ebd., 6 u. 10.

kritizistische Theorie übersieht, dass es immer zeitlich bestimmte Subjekte in einem konkreten zeitlich strukturierten Erkenntnisprozess sind, die, zumindest auf die Natur bezogen, zeitlich und räumlich konkrete Gegenstände erkennen. »Ganzheit« umfasst sowohl geltungslogisch-urteilstheoretische als auch zeitliche Elemente der Erkenntnisrelation; diese »ist« vielmehr nur als zeitlich bestimmte Relation und Einheit möglich. Ganzheit, sagt Löwi, determiniere sich zu einer Bestimmtheit, »die muß erlebt werden können«[1].

Damit ist keine psychologische Akttheorie oder eine Erkenntnistheorie wie etwa die Phänomenologie Husserls gemeint. Auch Löwi lehnt jede Form des Psychologismus ab. Das Problem der Erkenntnis sei nicht, wie Cohen und Natorp mit der »transzendentalen Methode« annehmen, eine Theorie von der »*Gültigkeit* des *Erkannten*« zu geben, sondern es müsse zugleich darunter das »Problem des *Erkennens*« verstanden werden.[2] Natorp und Cohen haben Kants berühmten Satz, die *Kritik der reinen Vernunft* sei ein »Traktat von der Methode« in einem radikalen Sinne genommen.[3] Kennzeichnend für diese transzendentale Methode sei, zu jedem faktisch Gegebenen den Grund, das Gesetz angeben zu müssen, aus dem es erzeugt worden sei, und dazu sei zweitens der Rückgriff auf das Faktum der Wissenschaft notwendig. Insofern ist der Neukantianismus ein Positivismus. Dieses methodische Bestimmen des Gegenstandes sei eine immerwährende, unendliche Aufgabe, ein Erkenntnisprozess, der in zunehmender Bestimmtheit niemals an ein Ende gelangt, eben ein Fieri. Entsprechendes gelte für die Wissenschaften, deren Forschung niemals abgeschlossen sei.

Was ist das für eine Theorie, die die Zeitlichkeit des Erkenntnissubjekts thematisiert? Weder die Phänomenologie noch das Subjekt als »Dasein« verstanden, wie bei Heidegger, kommen dem auch nur nahe, was darunter zu verstehen ist. Es geht um nichts weniger als eine Theorie, die die Allgemeingültigkeit wissenschaftlicher Erkenntnis und die unbedingte Geltung von Erkenntnisprinzipien, von moralischen, rechtlichen und ästhetischen Prinzipien ebenso zu begründen sucht wie der Neukantianismus, dies aber so unternimmt, dass sie nicht auf ein reines Bewusstsein rekurriert, sondern diese als Leistungen konkreter, real existierender Subjekte bestimmt. Eine bloß faktisch gedachte Subjektivität ist keine, die zur Begründung unbedingter Geltungsbestände in der Lage ist, insofern führt diese Position in einen prinzipientheoretischen Relativismus. Löwi und Hönigswald lehnen die phänomenologischen Varianten ab, und zwar nicht nur deshalb, weil sie diesen Relativismus implizieren, sondern weil ohne eine konkrete Subjektivität nicht zu verstehen ist, von welcher Beschaffenheit das Erleben ist und wie eine wissenschaftliche Psychologie möglich ist.

---

1 Löwi, M., Zum Problem der Ganzheit, 1927, 29.

2 Ebd., 29 f. Vgl dazu Natorp, P., Kant und die Marburger Schule, 1912, 299 ff.

3 Kant, I., KrV B XXII.

7. Die Subjekt-Subjekt-Relation: Psychologie, Pädagogik, Psychiatrie

Die Grundbegriffe, dieser Theorie der Subjektivität hat Hönigswald entwickelt, und zwar direkt im Hinblick auf die Grundlegung der Psychologie. Seine Arbeiten gelten der Analyse der erkenntnistheoretischen Bedingungen, unter denen die Denkpsychologie als Wissenschaft notwendig stehen muss. Thema sind ihre Grundlagen, nicht die positive Forschung, denn sie muss als philosophische Psychologie ihr Verhältnis zum Problem des Denkens bestimmen und klären.[1] Psychische »Gegenstände« sind daher als und im »Erleben« konkreter Subjekte gegeben. Damit ist nicht gemeint, sich jederzeit über seine Erlebnisse bewusst zu sein, sondern nur, dass jedes Erlebnis in der Grundbeziehung zu einem Subjekt steht, dessen mögliches Erlebnis es ist. Der Subjektsbezug, seine *Ichbestimmtheit*, ist für jedes Erlebnis konstitutiv, ohne diese wäre es kein Erlebnis, sondern ein Konglomerat mehr oder minder zusammenhängender Wahrnehmungen. Für Hönigswald ist Psychisches keine bloße, empirisch vollständig zugängliche Tatsache wie die Gegenstände der Physik etwa. Immer wieder führt Hönigswald den Nachweis, dass Subjektivität immer nur als konkrete, individuelle Subjektivität gegeben und möglich ist. Diese konkrete Subjektivität nennt Hönigswald *monàs*, sie ist Prinzip und Tatsache zugleich.[2]

Von daher bestimmt sich auch Hönigswalds Verständnis des psychologischen Experiments. Dieses ist wesentlich dadurch bestimmt, dass das Versuchsobjekt immer auch Versuchsperson ist, es liegt keine Subjekt-Objekt-Beziehung wie in den Naturwissenschaften, sondern eine Subjekt-Subjekt-Beziehung vor.[3] Deshalb kann Subjektivität nicht als Substanz oder eine ontologisch gesetzte Bestimmtheit gesetzt werden. Ein Subjekt ist keine gegebene Substanz, die lokalisierbar wäre, etwa in einem bestimmten Organ wie dem Gehirn. »Ich« bedeutet den Grund und die Möglichkeit des Denkens selbst: »Das *Ich* als Möglichkeit, alles zu denken, ist einzig«,[4] schreibt Hönigswald, es ist monadisch, es ist *monás*. Wenn ein Ich gegeben ist, dann auch unbegrenzt viele andere. Die Einzigkeit des Subjekts ist keine zählbare, sondern eine präsenzbestimmte Einheit, die beliebig oft hergestellt und vollzogen werden kann. Die Zeit des Erlebens ist nicht die natürliche Zeit, die messbar und objektiv erfassbar wäre. Aus naturwissenschaftlicher Sicht ist das konkrete Erleben eines Menschen oder eines Tiers eine Tatsache, die raum-zeitlich bestimmbar ist. Doch sie wird damit zu einer Tatsache neben ande-

---

1 Hönigswald, R., Die Grundlagen der Denkpsychologie, 1925, 399-401.

2 Sie ist »Tatsache, allein sofern sie es immer auch für sich selbst ist. Sie ist die Tatsache, die da weiß und daher auch zu wissen weiß. Sie ist stets sich selbst gegeben, also zugleich die Tatsache der Gegebenheit.« Hönigswald, R., Philosophie und Sprache, 1937, 54.

3 Hönigswald, R., Die Grundlagen der Denkpsychologie, 1925, 313.

4 Ebd., 326. Daher scheint der Einwand, Hönigswald betreibe die Ontologisierung des Subjektbegriffs, haltlos.

ren Tatsachen und unterscheidet sich nicht von anderen natürlichen Prozessen. Doch was hätte man im Ergebnis bestimmt? Das Erleben eines Subjekts als Naturtatsache. Es entgeht aber dabei das Besondere dessen, was das Erleben als psychologische Tatsache vor anderen bloßen Naturtatsachen auszeichnet. Die Zeitlichkeit des Erlebens ist von anderer Beschaffenheit. Im Erleben fallen Anfang, Verlauf und Ende zusammen, es ist als »mein« oder »dein« Erleben eine spezische Einheit, eine Einheit, die diese Erleben zu einer *ausgezeichneten* Tatsache macht, zu einem monadisch bestimmten Gegenstand. Eben seine Rückbezüglichkeit auf ein Ich, das diese Einheit setzt, indem es festlegt, was eine Empfindungsfolge aus dem allgemeinen objektiven Zeitfluss heraushebt und zur Einheit eines Erlebnisses erhebt, bestimmt auch den Zeitcharakter dieses Erlebnisses. Diese Zeit nennt Hönigswald »Präsenzzeit« bzw. Präsenz.[1] Es macht psychologisch wenig Sinn, vom Anfang und Ende eines Erlebnisses zu sprechen, sondern als Erlebnis ist es »eines«, und zwar als zeitliche Einheit, die sich messbar im allgemeinen Raum-Zeit-Gefüge lokalisiert: »Ich habe gestern dieses oder jenes erlebt (gesehen, gehört, gefühlt, gedacht)«. Psychologische Tatsachen sind erlebnisbestimmt, präsenzbestimmt und sind darum immer »Erlebnisse«. Eben darum ist in der Psychologie nach Meinung Hönigswalds nur wenig auszurichten, denn dadurch verliert eine psychologische Tatsache gerade das, was sie gerade zu einer psychologischen Tatsache, zu einer präsenzbestimmten ausgezeichneten Tatsache, macht.[2] Die Präsenzbestimmtheit des Erlebnisses zeigt sich darin, einer objektiv messbaren Empfindungskomplexität eine *Bedeutung*, einen Sinn zu geben, also ist die präsentielle Zeit gestaltete Zeit und als gestaltete Zeit eine Ganzheit, die Anfang, Ende und Dauer eines Erlebnisses festlegt. Die Ganzheit des Erlebnisses folgt aus der Präsenzstruktur des Erlebens.[3]

---

1 »Das *Ich weiß* ist [...] wirklich, weil es präsentielle Zeitbestimmtheit in der Zeit, zeitbezogene, stellenwertbestimmte Präsenz ist. [...] Erleben heißt Früheres und Späteres sondern, aber zugleich in dieser Sonderung und vermittels dieser Sonderung simultan setzen.« Ebd., 322 u. 84 ff.

2 »Vom psychologischen Gegenstand sprechen, heißt eine Beziehung setzen zwischen den Ordnungen der erlebnisimmanenten und der erlebnistranseunten Zeit. Denn *das* kennzeichnet vor allem anderen den psychologischen Gegenstand, daß sich in ihm eine Erlebniseinheit in die Ordnung der transeunten (objektiv-meßbaren) Zeit und darüber hinaus in das System der in dieser Zeitordnung gesetzten *Erfahrung* eingliedert.« Ebd., 84.

3 Ebd., 307.

Einheit und Grund des Zusammenhangs von Erlebnissen gründet Hönigswald in der als *monás* bestimmten, individuellen und vereinzelten Subjektivität.[1] In seiner später entstandenen Hauptschrift *Philosophie und Sprache* bindet Hönigswald diese Vereinzelung zu einer möglichen »Vielzahl der Iche« an die Präsenzbestimmtheit des Organismus. Jedes Subjekt »hat« seinen Organismus, seinen Körper auf die bestimmte Weise, die den Organismus als »seinen« Körper bestimmt. Der menschliche Organismus ist kein bloßer Naturgegenstand; unter den Bedingungen des Erlebens tritt er in ein Possessivverhältnis zu einem »Ich«, dessen Organismus er ist. Umgekehrt ermöglicht der Organismus als Teil des natürlichen Raum-Zeit-Gefüges die Wechselbeziehung von Subjekt und Gegenstand durch die Vermittlung von Reizen und Reaktionen, Verhaltensweisen und Handlungen »in« der Natur. Verständigung als Sprache hängt ebenso von dieser Möglichkeit ab. Sprache ist Verständigung, weil sie vermittelbar ist über »Laute«, »Wörter« »Zeichen« oder »Gesten« etwa, also ausgezeichnete Naturtatsachen, die dadurch, dass sie der Verständigung von Subjekten dienen, keine bloßen Naturtatsachen mehr sind, sondern etwas für Subjekte *bedeuten*. Sprache ist selbst monadisch, subjektsbestimmt, und zugleich immer als eine von beliebig »vielen« Sprachen: gegeben als Komplexe von Äußerungen in der Natur als Natur, in denen sich *Sinn* und *Bedeutung* für Subjekte erschließen. Ohne Organismus kein Erleben – Menschen sind schließlich keine Geister – aber dieses Erleben ist immer schon bestimmt als mögliches Erleben eines Subjekts.[2] Überhaupt finden sich bei Hönigswald Ausführungen, hinter deren begrifflicher Schärfe bekanntere Kriti-

---

1 »Wir nennen nun jene Erlebnispunkte, einen klassischen Terminus Leibnizens abwandelnd, *Monaden*. Ihr Begriff folgt aus dem Gedanken der Gegenständlichkeit selbst und sie repräsentieren die körper- besser die organismusbezogene Tatsache des individuellen Erlebens. *Monaden* bedeuten also hier nicht etwa substantiale Wesen, *Seelen*, gleichsam in den Organismus hinein versenkt und diesen auf geheimnisvolle Weise lenkend, sondern die das definiert letzte Gesetz des Gegenstandes überhaupt ausprägende, daher auch den Begriff des Organismus mitbestimmende Tatsächlichkeit des individuellen Bewußtseins. In der so gefaßten Idee der *Monas* bestimmt sich somit der strenge Begriff der Psychologie. Die *Monas* ist ihrem Begriff nach auf den Gegenstand gerichtet, daher auch nur von dem Gedanken des Gegenstandes her eindeutig zu kennzeichnen. Auch wenn wir also einen Sachverhalt als *individuell-psychologisch* betrachten, geht der Gedanke des Gegenstandes allemal in die Rechnung mit ein. Und ebenso: Auch an dem Gefüge des Gegenstandes muß es zu bemerken möglich sein, daß wir individuell-psychologische Verhältnisse als solche in Betracht ziehen. Wir sprechen in diesen Fällen nicht sowohl von Gegenständen schlechthin, als vielmehr von Gegenständen, wie *ich* sie erlebe, wie *jemand* sie erlebt.« Hönigswald, Philosophie und Psychiatrie, 1929, 731.

2 Ebd., 211 ff.

ken des Leib-Seele-Dualismus verblassen, auch Ryles Metapher vom Geist als »Gespenst in der Maschine«. Das Ich ist Grundlage aller Bestimmtheit, und ist dies nur als individuelles Subjekt, das in den Naturkontext eingebunden ist. Diese Naturgebundenheit ermöglicht zugleich die intersubjektive Verbundenheit der Subjekte untereinander.[1]

Auf diese von Hönigswald gelegten Grundlagen greift Löwi in seiner Dissertation wenigstens indirekt zurück. Er selbst spricht vorsichtig von der wissenschaftlichen Psychologie als einer *Theorie der Subjektivität*, die auf den von Hönigswald gelegten Grundlagen beruhe.[2] Möglicherweise ist aber eine solche Theorie nicht ohne Thematisierung ihrer philosophischen Grundlagen zu leisten.[3] Vieles spricht dafür, dass Löwi glaubte, diese Grundlagen aus der Struktur der psychologischen Arbeit entwickeln zu können. Es war wohl dieser Aspekt, auf den sich Hönigswald und Fink bezogen haben, wenn sie meinten, Löwis Konzept sei in einem entscheidenden Punkt verfehlt.[4] Das Erleben ist nicht nur Objekt der Psychologie, sondern immer auch deren Bedingung. Löwi hat allerdings immer an der Prinzipienstruktur des Erlebens festgehalten. Er war davon überzeugt, eine empirische Psychologie sei nur möglich, wenn sich Erlebnisse auch als Tatsachen beschreiben ließen. Denn die Tatsachen der Psychologie sind ausgezeichnet, sie sind monadisch, zugleich Faktum und Prinzip. Es wäre also in der empirischen wissenschaftlichen Arbeit immer zu zeigen, wie die sich in Erlebnissen zeigenden psychischen Tatsachen solche Tatsachen sind, die zugleich unter den Bedingungen des Erlebens stehen – Ganzheit ist daher auch für Löwi immer präsenzbestimmte Ganzheit.

---

1 »Je strenger der Gegenstand in seiner Selbstgenugsamkeit erfaßt ist, um so klarer wird Psychologie Problem. Und so wenig die Psychologie neben der Philosophie, als der Wissenschaft von dem Begriff der Gegenständlichkeit, ein abgesondertes methodologisches Dasein fristet, so wenig ist das Ich als Korrelat des Gegenstandes überhaupt ein abgesonderter Geist *neben meinem* Ich, so wenig ist es ein Gespenst neben der Natur, ein Spiritus neben der Idee. *Das* Ich ist stets ein *mein*, es ist stets *jemandes* Ich. Es ist die Form der Bestimmtheit, vermöge deren *mein* Ich mit jedem anderen verknüpft erscheint: es bedeutet den Gegenstand gemäß der Bedingung der Gemeinschaft in der Form der Verständigung. Es repräsentiert die Gegenständlichkeit als Aufgabe, die Geltung als Frage, die Erkenntnis als Methode und Prozeß. Es steht nicht neben der Wirklichkeit der Natur, weil es dieser Wirklichkeit allererst ihren Sinn gibt«. Hönigswald, R., Vom Problem der Idee, 1926, 298.

2 Löwi, M., Über spezifische Sinnesenergien, 1927, Vorwort.

3 Wahrscheinlich war Marck der erste, der vor der Gefahr der »Ontologisierung« des Begriffs der Subjektivität, wie ihn Hönigswald entwickelt hat, gewarnt hat. Für Marck war auch Hönigswald dieser Gefahr nicht ganz entgangen. Vgl. Marck, S.: Am Ausgang des jüngeren Neukantianismus, 1987, 32 f.

4 Fink an Zwirner, 12.8.1949, Hönigswald-Archiv, Aachen, siehe Kap. 2.9. Distanz: Die Beziehung zu Hönigswald, 75.

In diesem Grundgedanken liegt die Keimzelle der weiteren Forschungsprojekte Löwis. Die Psychologie wird aus erkenntnistheoretischer Sicht zum Vorbild für alle anderen Wissenschaften, deren Objekte Menschen, Gemeinschaften von Menschen oder menschliche Produktionen sind, also Kulturleistungen aller Art. Auch die angewandten technischen Disziplinen, vor allen aber die Medizin, folgen diesem Prinzip. Es kehrt wieder im Verhältnis von Arzt und Patient, und damit auch in der Psychiatrie. Die Subjekt-Subjekt-Relation, zuerst an der Psychologie entwickelt, steht in der Medizin unter der Fundamentalbedingung der Verständigung. Verständigung als Dialog wird zur Grundlage einer Kommunikation, deren Zweck die Therapie ist. In der Pädagogik steht diese Relation unter der Bedingung der Gemeinschaft zum Zweck von Unterricht, Erziehung und Bildung. So ist die Psychologie die Grundlagenwissenschaft aller Wissenschaften vom Menschen.

Die folgenden Kapitel untersuchen diese Anwendungen und Begründungen auf der Grundlage einer als Denkpsychologie verstandenen Theorie der Subjektivität für die Pädagogik und Psychiatrie. Zunächst aber muss ein grundsätzliches Hindernis bewältigt werden: Es bedarf einer Abgrenzung der Psychologie gegenüber den biologischen Naturwissenschaften. Für diese stehen exemplarisch die Erklärungsansprüche der Physiologie, vor allem ihr Anspruch, psychische Phänomene physiologisch, insbesondere neurologisch, verstehen zu wollen. Löwi entwickelt daher eine eigene Theorie, die zwar physiologisch-neurologische Erklärungen des Psychischen zulässt. Zugleich aber wird deutlich, dass physiologisch nur das verstanden werden kann, was psychische mit physischen Phänomenen gemeinsam haben. Die Besonderheit des Psychischen, die Besonderheit des Erlebens aber bleibt naturwissenschaftlicher Untersuchung grundsätzlich verschlossen. Erst mit diesem Nachweis wird der Weg frei für eine prinzipientheoretische Begründung der Wissenschaften vom Menschen.

4. Abgrenzung: Physiologie und Psychologie

Man könnte die Physiologie für eine Naturwissenschaft von gleichem Typus wie die Physik oder mindestens die Biologie halten. Aber man bemerkt schnell auch die sachliche Nähe zur Psychologie und zur Medizin. Sinnesempfindungen wie auch andere physiologische Vorgänge als Möglichkeiten von Organismen haben zumindest bei höheren Tieren und beim Menschen nicht nur ein organisches Fundament, sondern führen zu subjektiven Bewertungen, Verhaltensäußerungen oder emotionalen Aus- und Eindrücken. Löwi hat diese Fülle subjektiver Momente »Erleben« genannt. Im Erleben – das immer Erleben eines Subjekts ist – sind Empfindung und Wahrnehmung nicht nur bloße Untersuchungsobjekte einer Naturwissenschaft, sondern zugleich Prinzipien, die es als Erleben konstituieren, thematisiert beispielsweise in der Psychologie.

Die Arbeiten Löwis zur Physiologie und Psychophysik sind ein seltener Versuch, deren erkenntnis- und wissenschaftstheoretische Grundlagen zu klären.[1] Sie schließen damit eine wichtige methodologische Lücke. Stellt man zudem die Arbeiten Löwis in den sachlichen Kontext der modernen Physiologie und Wahrnehmungspsychologie, bemerkt man sofort einen auf der Höhe der Zeit befindlichen Sachverstand und ein scharfes, an der Philosophie Hönigswalds geschultes Urteilsvermögen. Löwi begnügt sich nicht mit der Diskussion fachpsychologischer und fachphysiologischer Fragen, sondern er versucht, auf ihrer Grundlage eine philosophische Analyse des erkenntnistheoretischen Verhältnisses von Wahrnehmung und Erleben zu entwickeln. Damit unterscheidet er sich nicht nur von den denkpsychologischen Untersuchungen Hönigswalds, sondern auch von den ausschließlich methodisch-empirischen Untersuchungen der Psychophysik und Physiologie. Er kommt damit zu dem, was man heute vielleicht mit den Begriffen Wahrnehmungs- und Kognitionspsychologie am besten beschreiben könnte, und zwar auf der Grundlage eines geklärten und begründeten Psychologiebegriffs, der weder behavioristisch noch biologistisch geprägt ist. Empfindung, Wahrnehmung, Denken, usw. werden im Begriff des Erlebens auf eine einheitliche prinzipientheoretische Grundlage gestellt und entwickelt. Damit finden wir nichts weniger als eine wissenschaftstheoretische Analyse zur Psychophysik, Physiologie und Psychologie, die neben den positivistischen wissenschaftstheoretischen Konzeptionen des Wiener Kreises steht und zugleich die neukantianischen

---

1 Wichtige zeitgenössische und einflussreiche Arbeiten dazu stammen von Helmuth Plessner: Die Einheit der Sinne, 1923; Die Stufen des Organischen und der Mensch, 1975. Zwar traten Hönigswald, Löwi und Plessner nicht in einen direkten wissenschaftlichen Austausch, aber die systematischen Parallelen sind auffällig. Vgl. dazu Schneider, M., Das Urteil und die Sinne, 1989.

Arbeiten etwa von Natorp und vor allem Hönigswalds zur Grundlegung der Psychologie weiterführt. Im Ergebnis unterscheidet sich eine solche Psychologie allerdings sowohl vom ausschließlich prinzipientheoretisch ausgerichteten Psychologieverständnis Hönigswalds als auch dem einer ausschließlich empirischen Psychologie. Wo es sinnvoll erscheint, werden Löwis Untersuchungen in den Kontext des gegenwärtigen Forschungsstandes gestellt.

1. Psychophysik: Bedingungen der Wahrnehmung

Außerhalb der Erkenntnistheorie stößt man auf Fragen und Funktionen, die die Wahrnehmung betreffen, auf den Begriff der Sinneswahrnehmung als Inbegriff möglicher zu untersuchender physiologischer Objekte. Die Physiologie der Sinneswahrnehmung ist im wesentlichen Teil der Psychophysik, die Wahrnehmungen als Reize auffasst, die Sinnesrezeptoren anregen und von diesen aus weiter verarbeitet werden. Wesentlich sind die Begriffe »Reizstärke« und »Reizschwelle«. Da die Rezeptoren nicht digital ausgelöst werden, spielt die Intensität, mit der Reize auf Sinnesrezeptoren treffen und einen informationsverarbeitenden Vorgang auslösen, eine wichtige Rolle. Dabei können nur aufgrund von Intensitätsunterschieden signifikante Aussagen getroffen werden. Psychophysische Methoden sind daher statistischer Art, indem sie Wahrscheinlichkeitsaussagen darüber treffen, wie sich die Beziehung zwischen physikalischen Reizen und deren Wahrnehmung bei verschiedenen Versuchspersonen und Versuchsbedingungen jeweils konkretisiert. Als Ergebnis erhält man beispielsweise Abhängigkeiten zwischen subjektiv empfundenen Intensitäten und objektiv messbaren physikalischen Reizintensitäten. Das Forschungsinteresse liegt dabei auf der Analyse der reizverarbeitendenden physikalischen Sinnesempfindlichkeiten, nicht auf den subjektiven Reaktionsneigungen der Versuchspersonen. Schwellentheorien gehen nicht von festen Reizschwellen mit klar definierten Grenzen aus, sondern rechnen mit statistischen Unsicherheiten, die in unterschiedlichen Empfindungsschwellen der Versuchspersonen begründet sind. In den Grenzbereichen solcher Reizschwellen lösen Reizintensitäten manchmal Reize aus, manchmal nicht.[1] Ein Beispiel für dieses »Alles-oder-nichts-Gesetz« ist z.B. der Niesreiz: Entweder muss geniest werden, oder nicht. Der Begründer dieser Methoden, Gustav T.

1 »Die Beziehungen zwischen Sinnesreizen, den dadurch ausgelösten Aktivitäten im Nervensystem einerseits und den bewussten Vorgängen und Verhaltensweisen andererseits lassen sich mit den Methoden der Psychophysik studieren.« Birbaumer N. / Schmidt, R. (Hg.), Biologische Psychologie, 2006, 300.

Fechner, verwendete indirekte Methoden zur Messung der Intensitätsunterschiede. Er stützte sich auch auf Arbeiten Webers. Dazu führte er den Begriff der »Reizschwelle« bzw. »Schwelle« ein, ab der signifikante Reizunterschiede festzustellen sind. Auf diese psychophysische Begrifflichkeit spielt Löwis Titel seiner Habilitationsschrift *Schwellenuntersuchungen* an.[1]

Am Beispiel des Sehens stellt Löwi das Parallelverhältnis physiologischer und psychologischer Fragestellungen heraus. Die von dem Physiologen Hermann Munk gegen Ende des 19. Jahrhunderts durchgeführten Exstirpationen von Großhirnrindenbezirken an Affen und Hunden führten zur Lokalisation der Sehsphäre im Hinterhauptlappen.[2] Löwi beschreibt hier im Anschluss an Munk, dass beispielsweise ein abgerichteter Hund nach der Operation Fressnapf und Wassereimer wie Hindernisse behandelt und nicht wie vorher als Futterquellen. Doch der Hund ist nach der Operation nicht blind geworden, da die physiologischen Voraussetzungen des Sehens unbeeinträchtigt blieben. Folglich wird eine korrespondierende psychologische Beurteilung notwendig. Denn Sehen ist nach Löwi ein Gestalteindruck, der von einem Organismus hergestellt werden muss. Gesehenes wird also durch Vollzug bestimmt. Obwohl der Sinneseindruck physiologisch auf Reizen, Sinnesrezeptoren usw. beruht und einer zentralen Verarbeitung im Gehirn bedarf, ist der Sinneseindruck nicht ausschließlich durch diese determiniert: Die physiologische Erklärung erklärt nicht, *was* gesehen wird.[3]

Daher ist – auf den Menschen bezogen – für die Physiologie gerade die »Ausschaltung der die Aussagen der Versuchspersonen begleitenden psychischen Komplexe«[4] notwendig, indem sie diese als eine zeitlich fixierte Naturtatsache bestimmt. Aus Sicht der experimentellen Psychologie wird sie so gerade nicht zu einer zugleich psychologischen Tatsache. Sie vernachlässigt zwangsläufig, dass dieser Gegenstand der Psychophysik, die ihre Erkenntnisse an konkreten Versuchspersonen und -situationen gewinnt, an einem Gegenstand feststellt, der

1 Löwi, M., Schwellenuntersuchungen, 1924. Hier geht Löwi ausführlich auf Ernst Webers Konzeption der Reizschwelle ein, z. B. S. 8 ff. Siehe auch Fechner, G., Elemente der Psychophysik, 1889. Bekannt ist bis heute das Weber-Fechnersche-Gesetz. Es stellt eine logarithmische Beziehung zwischen der Intensität eines physikalisch messbaren Sinnesreizes und der von diesem Reiz ausgelösten Stärke der Empfindung her.

2 Munk, H., Ueber die Functionen der Grosshirnrinde, 1890. Vgl. dazu auch Gerabek, W., Munk, Hermann,1997, 595. Vgl. Löwi, M., Über spezifische Sinnesenergien, 1927, 189.

3 »Behandelt der Nervenphysiologe experimentell die Frage der Erregungsleitung, untersucht er also Bau und Funktionsweise des Zentralorgans, dann sind auch konkrete Aufgaben der Psychologie gestellt, insbesondere Aufgaben der Empfindungs- bezw. Wahrnehmungslehre. Der Erfolg einer nervösen Erregung, hier der peripheren Sinnesreizung, d. h. also eines physiologischen Sachverhalts, dessen *Besonderheit* Kenntnis eines zentralnervösen Substrats fordert, ein solcher Erfolg fordert auch die psychologische Lösung von Empfindungs- und Wahrnehmungsfragen.« Ebd., 207.

4 Ebd., 4.

selbst »urteilt und denkt«. Weil er es aber mit denkenden Objekten zu tun habe, könne auch der Psychophysiker keine Experimente ohne die »Äußerungen seine Versuchspersonen« anstellen.[1] Also haben psychophysische Experimente für die Versuchspersonen den Charakter von Aufgaben. Sie sind Erwartungen des Experimentators an die Versuchsperson, im Hinblick auf die Aufgabe eine bestimmte Empfindung zu haben. Die dieser Empfindung zugeordneten Erlebnisse treten nur auf, wenn die Versuchsperson diese gestellte Aufgabe zu lösen versucht. Durch die Aufgabe wird sie zugleich in Beziehung zu Vergangenen und zukünftig erwarteten Erlebnissen gesetzt.[2] Gerade darum ist die sprachliche Äußerung der Versuchsperson wesentlich, denn die Auswertung der experimentellen Daten setzt an den vorhandenen Aussagen der Versuchsperson an.[3] Der vermeintlich bloß psychophysische Begriff der Reizschwelle ist somit bereits im Kern ein psychologischer Begriff. Die erzeugten und zu beurteilenden Reize werden folglich zur physiologischen Voraussetzung psychologischer Fragestellungen. Für die Versuchspersonen und die Experimentatoren werden sie so zu Aufgaben, die von jemandem an jemanden gerichtet werden.

2. Sind Erlebnisse Tatsachen?

Löwi stellt nach diesen Überlegungen die Frage nach der methodischen Beschaffenheit psychologischer Tatsachen. Tatsachen, die den Bedingungen möglicher Messbarkeit unterliegen, sind allgemein naturwissenschaftliche Tatsachen und, auf die Psychologie bezogen, physiologische Tatsachen. Löwis experimentell orientierte Arbeiten knüpfen an Hönigswalds *Grundlagen der Denkpsychologie* und das dort entwickelte Verständnis des Psychischen an. Psychisches ist immer als Erleben eines konkreten Subjekts zu denken. Es gibt kein »reines« Erleben. Ohne eine zureichende Bestimmung des Begriffs des Psychischen, ist keine methodische Bestimmung der empirischen Psychologie möglich. Diese Bestim-

---

1 Ebd., 5 f. »Da die Psychophysik diese Forderung unbeachtet lässt, kann sie grundsätzlich keinen Einblick gewähren in die *psychische* Haltung der Versuchspersonen. Will sie also ihr Programm, die Abhängigkeit der Empfindungen von äußeren Reizen, verwirklichen, so muss sie den Versuchspersonen die *Möglichkeit* freier Ausdrucksweise belassen. Dann erst besteht die Aussicht, die auf den Reiz folgende *gewußte* Erscheinung, z.B. die Empfindung, in ihrer Beziehung auf den Reiz zu kennzeichnen.« Ebd., 12.

2 »Allemal dann liegt die Schwelle vor, wenn die Versuchsperson weiß, daß sie das Erlebnis, das sie haben soll, *hat* bzw. *nicht hat*. Das Erlebnis an der Aufgabe messen, heißt seinen Augenblickswert fassen, heißt es als Schwelle darstellen. Die Schwelle rückt unter den Gesichtspunkt der Aufgabe in ihrer Doppelfunktion als Begriff und zugleich Tatsache.« Ebd., 15.

3 Ebd., 20.

mung muss einerseits als Abgrenzung zu empirischen Wissenschaften wie der Physiologie (Psychophysik) und Biologie erfolgen, andererseits aber muss in Verbindung mit der Philosophie der psychische Gegenstand als »jemandes« Gegenstand, bestimmt werden. Die Formulierung erinnert an Hönigswald. Doch bereits hier geht Löwi mit einem eigenständigen, weiterentwickelten methodischen Ansatz deutlich über Hönigswald hinaus. Hönigswald geschieht sicher nicht Unrecht, wenn man an dessen Analysen zu denkpsychologischen Fragen den Bezug zur empirisch-experimentellen Psychologie vermisst. Dieser war sicher auch nicht vorrangig intendiert, zumal Hönigswald Psychologie wie Philosophie als Prinzipienwissenschaften verstanden hat. Der Sinn dieser relativen Empirieferne ist in der Abgrenzung und Bestimmung eines hinreichenden Begriffs des Psychischen zu sehen, der einem bloß verhaltenspsychologischen, physiologischen Verständnis entzogen ist.

Welche Konsequenzen sind aus diesen Bestimmungen zu ziehen? Die Bedingungen, unter denen jedes mögliche Erlebnis steht, legen zunächst fest, was überhaupt ein mögliches Erlebnis ist. Die empirische Psychologie setzt deshalb im Begriff und in der Tatsache eines jeden Erlebnisses bereits Bedingungen voraus, unter denen sie dieses empirisch Vorgefundene psychologisch bestimmt. Dazu gehört, dass sich Erlebnisse grundsätzlich nicht messen lassen. Ihre Bestimmtheit ist keine Größenbestimmtheit in Raum und Zeit, sie haben darum auch keinen Anfang und kein Ende in Raum und Zeit. Andernfalls stünde ein Erlebnis in Beziehung auch zu Erlebnisfremdem und wäre Gegenstand äußerer Erfahrung. Naturwissenschaftliche Forschungsmethoden versagen hier folglich grundsätzlich. Erlebnisse sind außerdem nicht durch die Methoden der Naturwissenschaft, also durch Biologie und Physiologie zu erfassen. Kein Erlebnis ist den Sinnen zugänglich. Denn Erlebnisse sind weder sichtbar, hörbar noch tastbar. Eine Sinnesempfindung »sieht« »fühlt« oder »hört« ihren Gegenstand. Sinnesorgane, Nerven und Gehirn sind physiologisch untersuchbar, nicht aber die Erlebnisse. Wären sie physiologisch untersuchbar, so müssten sie nicht nur zeitlich, sondern auch wie die empirischen Gegenstände räumlich gegeben sein, also vom Erlebenden räumlich getrennt lokalisiert werden können. Erlebnisse begreifen darum Naturgeschehen bereits unter den Voraussetzungen der Psychologie.

Ein weiterer Aspekt betrifft das Verhältnis zwischen Experimentator und Versuchsperson. Nicht das psychologische Experiment oder der Experimentator legen fest, was ein Erlebnis ist, sondern die jeweilige Versuchsperson selbst. Denn Erlebnisse sind keine naturwissenschaftlichen, in Raum und Zeit festgelegten Gegenstände. Zeit erscheint im Erlebnis als eine doppelte Besonderung: als messbare Zeit und als Prinzip, das Zeitlichkeit im Erleben herstellt.[1] Die Versuchsperson kann als Bedingung des Erlebnisses nicht eliminiert werden, das bedeutet, der behavioristische Versuch, die Innenperspektive von Erlebnissen durch scheinbar objektive Verhaltensweisen nach Art naturwissenschaftlicher Experimente erschließen zu können, ist aufgrund grundsätzlicher Überlegungen vollständig gescheitert. Denn wenn die Versuchsperson über den zeitlichen Anfang eines Erlebnisses entscheidet, kann der zeitliche Anfang nicht »von außen« gemessen werden.

Methodisch gerechtfertigt ist damit neben der Extraspektion die psychologische Methode der Introspektion, die von der Extraspektion unterschieden wird. Möglich ist die Fremdbeobachtung einer Person »bezüglich eines definierten Verhaltens« unter Herstellung vergleichbarer Versuchssituationen und möglichst weitgehender Ausschaltung möglicher Störeinflüsse. Ziel ist es, das entsprechende Verhalten möglichst »für sich« und losgelöst von der jeweiligen Person zu beobachten. Im Experiment werden zusätzlich Teile der Beobachtungssituation arrangiert und kontrolliert verändert, etwa, um Prognosen zu überprüfen. Die Methode der Selbstbeobachtung dagegen überlässt die Datenerhebung der Versuchsperson, und zwar während der Beobachtung und im Experiment oder rückblickend im Anschluss daran. Der Grund dafür liegt in der grundsätzlichen Nichtbeobachtbarkeit interner Aktivitäten, insbesondere von Denkvorgängen, über die eben nur die Versuchsperson selbst Auskunft geben kann – mit allen damit verbundenen methodischen Schwierigkeiten. Aber auch in den engeren Grenzen von Objektivierbarkeit und Exaktheit liegt einer der Unterschiede zwischen physikalischen und psychologischen Beobachtungen und Experimenten.[2] Das führt zu der scheinbar paradoxen Konsequenz, dass ein Erlebnis isoliert ist, sich auf sich selbst bezieht. Gegeben ist aber nicht nur das Erlebnis, sondern auch sein erleben. Es gibt »jemanden«, der es erlebt, ein »Ich«, eine Person. Beispiel: Gegeben sei ein Sinneseindruck, etwa der Eindruck roter Farbe. Zwei Beziehungen sind hier zu beachten: Das Erlebnis richtet sich einmal auf einen Inhalt, die rote Farbe, sodann

---

1 »Wann das Bewußtsein der roten Farbe beginnt, darüber entscheidet das Ich oder das Bewußtsein, niemals ein objektiv festlegbarer Zeitpunkt. Nicht wann das Erlebnis der roten Farbe beginnt, sondern wie jemand, also das Ich den Beginn der Farbempfindung erlebt, wie der Beginn zum Bewußtsein gelangt, das hat der psychologische Versuch zu prüfen.« Löwi, M., Vom Ich und Ichbewußtsein, 1930, 24.

2 »*Selbstbeobachtung* ist – ebenso wie die *Fremdbeobachtung* – unter kontrollierten und nicht kontrollierten Bedingungen möglich. Vor allem die Methoden der Selbstbeobachtung erfreuten sich – und erfreuen sich noch immer – unterschiedlicher Zustimmung. Wegen ihrer Subjektivität wurden sie von den Behavioristen zurückgewiesen, von der Würzburger Schule und den Gestaltpsychologen dagegen als inhaltsreiche Datenquelle begrüßt [...]. Die heutige Kognitive Psychologie verwendet sowohl die Methoden der Selbst- als auch der Fremdbeobachtung. Durch weiterentwickelte Techniken der Registrierung und Auswertung der Selbstbeobachtungsdaten konnte dabei das Gegenargument der Subjektivität zum Teil ausgeräumt werden«. Hussy, W., Denkpsychologie Bd. 1, 1984, 20.

aber wird das Erleben der roten Farbe erlebt. Das Erleben, das vor sich selbst hintritt, wird selbst Gegenstand, eben psychischer Gegenstand. Nicht die physiologische Naturgesetzlichkeit der Sinnesfunktionen bestimmt, was ein Erlebnis ist, sondern das Ich bestimmt, wann ein Bündel von Sinnesempfindungen ein Erlebnis ist, es setzt einen Anfang und ein Ende in der Zeit: Ein Erlebnis ist gestaltete Zeit. Methodisch bedeutet das die Unverzichtbarkeit der bewussten Mitwirkung der Versuchsperson. Darin liegen ethische Beschränkungen. Experimente, die auf der bewussten Täuschung einer Versuchsperson beruhen, sind unzulässig. Aber selbst Experimente, die die Unwissenheit der Versuchsperson über deren Ziele und Abläufe voraussetzen, sind nur deshalb möglich, weil die Versuchsperson der konstitutive Grund eben dieser Erlebnisse ist: Was *geschieht*, ergibt die Verhaltensanalyse. Was *erlebt* wird, entscheidet die Versuchsperson, die dieses sprachlich äußern muss.[1] Die Sprache und ist damit ein notwendiges Konstitutionsmerkmal psychologischer Versuche und Untersuchungen, die immer unter dem Prinzip der Verständigung stehen.[2]

Daher sind die Gegenstände der experimentellen Psychologie monadische Gegenstände, bestimmt durch das in ihnen vorliegende Zusammenfallen von Tatsache und Prinzip. Niemals sind sie Naturgegenstände, die allein den Gesetzen der Natur als bloße Naturtatsachen genügen, sondern sie sind Tatsachen, die *gewusst* werden können. Ihre Bedeutung erschöpft sich nicht in ihrer objektiven experimentellen Beschreibung in Messreihen oder Beobachtungen. Der Behaviorismus erfasst genau das nicht, was psychologisch erfasst werden soll, sondern substituiert dieses durch vermeintlich objektiv beschreibende Verhaltensanalysen, in denen kausal auf zugrundeliegende vermutete Motive oder andere Ursachen zurückgeschlossen wird. Doch ohne Mitwirkung der Versuchspersonen ist solche Psychologie Metaphysik, der die empirischen Belege für diesen vermuteten Grund fehlen. Damit entgleiten dem »Black-Box-Modell« und dem »Input-Output-Schema« bzw. dem »Reiz-Reaktions-Modell« die psychologische Fragestellung und sie bleiben schein-exakte bloße Naturbeschreibung. Die Zuordnung von Erlebnissen und physischen Prozessen oder Gegenständen besteht nur, wenn um

---

1 Auch Hönigswald, R., Die Grundlagen der Denkpsychologie, 1925, 85 f.

2 »Wer also *für jemanden* Aufgaben stellt, gerichtet auf den Augenblickscharakter der erfolgenden Aussage, der fragt wissenschaftlich. Für *jemanden* Aufgaben stellen, ist gleichwertig mit *für sich selbst* Aufgaben stellen, weil gleichbedeutend mit *für jeden* Aufgaben stellen. Es bestätigt sich wiederum, wie in der auf den Augenblick gerichteten Aufgabe Begriff und Tatsache einander durchdringen. Die dialogische Frage erfolgt nicht in der Absicht auf gegenständliche Prinzipien, sie *dient* einfach der Verständigung. M. a. W. die konkrete psychologische Fragestellung geht auf *Begriffe*, die dialogische nicht. Ohne Dialog keine Psychologie, wohl aber der Dialog ohne Psychologie.« Löwi, M., Schwellenuntersuchungen, 1924, 21; vgl. auch ebd. 25, 48, 62-65. Siehe auch Hönigswald, R., Philosophie und Sprache, 1937.

sie gewusst wird. Es handelt sich um eine gewusste, nicht um eine physiologisch determinierte Beziehung zwischen Physischem und Psychischen. Daher müsse nicht nach den physiologischen Bedingungen von Erlebnissen gefragt werden, sondern wie »muß das *Wissen* bestimmt sein, damit ein Naturobjekt erlebt werde?«[1]

3. Der Organismus als psychophysische Ganzheit

Betrachtet man menschliche Organismen, so sieht man schnell, wie diese physiologische Klärung des Verhältnisses zwischen erlebendem Organismus und Umwelt nicht nur in eine psychologische Fragestellung mündet, die untersucht, »wie« dieses Erleben stattfindet. Es ist zudem eine erkenntnistheoretische Problemstellung, inwiefern physiologisch-psychologische Faktoren bedingen, ob und wie ein Gegenstand gegeben ist, also zum Naturgegenstand eines erlebenden, erkennenden Subjekts werden kann. Die Konstitutions- und Geltungsfrage, die der Neukantianismus bezüglich der Möglichkeit der Naturobjekte gestellt und mit den Mitteln einer transzendentalen Logik lösen zu können glaubte, verlangt also nach einer neuen Lösung.

Hönigswald behandelt daher den Gegenstandsbezug des Subjekts nicht mehr am Beispiel der Physik und der mathematischen Naturwissenschaft, sondern an der Psychologie. Der Organismus stellt als Naturgegenstand unter anderen Naturgegenständen aufgrund seiner monadischen Struktur einerseits den Zugang des Subjekts zur empirischen Welt, zur Natur her. Er ermöglicht durch diesen Naturbezug Wahrnehmungen, ihre strukturierte Einordnung in Erfahrungen als Erlebniszusammenhänge und das Handeln des Subjekts in der Welt. Andererseits aber ist das Subjekt, die *monás*, durch ihren Organismus als Naturtatsache in den Naturkontext eingebunden. Prinzipienfunktion und Tatsächlichkeit sind Momente der monadischen Struktur des Organismus. Dieser bildet nicht nur im methodischen Sinne eine Fundamentalvoraussetzung für die Naturerkenntnis, sondern ist zugleich auch möglicher Gegenstand der Naturwissenschaften. Entsprechende Zuordnungen gelten beispielsweise auch für den raum-zeitlichen Kontext. Der Organismus ist als Naturobjekt zeitlich objektiv lokalisierbar, zugleich aber ist er das Gestaltungsprinzip des eigenen Erlebens, oder, mit den

---

1 Löwi, M., Schwellenuntersuchungen, 1924, 72 f.

Worten Hönigswalds ausgedrückt: der Organismus ist präsenzbestimmt.[1] Als monadische Letztgegebenheit ermöglicht Präsenz die Kontinuität des Erlebens, indem sie naturhaft ablaufende zeitliche Bestimmtheiten der Gegenstände in zusammengenommener Erlebniseinheit »einzeitig« aufhebt. So ist im Begriff des Wissens immer die Möglichkeit des reflexiven Wissens um sich selbst notwendig mitgegeben. Die Zeit wird über ihre naturhafte Beschaffenheit hinaus im Begriff der Präsenz zu einer monadischen Größe, die sich am Organismus zugleich als dessen Möglichkeitsbedingung gestaltet. Zeit ist als Strukturbestimmtheit des Organismusbegriffs gestaltete Zeit. Die funktionalen Abläufe unterliegen hier nicht einem objektiven zeitlichen Ablauf, wie in einer Maschine, sondern im Organismus ist die Zeit das »Prinzip der Regulierung eben dieser Funktionen selbst«.[2] Die Zeit erscheint für ihn als Vergangenheit, Gegenwart und Zukunft gegliedert und damit als Ganzes gestaltet und »gewusst«. Ein objektives Ereignis wird für den Organismus erst so zu einem ihn angehenden Geschehen, dass in einer Zeitfolge steht, wie er selbst in einer Zeitfolge steht, hinsichtlich der er bestimmt zu werden verlangt.

So begründet die durchgängige Präsenzstruktur des Organismus nicht nur seine Einzigartigkeit und Individualität. Als monadische Größe ist er auch messbarer Naturgegenstand, wie etwa in der Biologie, gleichzeitig aber als »Ich« auch Prinzip jeder Gegenstandsbestimmtheit, auch der biologischen und psychologischen. Natur ist nicht an sich gegeben, sondern ist nur, weil sie immer schon Gegenstandsinbegriff möglichen Erlebens ist, wozu auch das Erkennen, Wahrnehmen, Anschauen und Fühlen von Naturgegenständen zählen.[3]

Die Konsequenzen dieser Theorie für die Möglichkeit von Biologie und Psychologie als Wissenschaften liegen auf der Hand.[4] Reize etwa sind nicht einfach nur Naturtatsachen, die im Kontext mit anderen Naturtatsachen stehen, obwohl sie als empirisch beobachtbare Phänomene physiologisch biologisch-experimentell untersucht werden können und müssen. Als monadische Tatsachen, können sie nicht für sich analysiert werden wie etwa die Bewegung von

---

1 »Ein Naturobjekt erscheint mithin gefordert, das ungeachtet seiner bedingungslosen Zugehörigkeit zum Kontext der Erfahrung [...] selbst die Erfüllung der Bedingungen des Erlebens darstellt. Es heißt *Organismus*.« Hönigswald, Grundfragen der Erkenntnistheorie, 1997, 103. Eine Untersuchung zu Hönigswalds Organismusbegriff und zu seiner Psychologiekonzeption im Kontext von Phänomenologie und Neukantianismus hat Orth gegeben: Orth, E. W., Phänomenologische Motive im Neukantianismus Richard Hönigswalds, 1996, u. Psyche und Organismus bei Richard Hönigswald, 1997.

2 Hönigswald, R., Die Grundlagen der Denkpsychologie, 1925, 293.

3 »Etwas in psychologischer Absicht auf psychologische Weise konstatieren, bedeutet den Gedanken voraussetzen, daß solcher Konstatierung Sinn und Bestimmtheit nur gemäß dem eigentümlichen Zeitwert der Präsenz zukomme. In dem *Ist* des psychologischen Urteils erscheint die Funktion der Präsenz und deren Korrelatbegriff, die Kontinuität des Ich, mit eingeschlossen.« Ebd., 333.

4 Breil, R: Hönigswalds Begründung einer Theorie der Wissenschaften, 2019.

Elektronen in einer Braunschen Röhre. Reize sind auf einen erlebenden Organismus nicht nur bezogen, sondern sie sind nur Naturtatsachen, sofern sie Reize eines Organismus, einer *monás*, sind, also zu diesem in einem Possessivverhältnis stehen: »mein« Gehirn empfängt Reize, »ihr« Körper empfindet Schmerz usw. Also ist »ein Ereignis erst Reiz mit Beziehung auf einen im *possessiven* Sinn bestimmten Körper.«[1] Löwi fragt folglich, wie Psychologie als empirische Wissenschaft möglich ist, die methodisch auf Experiment und Beobachtung nicht verzichten kann. Er wendet Hönigswalds Analysen in dieser Hinsicht auf die empirische Möglichkeit der Psychologie als Wissenschaft an und stellt die Frage nach der methodischen Beschaffenheit psychologischer Tatsachen. Tatsachen, die den Bedingungen möglicher Messbarkeit unterliegen, sind allgemein naturwissenschaftliche Tatsachen, und auf die Psychologie bezogen, physiologische Tatsachen.

Die Psychologie findet keine Tatsachen vor, sondern stellt sie gewissermaßen her, »sie sind nicht ihr Ausgangspunkt, sie sind der *Zielpunkt* ihres Verfahrens«.[2] Sie ergeben sich, wenn physiologische Sachverhalte auf das Erleben konkreter Individuen bezogen werden. Ein Organismus ist daher für die Psychologie kein bloß natürlicher Sachverhalt. Während die Physiologie durch geeignete experimentelle Bedingungen am einzelnen Organismus allgemeine naturgesetzliche Zusammenhänge findet, erfasst sie an diesem Individuum eben auch nur eben diejenigen Gesetzmäßigkeiten, die »für alle« gelten: die Physiologie erfasst so, was Farbenempfindung etwa »ist«; die experimentelle Psychologie dagegen bestimmt, »was *jemandes* Farbenempfindung ist«.[3] Daher lassen sich biologisch-physiologische Methoden nicht zur Analyse psychologischer Phänomene heranziehen.[4]

---

1 Hönigswald, R.: Die Grundlagen der Denkpsychologie, 1925, 356 f. »Eine *Natur*, innerhalb deren nicht alles *möglicher* Reiz wäre, [...] wäre eine Natur, die mir gar nicht gegenüberstünde und zur Aufgabe würde, der *ich* auch nicht zugehörte; sie wäre überhaupt keine.« Hönigswald, R., Philosophie und Sprache, 1937, 56.

2 Löwi, M., Schwellenuntersuchungen, 1924, 56.

3 Ebd., 57.

4 »Mit der Rückführung auf konstante Verhältnisse wird indessen den Ansprüchen der Psychologie nicht genügt. Sie muß vielmehr die *ausgesagte* Gleichheit von Empfindungsstufen zum Gegenstand der Betrachtung machen. Sie muß die Frage stellen: Was meint jemand im Augenblick mit der Aussage: *die Empfindungen sind gleich*? Was die messenden Verfahren *voraussetzen*, das ist das Objekt des Psychologen, die *ausgesagte* Gleichheit im Empfindungsgebiete.« Ebd., 58.

4. Sinnesmodalitäten als Erfahrungskonstruktion

Löwi fragt weiterhin nach den Grundlagen wissenschaftlicher Erkenntnis und der Funktion der Wahrnehmung. In der klassischen empiristischen Erkenntnistheorie des 17. und 18. Jahrhunderts galten Wahrnehmung und Empfindung als Erkenntnisbasis. Nach Löwi hat sich die wissenschaftliche Grundlage dafür aufgrund der neuen physiologischen Forschungen entscheidend verändert. Wahrnehmung ist jetzt nicht mehr nur eine Bedingung empirischer Erkenntnis, sondern in der Physiologie selbst Erkenntnis- und Forschungsgegenstand einer empirischen Wissenschaft. Bereits Kant hat die Frage nach dem Verhältnis von Sinnlichkeit und Gegenstand in Beziehung auf den Erkenntnisbegriff gestellt und beantwortet, nämlich »unter welchen Bedingungen wird aus Erfahrung, aus Erfahrungen im Sinne von Empfindung und Wahrnehmung, Erkenntnis«?[1] Löwi beruft sich auf Kants Analogien der Erfahrung, wenn dieser in der *Kritik der reinen Vernunft* schreibt: »Denn Erfahrung ist ein empirisches Erkenntnis [...], das durch Wahrnehmung ein Objekt bestimmt.«[2] Löwi gibt Kants Antwort dieser Frage eine neukantianische Wendung, wenn er behauptet, so wie sich Erfahrungserkenntnis objektiv gültig auf ein Objekt beziehe, so sei eben darum auch die spezielle Erkenntnis des Physikers möglich und objektiv gültig. Die Physiologie dagegen beruft sich auf Empfindung und Empfindlichkeit als natürliche Faktoren, die für die Bestimmung ihrer Objekte wesentlich sind. Wahrnehmung als Gegenstand der Physiologie ist zugleich subjektiv, da sie immer als Wahrnehmung eines bestimmten menschlichen oder tierischen Organismus bestimmt wird, aber zugleich als für eine bestimmte Gattung von Organismen (und darüber hinaus) objektive Bestimmtheit besitzt. Fotorezeptoren etwa funktionieren bei Hunden und Menschen bei aller gattungsmäßigen Verschiedenheit im wesentlichen gleich. Damit ergibt sich am Beispiel der Sinnesphysiologie das Problem, dass Wahrnehmung einerseits Gegenstand physiologischer Untersuchung ist, zugleich aber, da die Physiologie eine empirische Wissenschaft ist, auch eine deren erkenntnistheoretischen Bedingungen ist: Wahrnehmung und Empfindung werden selbst objektive Gegenstände und können, »obwohl subjektive Elemente, dennoch Prinzip einer Erfahrungserkenntnis werden«.[3]

1 Löwi, M., Über spezifische Sinnesenergien, 1927, 7.

2 »*Erfahrung ist nur durch die Vorstellung einer nothwendigen Verknüpfung der Wahrnehmungen möglich.*« Kant, I., KrV B 218.

3 Löwi, M., Über spezifische Sinnesenergien, 1927, 9.

Die Wahrnehmungsleistungen der Sinnesorgane müssen sich folglich auf den Begriff der Erfahrungserkenntnis nicht nur beziehen, sondern sich aus diesem heraus verstehen lassen.[1] Dies geschieht unter anderem nicht nur in der Physiologie, sondern ebenso in der Psychologie. Es lassen sich am Urteil formal zwei korrelative Momente unterscheiden: Als Erkenntnisleistung ist es geltungsdifferenziert, es kann wahr, falsch oder ungewiss sein. Diese Gegebenheit des Urteils ist von dem Prozess zu unterscheiden, durch den es gebildet worden ist. Beide Momente fasst Löwi im Begriff des Erlebens zusammen. Im Erlebnis bedeutet die Urteilsganzheit, im Sinne der Denkpsychologie Hönigswalds, »gehabte«, »gestaltete« und gegliederte Ganzheit, in der der Prozess als Ganzes überschaubar ist und das Gegebene als Erlebnis »ganz« erfasst wird. Im Erlebnis wird das im objektiven Zeitfluss Gegebene einerseits als eine Ganzheit isoliert, andererseits bleibt es in dieser Zeitfolge lokalisiert. Als Erlebnis erhält das unterschiedslos in der Wahrnehmung Gegebene eine Bedeutung für einen Organismus, also für »jemanden«. Ebenso die Zeit: In der objektiven Zeitfolge der Wahrnehmungen und Urteile ist das Gegebene nur ein flüchtiger Augenblick, im Erlebnis aber wird eine objektive Zeitfolge als Ganzes erfasst und zur Dauer gefasst.[2]

Damit ist methodisch eine zweifache Abgrenzung der Physiologie notwendig. Sie muss gegenüber exakter Naturwissenschaft und der Psychologie gleichermaßen erfolgen. Ein natürliches Phänomen wie der Schall erscheint je nach einzelwissenschaftlicher Fragestellung als ein anderer »Gegenstand«. Als physikalisches Phänomen der Akustik wird der Schall unter den Begriff der akustischen Schwingung und Wellenausbreitung physikalisch-mathematisch beschrieben und räumlich-zeitlich bestimmt. Andererseits erscheint der Schall als physiologisches Phänomen, wenn Schall als Reiz von Sinnesrezeptoren diese erregt und eine Reaktion des Organismus bewirkt. Der Schall wird hier nicht mehr in Rücksicht auf einen bloßen Naturgegenstand, sondern als eine Sinnesempfindung Gegenstand der Physiologie. Und noch einmal muss von physika-

1 Ebd., 39.

2 »Das Gegebene wird also gerade in seiner prozessualen Entfaltung als dauernd, als *seiend* notwendig betrachtet, für den Prozeß der Erkenntnis ist zugleich das Gegebene als *seiend*, das Gegebene *als Gegenstand in der Zeit* gesetzt. *Für* den objektiven Zeitablauf des Erkenntnisprozesses bedeutet die Ganzheit das *augenblicklich* Gegebene.« Ebd., 42.

lischen und physiologischen Bestimmungen die wahrnehmungspsychologische Untersuchung unterschieden werden, wenn gefragt wird, wie das Gehörte erlebt wird, etwa in Sprache oder Musik. Auch die Frage nach der Bedeutung des Gehörten für ein Lebewesen erschließt sich niemals ausschließlich physikalisch oder physiologisch.[1]

Was bedeutet es also, wenn Wahrnehmungen wie Erlebnisse und Erlebnisse wie bloße Wahrnehmungen betrachtet werden? Jenes geschieht in der Psychologie, dieses etwa in der Psychophysik. Gegenstände der Naturwissenschaften bestimmen diese methodisch unabhängig vom Erleben, sie sind als Naturphänomene ausschließlich als solche bestimmt, sie sind »Reize« in einem physiologischen System. Jedes Erlebnis ist mögliche Erfahrungserkenntnis. Also sind Sinneserlebnisse solche Erlebnisse, in denen diese Möglichkeit der Erfahrungserkenntnis als physiologisch-physikalische Prozesse auftreten. Modalität ist das Erleben von Licht und Schall, Wärme also Empfindungserlebnis und Wahrnehmungseindruck. Qualität meint dagegen die Wirksamkeit von Licht, Schall, Wärme auf ein Organ, bezeichnet also die Organbeziehung zu den Vorgängen und Gegenständen der Außenwelt. Sinneserlebnisse lassen sich damit in mindestens zweifach verschiedener Hinsicht untersuchen: ihrer Qualität nach physiologisch als funktionale Differenzierung, ihrer Modalität nach als gestaltete Wahrnehmung und Empfindung und insofern als mögliche Grundlage empirischer Erkenntnis.[2] Damit sind Physiologie und Psychologie auf folgende Weise zu unterscheiden: Die Physiologie hat immer die Verschiedenheit der Modalitäten in Rücksicht auf Reizwirkungen zu berücksichtigen, andernfalls wären Reize physiologisch nicht zu untersuchen. Die Psychologie sieht dagegen von der Reizbestimmtheit der Erlebnisse eher ab.

Löwi kommt damit zu einem anfechtbaren, zumindest aber missverständlichen Schluss: Das Problem Kants, wie sich Anschauung auf Denken beziehen lässt, bedarf nun keiner kategorial-synthetischen oder schematischen Deduktionen mehr, sondern lässt sich zumindest soweit physiologisch aufhellen, wie Wahrnehmung und Empfindung als sinnesphysiologische Modalitäten untersucht werden können. Löwi steht zumindest hier in der Tradition der psychologisch-physiologischen Kant-Tradition des 20. Jahrhunderts.

---

1 Das sieht schon Zwirner: »Durch diese Behandlung des Problemkreises wird die Frage, wie der Reiz die Reaktion verursache, wie aus dem physiologischen Geschehen Wahrnehmung entstehe oder wie Seelisches in den Organismus eintrete, von vornherein abgelehnt, da der Ursachenbegriff der mathematischen Naturwissenschaft für diesen Problemkreis aus aufweisbaren Gründen nicht angemessen ist; vielmehr wird im Sinne *Johannes Müllers* die Frage nach der mit der Wahrnehmung geforderten Erregung der Nerven gestellt.« Zwirner, E., [Rez.] Löwi, Moritz: Über spezifische Sinnesenergien, 1929, 536.

2 Löwi, M., Über spezifische Sinnesenergien, 1927, 206.

5. Neurologie: Die Zusammenarbeit mit Otfrid Foerster

Irgendwann gegen Ende der zwanziger Jahre eröffnete sich eine interdisziplinäre wichtige Forschungsperspektive, über die wir nur über einige wenige Hinweise in Handbüchern und einem wichtigen Aufsatz erfahren, den der renommierte Neurologe Otfrid Foerster gemeinsam mit Löwi verfasst hat. Beide greifen die Frage auf, welche Bedeutung Vorstellungen für physiologische Sinnesempfindungen besitzen, wenn afferente Nervenbahnen geschädigt sind, deren Funktion aber anderweitig wenigstens teilweise anderweitig übernommen wird. Vorausgegangen ist eine etwa vierjährige gemeinsame Forschungsarbeit am Wenzel-Hancke-Krankenhaus in Breslau. Der Neurochirurg Foerster galt in den zwanziger Jahren als einer der renommiertesten Neurologen der Welt. Zwischen 1925 und 1935 besuchten zahlreiche US-amerikanische Neurologen und Neurochirurgen Foersters neurologische Abteilung, darunter Foersters Schüler Wilder Penfield, der bekannt geworden ist durch Arbeiten zur Analyse der Hirnrinde und der Epilepsie. Foerster selbst besuchte viermal die USA, zuletzt 1930. Ohne Foerster sei die heutige angelsächsische Neurologie und Neurophysiologie nicht vorstellbar.[1]

Foerster war seit 1921 ordentlicher Professor für Neurologie an der Breslauer Universität und seit 1920 Chefarzt (Primärarzt) der neurologischen Abteilung am dortigen Wenzel-Hancke-Krankenhaus.[2] In den Jahren um 1930 soll Foerster ca. 400 Hirntumore operiert haben. Seine Operationen dienten nicht nur medizinischen Erfordernissen, sondern immer auch wissenschaftlichen Forschungen. Ziel war die Entwicklung einer Lokalisationstheorie des zentralen und peripheren Nervensystems durch Reizung und Ausschaltung bestimmter Nervengebiete und der Untersuchung der damit verbundenen Bewegungen oder Bewegungsausfälle. Weitere Untersuchungen galten etwa der Kompensation und Rehabilitation bei Bewegungsstörungen aufgrund von Verletzungen oder Erkrankungen des Nervensystems, womit Foerster auch zum Begründer der heute anerkannten »Übungstherapie« wurde.[3]

1 So Gottwald, W., Otfrid Foerster (1873-1941), 1995, 432.

2 Das Krankenhaus wurde von der Witwe des Breslauer Chirurgen Wenzel Hancke gestiftet, das mit 433 Betten das größte Breslauer Krankenhaus war. Ebd., 431 f.

3 Katner, W., Foerster, Otfrid, 1961, 280 f.

Hier begegneten sich die Forschungsinteressen der beiden Breslauer Forscher. Als Ergebnis einer vierjährigen Zusammenarbeit in einem speziellen Teilgebiet der Neurologie an der Neurologischen Abteilung des Wenzel-Hancke-Krankenhauses in Breslau erschien ein umfangreicher Aufsatz mit zwei den Autoren deutlich zuzuordnenden Teilen.[1] Gegenstand ist eine der wenigen empirischen Untersuchungen zu physiologischen und psychologischen Bedingungen von Sinnesempfindungen. Dabei geht es um das bekannte Phänomen, dass Vorstellungen Sinnesempfindungen und -reaktionen bewirken können, wie auch umgekehrt natürlich, dass Schmerz- und Sinnesreize zu Vorstellungen führen. Beispiele sind etwa autogenes Training oder Entspannungstechniken wie die von Jacobson. Was geschieht nun bei geschädigten afferenten Nervenbahnen, also solchen Bahnen, die von Sinnesrezeptoren hin zum Zentralnervensystem (Rückenmark und Gehirn) führen?

Die Bedeutung der Arbeit von Foerster und Löwi liegt in dem Nachweis, dass die Ergebnisse und Beobachtungen dieser Untersuchung weder ausschließlich physiologisch noch psychologisch zu verstehen sind. Es spielt nämlich eine Rolle, ob die untersuchte Person davon weiß, welche Empfindungen bei den geschädigten Organen zu erwarten sind, oder nicht. In beiden Fällen ist die physiologische Reaktion unterschiedlich. Die Bedeutung der Begriffe physiologische Wahrnehmung und psychologische Vorstellung verweist auf eine zugrundeliegende philosophische Voraussetzung, die im wesentlichen einen psycho-physischen Parallelismus annimmt. Dazu muss nicht zwischen beiden Strukturen ein

[1] Foerster, O., / Löwi, M., Über die Beziehung von Vorstellung und Wahrnehmung bei Schädigung afferenter Leitungsbahnen, 1932, 658-692. Ohne hier in neurophysiologische Einzelheiten zu gehen, wie z. B. Eigenreflex- und Fremdreflexverhalten, hier nur so viel: Führen die Nervenfasern von den Sinnesrezeptoren hin zum Zentrum (Gehirn), nennt man sie afferent, die Sinnesrezeptoren sind über periphere Nervenfasern mit dem Zentralnervensystem verbunden. Führen die Nervenbahnen vom Zentralnervensystem zu den Muskeln und Organen, ermöglichen sie motorische Reaktionen. Solche Nervenfasern heißen efferent. Vgl. Klinke, R. u.a. (Hg.), Physiologie, 2005, Kap. 18-22, insb. 612.

deterministisch-kausales Verhältnis angenommen werden. Foerster lässt diese Beziehung als Neurologe offen, da der Klärung dieser empirisch offenen Frage auch keine unmittelbare medizinische oder neurologische Relevanz beizumessen sei.[1] Foerster fasst das Ergebnis der mehrjährigen Forschungen so zusammen: Die untersuchten Fälle beweisen,

> [...] daß man bei Schädigungen der afferenten Leitungsbahnen verschiedensten, peripheren, radikulären, medullären oder cerebralen Sitzes, immer wieder dasselbe Prinzip feststellen kann, daß die einer bestimmten Reizart zugeordnete Empfindung unter Umständen nur dann zustande kommt, wenn ihr die ihr entsprechende Vorstellung vorangeht, aber ausbleibt, wenn die Versuchsperson nicht durch diese Vorstellung vorbereitet ist.[2]

Vorstellung und Wahrnehmung sind folglich auch keine quasiobjektiven Sachverhalte, die sich unabhängig vom wahrnehmenden und vorstellenden Subjekt verstehen ließen. Denn »ich« nehme wahr, »ich« erlebe oder wahrnehme. Was sagt es uns also, wenn Vorstellung und Wahrnehmung immer als psychologische Akte »ich« stelle vor und »ich« nehme wahr bedeuten? Für die operativ behandelten Patienten mit geschädigten afferenten Leitungsbahnen ist das Verhältnis von Vorstellung und Wahrnehmung unterschiedlich, je nachdem, ob zufällig oder mit bewusster Ansage Sinnesreize, wie oben beschrieben, erzeugt wurden. Berührung, Druck und passive Bewegung von Körperteilen führte zur adäquaten Wahrnehmung, nicht aber bei Berührung oder thermischen Reizen. Bei Begleitung einer entsprechenden Vorstellung, die die Erwartung auf den »gleich« erfolgenden Reiz lenkt, sind entweder reizadäquate Wahrnehmung möglich oder nicht. Reizadäquate Wahrnehmung ist unter der Bedingung möglich, so Löwi, wenn kortikale Erregung und eine vorausgehende entsprechende Vorstellung korrespondieren. Dies aber ist nicht immer der Fall. Auch ist kein Dualismus

---

1 »Die Untersuchungen, über welche wir hier berichten, haben zur Voraussetzung, daß jedem seelischen Erlebnis ein bestimmter, wenn auch in seinen Einzelheiten bisher keineswegs näher bekannter Erregungskomplex im Gehirn zugeordnet ist. Das gilt auch für jede Wahrnehmung bzw. Empfindung. Der einer Wahrnehmung oder Empfindung entsprechende neurodynamische Prozeß spielt sich, jedenfalls zum großen Teil, in denjenigen Hirnarealen ab, welche demjenigen Sinnesorgan zugeordnet sind, welches von dem Reiz primär getroffen wird. Wir lassen dabei die Frage unberührt, inwieweit dieser Rindenprozeß auf das jeweilige corticale Sinnesfeld beschränkt ist oder darüber hinaus mehr oder weniger die Gesamtrinde, vielleicht auch subcorticale Abschnitte, mit umfaßt, da diese Frage für unser Problem von nebensächlicher Bedeutung erscheint.« Foerster, O. / Löwi, M., Über die Beziehung von Vorstellung und Wahrnehmung bei Schädigung afferenter Leitungsbahnen, 658.

2 Ebd., 676.

gemeint, nach dem wir physiologisch bedingte Wahrnehmungsbezüge auf die Außenwelt und unabhängig davon auch Vorstellungen dieser Außenwelt besäßen. Denn diese Korrespondenz von adäquater Wahrnehmung und vorangehender Vorstellung muss als durch das Subjekt psychologisch bewusst *hergestellt* verstanden werden.[1]

Damit hängt der Versuchs- und Therapieerfolg von der »Einstellung« des Patienten und nicht nur von den vorhandenen, wenn auch reduzierten physiologischen Funktionen ab. Die angenommene »Umgestaltung« sei nicht nach dem Muster von vorangehender bewusster Vorstellung, zeitlich folgender Wahrnehmung und ihrer zeitlich anschließenden bewussten Rückbeziehung auf diese Vorstellung und ihrer abschließenden Deutung zu denken, denn dann nehme man war, was man wahrnehmen wolle.[2] Empirisch zeigten die vielen möglichen Begleitwahrnehmungen ein diffuses Muster, das eher eine andere Deutung als Fremdeinfluss nahelegt.[3] Angenommen wird eine funktionale beiderseitige Beziehung, die darin liegt, dass der zugrundeliegende physische afferente Erregungsprozess nicht als einzige Grundlage für den Wahrnehmungsprozess angenommen werden müsse. Ohne diese Grundlage ist natürlich keine Wahrnehmung möglich, aber offensichtlich ist es möglich anzunehmen, dass der physiologische Prozess einen Informationsüberschuss besitzen könnte, der gerade diejenigen afferenten Erregungsvorgänge enthält, die Grundlage der entsprechenden Vorstellungen bilden. Die Versuchspersonen reagieren nicht nur auf die Reize und Bedingungen der Umwelt, sondern gestalten diese »unwillkürlich« ihren Vorstellungen entsprechend um. Diese Vorstellungen erzeugen nicht neue physiologische Prozesse, sondern gestalten *bereits vorhandene* afferente Nervenleitungsprozesse entsprechend um.

---

1 »Im Zusammenhange mit der Vorstellung gelingt es dem Kranken, die inadäquate Wahrnehmung des Druckes und der Berührung in die adäquate Wahrnehmung des Schmerzes und der Temperatur *umzugestalten*.« Ebd., 689.

2 Ebd., 691.

3 »Warum geben unsere Kranken in einer bestimmten Phase der Restitution nach Vorderseitenstrangdurchschneidung bei erfolgter Determination auf Schmerz immer nur das Vorhandensein der Schmerzempfindung an, wenn die Waden- oder Oberschenkelmuskulatur auf Schmerzreaktion geprüft wird, warum spüren sie trotz Determination keinen Schmerz, wenn in derselben Versuchsreihe Schmerzreize durch Nadelstiche oder Haarziehen gesetzt werden? Warum fällt trotz Determination auf Temperaturempfindung die Kalt- und Warmempfindung aus? Warum ergibt in einer weiteren Restitutionsphase neben den Tiefenschmerzreizen auch der Haarschmerzreiz die gewünschte Reaktion, dagegen der cutane Schmerzreiz keinen Schmerz. Sollte man nicht erwarten, daß die Determination auf Schmerz sich suggestiv für jede Schmerzart geltend machen müßte? Wir glauben, für diese Fälle kann man schwerlich von Suggestion oder vorsätzlicher Einstellung sprechen.« Ebd., 691.

Dem entspricht die heute bekannte Tatsache, dass durch bewusste Übungen und Rehabilitationsmaßnahmen bestimmte physiologische Schäden durch stimulierende bewusste Aktivierung anderer Nervenbahnen mit der Zeit mindestens teilweise von anderen, durch das Gehirn und Bewusstsein gebahnte und aktivierte Nervenkanäle kompensiert werden können. So findet Löwi mit diesen Überlegungen den systematischen Anschluss der Physiologie an die Psychologie, indem er von der durchgängigen Ichbezogenheit und -bestimmtheit aller Erlebnisse, also aller Vorstellungen und Wahrnehmungen, ausgeht und diese auch empirisch bestätigt sieht. Es gibt keine rein passive Wahrnehmung, denn jede Wahrnehmung unterliegt der »aktiven Formung des Ich«. Wahrnehmungsinhalte werden beurteilt, wiedererkannt, erkannt, bemerkt. Die denkpsychologische Erklärung ist damit klar: Jede Wahrnehmung ist eine Konstitutionsleistung des wahrnehmenden Subjekts.[1]

---

1 »Die Wahrnehmung erhält jedesmal eine aktive Charakteristik. Eine besondere Art dieser aktiven Charakteristik, nämlich diejenige, welche im Zusammenhange unserer Vorstellungen erfolgt, findet in unseren Versuchen ihre wissenschaftliche Darstellung und Begründung«. Ebd., 693.

5. Die Möglichkeit der experimentellen Psychologie

Wenn Psychologische und physiologische Gegenstände keine reinen Naturtatsachen sind, von welcher Bestimmtheit sind sie dann? Dieser Frage nach den erkenntnistheoretischen Grundlagen physiologischer und psychologischer Experimente geht Löwi an verschiedenen Stellen nach. Das Ausgangsproblem deutet sich bereits in der Frage nach den empirischen Grenzen psychophysischer Experimente an. Was ein Experiment ist, welche methodischen Bedingungen zu berücksichtigen sind und wo die Grenzen der experimentellen Methoden liegen, ist wissenschaftstheoretisch nicht ohne Weiteres zu klären.[1] Innerhalb der modernen Psychologie bezieht man sich häufig auf einige am physikalischen Vorbild orientierte Merkmale. Gefordert werden eine eindeutige Beschreibbarkeit und Wiederholbarkeit von Versuchsbedingungen, eine eindeutige Trennung von abhängigen und unabhängigen Variablen, die bewusst verändert werden können sowie die willkürliche Manipulation der unabhängigen Variable. Weiterhin registriert man dann die beobachteten Änderungen der abhängigen Variablen sowie die Kontrolle von Störvariablen. Durchgesetzt hat sich außerdem die Trennung nach Versuchs- und Kontrollgruppen und eine Zufallsauswahl der im Experiment beobachteten Personen.[2]

1. Prozess und Erfolg als physiologisch-biologische Grundbegriffe

Die Begründung physiologischer und psychologischer Begriffe erfordert eine transzendentale Fundierung in der allgemeinen Raum- und Zeitbestimmtheit, die jede Naturtatsache als einen Naturgegenstand bestimmt, also auch alle biologisch-physiologischen Prozesse. Diese fasst Löwi wie Hönigswald im Begriff des Organismus zusammen. Für Löwi ist diese Rückbindung psychologischer Begriffe und Phänomene an die organisch-physiologischen Prozesse und Begriffe notwendig, denn nur räumlich-zeitlich bestimmte Gegenstände sind grundsätzlich messbar. Was also erfassen psychologische Experimente in ihren Messergebnissen? Zunächst offensichtlich nur das, was an jedem Naturgegenstand messbar ist: räumliche Ausdehnung, zeitliche Dauer und die räumlich-zeitliche Verände-

---

1 Vgl. dazu Breil, R., Die Grundlagen der Naturwissenschaft, 2011, 247-286.

2 Myers, D., Psychologie, 2014, 33ff. Ebenso Stangl, W., Experiment, 2020 und Hussy W., Denkpsychologie, Bd. 2, 1986, wo ein ausführlicher Methoden- und Problemüberblick bezüglich denkpsychologischer Untersuchungen in der kognitiven Psychologie gegeben wird.

rung dieser Größen. Blieben physiologisch-biologische Experimente auf diese Aspekte beschränkt, würden sie am Organismus nur das messen, was sie an jedem leblosen Gegenstand messen könnten, würden aber die Besonderheiten physiologischer Gegebenheiten verfehlen. Was also sind die spezifischen Bedingungen, unter denen physiologische Experimente sinnvoll und möglich sind? Offenbar müssen zusätzlich die entsprechenden Funktionen – oder, wie Kant gesagt hat, auf die immer mitgegebenen natürlichen Zwecke – von Organismen und Organen berücksichtigt werden.[1]

Modalität und Qualität der Sinnesempfindungen bedingen einander als verschiedene, aber notwendige Möglichkeiten der Erfahrung. Die physiologische Bestimmung möglicher Wirksamkeit und die psychologische Dimension als Erleben und Deuten dieser Wirkungen.[2] Wie schon für die Modalität der Sinneserlebnisse Hören, Sehen, Fühlen usw. gezeigt, liegt ein entsprechendes Verhältnis auch für das Verhältnis des Organismus zur Außenwelt vor. Die Sinnesmodalitäten sind Bestimmungsakte als Folge psychologischer Erfahrung, in der »Dinge« der Außenwelt in Beziehung zum eigenen Organismus gesetzt werden. Die Qualität der Sinnesempfindungen ist dabei verschieden. Der sehende Organismus beispielsweise bezieht sich auf das Licht, das physikalisch untersucht werden kann; für den Organismus kann es auch zum Reiz werden, wodurch eines seiner Organe erregt werden kann. Damit setzt sich ein sehender Organismus nicht nur in Beziehung zu Außenwelt, aus der etwa eine bestimmte Wirkung, eben ein *Verhalten* resultiert, sondern er gestaltet sich selbst binnendifferenziert nach dem Prinzip der funktionellen Gliederung. Das Setzen der Dinge nach außen und die Differenzierung am eigenen Körper fallen zusammen.[3]

So ergeben sich die physiologischen Voraussetzungen, unter denen eine experimentelle Psychologie möglich wird: Raum, Zeit, Prozess, Erfolg. Organisches ist durch den Begriff der funktionellen Gliederung bestimmt. Durch diesen erscheint räumliches Geschehen zugleich als zeitlich bestimmt, wie auch umgekehrt zeitliches Geschehen räumlich ist. Wird der Begriff der funktionellen Gliederung auf Raum und Zeit als dessen Bedingungen zurückgeführt, ergeben sich verschiedene Verschränkungen: Räumliches Geschehen wird für einen Organismus zum Prozess mit einer eindeutigen zeitlichen Richtungsbestimmtheit, und zwar nicht in dem einfachen Sinne, dass grundsätzlich räumliche Ereignisse der Natur zugleich zeitlich bestimmt sind und umgekehrt, das zeitliche Ereignisse

---

1 Kant, I., Kritik der Urteilskraft, AA V, §§ 64-66. Vgl. auch Löwi, M., Über spezifische Sinnesenergien, 1927, 136.

2 Löwi, M., Über spezifische Sinnesenergien, 1927, 140 f.

3 »Der Identität zwischen Differenzierung des eigenen Körpers und dem Setzen in die Außenwelt entspricht die Identität zwischen der funktionellen Differenzierung der Organe, ihrer Konfiguration auf Grund der Erregung einerseits und der empirischen Beziehung von Organ und Ding andererseits.« Ebd., 137 f.

räumlich lokalisierbar sind. »Erfolg« stellt physiologisch das zeitlich Bestimmte unter den Begriff des Raumes; »Prozess« das Räumliche unter das Prinzip der Zeit. Löwi unternimmt es hier, dieses wechselseitige Bedingungsgefüge auf eine erkenntnistheoretische Grundlage zu stellen, die auf den Erfahrungstheorien Kants und Hönigswalds beruht.[1] Zwar sind, wie in der Physik, auch physiologische Phänomene grundsätzlich nur als räumlich-zeitliche gegeben. Es sind kategoriale Prinzipien jeder Erfahrungserkenntnis wie der Erfahrungsgegenstände überhaupt, die ein mögliches Gegebenes als ein »jetzt und hier Gegebenes« konstituieren. In der Physiologie aber wandelt sich gegenüber der physikalischen Bestimmtheit dieses Verhältnis ab. Physikalisch ist es möglich, aber nicht immer sinnvoll, Gegebenes als ein zeitlich Bestimmtes oder räumlich Bestimmtes anzusehen. Die entsprechenden Gleichungen, etwa das radioaktive Zerfallsgesetz, können entweder die Zeit als Variable enthalten, oder, etwa in den Bahngleichungen bei Würfen, räumliche Komponenten als Variable. Aber schon einfache Begriffe wie Geschwindigkeit und Zeit enthalten beides, Ort und Zeit. Beide aber gehen als voneinander *unabhängige* Variablen in die entsprechenden Naturgesetze ein und lassen auch entweder eine räumliche oder zeitliche Analyse zu. Selbst komplexe Wellengleichungen wie die Schrödinger-Gleichung folgen dieser Struktur: In sie gehen die Ortskoordinaten wie die Zeit als Variablen ein.

Anders ist es in Biologie und Physiologie. Hier wandelt sich das Verhältnis von Raum und Zeit zu einem Wechselverhältnis gegenseitiger Bedingtheit. Konstitutiv sind die Begriffe Erfolg und Prozess, indem sie Unterschiedenheit und »Durchdringung« von Raum und Zeit auf unterschiedliche Weise ausdrücken. Weiterhin begründen sie die methodische Eigenart physiologischer Phänomene im Unterschied zu anderen Phänomenen. Löwi zeigt dies am physiologischen Begriff des »Zentrums«. Ein Zentrum ist nicht bloß ein räumliches Gebilde zu verstehen. Zwar ist ein Gehirn lokalisierbar, aber dessen Funktion erschließt sich nicht aus seiner räumlich bestimmten Struktur. Rückenmark und Großhirn etwa

---

1 »Redet man also von der Bedeutung des Raumes für das Organische, so hat man des Begriffs *Erfolg* zu gedenken und sagt zugleich, daß in diesem von der Zeit die Rede ist; fragt man nach der Bedeutung der Zeit für die Physiologie, so ist auf den Begriff des *Prozesses* hinzuweisen, und man bemerkt, daß in diesem Begriffe zugleich vom Raume gesprochen ist. – Raum und Zeit als Bedingungen aller Erfahrungserkenntnis müssen in jeder Erfahrungswissenschaft ihre Ausprägungen finden. In der Physiologie ergeben sich als ihre Abwandlungen die Begriffe Erfolg und Prozeß.« Ebd., 147.

leiten bestimmte Reize (Erregungen) nicht an alle möglichen Nervenfasern weiter, was grundsätzlich aufgrund ihrer netzartigen Verschaltung möglich wäre, sondern nur bestimmte. Erregungen werden von einem bestimmten Organ aufgenommen und an andere weitergegeben, die diese Reizungen zu einem empirisch bestimmbaren Erfolg führen.[1]

Erfolg und Prozess machen ein dreifaches Bedingungsgefüge von Raum und Zeit aus. *Erstens* bestimmen sie Gegebenes wie alles Gegebene überhaupt nach den kategorialen Bedingungen von Raum und Zeit. *Zweitens* sind sie Bedingungen und Voraussetzungen einer speziellen Wissenschaft, die dem Prinzip der funktionellen Gliederung genügt, also der Biologie und ihren Teildisziplinen wie der Physiologie. *Drittens* schließlich bestimmen sie den physiologischen Gegenstand als einen »hier und jetzt« gegebenen, indem sie beispielsweise bestimmte Organe etwa als »Zentrum« bestimmten, konkret als »zentralnervöse Substanz«, oder als »Großhirn«, in denen das Prinzip der funktionellen Gliederung den empirischen Nachweis *bestimmter* Organfunktionen ermöglicht.[2] Raum und Zeit erscheinen folglich in der Biologie als Erfolg und Prozess. Erst auf dieser Grundlage ist es möglich, die Funktionen bestimmter Organe zu verstehen, genauer: die physiologische Problemstellung ergibt sich erst auf ihrer Grundlage: Die zentralnervöse Substanz des Rückenmarks bleibt ein bloßer Zellverband, wenn es nicht darauf hin untersucht wird, was das Besondere an diesem ist. Dazu muss es nach den Prinzipien Prozess und Erfolg untersucht werden. Erst dann ergibt sich die Notwendigkeit, diesen Zellverband als »Zentrum« im oben genannten Sinn zu bestimmen. Pointiert gesagt: Der physiologische Gegenstand ergibt sich als ein *physiologischer* Gegenstand erst unter den Bedingungen Prozess und Erfolg.[3]

Zusammenfassend ergibt sich aus psychologischer Sicht eine komplexe Durchdringung methodischer Problemstellungen, Strukturen und Prozesse, die man ontologisch oft durch Stufentheorien beschrieben hat. Grundlegend für alles ist die physikalische Dimension, sie bildet die Grundlage für alle Theorien, die das gegebene als ein in räumlich-zeitliches Naturgeschehen im Kontext der Natur und Erfahrung festlegen. Ohne diese wären Organismen und psychologische Prozesse keine wissenschaftlich bestimmbaren »Tatsachen«. Aber ihre Problemstel-

---

1 »Nur wenn dieses Raumgebilde zugleich als Geschehen mit dem Raume, und dieses Geschehen in seiner Abhängigkeit vom Räumlichen dargestellt wird, nur dann wird der methodische Sinn des Begriffs *Zentrum* getroffen.« Ebd., 152.

2 Ebd., 150.

3 »Nur wenn bereits die Notwendigkeit einer innigen Beziehung zwischen Erfolg und Prozeß aufgewiesen ist, dann erst wird die Einführung des Begriffs des Zentrums theoretisch erforderlich. Ferner ist zu bedenken: Der Begriff des Zentralnervensystems ist zwar ebenfalls ein Ausdruck für die funktionelle Differenzierung des Organismus, aber unter besonderer Berücksichtigung des Umstandes, daß *funktionelle Differenzierung* soviel bedeutet wie die Beziehung zur Außenwelt. Der Begriff des Nervensystems ist die *Vorbedingung* für den des Reizes und Reizverlaufs, also auch für den Begriff des Zentrums.« Ebd., 152.

lung ist zu allgemein, sie bestimmen jedes Naturgeschehen, bzw. sie bestimmen physiologisches und psychologisches Geschehen als Naturtatsache und beliebigen anderen Tatsachen. Die Physik versteht nicht, wie ein Organ funktioniert, aber physiologische Messungen, die zum Verständnis dieses Organs führen, beruhen auf dieser allgemeinen physikalischen Gesetzmäßigkeit. Physiologie und Biologie allgemein stellen dieses raumzeitliche Naturgeschehen unter das Prinzip des Zwecks, Erfolgs bzw. unter das Prinzip der organischen Ganzheit. Die Psychologie schließlich begreift natürliches Geschehen darüber hinaus nicht nur als organisch-objektive Ganzheit, sondern im Erlebnis zugleich als subjektive Gestalt.

2. Wie sind psychologische Experimente möglich?

Die methodische Reichweite der experimentellen Psychologie gründet und ist beschränkt in der Methodik von einem Experimentator gestellter spezifischer Fragen, die an diese Person gerichtet sind und von dieser als an sie selbst gerichtet gewusst und erlebt werden.[1] Die Versuchsperson erlebt eine solche Frage als eine gestellte Aufgabe und »antwortet« – verbal und nonverbal – im Experiment auf diese Frage. Der Inhalt der Frage, der in Frage stehende psychologische Sachverhalt, ist monadischer Art, er ist Prinzip und Tatsache zugleich. Indem die Versuchsperson auf die gestellte Aufgabe antwortet, sagt sie eben nicht nur etwas über diesen in Frage und Antwort gemeinten Inhalt, sondern zugleich auch, dass sie selbst es ist, die in diesem Augenblick das gemeint hat, was sie gesagt hat.[2]

Um diese Antworten im psychologischen Experiment erfassen zu können, wird zunächst zwischen »einfachen« psychologischen Tatsachen wie Empfindungen und »komplexen« psychischen Tatsachen wie Wille oder Denken unterschieden. Im Unterschied zu Physik und Physiologie findet aber die Psychologie keine Tatsachen »vor«, sondern was eine Tatsache ist, ergibt sich erst am Ende eines Prozesses, in dem sich ergibt, wie eine Versuchsperson einen Gegenstand erlebt. Biologische Untersuchungen führen zu Ergebnissen, die allgemeine Klassen von Individuen betreffen. Die Psychologie aber betrachtet das Individuum in seiner Einzigartigkeit und »Augenblicklichkeit« selbst dort, wo es um die Einschätzung gleichartiger Erlebnisse von Menschen in Gruppen geht. Eine physiologische Bedingung möglicher Messbarkeit von Empfindungen ist ihre Vergleich-

---

1 »Richtet man sich auf den Sinngehalt einer Frage, dann ist die Frage freilich wissenschaftliches Objekt, aber nicht weil sie *gestellt* ist, sondern weil sie gestellt werden *kann.* Jene Besinnung aber ist Methode, sonst vermöchte die gestellte *Frage* nicht wissenschaftlicher Sachverhalt zu werden. *Diese Methode heißt experimentelle Psychologie.*« Löwi, M., Schwellenuntersuchungen, 1924, 70.

2 Ebd., 20.

barkeit und Gleichheit von Empfindungsstufen. Die psychologische Untersuchung geht über diese empirischen Feststellungen hinaus, indem sie danach fragt, was es für jemanden bedeutet, wenn gesagt wird, diese Empfindungen seien gleich oder verschieden.[1] Diese erlebte Gleichheit oder Ungleichheit ist das eigentliche psychologische Problem.

Löwi entwickelt dies an einem Beispiel. Physiologisch bedingt nimmt die Empfindung von Druckintensitäten mit der Zeit für eine Versuchsperson ab. Hebt diese ein Gewichtstück, wird sie nach einer bestimmten Zeit aufgefordert, ein ihr gleich schwer erscheinendes Gewichtsstück mit der anderen Hand zu heben. Herausgesucht wird aber in der Regel ein Gewichtsstück mit einem geringeren Gewicht, so dass ihr im Ergebnis zwei verschieden schwere Gegenstände als gleich schwer erscheinen. Psychologisch wird dieses Experiment erst dann, wenn diese erlebte Gleichheit untersucht wird, wie also eine Person dazu kommt, diese unterschiedlich schweren Gewichte als gleich schwer zu erleben. Das muss aber unterschieden werden von der Frage, was »Gleichheit der Empfindungen« physiologisch bedeutet. Empirische Psychologie ist nicht Fortsetzung physiologischer Untersuchungen, indem festgestellt wird, dass das, was die Versuchsperson für gleich hält, in Wirklichkeit nicht gleich ist. Hier versagen folglich objektive Messverfahren: Die erlebte Gleichheit widerspricht der naturwissenschaftlich objektiv festgestellten Ungleichheit der Gewichte.[2]

Was also »meinen« Versuchspersonen in ihren Erlebnissen? Dies festzustellen ist Aufgabe der Experimentatoren, die diese Versuche durchführen. Hier treten dialogische Methoden der Gesprächsführung an die Seite quantitativ-messender Verfahren. Psychologische Untersuchungen verlangen methodisch bestimmte Dialogformen, die eben psychologischer Fragestellung entsprechen. Nicht jede Frage, die an jemanden gerichtet ist, ist eine wissenschaftliche Frage, sondern nur solche Fragen sind wissenschaftlich, *weil* sie an jemanden gerichtet sind. Löwi weist mit diesen und ähnlichen Formulieren darauf hin, dass im psychologischen Experiment Frage und Antwort im Dialog unter einer theoretischen Fragestellung stehen, da die im Dialog erfolgte Antwort auf die gestellte Frage daraufhin untersucht wird, welchen Sinn diese Antwort im Hinblick auf die theoretische Fragestellung besitzt. Nicht jede dialogische Frage muss auf einen solchen Sinn hin befragt werden, dies gilt beispielsweise für Alltagsgespräche, aber sie *könnte* zum Gegenstand einer psychologischen Untersuchung innerhalb einer psychologischen Problemstellung werden. Eine theoretische Frage aber, die in einem Experiment untersucht wird, verlangt notwendig die dialogische Frage und ihre

1 »Was die messenden Verfahren *voraussetzen*, das ist das Objekt des Psychologen, die *ausgesagte* Gleichheit im Empfindungsgebiete.« Ebd., 58.

2 Ebd., 60 f.

Beantwortung durch die Versuchsperson. Nun scheint ein Dialog nichts weiter als ein gegenseitiges Wechseln von Fragen und Antworten zu sein. Das aber führt selbst im zwischenmenschlichen Alltag selten zu einem guten Gespräch. Verständigung ist nur gegeben, wenn die Antwort zeigt, dass die Frage verstanden ist. Zugleich muss der Fragende die Antwort auf die gestellte Frage beziehen.[1]

Verständigung ist die Grundbedingung des Dialogs. Verständigung »meint« einen Gegenstand für »jemanden« in bestimmten Aussagen. Dieses Gemeinte kann auch nonverbal durch Gesten, Mimik usw. geäußert werden: Verständigung geschieht nicht nur sprachlich. Der Dialog ist bestimmt als »ausdrucks- bzw. worthaftes Verhalten«.[2] Frage und Antwort bedingen sich nicht wechselseitig, sondern besitzen im Dialog zusätzlich prinzipielle Unabgeschlossenheit und zeitliche Richtungsbestimmtheit. In einer dialogischen Aussage werden alle möglichen Sinnbezüge »auf einmal« überschaut; eben deshalb können sie in einer weiteren Frage oder Antwort auch thematisiert werden. Da nun eine Antwort nur einen oder wenige Aspekte dieser möglichen Sinnbezüge realisieren kann, erscheint jeder Dialog prinzipiell unendlich unabgeschlossen, da er in zeitlicher Gegenwart geschehen muss, aber immer sinnhaft über diese hinausweist; einerseits auf das bisher Gemeinte, andererseits auf das, was zukünftig gemeint werden könnte. So erschein in der Gegenwart des Dialogs der zeitliche Verlauf des Gesprächs aufgehoben. Die zeitliche Richtungsbestimmtheit des Dialogs erscheint damit in zweifacher Weise gegeben. Zwar folgt Aussage B als Antwort zeitlich später auf Aussage A als Frage. Aber die wechselseitige Beziehung von Frage und Antwort steht nicht in einer aktual kausalen Beziehung von Wirkung und Ursache in dem Sinne, dass die Antwort »Wirkung« einer »verursachenden« Frage wäre. Diese Absurdität im psychologischen Gespräch anzunehmen – wie es manche »tiefenpsychologisch« beeinflussten Analytiker meinen, hieße, die Möglichkeit der Verständigung aufzuheben. Die zeitlich objektive Aufeinanderfolge beider Aussagen ist somit von ihrer sinnhaften Beziehung aufeinander zu unterscheiden. In einem »Augenblick« erschließt sich der Sinn des Gemeinten, vollzieht sich Verständigung. In der von Hönigswald entlehnten Terminologie ausgedrückt, bedeutet dies die monadische Struktur von Verständigung und Dialog.[3]

---

1 »Kurz, nur wenn die Frage des A als eine Antwort an B, und die Antwort des B als Frage an A begrifflich bestimmt werden kann, liegt Verständigung vor.« Ebd., 64.

2 Ebd., 67.

3 Nicht in einer sukzessiven Aneinanderkettung wird das »Gemeinte« dem Bewußtsein offenbar, sondern im wort- oder allgemeiner ausdruckshaften Akt, also *in einem* Blick, in *einem Augenblick*. Nur dadurch ist etwas *für jemanden* vollständig bestimmt und für *alle anderen* begreiflich. Nur dann spricht man von Verständigung. Die Akte stehen nebeneinander wie die verschiedenen Ausdrücke desselben *Gemeinten*. *Verständigung* heißt jetzt: jeweils ein Gemeinsames meinen, von einem Gemeinsamen in immer sich erneuenden Akten sprechen.« Ebd., 67.

Ein weiterer Aspekt ist hier zu beachten. Wenn jemand einen Dialog beginnt oder beendet, kann und wird der zeitliche Verlauf von Erlebnissen und ihrer Beziehungen zueinander sinnhaft bestimmt und gedeutet. So ist eine Erinnerung beispielsweise nichts anderes als ein vergangenes Erlebnis, aus einer nachfolgenden relativen Gegenwart betrachtet im Hinblick darauf, welche Bedeutung es »jetzt« für diese Person hat. Das Setzen von relativen zeitlichen Anfängen und Abschlüssen bedeutet also die Möglichkeit, Erlebnisse überhaupt voneinander unterscheiden zu können. Ein relatives Ende des einen Gesprächs kann den Beginn eines möglichen neuen Gesprächs sein, nichts anderes meint Löwis Begriff des unendlichen Verlaufs des Dialogs.[1]

In diesem Sinn steht die Möglichkeit psychologischer Gespräche unter Grundbestimmungen des Dialogs. Denn Fragen eröffnen die Möglichkeit, Erlebnisse auf andere Erlebnisse zu beziehen. Reflexion beispielsweise ist ein solches Erlebnis, aber auch, wenn die Frage nahelegt, dieses Erlebnis auf ähnliche oder davon verschiedene zu beziehen: Was ist gleich – was ist anders? Dialogische Aussagen werden zu Gegenständen in anderen Erlebnissen, sie werden als »vergangen« gemeinte Gegenstände. Nicht nur der sachliche Inhalt der Frage wird zum Erlebnis, sondern, dass diese Frage von jemandem gestellt wurde, ist Kern des Erlebnisses.[2] Fragen und Antworten als Elemente psychologischer Methodik sind dann wissenschaftlich, wenn ein Experimentator sich auf seine Frage als eine »gestellte« besinnt, die als eine zeitlich »gerade jetzt« von ihm geäußert worden ist. Zwar sind dann im weiteren der Inhalt dieser Frage und die Antwort methodisch reflektierbar und analysierbar, aber nur deshalb, weil sie tatsächlich gestellt worden ist oder gestellt werden kann. Die Pointe ist folglich, dass unter psychologischen Aspekten eine Antwort immer zugleich auch eine Frage ist bzw. zu einer Frage Anlass gibt. Der psychologische Dialog impliziert damit ein Gefüge von Fragen, die zugleich Antworten und Antworten, die zugleich Fragen sind. Eine Frage, die zugleich Antwort ist, wird zur Aufgabe, ein zukünftig Psychisches, ein zukünftiges Erlebnis möglichst genau wiederzugeben. Jedes psychologische Testverfahren, jede psychologische Aufgabe führt zu zukünftigen Erlebnissen (im Test, im Gespräch), die zu »beantworten« sind, also Aufgaben sind. In diesen zukünftigen Erlebnissen wiederum können vergangene Erlebnisse präsent sein.[3]

---

1 »Nur dadurch, daß in jeder Aussage ein neues Anheben, ein Beginn anbricht, ist die Aussage dialogisch und nicht *Urteil*. Mag immerhin auch für das Urteil das Anheben mitbestimmend sein, jenes Anheben *entscheidet* nicht darüber, ob etwas ein Urteil ist, es *konstituiert* nicht das Urteil, wohl aber die dialogische Aussage. Um sich dialogisch zu verhalten, muß man *anfangen*. Das heißt: der Dialog, weil Ausdruck der Gegenwartsbestimmtheit, verläuft in der Zeit, die Aussagen folgen *nacheinander*.« Ebd., 68.

2 »Die Frage oder Aussage als *Erzeugnis* des *Augenblicks*, der *Einzigkeit*, als spezifische Form der *Gegenständlichkeit*. Eine bestimmte Frage als Ausdruck der Subjektivität wird Problem, eine Frage wird wissenschaftlich, *weil* sie gestellt ist.« Ebd., 69.

3 Ebd., 71.

Diese methodische Möglichkeit des Dialogs ist folglich auch die eigentliche Grundlage der experimentellen Psychologie, in der Frage und Antwort grundsätzlich immer als »gewusst« erscheinen. In diesem Wissen erscheint die augenblickliche, gerade jetzt formulierte Frage als gestellt und die Antwort erhält daraufhin ihre konkrete Bedeutung. Beide sind nicht von den fragenden und antwortenden Personen ablösbar, sondern in ihnen drückt sich ihre je einzigartige und besondere Subjektivität aus. Es geht eben nicht um die grundsätzliche, allgemeine Struktur von Erlebnissen, sondern psychologisch darum, welche Bedeutung etwa Wahrnehmungen, Empfindungen, Gefühle für eine konkrete Person besitzen. Diese psychischen Gegenstandsbeziehungen sind gewusst, und weil sie gewusst sind, sind sie methodisch bestimmt, wenn sie der Reflexion und Besinnung dieser Beziehungen für eine bestimmte Person – der Versuchsperson – dienen. Das Erlebnis einer Person wird in der experimentellen Psychologie durch Begriffe und Prinzipien gedeutet, die in diesem zeitlich bestimmten Erlebnis zugleich Tatsachen sind. Die Tatsachen der experimentellen Psychologie sind daher ausgezeichnete Tatsachen. Als zu einer Person gehörig und von dieser Person her als Tatsachen bestimmt, sind sie daher monadisch bestimmt und so für den Experimentator auch nur als solche gegeben. Es gibt keine psychologischen Sachverhalte, die von der jeweiligen Person quasi objektiv abgelöst werden könnten. Täte man dies, hörten sie auf, *psychologische* Tatsachen zu sein.[1]

Eine Frage, die als mögliche Antwort zugleich Aufgabe ist, bedingt entsprechende Versuchsanordnungen und Experimente. Mit und in Versuchsanordnungen fragt ein Experimentator die Versuchsperson. Die Versuchsanordnung sei, so Löwi, nichts anderes als die eindeutige Formulierung der Frage, in der sich die Versuchsperson jederzeit auf die technischen Bedingungen des Versuchs sich beziehen können muss. Eine solche methodische Versuchsdurchführung schließt schon aus methodischen, – und natürlich erst recht aus ethischen Gründen – eine Täuschung der Versuchsperson über das tatsächlich durchgeführte Experiment aus. Dies bedeutete eine Frage, die an die Versuchsperson nicht gestellt wird, also auch nicht von ihr beantwortet werden kann.

Ein experimentelles Vorgehen wie in den Naturwissenschaften ist aber auch aus anderen Gründen in der Psychologie ausgeschlossen. Der Experimentator ist immer Teil des Versuchs und der Versuchsanordnung. Die eigene Erwartung, die eignen Erlebnisse gehen nicht nur in den Versuch mit ein, sondern dieser wird geradezu im Hinblick auf die eigenen tatsächlichen oder möglichen Erlebnisse konzipiert:

---

1 »Es sind Gegenstandsbeziehungen, die zugleich Tatsachen bezeichnen, weil *gewußte* Beziehungen. Die experimentelle Psychologie ist ausgezeichnet durch ihre Begriffsbildung. Sie macht das Augenblickserlebnis verständlich durch Begriffe, Prinzipien, die zugleich Tatsachen bedeuten.«Löwi, M., Über spezifische Sinnesenergien, 1927, 70.

> Wenn also der Versuchsleiter vor dem scheinbaren Beginn einer Versuchsreihe sich die technische Einrichtung; seines Vorhabens zurechtlegt, dann steht er nicht außerhalb psychischen Geschehens, er überlegt nach gegenständlichen Prinzipien mit Bezug auf sich selbst. *Weil* er selbst irgend etwas in bestimmter Weise erlebt *hat* oder in bestimmter Weise erleben *kann*, muß er sich darüber auch verständigen können, müssen andere, seine Versuchspersonen, es in derselben Weise erleben können. So erscheint hier die Anordnung als Frage. Die Technik geht in die Methode ein. In der experimentellen Psychologie fallen Technik und Methode zusammen.[1]

Das Zusammenfallen von Prinzip und Tatsache im psychologischen Experiment bedingt damit das Zusammenfallen von Technik und Methode im Experiment. Objektive Beschreibungen und Erklärungen, in denen nicht auf die Subjektivität der beteiligten Personen Bezug genommen wird, sind theoretisch wertlos. Die Physiologie, die eine solche objektive Naturbestimmtheit zum Gegenstand hat, wird unter den methodischen Bedingungen und Fragestellungen der experimentellen Psychologie zu einer Wissenschaft nicht mehr nur von Naturtatsachen, sondern von »Tatsachen des Augenblicks«, von ausgezeichneten Tatsachen, von Tatsachen, die zugleich Prinzip sind. Denn niemals geht es in der Psychologie nur um das Wissen von und über Naturgegenstände, sondern immer um die Frage: »Wie muss das *Wissen* bestimmt sein, damit ein Naturobjekt erlebt werde?«[2]

3. Löwis »Schwellenuntersuchungen« und die moderne Psychologie

Auch Psychologen haben natürlich allgemeine methodische Standards zu befolgen, etwa Unvoreingenommenheit, kritisches Denken oder Reflexion der eigenen Maßstäbe und Ergebnisse. Auch in der Psychologie wird beobachtet, gefragt, getestet – an Personen, Gruppen oder in Feldverfahren – , werden Theorien und Hypothesen entwickelt, verworfen, verbessert. Ebenso ist es zulässig, Menschen in Versuchen über die Absicht der gestellten Fragen und Tests im Unklaren zu lassen, wenn sie sich vorher mit einem solchen Vorgehen grundsätzlich einverstanden erklärt haben. Dennoch steht die Methode in der Psychologie immer unter der Bedingung, es mit Subjekten zu tun zu haben, die sich jederzeit zum Versuch oder Test und zum Experimentator reflexiv verhalten zu können. Es

---

1 Löwi, M., Schwellenuntersuchungen, 1924, 72. Experimente wie das berühmte Milgram-Experiment sind damit ausgeschlossen. »Ist die Versuchsperson auf die Aufgabe gerichtet, dann muß mithin auch der Versuch in ihr Erlebnis eingehen. Sie sieht und hört, was vorgeht. Schaltet man die Möglichkeit, sich auf die technische Handhabung des Versuchs zu beziehen, aus, dann hat es der Experimentator verabsäumt, die Versuchsperson zu fragen, was er sie zu fragen wünscht.« Ebd., 71.

2 Ebd., 73.

gibt in der Psychologie keine bloßen Objekte, denn das psychologische Experiment ist bestimmt als Subjekt-Subjekt-Beziehung. Vielleicht tritt in den quasiobjektiven Methoden der modernen Psychologie die von Löwi hervorgehobene unaufhebbare Subjektivität der untersuchten »Tatsachen«, die Erlebnisse von Subjekten also, etwas zurück. Aufheben lassen sie sich nicht.

Löwis eigene Experimente zielen grundsätzlich weniger auf die sensorischen, sondern entscheidungskognitiven Prozesse und Momente ab, so dass die grundsätzlichen methodischen Überlegungen auch heute noch interessant sind. Denn nach wie vor stellt sich auch für die SDT[1] die Frage nach der Struktur physiologisch-biologischer Tatsachen. Welchen Bedingungen und Einschränkungen unterliegen diese, um überhaupt Gegenstände psychophysisch-biologischer empirischer Methoden zu sein?[2] Mit anderen Worten: Woher weiß ein Experimentator, ob er genau das misst, was er messen will? Geht man dieser Frage nach, so erweist sich insbesondere der am physikalischen Vorbild orientierte Begriff des Experiments als defizitär. Er folgt dem physikalischen Vorbild zur Herstellung und Feststellung von Ursache-Wirkungs-Zusammenhängen, die auf einer strikten Trennung beobachtbarer unabhängiger und abhängiger Variablen und Größen beruhen. Folgt man beispielsweise Stangl, so ist bereits diese Annahme problematisch, da die möglichen Störungen und Fehlerquellen ihren Grund darin finden, dass jedes psychologische Experiment im Kern eine soziale Situation darstellt, in dem persönliche Merkmale des Experimentators (etwa Alter, Geschlecht, Ängstlichkeit)ebenso eingehen wie »das Nichtbefolgen schriftlicher Anwei-

---

1 Die Theory of Signal Detection (SDT) ist eine Nachfolgerin der Schwellentheorie. Sie stammt ursprünglich aus der Nachrichtentechnik. Sie gilt, allgemein gefasst, auch für Gedächtnisexperimente. Typische Versuche sind etwa das Wiedererkennen von Gedächtnisinhalten oder Wortzuordnungen zu bestimmten Oberbegriffen. Solche Versuche hat bereits Löwi durchgeführt und dabei schwellentheoretische Erklärungsmuster auf kognitionspsychologische Fragestellungen übertragen. Wichtig für SDT-bestimmte Anwendungen ist eine Signalunschärfe, die es der Versuchsperson nicht erlaubt, das Signal eindeutig zu erkennen. Das kann beispielsweise durch niedrige Signalintensität oder bewusst zugelassene »Störungen des Hintergrundes bzw. des Kontextes« erreicht werden. Wender, K., Ausgewählte Methoden, 1990, 563.

2 Löwi fragt: »*Wie* aber, wenn weder Formel noch der physiologische Begriffsapparat in der *Lage* wären, die Tatsachen als Tatsachen festzuhalten, wie, wenn die Struktur der Tatsache, d. h. des Psychischen seiner Natur nach den Maßmethoden widersteht? Dann wäre die Stützung durch Tatsachen nichts, weil von Tatsachen keine Rede sein kann, dann wären die erwähnten Ergebnisse der Empfindungsforschung zwar nicht illusorisch, aber es wären keine Ergebnisse im Gebiete der Psychologie, weil keine Tatsachen. Die Psychologie *findet* keine Tatsachen vor, sie sind nicht ihr Ausgangspunkt, sie sind der *Zielpunkt* ihres Verfahrens; durch Beziehung auf den Gegenstandsbegriff, durch *eigenartige* Beziehung *wird* die Tatsache.« Löwi, M., Schwellenuntersuchungen, 1924, 56.

sungen, falsche Aufzeichnungen, Täuschung oder Fälschung von Daten, Erwartungseffekt«. Notwendig seien daher Blind- und Doppelblindversuche. Ähnliches ist auch bei den Probanden zu beobachten. Möglicherweise wollen sie die Erwartungen des Experimentators bestätigen oder »ehrliche Resultate produzieren oder in günstigem Licht erscheinen«.[1]

Man muss daher wie schon Löwi nach den prinzipiellen Grenzen psychologischer Experimente fragen. Stangl beispielsweise weist auf Einschränkungen hin wie die problematische Übertragung von künstlichen Labor- auf Alltagssituationen oder auf ethische Grenzen wie im Falle des Milgram-Experiments hin.[2] Ebenso wie Löwi sieht auch Stangl die Versuchsleitung als Bestandteil des psychologischen Experiments. Dies zeige sich in der notwendigen Konzeption und Durchführung von »Versuchsplänen«. Dazu müsse zunächst eine Versuchssituation gefunden werden, in der eine abhängige Variable überhaupt gemessen werden kann und unter welchen besonderen experimentellen Bedingungen dies im konkreten Fall durchzuführen wäre.[3] Noch immer also steht das Erleben von »jemandem« im Mittelpunkt psychologischer Untersuchungen, denn Psychologie ist die Wissenschaft, die sich mit dem »Erleben und Verhalten von Lebewesen, insbesondere von Menschen, beschäftigt«.[4] Selbst in dem methodisch am Fallibilismus der Wissenschaftstheorie Poppers ausgerichteten *Lehrbuch zur Psychologie* von Myers finden sich ethische Grundsätze, von denen auch heute nicht abgegangen werden darf, und zwar nicht nur, weil wir es in der Psychologie mit Menschen zu tun haben, sondern darüber hinaus auch, weil sie den methodischen Bedingungen entsprechen, unter denen allein psychologische Experimente durchgeführt werden können. Ihnen nachzugehen, wäre eine lohnenswerte Aufgabe für eine aktuelle Wissenschaftstheorie der Psychologie.[5]

---

1 Stangl, W., Experiment, 2020.

2 »Es widerspricht auch den ethischen Richtlinien der Psychologie, wenn die Fähigkeiten der ProbandInnen etwa durch den Versuchsaufbau manipuliert werden sollen. Einem Versuchsleiter kommt daher beim Experiment eine verantwortungsvolle Aufgabe zu, was sowohl den Umgang mit allen an der Untersuchung beteiligten Personen betrifft, als auch hinsichtlich der Validität der erhobenen Daten.« Ebd., 2020.

3 Stangl, W., Experiment in der Psychologie, 2020.

4 Stangl, W., Test und Experiment als zentrale Tätigkeitsfelder der Psychologie, 2020.

5 »Die von der American Psychological Association wie auch die von der Deutschen Gesellschaft für Psychologie und dem Berufsverband Deutscher Psychologinnen und Psychologen erarbeiteten ethischen Grundsätze fordern von den Versuchsleitern, dass sie 1. die *informierte Einwilligung* (*informed consent*) der potenziellen Teilnehmer einholen, 2. die Teilnehmer vor schädlichen Einflüssen und Unannehmlichkeiten schützen, 3. Informationen über einzelne Teilnehmer vertraulich behandeln und 4. die Versuchspersonen in einer *Nachbesprechung* (*debriefing*) vollständig aufklären (hinterher die Untersuchung erklären).« Myers, D., Psychologie, 2014, 44. Im 2. Kapitel findet sich ein allgemeiner Methodenüberblick.

Wie sich Löwi eine solche experimentelle Psychologie konkret vorgestellt hat, soll im Folgenden an zwei Forschungsprojekten Löwis gezeigt werden: Prinzipien des Lesenlernens und kognitive Erfassung von Sachverhalten aus Textfragmenten.

4. Wie Kinder Lesen lernen

Mit dem Vortrag »Die Prinzipien des Lesenlernens« betrat Löwi 1931 erstmals eine größere öffentliche Bühne. Mit seiner Ernennung zum nichtbeamteten außerordentlichen Professor für Psychologie und Pädagogik und als Leiter des psychologischen Laboratoriums der Universität Breslau erreichte Löwi den Gipfel seiner akademischen Karriere und Bekanntheit.[1] Auf dem 12. Kongress der Deutschen Gesellschaft für experimentelle Psychologie hielt Löwi am 15. April 1931 in Hamburg einen Vortrag zu »Experimentelle und theoretische Strukturanalyse des Lesens (ein Beitrag zur Theorie des Sprachverständnisses)«. Der Vortragstext wurde ein Jahr später im offiziellen Tagungsband abgedruckt.[2]

Auch hier berühren die beschriebenen Untersuchungen interdisziplinäre Grenzbereiche. Diesmal aber bewegen sie sich im Umfeld entwicklungspsychologisch-pädagogischer Anwendungs- und philosophischer Grundlegungsfragen. Wiederum, wie auch bei seinen physiologisch-psychologischen Forschungen, als er in Otfrid Foerster einen renommierten neurologischen Experten fand, gelang ihm nun die Zusammenarbeit mit der bekannten Montessori-Pädagogin und Psychologin Käthe Stern. Im ersten Teil des Vortrags beschrieb die Breslauer Montessori-Pädagogin Käthe Stern anhand eigener experimenteller Untersuchungen und Protokollserien den Einfluss der Unterrichtsmethodik auf den Lese-Lernprozess bei fünf- bis sechsjährigen Kindern. Gegenüber den damals bekannten Untersuchungen des Leseprozesses, die auf wahrnehmungspsychologischen Experimenten mit Tachistoskopen[3] beruhten, wies Stern auf deren mangelnde Aussagefähigkeit hin, wenn es um das Verständnis des Leseerwerbs geht.

---

1 Löwi, M., Die Prinzipien des Lesenlernens, 1931; Ders., Zur Analyse des Lesenlernens (zusammen mit Käthe Stern), 1932, 423-427. Zu Käthe Sterns Biographie siehe die Anmerkung auf Seite 41.

2 Vgl. dazu das vorläufige Kongressprogramm, abgedruckt in Zeitschrift für Psychologie 119 (1931), 423. Ebenso Löwi, M., Zur Analyse des Lesenlernens), 1932, 423-427.

3 Ein Tachistoskop ist eine Apparatur, dies es ermöglicht, für kurze Zeiträume visuelle Reize wie Bilder oder Wörter zu zeigen. Diese Zeiträume – oft kleiner als eine Millisekunde – lassen sich exakt und reproduzierbar steuern. Das Gerät wurde häufig zur Untersuchung der visuellen Wahrnehmung verwendet, so setzte Löwi ein Tachistoskop am Connecticut College ein. Tachistoskope waren damit die technischen Vorläufer der heute bei diesen Experimenten eingesetzten Computertechnik.

Denn diese Experimente setzen ja bereits Lesefähigkeit voraus, sonst könnten die Kinder nichts wiedererkennen. Gegenüber dem buchstabierenden Lernen – erst lernt man Buchstaben, dann Silben oder einsilbige Wörter, schließlich Sätze – untersuchte Stern die Möglichkeit, ob auch Kinder mit Hilfe deutlich wahrgenommener Buchstaben und der Gesamtform des Wortes Lesenlernen könnten. Dieses Verfahren beschreibt Stern in Übereinstimmung mit der damaligen Forschung als das »Lesen der Erwachsenen«, demgegenüber ein Kind Wort und Wortsinn herstellt, indem es »Buchstaben zum Wort sammelt«.

Als Montessoripädagogin wendete Stern dagegen mit Erfolg die »Erwachsenen-Lesemethode« beim Lesenlernen von jungen Kindern an. Bei fünfzehn Kindern wurde jede Phase des Leselernprozesses untersucht und dokumentiert. Nicht nur, wie mit dem Tachistoskop, konnten einzelne Buchstaben und Wörter gezeigt werden, sondern auch das erstmalige Lesen von Sätzen. Stern fand folgende experimentell gestützte fünf Stadien des Leselernprozesses: *erstens* das Erlernen der Zuordnung von Buchstaben und Laut, *zweitens* das Erlernen des »Lautierungsprozesses«, *drittens* das anschließend mögliche Lesen von Wörtern, *viertens* die Entwicklung des Satzverständnisses und *fünftens* das Lesen von Wörtern und Sätzen durch Wortbilderfassung. Entscheidend ist der Übergang von einer bloß visuellen Erfassung der Silben zur Sinn- und Bedeutungserfassung der gebildeten Wörter und Sätze: Wann und wie entsteht sinnvolles Lesen? Stern kam zu dem Ergebnis, dass dieser Übergang »auf dem Wege des Sichzuhörens« geschehe.[1] In Lesespielen wurde sodann untersucht, Kinder vom bloß lautreproduzierenden Lesen abzubringen und zum sofortigen Erfassen von Wortbildern zu bringen, was sich erfolgreich im momentan richtigen Aussprechen der Wörter und der Bedeutungszuordnung zeigte – Beispiele dafür sind auch heute noch übliche Memoryspiele, die zum Lesenlernen verwendet werden. So kommt Stern zu dem Schluss, dass eine «*buchstabierende* Leseweise« nicht die einzige Möglichkeit des Lesenlernens sei, sondern dass »bei geeigneter Methodik schon 5- bis 6-jährigen Kindern die Leseweise der Erwachsenen eigen ist«.[2]

Was geht während des Leselernprozesses psychologisch vor? Hier geht Löwi auf die Entwicklung des Sprachverständnisses und die Grundlagen des Lesenlernens ein. Er wendet dabei seine oben entwickelte theoretische Bestimmung des Dialogs an. Das Lesenlernen sei ein »fingierter Dialog«, in dem das Kind beim ersten Lesen der Laute eines Wortes den Eindruck habe, als sei es »von jemandem

---

1 »Eines Tages hört das Kind sich *Rose* sprechen; an dem Aufleuchten seines Gesichtes sieht man die Freude, daß es ein ihm bekanntes Wort entdeckt hat, daß der Bedeutungsbezug vollzogen ist.« Löwi, M., Die Prinzipien des Lesenlernens, 1931, 424.

2 Ebd., 435.

zugerufen«. Lesenlernen ist für das Kind ein Spiel, indem es »in *einer* Person Kundgeber und Kundnehmer« ist.[1] Verstanden sei das Wort, wenn das Kind bei einem von ihm selbst ausgesprochenen Wort den Eindruck der Bekanntheit habe. Die Bekanntheit des Wortes aber ist seine »relative Konstanz« in der Zeit, also das, was es bedeutet.

Beim Erwerb des Satzverständnisses sind dagegen drei Bedingungen zu erfüllen. *Erstens* muss das Gelesene festgehalten werden, und zwar durch ständiges Erinnern dessen, was bereits gelesen ist und das es sich um »daselbe« handelt. Das Satzverständnis stellt durch den Leser diese Eindeutigkeit her. Beim Lesenlernen gelange das Kind zunächst zum »Aufraffen« des Geschriebenen als Vorbedingung des Verständnisses des Geschriebenen. Lesen als Tätigkeit geschieht in der Zeit, aber die Bedeutung des Gelesenen ist »auf einmal« überblickt und gegeben, es ist »präsent«. Doch etwas in diesem Sinne korrekt Gelesenes kann trotzdem zu einem fehlenden Satzverständnis führen. Löwi benutzt das Beispiel: »Hole Seife« (zum Zwecke des Waschens), das Kind aber glaubt, es müsse die Seife kaufen. Als *zweite* Bedingung muss daher das Erfassen der gemeinten Absicht des Gesagten und Geschriebenen erfüllt sein, der vom Sprechenden oder vom Autor als Verständnisregulativ mitgesetzt wird. Wird dieser Gesichtspunkt erfasst, meinen beide »dasselbe«, also dient die Äußerung des Kundgebers dem Kundnehmer als Korrektiv. Die *dritte* Bedingung für das Verständnis komplexer syntaktischer Gruppen schließlich ist das Erfassen der mitgegebenen Bedeutung im Gelesenen: »Bedeutungen sind relativ konstante Beziehungen des Sprachgebildes zum gemeinten Sachverhalt«.[2] Nun werden diese objektiven Bedeutungen durch den Kundgeber in einen konkreten Kontext gestellt, den es zu erfassen gilt. Die Bedeutung des geschriebenen verliere damit ihre zeitlich unabhängige Qualität. Dies erfordere vom Leser oder Zuhörer notwendigerweise die Notwendigkeit die Kenntnis der Bedeutung des Geschriebenen auf die Absichten des Kundgebers:

> In der Anwendung tritt für die Konstanz der Bedeutung der Sinn der Äußerung ein. Auffassung, Regulativ und Anwendung sind die Prinzipien des Sprachverständnisses sowohl für das vernommene wie für das gelesene Wort. Sie sind die Grundlage für das Erfassen des Sinnes.[3]

Ohne das Regulativ des Kundgebers gebe es für beide keine Eindeutigkeit, »nur *Deutung*« sei möglich. Ohne Bedeutungen gebe es keinen Sinn, denn diese ermöglichen die Bestimmung sprachlicher Äußerungen *für andere* als Mitteilungen in tatsächlichen Sprachgemeinschaften. Diese Ausführungen werden in Löwis Pädagogikkonzeption fortgesetzt. Offenbar aber nimmt Löwi im Unter-

---

[1] Ebd., 425 f.

[2] Ebd., 426.

[3] Ebd., 426.

schied zu Käthe Stern keinen Unterschied beim Lesenlernen und der Entwicklung des Sprachverständnisses von Kindern und Erwachsenen an. Die von Stern angebotenen Differenzierungen griff Löwi leider aus prinzipientheoretischen Gründen an dieser Stelle nicht auf. Dennoch: Die Theorie und Praxis der Unterrichtspädagogik – zumindest in der von Käthe Stern entwickelten Form – war im Zuge der Reformpädagogik auf einem nahezu modernen Stand, indem sie die Unterrichtsinhalte und -methoden vom Kind aus entwickelte und begründete. Damit war es nach 1933 in Deutschland für lange Zeit vorbei.

5. Empirische Untersuchungen am Connecticut College

Weitere experimentelle Untersuchungen zum Lese- und Sprachverständnis konnte Löwi erst in den USA nach langer Unterbrechung fortsetzen. Zugleich verschob sich in den USA der Forschungsschwerpunkt. Löwi selbst gab in einem Anhang zu seinem akademischen Lebenslauf vom Dezember 1941 Auskunft über sein Forschungsvorhaben:

> I am interested in research of thinking. [...] Conceptions and judgments are products of thinking. Which are the psychological processes reaching conceptions and judgments? – Both conceptions and judgments are products either of scientific or every day life thinking. What is the differences between these with regard to the psychological structure of the processes? What connection is there between the logical principle of conceptions and judgments and the psychological processes?[1]

Im Lebenslauf vom Dezember 1941 beigefügten Abriss »experiments in comprehending«[2] beschrieb Löwi das grundsätzliche methodische Vorgehen sowie Absicht und Ziel seiner Untersuchungen. Zugrunde lag offenbar eine experimentelle Anordnung unter Verwendung des Tachistoskops, mit deren Hilfe sinnvolle und sinnlose Sätze etwa 40 College-Studentinnen jeweils für die Dauer einer Zehntelsekunde gezeigt wurden. Außer bei Zwei-Wort-Sätzen überstieg die Präsentationsdauer somit die wahrnehmungsphysiologische bedingte Erfassungsspanne. Die Aufgabe war nun, den jeweiligen Satz aus den erfassten Satzfragmenten zu rekonstruieren. Das Experiment wurde solange wiederholt, bis der gesamte Satz erfasst und verstanden wurde. Das dabei erzeugte Datenmaterial war erheblich; Löwi berichtete von etwa 1400 Protokollen. Von der erfolgreichen Umsetzung des Vorhabens berichtete er später im Rahmen eines Vortrags während der Jahrestagung der *Eastern Psychological Association* und in der Studie

---

1 In: NYPL, Emergency Committee, Lowi, Moritz.

2 Diese Experimente bildeten die Grundlage seines Essays *Observations on comprehending*, 1943.

Observations on Comprehending. Man erwartet natürlich, dass bei längerer Anzeigedauer das Verständnis steigt, ebenso nach mehrfacher Wiederholung der Sätze bei jeweils 0,1 Sekunde Dauer. Im Schnitt benötigten die College-Schülerinnen 3 bis 5 Wiederholungen, weil sie natürlich Vermutungen über den Sinn des Satzes anstellten und sich selbst korrigierten. Sprichwörter funktionieren da besser als andere Sätze. Die benötigten Wiederholungen waren geringer, wenn die Versuchspersonen einen allgemeinen Kommentar zur möglichen Bedeutung gab. Löwi stellte fest, dass das Verstehen im wesentlichen von solchen Überlegungen und Verhaltensweisen abhängt und weniger von physiologischen Faktoren wie vollständigen Wahrnehmungsmustern oder Gedächtnisleistungen.

Wie solche Experimente aus Sicht der teilnehmenden Studentinnen beurteilt wurden, zeigt der Zeitungsbericht einer Connecticut College Studentin, der aufgrund seiner Unzugänglichkeit und seines biographisch hohen Stellenwerts – es handelt sich um eines der wenigen Zeugnisse über Löwi – hier wiedergegeben wird:

> One Friday afternoon I went on an excursion to Bill Hall for an interview with Dr. Moritz Lowi of the psychology department. I took a comrade along for the purpose of introducing me, as I have not yet acquired that confident and efficient look of a reporter. To my joy he had an appointment at that time with one of the subjects of his experiments, and he said I might sit in on the »seance.«
>
> Dr. Lowi is conducting a series of experiments on thinking and understanding. Slides of one or two line sentences are flashed on a screen for the dynastic length of one-tenth of a second and in that period of time, the higher form of guinea pig, namely »homo sapiens,« tries to grasp the sense of the sentence. Often the sense is not obtained in the first trial but Dr. Lowi takes down word for word the subject's reactions to the sentence. These notations are taken after each trial. Often the reactions are completely on the wrong track for the first few times but after one or two words are seen the rest usually fits in to complete the picture as a result of one's ingenuity. It became apparent that practice in reading these sentences makes them far easier to do.
>
> Between seeing things and actually understanding them there is a gap which is considered to be the process of thinking which leads to understanding. The purpose of Dr. Lowi's experiments is to be able to begin to analyze this process of thinking by means of the subject's reactions to what she has seen.
>
> Dr. Lowi explained that the ability to read rapidly was not nearly so important to his experiments as that of being able to explain and express reactions to what was seen. He said that he had found both kinds of abilities among the girls here who are his subjects.
>
> Using the method of showing a few words for analyzing understanding is a foundation on which to build such extensive study, according to Dr. Lowi.

> Each time the curtain was drawn to shut out the light when he was about to give one of his »peek previews« of a slide. I made a mental resolve to »get this one.« However each time my eyelashes got in a matted tangle and left my inquiring reporter's mind a blank. Dr. Lowi, being most friendly and considerate, hastened to inform me that this experiment had nothing to do with intelligence and that my nearsightedness was undoubtedly a handicap. I thought to myself, »Dr., if you only knew.«
>
> After about nine or ten stabs at a couple of the »quickie slides,« I deciphered a few of them.
>
> I left Dr. Lowi's office still unaffected after nineteen years by the fact that I don't catch on as quickly as other people. Reacting mentally in one-tenth of a second is way above the level of my I.Q. stratum. Being on the level is fine as long as you don't have to admit which one.[1]

Die Ergebnisse dieser Experimente fasste Löwi folgendermaßen zusammen: Die Sätze wurden fast immer vor ihrer vollständig wahrgenommenen Gestalt rekonstruiert, vor allem durch vorgestellte Wörter, die eine bestimmte Bedeutung des gezeigten Satzes antizipierten. Das Satzverständnis korrelierte mit dieser vorgestellten antizipierten Bedeutung. Die erfassten Fragmente wurden von den Probandinnen einer vorgestellten Bedeutung des Satzes entsprechend zusammengestellt, so dass verschiedene Bedeutungen gefunden (»anticipation of definite meaning«) wurden. Tatsächlich erwies sich die Menge dieser möglichen Bedeutungen als unbestimmt (»anticipation of indefinite meaning«). Die Probandinnen ordneten die erfassten Fragmente bestimmten formalen Mustern wie Ausrufen, Sprichwörtern, allgemeinen Aussagen, Slogans usw. zu. Hier korrelierten die Rekonstruktion der Sätze einer sogenannten klassifizierenden Antizipation der Satzbedeutung (»classifying anticipation«). Schließlich wurde die Zusammensetzung der Satzfragmente angenommen oder abgewiesen, entsprechend ihres angenommenen Sinns oder Unsinns. So korrelierten auf angenommenes sinnvolles Verständnis und Satzorganisation (»criterion of rationality«). Später wurde auch die Veränderung des Rekonstruktionsverhaltens bei sinnlosen Sätzen, wenn also die Probandinnen keine sinnvollen Sätze herstellen konnten, untersucht. Hier führt ein wichtiges Ergebnis zu Löwis letzter Studie, durchgeführt 1943 am Norwich State Hospital mit Schizophrenie-Patienten.

Die theoretischen Grundlagen und die konkreten Durchführungsschritte sowie die Anweisungen für die Probandinnen hat Löwi in wissenschaftlicher Form in einem seiner beiden in den USA publizierten Texte erläutert.[2] Zunächst stellte Löwi seine Untersuchungen in den spezifischen US-amerikanischen Forschungskontext, indem es sich auf zwei physiologisch-psychologische Arbeiten

1 Adams, A., Dr. Lowi of Psych Department Explains Latest Experiment, 1941, 3.

2 Löwi, M., Observations on Comprehending, 1943, 129-133.

James Cattells bezieht, die noch in dessen Leipziger Zeit bei Wundt entstanden sind.[1] Dann aber stellte sie in den Zusammenhang der eigenen empirischen Untersuchung des Verständnisprozesses beim Wort- und Satzlesen. Diese oben beschriebenen Experimente am Connecticut College bezogen sich auf fünf Schreibmaschinen-Sätze, die aus drei bis sieben Wörtern bestanden und etwa vierzig Studentinnen gezeigt wurden, und zwar im Allgemeinen unterhalb ihrer dafür benötigten Auffassungsspanne.[2] Sätze wie »We honor a man for his worth«, »Fear springs from lack of understanding«, »The finish counts, not the start« wurden mit folgender Anweisung gezeigt:

> You will have to read a sentence which will appear on the screen. You may not have time to read the whole sentence in the first exposure. You will probably be able to select fragments of a sentence. Please try to reconstruct the whole sentence from whatever fragments you get. I am going to expose the same sentence as many times as you need for reconstruction. Tell me after each exposure what you have read.[3]

Protokolliert wurden ebenfalls die Kommentare der Probandinnen, mit der sie ihr eigenes Ergebnis jeweils reflektierten und kommentieren, etwa »Makes no sense« oder »Could be perfectly logical«. Offenbar ist Lesen keine bloße Rekonstruktionsleistung, sondern maßgeblich durch das bestimmt, was eine Person einem möglichen Sinn entsprechend erwartet oder nicht erwartet. Die Kommentare der Probandinnen zeigten ein Erkennen von Sprichwörtern und gängigen Redewendungen oftmals im ersten Versuch, während sperrigere Sätze oft erst nach drei oder mehr Versuchen gelesen werden konnten. Solche Kommentare waren, z. B. »*product* or *produce* [but it doesn't make sense]«. So zieht Löwi aus diesen Experimenten folgendes Fazit:

> The most noteworthy issue of our study is the discovery of many anticipatory and corrective means used (where the comprehending of short sentences is made difficult by brief exposure-times), as distinguished from ready perceptive and memorial functioning. Under our conditions and procedures, comprehension typically calls for anticipatory forecast and corrective scrutiny.[4]

---

1 James M. Cattell (1860-1944) studierte in Leipzig bei Wilhelm Wundt und gilt als einer der wichtigsten frühen Vertreter der experimentellen Psychologie in den USA. Forschungsschwerpunkt in Leipzig waren Untersuchungen zur Messung individueller Unterschiede bei Reaktionszeiten, später führte er unter anderem auch Forschungen zum Lesen durch. Löwi bezieht sich auf Cattell, J., The inertia of the eye and brain, 1886, 295-312; sowie Ders.: Ueber die Zeit der Erkennung und Benennung von Schriftzeichen, Bildern und Farben, 1885, 635-649.

2 »The apparatus consisted of a slide-projector and a telechron motor which rotated a paper disk in 1 sec. A radial aperture in the disk exposed the projected sentence for 0.1 sec.« Löwi, M., Observations on Comprehending, 1943, 129 f.

3 Ebd., 130.

4 Ebd., 133.

Für die Publikation ausgewertet wurden insgesamt 1112 Versuchsprotokolle, also etwa 25 Versuche pro Person. Man sieht hier neben physiologisch bedingten Einflüssen vor allem den Einfluss des Vorverständnisses und der eigenen Korrektur- und Reflexionsfähigkeit der Probandinnen auf das endgültige Ergebnis, ein psychologischer Umstand, auf den Löwi offensichtlich viel Wert gelegt hat. Lesen beruht demnach auf grundlegenden höheren kognitiven Verständnisprozessen, nicht auf automatisiertem Buchstaben-, Wörter- und Satzlernen. Wer etwas Ablesen kann, hat nicht schon verstanden, was er oder sie da gerade liest. Das ist eigentlich keine überraschende Einsicht, aber eine auch neuerdings wieder bestätigte.[1] Der Grundschulunterricht nimmt darauf schon lange Rücksicht. Man sieht aber auch die prinzipiellen Schwierigkeiten, die bei der Programmierung von Algorithmen auftreten, und einem adäquatem Spracherwerb und -verständnis künstlicher Intelligenz im Wege stehen. Das Abrufen »einprogrammierter« Wörterbücher und Grammatikregeln allein führt eben zu keinem adäquaten Satzverständnis, sondern ähnelt bloßem »Nachplappern« – ein Problem, das heute noch den immer leistungsfähigeren Übersetzungsprogrammen zu schaffen macht.

6. Löwi und Hönigswald

Zwischen 1928 und 1929 hatten Löwi und Hönigswald gemeinsame Seminare durchgeführt, die experimentelle Ergebnisse zum Lesen und Sprechen thematisierten. Die Versuchsergebnisse publizierten beide in unterschiedlicher Weise, ohne sich gegenseitig zu zitieren. So beschreibt Hönigswald in dem erst 1939 in den Niederlanden erschienenen Aufsatz *Beiträge zur Psychologie des Lesens* – sicher in bester Absicht und für eine persönliche Würdigung der Forschungen Löwis viel zu spät – detailliert die durchgeführten experimentellen Untersuchungen, die sich in Varianten immer wieder auch bei Löwi in seinen Arbeiten zum Lese- und Satzverständnis finden. Hönigswald gab etwa an, für die Experimente seien männliche und weibliche Probanden untersucht worden, ältere Studenten, der älteste sei 44 Jahre alt gewesen. Weiterhin ging Hönigswald detailliert auf Umfang, Dauer und Umstände ein, unter denen die Versuche durchgeführt wurden, auch finden sich Hinweise zur Messung von Augenbewegungen, zu Schrifttyp und -größe des Textmaterials oder zu den Tageslichtverhältnissen.[2] Solche Angaben waren für die publizierten Arbeiten Löwis typisch gewesen und

---

1 Vgl. z. B. die Studie von Rayner, K. u.a., How psychological science informs the teaching of reading, 2001, 31-74. Diese amerikanische Studie geht empirisch methodisch ähnlich wie Löwi vor und gelangt zu ähnlichen Ergebnissen.

2 Hönigswald, R., Beiträge zur Psychologie des Lesens, 1939, 62 ff.

sprechen eher dafür, dass sich Hönigswald als Leiter des psychologischen Laboratoriums in Breslau hier auf Löwis Experimente bezogen hat, zumal er sprachlich – mehr noch als sonst bei ihm üblich – in der Versuchsbeschreibung Plural und Passiv verwendet. Sicher waren aufgrund der langjährigen Zusammenarbeit die Forschungsanteile schwer zu trennen. Möglicherweise vermisste auch Löwi in Hönigswalds späteren denkpsychologischen Arbeiten seit der Rhythmus-Schrift[1] entsprechende Hinweise auf die gemeinsame Forschungsarbeit, eben die Zeit der »seligen Arbeitsgemeinschaft«[2].

Sachliche Aufschlüsse über die unterschiedlichen Auffassungen zu Möglichkeit und Grenzen der experimentellen Psychologie hierzu finden sich im Nachlass des gemeinsamen Schülers und Doktoranden Franz Fink. In einem unveröffentlichten Typoskript bezieht er sich eher skeptisch auf den Ertrag auf die empirischen Arbeiten Foersters und Löwis. Fink stellt die Frage nach den Grenzen empirischer Untersuchungen auf der Grundlage psychophysischer Experimente. Dass diese ein tieferes Verständnis von *Erlebnissen* oder gar des Leib-Seele-Problems bedeuten könnten, bestreitet er grundsätzlich, betrachtet sie gar als »Spiegelfechterei«.[3] Diese grundsätzlichen Bedenken lassen sich nicht leicht abweisen. Wie organisch-physiologische Vorgänge psychischen Erlebnissen korrespondieren oder diese gar bedingen, ist nach wie vor eine offene Frage. Empirische Aufschlüsse durch naturwissenschaftliche Experimente und Verfahren seien nur um den Preis des »Objektivierens« des Begriffs »Erlebnis« zu erhalten, so Fink, dann aber verliere dieser seine spezifisch psychologische Strenge.

---

1 Hönigswald, R., Vom Problem des Rhythmus, 1926, 68.

2 Der Terminus stammt aus einem Brief Hönigswalds an Lohmeyer vom 3.1.1935, in: Otto, W. (Hg.), Aus der Einsamkeit, 1999, 81. Vgl. dazu das längere Zitat in 2.6, 73.

3 »Die Forschungen O. Försters (aus Breslau), der für die prinzipielle und theoretische Analyse des psychophysischen Problems viel Verständnis hatte und von ihrer Notwendigkeit für die neurologische Forschung überzeugt war, hatten mich mit dem Gebiet schon früher in Berührung gebracht; mein Universitätslehrer Löwi hat seinerzeit mit Förster zusammen gearbeitet. Ich fand jedoch, daß das eigentliche Problem – Wie hängen Erlebnisse mit den Organen und den Funktionen, insbesondere des Zentralnervensystems zusammen?« – auf experimentellem Wege nicht gelöst werden kann; denn in der Frage steht ja die Methode des Experimentierens auf psychophysischem Gebiet selber zur Debatte. Stets bleibt da irgend ein dunkler, ungeklärter Rest; und wie weit auch die Kenntnisse fortschreiten, die Methoden verfeinert werden – die Frage nach der Art des Zusammenhanges zwischen Leib und Seele wird nur zurückgeschoben.« Fink, F., Leben und Erleben in der Neurologie, Zweite Studie: Über die Voraussetzungen zum Verständnis der Psychochirurgie, 3. Der Text ist während des Zweiten Weltkriegs im Exil in Uruguay entstanden. Ein Exemplar ist im Hönigswald-Archiv, Aachen, vorhanden, ein weiteres in: NLI, Franz Jona Fink Archive, ARC. Ms. Var. 398 / 011. Tippfehler im Zitattext wurden korrigiert.

Das scheint im wesentlichen auch die Position Hönigswalds gewesen zu sein. Wenn Hönigswald sich, wie in dem oben zitierten Text *Beiträge zur Psychologie des Lesens* überhaupt zu empirischen Untersuchungen äußert, dann haben die Experimente, die er anführt, eher demonstrativen statt wirklich empirischen Charakter. Tachistoskopische Experimente mit Silben und Einzelwörtern etwa hielt Hönigswald für wenig aussagekräftig, da sie günstigstenfalls »nur einen Grenzwert der beim natürlichen Lesen ausschlaggebenden Verhältnisse« darstellten.[1] Auch Hönigswald hebt wie Löwi die Einflüsse der individuellen Faktoren wie Assoziation, Gestaltwahrnehmung von Worten und Wortfragmenten hervor, stellt diese empirisch gefundenen Vorgänge des Lesens aber in den Kontext denkpsychologischer Prinzipien:

> Erst innerhalb präsentieller Bedingungen nämlich differenzieren sich die Einzelheiten seines Gliederungsbestandes; nur innerhalb präsentieller Bedingungen gewinnt und behält allen Stockungen und Umkehrungen, allen Unterbrechungen, Phasen und Pausen zum Trotz die Gesamtrichtung ihre Bestimmtheit. Der Leseprozess ist so kontinuierlich, wie diese Gesamtrichtung, so stetig, wie der Grundtatbestand des Erlebens überhaupt.[2]

Da denkpsychologisch klar sei, was prinzipientheoretisch unter Erleben zu verstehen ist, werden auf empirischem Wege gewonnene Einsichten z. B. über das Lesen als Ausdruck allgemeiner Bedingungen des Erlebens verstanden und gedeutet. Ein Beispiel dafür ist der Begriff »Sinnzentrum«, den Hönigswald dafür benutzt, diesen empirischen Anschluss herzustellen. Damit sind keine objektiven Bedeutungsträger gemeint, »Anker«, an denen sich Worte erkennen lassen, sondern Hönigswald versteht unter »Sinnzentrum« eine mögliche Form des Erlebens, die grundsätzlich nicht messbar ist, also auch durch Messungen niemals erschlossen werden kann.[3] Auch die psychologische Untersuchung psychologischer Phänomene wie die Verständnisprozesse beim Lesen sind daher prinzipientheoretische Untersuchungen. Niemals könne demzufolge eine empirische Analyse an die Stelle einer solchen prinzipientheoretischen Untersuchung treten. Damit ist ohne Zweifel etwas Wesentliches am Begriff des Erlebens erfasst, nämlich die introspektive Dimension aller Erlebnisse. Diese erschließt sich eben nicht in quasi-objektiven Messungen objektiver Größen, sondern in Selbstkundgabe und methodisch gelenktem, psychologischen Gespräch. Doch nicht alle psychologischen Experimente sind deshalb sinnlos. Beispielsweise stellt sich Hönigswald

---

1 Vgl. Hönigswald, R., Beiträge zur Psychologie des Lesens, 1939, 62.

2 Ebd., 78.

3 »Denn unsere Versuche ergaben immer wieder, dass sich im Sinnzentrum ganz und gar nicht ein gegenständlicher Bedeutungsbestand darzubieten braucht, sondern dass es durchaus dem *Erleben* selbst zugehört. Dieses allein bestimmt jeweils für die Zwecke des Lesens darüber, was ihm als Sinnzentrum gilt, was ihm also im besonderen Fall als Vehikel für das Erkennen des Leseobjektes dient.« Ebd., 81.

gegenüber die Frage nach den »Befunden«, Daten oder Phänomenen, die am Anfang einer solchen geforderten prinzipientheoretischen Analyse stehen sollen. Häufig, wie die Sinnkonstruktion von Sätzen bei sehr kurzer, nur fragmentarisches Erfassen ermöglichender Sichtbarkeit, wie von Löwi beschrieben, ist dieses »Material« nicht ohne Messungen und Experimente möglich. Woher stammen die psychologischen Phänomene, auf die sich Hönigswald bezieht, wenn nicht aus einer empirisch-experimentellen Untersuchung, die er kaum selbst durchgeführt haben dürfte? Das psychologische Problem des Lesens, schreibt Hönigswald,

> stehe eben inmitten einer Fülle anderer psychologischer Aufgaben, von ihnen unterschieden, aber auch mit ihnen eng verwachsen. Als das Prinzip nun, das ihr Wechselverhältnis bedingt, erweist sich das »Erleben« selbst. Sein Begriff liefert denn auch den bedeutsamen Hintergrund, von dem sich erst die besondere Frage nach den psychologischen Grundzügen des Lesevorgangs abhebt.[1]

Löwi versucht dagegen eine auf den ersten Blick paradox anmutende methodische Synthese zwischen empirischer und prinzipientheoretischer Analyse psychologischer Phänomene, deshalb erkennt er im Unterschied zu Hönigswald auch die Notwendigkeit einer experimentellen Psychologie an. In letzter Konsequenz korrelieren in der Psychologiekonzeption Hönigswalds Prinzipienanalyse und experimentelle Untersuchung, das hat Löwi, im Gegensatz zu Hönigswald, klar gesehen. Am experimentellen Befund ergibt sich die Notwendigkeit prinzipientheoretischer Theoriebildung, ebenso fordert diese die Prüfung am experimentellen Phänomen. Löwi sieht wie Hönigswald die grundsätzlichen Grenzen objektiver Messverfahren, gerade deshalb steht auch im Zentrum experimenteller Untersuchungen das Gespräch zwischen Versuchsleitung und Probanden, in dem gerade herausgearbeitet wird, was diese empirischen Feststellungen bedeuten. An dieser Einsicht Hönigswalds hält auch Löwi immer fest. Objektive Messungen bleiben letzten Endes physiologische Messungen, aber ohne diese, wenngleich schmale empirische Basis, ist keine Psychologie als Wissenschaft möglich, sondern bliebe als »Denkpsychologie« letzten Endes – Philosophie. Im Grunde hat Löwi bereits an die Stelle »exakter« Messungen statische Auswertungen gesetzt. Ein Beispiel dafür ist die statistische Auswertung der Versuchsprotokolle am Ende von *Observations on Comprehending*. Auch in dieser Hinsicht erscheinen Löwis Arbeiten überraschend modern. Und sie setzen Hönigswalds Psychologiekonzeption konsequent fort und machen diese auch experimentell anwendbar. Denn jedes psychische Phänomen, jedes Erlebnis ist immer dieses: Tatsache und Prinzip zugleich, monadisch wie das Subjekt, das diese Erlebnisse »hat«.

---

1 Ebd., 82.

6. Pädagogik und Erziehungswissenschaft

1. Menschenwissenschaften: Norbert Elias und Moritz Löwi

Die 1934 publizierte Schrift *Grundbegriffe der Pädagogik* war die einzige Schrift Löwis, die nach dem Krieg in Deutschland zur Kenntnis genommen wurde und so eine begrenzte Wirkung entfaltet hat.[1] Bis heute wird Löwis Arbeit aus Sicht dieser letzten noch in Deutschland erschienenen Studie beurteilt, obgleich diese insgesamt nur eine singuläre Stellung in der wissenschaftlichen Entwicklung Löwis einnimmt. Sie ist mit den psychologischen Forschungen Löwis nicht ausdrücklich vernetzt, auch da nicht, wo sich dies, wie im Falle der psychologischen Untersuchungen zum Leseerwerb und Leseverständnis, angeboten hätte. Vieles spricht deshalb dafür, dass der sonst eher gründlich arbeitende Löwi die Pädagogik-Schrift in kurzer Zeit fertigstellen musste. Äußere Gründe waren nicht nur die zunehmend schwieriger werdende Situation Löwis an der Universität Breslau im Zusammenhang mit der Ausübung seines Lehrauftrags angesichts der Lehr- und Publikationsverbote jüdischer Wissenschaftler. Vermutlich versuchte Löwi ursprünglich, sich mit dieser Arbeit für einen Lehrstuhl für Philosophie und Pädagogik, bzw. nur für Pädagogik, zu empfehlen.

Hönigswald selbst hat die Schrift eher bissig kommentiert, sie als »dünn« bezeichnet, da die Beantwortung der wissenschaftlichen Fragen nicht bis zu Ende verfolgt würde. Ritzel, ein Student Löwis in Breslau, kommentierte ähnliche Einschätzungen mit dem Hinweis, Löwis empirische Beiträge zur Pädagogik muteten den »Hönigswaldkenner niveaulos« an.[2] Ritzel verteidigte Löwis Pädagogikschrift gegenüber diesem Vorwurf mit einer Reihe von Hinweisen und Argumenten. Während Hönigswald aus philosophischem Interesse eine kritische Begründung des Begriffs der Pädagogik unternommen habe, sei es Löwi um deren »Grundlegung und Entwurf« gegangen. Bei aller »Nähe im Grundsätzlichen« zu Hönigswald müsse man Löwis Pädagogik als eine eigenständige Leistung beurteilen. Dazu gehöre die Definition des Anschauungsunterrichts als Vermittlung von Relationen durch Wahrnehmung im Anschluss an Pestalozzi. In der Geometrie etwa werde der Raum als »*Prinzip* und als *Datum*« erkannt. Entsprechendes stellt

---

1 Breslau 1934. Auf Löwi beziehen sich im pädagogischen Kontext Opahle, Ritzel, Hufnagel und Schmied-Kowarzik, ebenso Zander. Erfreulicherweise wird die Pädagogikkonzeption Löwis inzwischen breiter diskutiert. So sind in den letzten Jahren zwei Dissertationen erschienen, die jeweils in einem umfangreichen Kapitel Löwis Pädagogikschrift in den allgemeinen kulturpädagogischen Kontext einordnen: Meier, K., Kultur und Erziehung, 2014 und Gutbrod, J., Schule und Gemeinschaft, 2018.

2 Vgl. dazu das Hönigswald-Zitat auf S. 73; Ritzel, W., Philosophie und Pädagogik im 20. Jahrhundert, 1980, 86.

Ritzel für Löwis Ausführungen zum elementaren Sprachunterricht fest. Zu würdigen seien neben seinen Ausführungen zu Unterrichtsbegriff und Unterrichtspraxis ebenfalls der an Hönigswald erinnernde Konzentrations- und Bildungsbegriff, doch dessen im Grundsätzlichen bleibenden Begriffsbestimmungen habe Löwi durch eher beiläufige Formulierungen zu ersetzen versucht. Statt geltungstheoretischer Orientierung am Wissensinbegriff, nachdem nach Hönigswald eben festliege, worauf sich zu konzentrieren sei (als Trennung von Wesentlichem und Unwesentlichem), ist die Rede von einer uneindeutigen Beziehung auf Werte, an denen sich Bildung zu orientieren habe.

Offensichtlich versuchte Löwi eine Grundlegung der Pädagogik ohne direkte ausschließliche Bezugnahme auf Hönigswalds Monadologie. So weist Ritzel auf Löwis gründliche Kenntnis von Cassirers *Philosophie der symbolischen Formen* hin, auf die sich Löwis Verwendung des Zeichen- und Symbolbegriffs beziehe. Auch sei er mit »*den* Gedankengängen Husserls vertraut gewesen, die erst nach seinen eigenen *Grundbegriffen* unter dem Titel *Die Krisis der europäischen Wissenschaften und die Transzendentale Philosophie* veröffentlicht worden sind«.[1] Immerhin arbeite Löwi an Beispielen die methodischen Grundzüge der Beziehung zwischen Lehrerpersönlichkeit und »Klasse« und des Unterrichts heraus, und zwar im Rückgriff auf einen kritisch geklärten Begriff von Individuum und Gemeinschaft. Dieser Ansatz ist auch angesichts damaliger Bestrebungen, die Reformpädagogik auf eine theoretische Grundlage zu stellen, etwas Neues. Das methodische Verhältnis, das man im Anschluss an Herbart als immer wieder ein »didaktisches Dreieck« zwischen Lehrer, Schüler und Sache beschrieben hat,[2] ist wesentlich komplexer. Die dort deutlich werdende Beziehung zwischen Subjekten, die im Lehren und Lernen »an der Sache« besteht, ist um die Analyse der Bedingungen zu ergänzen, die durch den Begriff der Gemeinschaft gegeben sind. Erziehung, Lehren und Lernen findet auch da unter Bedingungen der Gemeinschaft statt, wenn es um Autodidaktik geht. Denn auch das selbst angeeignete »Wissen« ist bereits ein durch die Kulturgemeinschaft vermitteltes Wissen, das in den bestehenden Wissenskontext einzubinden ist – eben dadurch ist es als »neu« feststellbar. Gemeinschaften sind nicht nur Lerngruppen oder Klassen, sondern gesellschaftliche Gruppen aller Art.

---

1 Es besteht eine Verbindung von Löwis Gemeinschaftsbegriff und Husserls Begriff der Lebenswelt, die auch bei Cassirer zu finden ist. Vgl. Cassirer, E., Philosophie der symbolischen Formen, Bde. I-III, 1929; Husserl, E., Die Krisis der europäischen Wissenschaften und die transzendentale Phänomenologie, 1976. Löwi war mit der Phänomenologie Husserls nicht nur aufgrund der kritischen Haltung Hönigswalds vertraut, sondern er setzte sich mit ihr ausführlich auseinander. Vgl. Löwi, M., [Rez.] Friedrich Kreis, Phänomenologie und Kritizismus, 1932.

2 Bönsch, M., Allgemeine Didaktik, 2006, 149 f.

Löwis reformpädagogischer Ansatz erklärt zum Teil seine Berücksichtigung in der deutschen Nachkriegspädagogik. Bereits der Hönigswald-Schüler Opahle, der aus seiner Breslauer Zeit auch Löwi gut gekannt hat, widmete seiner Pädagogikkonzeption einen eigenen Zeitschriftenbeitrag. Da Opahle nach dem Krieg in der Lehrerausbildung des Landes Nordrhein-Westfalen tätig war[1], thematisierte er die Bedeutung von Löwis pädagogischer Arbeit im Hinblick auf die Neukonzeption der Unterrichtsfächer an weiterführenden Schulen. Opahle forderte mit Löwi eine normative Verankerung aller Lehrfächer in einer verbindenden und fundierenden »Weltanschauung«. Dass damit ein humanistisches und kein ideologisch beliebiges Wertesystem gemeint ist, begründet Opale eben mit Argumenten aus Löwis Ganzheitstheorie des Urteils: Urteile sind nicht nur logische, sondern auch psychologisch konkret zu vollziehende Ganzheiten, bei denen eben auch Gefühle, Gewöhnung, Aufmerksamkeit und Konzentration eine Rolle spielen. Daneben habe Löwi auch die Besonderheit einzelner Unterrichtsfächer und ihrer Verbindung zu Fächergruppen begründet. Gewürdigt wird insbesondere Löwis Begründung der Kunst und Poesie als Unterrichtsfächer. Kunst und Poesie sind demzufolge bis zu einem bestimmten Grad lehrbar. Ganzheiten sind eben gegliederte Ganzheiten, in denen verschiedene Momente als zusammengehörig begriffen werden.[2]

Während die transzendentalphilosophische Pädagogikgrundlegung Hönigswalds in Hufnagel einen ihrer wichtigsten Verfechter gefunden hat, findet – von Ritzel abgesehen – eine Würdigung der Pädagogikkonzeption Löwis erst in den letzten Jahren statt, zunächst in Abgrenzung zu Hönigswald. Hufnagel sieht eine der Leistungen Hönigswalds darin, eben nicht, wie die geisteswissenschaftliche Pädagogik seiner Zeit im Ausgang von Dilthey – z. B. bei Spranger – von der Erziehungspraxis auszugehen. Auch die reformpädagogischen theoretischen Entwürfe Maria Montessoris etwa seien, trotz ihrer nachhaltigen Einflüsse in ihrem

1 Opahle, O., Der weitere Ausbau der Ganzheitstheorie Hönigswalds durch Moritz Löwi, 1961. Opahle war seit 1946 am Aufbau der Pädagogischen Akademie Oberhausen beteiligt. Vgl. Freiträger, A., »Außenseiter«?, 2011, 78.

2 »Das Kunstwerk offenbart einen Formwillen, der sowohl der individuelle Ausdruckswille des Künstlers als auch der einer Gemeinschaft sein kann. Darum kann man am Kunstwerk außer dem individuellen Stil des Künstlers auch den Stil einer künstlerischen Schule, eines Landes, eines Volkes, einer Zeitepoche erkennen.« Opahle, O., Der weitere Ausbau der Ganzheitstheorie Hönigswalds durch Moritz Löwi, 1961, 28.

Verzicht auf solide theoretische Grundlagen eher »von pädagogischem Enthusiasmus und missionarischem Pathos getragen«.[1] In der begrifflichen Schärfe, in der Hönigswald die prinzipientheoretischen Grundlagen der Pädagogik entwickelt, gelinge dies im Gegenteil durch die systematische Rückbindung der Pädagogik an die Philosophie, insbesondere an die kantische und neukantianische Philosophie.[2]

Schmied-Kowarzik dagegen kommt am Beispiel der für die Pädagogik-Rezeption wichtigen Hönigswald-Schüler Petzelt und Johannsen zwar zu einer ähnlichen Einschätzung, wenn er von der Pädagogik Hönigswalds als von einem »geschlossenen System« spricht. Die notwendige Rückbindung der Pädagogik an die Philosophie bestreitet auch Schmied-Kowarzik nicht. Allerdings sei Hönigswald insofern ein Vertreter der neukantianischen Pädagogik, weil trotz aller begrifflichen Präzision im Grundsätzlichen das Verhältnis von pädagogischer Theorie zu pädagogischer Praxis ungeklärt sei.[3] Damit hat Schmied-Kowarzik recht. Bei Hönigswald finden wir nichts, was beispielsweise eine empirische Unterrichtsforschung erforderlich machen würde, und so erscheint die Pädagogik wie ein normativer Appendix angewandter philosophischer Theorie. Es fehlen die methodisch vermittelnden Theoriestücke zur einzelwissenschaftlichen Forschung und zur pädagogischen Praxis, ein Umstand, den Löwi bereits für die entsprechenden Schwierigkeiten im Verhältnis von philosophischer Denkpsychologie und experimenteller Psychologie bemerkt und durch eigene theoretische Ansätze zu überwinden versucht hat.

---

1 »Wirkungsgeschichte und Reflexionsniveau stehen eben manchmal in einem umgekehrt proportionalen Verhältnis.« Hufnagel, E., Der Wissenschaftscharakter der Pädagogik, 276.

2 Ebd., 277 f. Hufnagel schreibt: »Der Rigorismus der Hönigswaldschen Transzendentalpädagogik, der die gesamte Welt des pädagogischen Alltagsbewußtseins und der geistesgeschichtlichen Entwicklung der pädagogischen Idee ausklammert, läuft indes nicht darauf hinaus, den phänomenalen Reichtum der erziehlich-unterrichtlichen Wirklichkeit gering zu veranschlagen oder gar zu leugnen. Wogegen er sich wendet, ist allein die undurchdachte Ontologisierung der pädagogischen Wirklichkeit. Wer von dem vermeintlichen An-sich der Erziehungswirklichkeit ausgeht und sie in verschiedenen Abstraktionshöhen auslegt, verzichtet auf eine wissenschaftliche Absicherung seines Tuns. Und gerade diese letztheitliche Sicherung will Hönigswalds Theorie des Pädagogikbegriffs leisten.« Ebd., 286. Vgl. auch Ders., Richard Hönigswalds Pädagogikbegriff, 1979, und Ders., Zu Richard Hönigswalds Pädagogik, 1997.

3 »Mit Recht durchbrechen beide die geschlossene Systematik von Hönigswalds Philosophie der Pädagogik. [...] Immer wieder kommt es zu einer ontologischen Überlastung der transzendentalphilosophischen Theorie, weil die transzendentalphilosophischen ermittelten Bedingungen der Möglichkeit pädagogischer Praxis als die wirklichen Bedingungen der Praxis selbst gehalten und deshalb mißverstanden werden.« Schmied-Kowarzik, W., Richard Hönigswalds Philosophie der Pädagogik, 1995, 36.

Im Rückblick darf man daher den Grund dieser aus Hönigswalds späterer Sicht verfehlten Versuche Löwis in einer damaligen Leerstelle der Hönigswaldschen Subjektstheorie suchen. Erst in der 1937 in der Schweiz publizierten Monographie *Philosophie und Sprache* und den nach dem Krieg publizierten Nachlassschriften hat Hönigswald eine ausgeführte Theorie der Intersubjektivität entwickelt.[1] Intermonadizität ist in der Philosophie Hönigswalds in den zwanziger Jahren (noch) kein philosophisches Forschungsthema, ein Umstand, den nicht nur Löwi, sondern auch Norbert Elias, der 1921 bei Hönigswald promovierte, in eigenen Arbeiten zu kompensieren suchte.[2] Ohne die theoretischen Ausführungen zum Intermonadizitäts- und Verständigungsbegriff aber sind die erforderlichen begrifflichen Bestimmungen in Pädagogik und Soziologie nicht zu leisten. Es ist die Frage, inwiefern die »Menschenwissenschaften« – ein glücklicher Ausdruck von Norbert Elias – eine Gruppe von relativ methodisch unabhängigen empirischen Einzelwissenschaften (Psychologie, Soziologie, Pädagogik, Geschichte usw.) ausmachen können[3]. Denn ihr »Objekt«, der Mensch in seinen individuellen und intersubjektiven Relationen, ist doch immer nur ein »ganzer«: als pädagogisches soziologisches »Objekt« ist er immer mehr als das. Was also bestimmen Psychologie und Pädagogik am Menschen, wenn nicht zugleich seine Ganzheit, sein Subjektsein berücksichtigt wird? Damit hängt zusammen, wie Wissenschaften wie Pädagogik und Psychologie wissenschaftssystematisch einzuordnen sind. Offenbar sind sie weder Philosophie noch empirische Naturwissenschaften.

Offenbar wird der methodische Rahmen der Kultur- und Geisteswissenschaften über die Disziplingrenzen hinaus gesprengt. Sie verlangen eine gemeinsame Grundlegung, die der Problemlage entsprechend nur eine transzendentale, bzw. in der Terminologie Hönigswalds, eine denkpsychologische oder prinzipientheoretische sein kann. Verbunden ist dieses Konzept mit einem die Einzelwissenschaften übersteigenden methodischen Forschungsansatz, der interdisziplinäre Arbeits- und Syntheseleistungen bedingt. Der Mensch sei nicht, wie die neuzeitliche Philosophie behauptet, ein autonomes Individuum, sondern als Individuum sei er bereits Teil einer Gemeinschaft, in der Individuen in Interdependenzverhältnissen stehen. Man könne daher nicht von der Vorstellung eines »homo clausus« ausgehen, also von der Vorstellung vom Menschen als eines »völlig freien, völlig unabhängigen Wesens als einer *geschlossenen Persönlichkeit*« ausgehen.[4] In den Menschenwissenschaften führt also ein strikt einzeldisziplinär ausgerichteter For-

---

1 Darauf hingewiesen hat bereits Wolandt, G., Gegenständlichkeit und Gliederung, 1964, 72 ff.

2 Elias, N., Idee und Individuum, 1924.

3 Elias, N., Über den Prozeß der Zivilisation, Bd. I, 1977, XLVII u. L. Vgl. zum systematischen Zusammenhang mit der Philosophie Hönigswalds Wolandt, G., Norbert Elias und Richard Hönigswald, 1983, 180-185.

4 Elias, N., Über den Prozeß der Zivilisation, Bd. 1, 1977, XLVII.

schungsansatz nicht weiter. So müsse sich der Soziologe beispielsweise auch historischer, anthropologischer oder psychologischer Erkenntnisse nicht nur bedienen, sondern zugleich auch sicherstellen, diese nicht einseitig auf der Grundlage bestimmter, begrifflich verengter »Menschenbilder« zu interpretieren. Der Mensch als ganzer, als Individuum, steht zugleich in Wechselverhältnissen anderen. Die Bestimmung des Menschen als Gesellschaftswesen müsse der wesentliche methodische Ausgangspunkt der Geisteswissenschaften sein.

Selbst wenn in ihren Publikationen keine direkten Belege für eine direkte sachliche Bezugnahme aufeinander auszumachen sind, so ist dennoch sehr davon auszugehen, dass beide voneinander auch sachliche Kenntnis hatten. Elias weicht grundlegend von den Bestimmungen der Hönigswaldschen Denkpsychologie und dem dort entwickelten Subjektsverständnis ab. An dessen Stelle tritt ein »emergentes« ontologisch fundiertes Prinzipiengefüge, das nicht nur der menschlichen Mehrdimensionalität genügen will, sondern auch der methodischen Verflechtung der Menschenwissenschaften, insbesondere der Soziologie. Die Interdependenzen von Menschen und deren gesellschaftlicher Institutionen seien in ihren Verflechtungen weder mit einem Rückgriff auf Begriffe wie »Geist«, »Denken« oder »Planen« oder mit der Annahme einer ausschließlichen Naurbedingtheit des Menschen als biologisches Lebewesen hinreichend zu verstehen. Hinzukommen müsse mit der Anerkennung ihrer funktionalen Verflochtenheit, ihre »geschichtlichen Wandlungen« sowie die konkrete empirische Erforschung der »konkreten Mechanismen der Verflechtung und damit das Wirken dieser Gesetzmäßigkeiten«.[1] Für das Verhältnis der Einzelwissenschaften bedeutet dies eine Absage an jegliche auf sich reflektierte absolute Spezialisierung der Einzelwissenschaften. Dieser Prozess, hin zu fortschreitender Spezialisierung, habe die Menschenwissenschaften in eine Festung verwandelt, zu der die Zugbrücken hochgezogen seien. In Psychologie, Geschichte, Ethnologie, Ökonomie, Politologie oder Soziologie habe sich dieser Spezialisierungsprozess immer wieder abgespielt, und, so darf man ergänzen, ein angemessenes Verständnis des Menschen und der mit ihm gegebenen gesellschaftlichen und individuellen Phänomene verhindert.[2]

Vieles spricht deshalb dafür, auch bei Löwi ein entsprechendes interdisziplinär begründetes Konzept anzunehmen, für das vor allem die Pädagogikschrift steht. Wir finden bei ihm den Versuch, die methodische Brücke von philosophisch-pädagogischer Grundlagentheorie hin zur empirischen Forschung zu schlagen, und zwar über die Disziplingrenzen hinweg. So behandelt Löwi in immer noch aktueller Weise Fragen der Unterrichts- und Erziehungspraxis, aber im Hinblick auf ihre prinzipientheoretischen, »wissenschaftlichen« Grundlagen und »Grundbegriffe«:

---

1 Elias, N., Über den Begriff der Zivilisation, Bd. II, 1977, 314 f.

2 Elias, N., Was ist Soziologie?, 1986, 51.

> Grundbegriffe der Pädagogik geben die Bedingung an, der *jede* Pädagogik ohne Rücksicht auf ihre Eigenart zu genügen hat. Was sich im Sinne jener Grundbegriffe ausweisen kann, ist Pädagogik. Grundbegriffe der Pädagogik und zeitlich oder weltanschaulich gebundene Bestrebungen in der Pädagogik sind zweierlei; die Grundbegriffe geben die wissenschaftliche Voraussetzung für solche Bestrebungen.[1]

Das schrieb Löwi 1934. Man darf eben nicht vergessen, in welchem gedanklichen Sumpf Löwi sichere Fundamente für die Pädagogik zu legen versuchte. So schreibt Ritzel, bezogen auf Löwis vorsichtige Ausführungen zum Begriff der »Bildungsgemeinschaft«, dass hier weniger unpräzise begriffliche Bestimmungen vorliegen, sondern »behutsame Anspielungen«, die man verstehe, »wenn man sich die Kluft vergegenwärtigt, die z. Z. der Niederschrift zwischen der Bildungsgemeinschaft und der durch die offizielle Ideologie gefeierten *Volksgemeinschaft* bestand.«[2]

2. Grundbestimmungen der Pädagogik

Gegenüber einer befürchteten Ökonomisierung der Bildung mahnen Reformpädagogen die Bildung des ganzen Menschen an, die nicht dessen »Verwendbarkeit, sondern seine Menschlichkeit ins Zentrum«[3] stellt. Dieses humanistische Bildungsverständnis als pädagogische Leitlinie für Erziehung und Unterricht findet bei Hönigswald und Löwi auch heute noch gültige Argumente. Während Hönigswald die Grundlagen der wissenschaftlichen Pädagogik an der pädagogischen Theorie und Praxis des Universitätsunterrichts entwickelt, bezieht sich Löwi auf die damals aktuellen reformpädagogischen Bestrebungen, den Schulunterricht auf eine lebensnahe Grundlage zu stellen. Beide ergänzen sich sowohl sachlich als auch chronologisch, da sich Löwi als Schüler und Kollege Hönigswalds auf zentrale Gesichtspunkte von Hönigswalds Grundlagen der Denkpsychologie und dessen Grundlagen der Pädagogik[4] bezieht. Sowohl Hönigswald als auch Löwi haben bereits in den 20er und 30er Jahren des 20. Jahrhunderts exemplarische Beiträge zu einer Diskussion des Bildungsbegriffs in Auseinandersetzung mit der Reformpädagogik gegeben. Dazu zählt die Einsicht, dass jede Klärung von Bildung und Bildungsvoraussetzungen zunächst einer Klärung des Bildungsbegriffs und damit einer Analyse des Begriffs der Pädagogik insgesamt

---

1 Löwi, M., Grundbegriffe der Pädagogik, 1934, Vorwort.

2 Ritzel, W., Philosophie und Pädagogik im 20. Jahrhundert, 1980, 90.

3 Brühlmeier, A., Menschen bilden, 2008, 9.

4 Hönigswald, R., Die Grundlagen der Denkpsychologie, 1925; Ders., Über die Grundlagen der Pädagogik, 1927, 25 u. 86.

bedarf. Empirische Bildungs-und Unterrichtsforschung oder die Aufhellung soziologischer Milieus und Submilieus ersetzen niemals die Frage nach den Zwecken, denen zuletzt alle erziehungswissenschaftlichen, sozialpsychologischen und soziologischen Forschungen, Methoden und Maßnahmen zu dienen haben. Eben diese Zwecke und Ziele entspringen dem, was man zur Zeit der Reformpädagogik »Bildung« genannt hat. Daher bilden die Grundlagen der Pädagogik zugleich eine Voraussetzung für die Klärung der methodischen Bedingungen und Verfahren der Erziehungswissenschaft und Unterrichtspraxis.

Folglich verstehen Löwi und Hönigswald die Pädagogik nicht als Erziehungswissenschaft. Bereits Hönigswald hebt wichtige begriffliche Unterscheidungen hervor, die eine Grundlegung einer wissenschaftlichen Pädagogik ermöglichen, und das bedeutet für ihn konkret, eine Rechtfertigung und Grundlegung der Pädagogik als universitäre Disziplin.[1] Ohne diese begrifflichen Grundlagen bleibt die Pädagogik bloßen Weltanschauungs- und Modeansichten oder politischen Vorgaben über Erziehung ausgeliefert, eine Gefahr, die auch heute nicht grundsätzlich gebannt scheint. Vielmehr müsse es darum gehen, die Grundlagen der Pädagogik aus ihrem eigenen Themengebiet methodisch zu entwickeln. Dazu ist zunächst zwischen pädagogischer Praxis und wissenschaftlich-pädagogischer Theorie zu unterscheiden. Denn individuelle Vorlieben und Begrenzungen, persönliche Vorlieben oder Abneigungen sowohl der Lehrer als auch der Schüler folgen keineswegs einer vernünftigen, sich stets gleichbleibenden Struktur. Was in Erziehung und Unterricht, im individuellen und kollektiven Lernen stattfindet, ist irrational, weil die handelnden Akteure und Institutionen (Lehrer, Schüler, Lehr- und Lerngemeinschaften oder die Gesellschaft) *frei* sind. Menschliche Handlungen bleiben daher grundsätzlich »unvorhersehbar«. In der Physik etwa entspricht eine Grundlegung der Physik im wesentlichen einer Grundlegung der physikalischen Theorie, wenn zugleich gezeigt werden kann, wie sich die Physik auf »Gegenstände« zu beziehen vermag. Anders liegen die Verhältnisse in der Pädagogik. Da die Praxis von den Aktionen und Interaktionen grundsätzlich freier menschlicher Wesen bestimmt ist, muss eine Grundlegung sowohl das Irrationale der Praxis als auch das methodisch Rationale der pädagogischen Theorie berücksichtigen. Das aber ergibt sich nicht aus einer Analyse der pädagogischen Theorie

---

1 Siehe hierzu die kenntnisreiche Würdigung und Einordnung in den theoretischen Kontext der Entwicklung der Pädagogik in Hufnagel, E., Zu Richard Hönigswalds Pädagogik, 1997, 255-275. Im Übrigen ist die Unterscheidung zwischen Pädagogik und Erziehungswissenschaft noch bei Ballauff zu finden: »Die Pädagogik macht daher erst »Erziehungswissenschaft« möglich. Sie gibt allererst an, was Bildung und Erziehung ist, somit ihre Dimension, ihre Grenzen, ihre Grundlage. Sie gibt den Horizont voraus, in dem allein mit Fug und Sinn nach Bildung und Erziehung gefragt werden kann. Pädagogik muß daher zuerst und zuletzt als ein Gedankengang vor sich gehen. Insofern mag man sie philosophisch nennen, weil sie sich allein dem Denken unterstellt.« Ballauff, T., Philosophische Begründungen der Pädagogik, 1966, 10.

allein. Andernfalls erhielte man nur »schöne« pädagogische Konzepte, die aber oft der Gefahr erliegen, an der Erziehungs- und Unterrichtsrealität zu zerschellen. Pädagogik umfasst folglich nicht nur die Erziehungswissenschaft, sondern auch die pädagogische Praxis. Notwendig ist daher eine gemeinsame philosophische Grundlegung von Theorie und Praxis,[1] deren Grundzüge in einer Philosophie der konkreten Subjektivität liegen.

In diesem Zusammenhang kommt Hönigswald zunächst auf den Geltungsbegriff zurück, indem er die Frage stellt, welche Methoden die Pädagogik als Wissenschaft ausmachen. Denn wenn Pädagogik eine Wissenschaft ist – und folglich an Universitäten zu lehren ist –, so muss ihr *Begriff* lehrbar sein. Was also Hönigswald beabsichtigt, ist die Pädagogik als eigenständiges universitäres Lehr- und Forschungsfach zu legitimieren! Damit steht er zu seiner Zeit als einer der Hauptvertreter dieses Bemühens im Zentrum der pädagogischen Diskussion.[2] Im Sinne Kants versteht Hönigswald unter einer Methode ein geordnetes »Verfahren nach Grundsätzen«, die einem bestimmten »Forschungsgebiet angemessene Art, Fragen zu stellen«, kein bloßes Handlungsrezept.[3] Dementsprechend ist die Pädagogik die »[...] Überlieferung eines bestimmten Wahrheits- bzw. Geltungsbestandes von einer Generation an die nachfolgenden durch die Vermittlung der zeitlich nächsten.« Als Kulturtatsache betrachtet, ist Pädagogik deshalb die »Abbildung von Geltungsansprüchen auf die Zeit«.[4] Daraus folgt zunächst, dass nicht jedes Handeln als solches schon pädagogisches Handeln ist, sondern nur dann, wenn es diesem Prinzip der Überlieferung genügt. Die pädagogische Praxis muss deshalb an diesem Prinzip gemessen und beurteilt werden. Nun aber existiert die pädagogische Praxis nicht »einfach so« neben beliebigen anderen Sachverhalten. Es gibt keine inhaltlich spezifisch pädagogischen Themen und Sachverhalte, denn grundsätzlich kann »alles« der Überlieferung würdig befunden werden. »Jeder« kann grundsätzlich unterrichtet werden, vorausgesetzt, in diesem Unterricht werden zu überliefernde Geltungsbestände festgeschrieben. So kehrt in der Pädagogik die Kultur als Ganzes wieder, indem die Kultur, ihre Werte und ihre »Gegenstände« unter den Prinzipien der Pädagogik beurteilt, angenommen oder verworfen werden. Die Tatsachen der pädagogischen Praxis fallen mit ihren Prinzipien

---

1 Gesucht wird »ein philosophischer bzw. geltungstheoretischer Begriff, nach Maßgabe dessen sich die Einzelwissenschaft Pädagogik mit dem verantwortlichen Wirken von Eltern, Lehrern etc. verbündet, welches durch ihre Erkenntnisse gefördert wird, und in dessen Beobachtung sie selbst zu neuen Erkenntnissen gelangt. So ist dies Ineins zugleich ein ›einheimischer Begriff‹ sowohl der Theorie als auch der Praxis, für den beide der Philosophie verpflichtet sind.« Ritzel, W., Philosophie und Pädagogik im 20. Jahrhundert, 1980, 79.

2 Hönigswald, R., Über die Grundlagen der Pädagogik, 1927, 20. Siehe auch Lochner, R., Deutsche Erziehungswissenschaft, 1963, 250 ff.

3 Kant, I., KrV B 883; Hönigswald, R., Über die Grundlagen der Pädagogik, 1927, 205.

4 Ebd., 25, 86.

zusammen, sie sind »monadisch«, oder, wie Hönigswald sagt: »Es kann keine Besinnung auf die Idee wissenschaftlicher Pädagogik geben, die nicht zugleich einer Besinnung auf den Begriff der zu überliefernden Kulturgüter gleichkäme.«[1] Andernfalls erhielte man das Zerrbild einer Erziehungswissenschaft, die sich mit der Methodik des Unterrichtens beliebiger Inhalte beschäftigte, wären sie auch in einem moralischen Sinne verbrecherisch und böse. Die Pädagogik erschöpft sich eben nicht in der Bereitstellung eines erfolgversprechenden Methodenarsenals für das Lehren und Lernen beliebiger Inhalte, das wäre ein positivistisch-behavioristisches Missverständnis. Vielmehr ist der Inhalt selbst ein Problem der Pädagogik. Die Pädagogik bedarf deshalb eines prinzipientheoretisch geklärten Bezugs auf Werte.[2] Doch die pädagogische Unterrichtspraxis ist aus bekannten Gründen nicht vollständig methodisch zu determinieren. Sie ist unter Prinzipien nach Werten zu beurteilen, um ihr »Sinn« zu geben.

Hönigswald und Löwi folgen in der Bestimmung des Begriffs der dreistufigen pädagogischen Methode Pestalozzi. Gegeben ist zunächst der Zusammenhang des zu erlernenden Stoffes, z. B. eine bestimmte Theorie, selbst. Dieser muss im Unterricht tatsächlich angeeignet werden. Dies ist in der Regel nur möglich, wenn dieser Prozess an die Lernvoraussetzungen der Schüler angepasst wird.[3] Entscheidend ist hier der Begriff des pädagogischen Vollzugs, der selbst wiederum monadische Strukturen aufweist, also nur als Zusammenfallen von Prinzip und Tatsache bestimmt werden kann. Unterricht, Erziehung und Bildung sind nicht bloß theoretisch abstrakte Gehalte, sondern bedürfen des aktiven zeitlichen Vollzugs durch Personen, also des tatsächlichen Aufnehmens, Durchdringens, und Beurteilens von Lehrer und Schüler. Dieser Vollzug ist immer zeitlicher Vollzug; zugleich setzt dieser Vollzug als pädagogisches Prinzip Verständigung, Sprache, Ausdruck und Gemeinschaft als prinzipientheoretische Instanzen mit. Das leuchtet auch ein, denn pädagogisches Handeln vollzieht sich immer in einer konkreten Sprache, in einer konkreten Gemeinschaft oder Lerngruppe, die zugleich wiederum Bedingungen dieses Vollzugs sind.[4] Hönigswald gewinnt hier einen philosophisch bestimmten Bildungsbegriff. Bildung bedeutet einerseits die Höherbildung

---

1 Ebd., 31.

2 »Es muss eine Wissenschaft geben auch von den pädagogischen Werten, die selber außer- und überwissenschaftlich sind.« Ebd., 21.

3 Hönigswald, R., Die philosophischen Grundlagen der Philosophie Pestalozzis, 1927, 398.

4 Hönigswald, R., Über die Grundlagen der Pädagogik, 1927, 116.

der menschlichen Gemeinschaften in der Zeit, andererseits bezeichnet er die individuelle Persönlichkeitsbildung und -entwicklung.[1] Hönigswald teilt die Idee des Humanismus, die, etwa wie bei Kant, den Menschen, der eben kein bloßes Naturwesen ist, zur kulturellen und persönlichen Selbst- und Höherbildung verpflichtet.

Da der Mensch selbst *monás*, eine Tatsache, die zugleich Prinzip ist, liegt die Subjekt-Subjekt-Relation auch der Möglichkeit der Pädagogik zugrunde. Persönlichkeiten als Träger der Kultur sind als Träger von Werten immer auch selbst Werte – Selbstzwecke, wie Kant sagen würde. Die Entwicklung der Persönlichkeit ist zugleich Aufgabe, Ziel und Prozess. Sie ist Selbstgestaltung an und durch kulturelle Werte.[2] Die Kultur als System »objektiver Geltungswerte (Wissenschaft, Kunst, Sittlichkeit, Recht, Religion)« ist zugleich »[...] deren Abbildung auf die normative Idee aller Pädagogik [...], auf die Gesamtheit der Bedingungen, die den noch näher zu betrachtenden Begriff einer ›Höherbildung‹ menschlicher Gemeinschaften bestimmen.«[3] Zugleich bedeutet jedes Unterrichten und Erziehen Persönlichkeitsbildung: Wahrheit bzw. das, was als wahr in den Unterrichtsfächern gelehrt wird, ist nicht bloß toter Stoff, nicht nur ein logischer Geltungswert, sondern in der Pädagogik meint Wahrheit immer auch die verpflichtende Erziehung zur Wahrhaftigkeit: »Eine unterrichtliche Betätigung, die nicht zugleich erziehlich wäre, ist ebenso grundsätzlich undenkbar, wie etwa der Versuch, Geltung überhaupt zu verneinen.«[4]

3. Die Grundlagen der Erziehungswissenschaft

Löwi bezieht diese grundsätzlichen Bestimmungen auf die konkreten Bedingungen der Unterrichtspraxis. Ihm geht es besonders um den reformpädagogischen Schulunterricht, den er auf sichere philosophische und psychologische Grundlagen stellen möchte. Von Pestalozzi übernimmt Löwi den Gedanken, dass elementare Bildung der Aneignung von speziellen Kenntnissen, die praktischen Bedürfnissen dienen, vorausgehen müsse.[5] Auch wenn bei Löwi Unterricht noch vorwiegend als Wissenserwerb bestimmt wird, setzt die Aneignung des Wissensstoffs, der Unkenntnis in Kenntnis überführt, eine »aktive Rolle« des Schülers im Unterricht voraus. Nicht Passivität und Aktionismus, sondern »Rezeptivität«,

---

1 Ebd., 99 ff.
2 Ebd., 101 ff.
3 Ebd., 107.
4 Ebd., 148.
5 Löwi, M., Grundbegriffe der Pädagogik, 1934, 18.

verstanden als Konzentration und Aufmerksamkeit, führe zu Wissenserweiterung und Bildung.[1] Auch bei ihm findet sich reformpädagogisches Pathos: Bildung sei das Ziel aller menschlichen Erziehung und allen Unterrichts und damit »Selbstentfaltung des Geistes«. Bildung ist daher »Arbeit am Geiste« und »Selbstbefreiung des Geistes«, fort von den Bedingtheiten menschlichen Lebens hin zur menschlichen Freiheit.[2]

Von diesen eher allgemeinen Überlegungen ausgehend unternimmt es Löwi, einen zureichenden Begriff der wissenschaftlichen Pädagogik als Erziehungswissenschaft zu gewinnen. Wie jede Wissenschaft nimmt die Pädagogik spezifische Grundbegriffe an, die selbst nicht Gegenstand der erziehungswissenschaftlichen Forschung sind, sondern diese als deren Voraussetzungen und Maßstäbe leiten. Diese Prinzipien findet Löwi auch in Cassirers Symboltheorie.[3] Die transzendentalphilosophische Grundlegung der Pädagogik bindet Löwi an die denkpsychologischen Begriffe »Mitteilung«, »Ausdruck« und »Gemeinschaft«. Jedes pädagogische Verhalten ist als Interaktion nur verständlich als ein intersubjektives Verhalten. Dies beschreibt der Terminus »Ausdruck«. Unter »Ausdruck« ist zunächst das Ansprechen anderer Subjekte, die Hinwendung zu Anderen unter Bezugnahme auf einen Gegenstand gemeint. Diesen Ausdruck bezeichnet Löwi als »symbolischen Ausdruck«. In dieser Hinsicht ist Pädagogik immer auch ein »Akt der Mitteilung«. Sodann bezeichnet der Ausdruck nicht nur einen subjektiven Bericht oder eine subjektive Darstellung eines Subjekts über einen Gegenstand, sondern er ist zugleich Ausdruck in Form eines wissenschaftlichen, objektiven Urteils über einen Gegenstand. In dieser Perspektive liegt fest, als was der Gegenstand objektiv bestimmt werden muss. Eine besondere wissenschaftliche Methode etwa ist damit gegenstandsbestimmter Ausdruck, also eine Urteilsfunktion. Ein Gegenstand steht nicht einfach »objektiv« den Subjekten gegenüber, sondern er ist immer schon Objekt für ein erklärendes, verstehendes, konstruierendes und produzierendes Subjekt – und damit über die sprachliche Verständigung immer auch mögliches Objekt für eine Gemeinschaft von Subjekten. Man sieht, wie in der Pädagogik der Gegenstand als ein lehr- und lernbarer Gegenstand zugleich diesen subjektiven Bedingungen der Produktion unterliegen muss. Daraus folgt zunächst, dass nur das überliefert, übermittelt und gelernt werden kann, was bereits bekannt und erkannt ist. Das Unbekannte dagegen sei Gegenstand der Forschung.[4]

---

1 Ebd., 55.

2 Ebd., 65. Weiter heißt es: »Bildung aber geht nicht auf Begriffe, auf gelehrtes Wissen; Bildung geht vielmehr auf Meisterung der Wirklichkeit.« Ebd., 90.

3 Ritzel, W., Philosophie und Pädagogik im 20. Jahrhundert, 1980, 86.

4 Löwi, M., Grundbegriffe der Pädagogik, 1934, 130.

Die besonderen Verhältnisse und Bedingungen der Erziehungs- und Unterrichtspraxis werden im Unterschied zur klassischen Pädagogik als Gemeinschaftsphänomene begriffen. Da Bildung zum Ziel habe, »das Menschliche im Menschen« freizulegen, seien Bildung, Erziehung und Unterricht nur unter dem Prinzipienbegriff der Gemeinschaft angemessen zu bestimmen, denn Unterricht werde an vielen vollzogen.[1] Die pädagogische Trias Lehrer – Unterrichtsgegenstand – Schüler erhält so eine über jede Pragmatik hinausweisende Begründung. Zugleich wird die pädagogische Funktion des Lehrers deutlich, der keineswegs ein bloßer »Lernbegleiter« sein kann. Lehrer sind im Unterricht niemals Privatpersonen, sondern Vermittler und Repräsentanten derjenigen Werte und Kenntnisse, die eine konkrete Gesellschaft für überlieferungswürdig hält. So repräsentiert der Lehrer – etwa in der Umsetzung von Lehrplänen – die Gemeinschaft mit ihren normativen Gesichtspunkten von Erziehung und Unterricht. Daraus ergibt sich die pädagogische Interaktion des Lehrers mit seinen Schülern, die, wie Löwi klar gesehen hat, auch unter sozialpsychologisch aufzuklärenden Bedingungen steht.

Löwi untersucht dieses komplexe Gefüge anhand der scheinbar simplen Frage: Was ist eigentlich eine »Klasse« – modern: eine Lerngruppe? Nur eine Gemeinschaft zufällig vorhandener Schülerinnen und Schüler? Jeder Lehrer weiß, dass jede Klasse ihren besonderen Charakter und ihre liebenswerten und weniger liebenswerten Eigenheiten hat. Das liegt nicht nur an einzelnen Schülern, sondern an der konkreten Art und Weise, in der eine Gruppe von Individuen eine Gemeinschaft bildet. Dazu zählen zufällige Größen wie die Zusammenstellung der Klasse ebenso wie die zwischen den Individuen auftretenden Sympathie- und Antipathieverhältnisse und vieles mehr. Kommt eine »neue« Schülerin oder ein »neuer« Schüler in die Klasse, können sich diese Muster grundlegend verändern. Ein Soziogramm einer solchen Lerngruppe würde diese als Tatsache, als konkret vorhandene Gruppe mit ihren Interaktionsmustern erfassen. Das ist es aber nicht, was eine Klasse als Grundbedingung, als Prinzip des Lehrens und Lernens und Erziehens ausmacht. Gemeinschaftsbildung ist unter verschiedenen Prinzipien möglich. Grundlegend für jede Form von Gemeinschaft sind Verständigung und Sprache. In der Sprache – in jeder Sprache – bilden diejenigen Individuen eine Gemeinschaft, die sich auf denselben sprachlichen Ausdruck beziehen und durch den sie sich verständigen. Wenn zwei Menschen sich in derselben Sprache ver-

1 Ebd. 65.

ständigen, sind alle anderen Mitglieder der Sprachgemeinschaft als mögliche Partner mitbetroffen, indem sie jederzeit als mögliche Partner in diese Funktion der Verständigung unter den Bedingungen einer je konkreten Sprache eintreten können. In diesem Sinne gibt es keine »Privatsprache«: Sprache ist »immer schon« Sprache für »alle«.[1]

Denkpsychologisch ist die Mitteilung an das Prinzip des Ausdrucks gebunden. Ein Individuum drückt etwas sprachlich oder nichtsprachlich aus für andere Individuen. Der bloß gehörte Ton, die bloß gesehenen Farben, Gebilde oder Komplexe teilen einem anderen Individuum nur dann etwas mit, wenn ihre Erzeugung von einem erzeugenden Individuum beabsichtigt wird, wenn sie dem Zweck gewollter künftiger Aufnahme dienen.[2] Die spezifischen Bedingungen, denen eine Gemeinschaft unter erzieherisch-unterrichtlichen Bedingungen unterliegt, sind diejenigen bestimmten Ausdrucksbedingungen, die auch die Erziehungswissenschaft konstituieren. Das allgemeine Prinzip der sprachlichen Verständigung erscheint hier von vornherein unter den Bedingungen der »Arbeit«. Sprache und Verständigung sind dazu notwendige, aber nicht hinreichende Voraussetzungen, denn sie allein legen nicht fest, was etwa eine »Klasse« von einer Ansammlung von Fußballfans unterscheidet. Lehrer und Schüler bilden im Unterricht nur dann eine Lern- und Arbeitsgemeinschaft, wenn sie durch »Arbeit« als Ausdruck eine »Klasse« bilden. In der Arbeit am Unterrichtsthema finden die Gedanken und Anstrengungen, die Absichten, Ziele, und Wünsche der beteiligten Individuen eine gemeinsame Form. Zugleich bildet der Unterricht die Grundlage für jede Person der Klasse, zu den geäußerten Meinungen, Absichten, Ergebnissen usw. wiederum zustimmend, ablehnend oder gleichgültig Stellung zu beziehen, sich also zu äußern. Natürlich setzt das voraus, dass auch die Lehrperson hier einen Standpunkt zu vertreten hat, an dem sich Schülermeinungen messen lassen können. Wie sonst, wenn nicht durch Auseinandersetzung mit dem »Widerstand« einer anderen Meinung, einer anderen Haltung, einer anderen Wertsphäre und Gesinnung reifen Schülerpersönlichkeiten heran?[3] Das also ist der Sinn von Aufgaben, die im Unterricht zu stellen sind: den Schülerinnen und Schülern ein

---

1 »Und zu dieser Sprachgemeinschaft kommt es eben durch Übereinkommen über denselben sprachlichen Ausdruck. Die von allen in der nämlichen Weise geübte Äußerungsform, vermöge welcher sie übereinkommen, also sich verständigen, führt zur Gemeinschaft. Die Äußerung des Einzelnen wendet sich zugleich an alle.« Ebd., 67.

2 »Die Individuen bilden eine Gemeinschaft nur dadurch, daß sie sich vermöge des Ausdrucks im Sinne der Mitteilung selbst zusammenschließen.« Ebd., 26.

3 »Nur so ist es möglich, daß der Lehrer an Hand der Schülerarbeit seinen Zöglingen sagen kann: »das hast du richtig«, oder »das hast du falsch gemacht.« So wird die Arbeit ein Mittel, kraft dessen Lehrer und Schüler zusammenkommen; ist sie zugleich auch ein dem Schüler gemäßes Mittel, ein Mittel also, das seiner Entwicklungsstufe angepaßt ist, so gelingt es, daß jeder Schüler mit jeder Arbeitsbetätigung jedem Mitschüler verständlich, und der Lehrer mit jeder Arbeitsforderung jedem Schüler begreiflich wird.« Ebd., 68.

gemeinsames Ausdrucksmittel zur Verfügung zu stellen, in dem jede individuelle Schülerleistung zugleich eine Aufforderung an alle anderen darstellt. Niemals ist in einem Lehrer-Schüler-Gespräch nur »dieser Schüler« gemeint, immer sind auch alle anderen aufgerufen, Stellung zu beziehen. Eine Bedingung guten Unterrichts ist damit klar: ein Unterrichtsgespräch darf niemals nur ein Gespräch mit den jeweils Beteiligten sein, sie ist immer zugleich die Beschäftigung mit »allen«.

Daraus resultieren hohe Anforderungen an die »Lehrerpersönlichkeit«. Man glaubt heute, dieses Problem durch die Handreichung didaktischer Methoden in der Lehrerausbildung vermeiden zu können. Nach Löwi ist dieser Versuch zum Scheitern verurteilt. Lehren ist niemals allein bloße Kenntnisvermittlung, denn es steht immer schon unter den Bedingungen der lernenden Arbeitsgemeinschaft. Es ist eine Binsenweisheit der pädagogischen Praxis: Autorität erhält eine Lehrperson nicht in erster Linie durch Fachkenntnis, wenngleich Autorität ohne Fachkenntnis kaum zu erreichen ist. Es ist die nachvollziehbare und an der Sache zwingend orientierte Weise der Vermittlung, die einem Lehrer den Respekt und die Anerkennung seiner Schüler verschafft. Sie gründet in wechselseitigem persönlichen Respekt. Man sieht sofort, dass hier die bloße Anwendung mehr oder weniger beliebter Unterrichtsmethoden nicht genügt. Diese müssen in der Person des Lehrers ursprünglich als seine eigene Weise der Produktion des Unterrichts gedeutet und entwickelt werden können. Es gibt keine Lehr- und Lerntechnik, die ohne ihre Rückbindung an die ausführende Person erfolgreich wäre. Eine Konsequenz der Lehrerausbildung müsste demnach auch heute sein, die Persönlichkeit des Lehrers zu stärken. Auch »neue« Unterrichtsmethoden werden, für sich genommen, langweilig. Neu ist stets nur das, was ein Lehrer, eine Lehrerin mit ihnen anzufangen imstande ist. Entsprechendes gilt für die Schüler. Es geht im Unterricht nicht darum, bloß Wissen aufzunehmen, aber es geht stets *auch* um Wissenserwerb. Immer ist ein aktiver Aneignungsprozess anzustoßen, der darin besteht, dass ein Schüler einen neuen Inhalt mit dem bereits bekannten in einen neuen ganzheitlichen Zusammenhang stellen muss. Ein Inhalt, der Aneignung oder Zustimmung fordert, zwingt zur Auseinandersetzung mit eigenen Überzeugungen. Gerade diese aktive, fordernde Aneignung ist notwendiges Moment der Persönlichkeitsentwicklung, ist Bildung, und zwar Bildung durch Umformung. Unterforderung und falsche Rücksichtnahme sind nicht nur didaktisch fahrlässig, sondern verhindern geradezu die erzieherische Bildungs- und Persönlichkeitsentwicklung. Denn neues Wissen tritt nicht zum alten Wissen additiv hinzu, sondern das Alte und Neue erhalten unter dem Eindruck des neuen Wissens insgesamt eine neue Form. Geschieht dies nicht, ist der Stoff es auch nicht wert, »behalten« zu werden, er wird spätestens nach der nächsten Klausur vergessen.[1]

---

1 Ebd., 64 f. u. 84 f.

4. Konsequenzen für die gegenwärtige Unterrichtspraxis

Welche Konsequenzen sind daraus zu ziehen? Zunächst diese: Niemals können die Maßstäbe, die Grundsätze des Unterrichts aus der Praxis des Unterrichts entnommen werden, da eben diese Praxis stets den Bedingungen der Unterrichtsgrundsätze unterliegt. Es gibt keinen theoriefreien Unterricht, der als empirische Quelle erfolgreichen oder erfolglosen Unterrichts zur Verfügung stünde. Jeder Unterricht steht bereits unter bestimmten Normen, Werten und Methoden. Darum ist nicht zu fragen: »Wie unterrichtet man?«, sondern: »Was heißt Unterricht?« Die Beurteilung der Unterrichtspraxis setzt bereits voraus, dass gewusst wird, was (guter) Unterricht ist.[1] Davon scheint man heute leider dort abzurücken, wo die Reduktion der Unterrichtspraxis auf messbare Erfolge oder Misserfolge zum Maßstab guten Unterrichts gemacht wird. Doch wenn es in der Erziehungswissenschaft nicht bloß um Maximen, sondern um Prinzipien, also Grundsätze geht, dann bedarf es auch für die Unterrichtsdidaktik einer Theorie der Pädagogik. Eine bloße Didaktik ohne Grundsätze bliebe weltanschaulicher Beliebigkeit ausgeliefert, denn die beste Didaktik kann auch bildungsferne oder gar bildungswidrige Unterrichtsziele erfolgreich umsetzen. Die theoretische und die praxisbezogene Frage zum Beispiel nach einem angemessenen Lehrer- oder Schülerverständnis liefern demzufolge unterschiedliche Ergebnisse.[2]

Wir haben gesehen, wie aus dem Begriff der Gemeinschaft in pädagogischer Hinsicht der Begriff der Klasse, oder, wie wir auch sagen können, der Begriff der »Lerngruppe« entwickelt werden kann – Löwi verwendete dafür den Begriff »Arbeitsgemeinschaft«. Schulklassen sind in pädagogischer Hinsicht keine Spaßgruppen, sondern Arbeitsgemeinschaften. Unterricht in Lerngruppen steht unter dem Prinzip der »Arbeit«. Arbeit leisten Lehrer und Schüler gemeinsam. Folglich sind Klassen wie alle anderen Lerngruppen auch »Arbeitsgemeinschaften«.[3] Insgesamt entwickelt Löwi ein überraschend modernes Unterrichtsverständnis. Die Prinzipien der »Arbeitsschule«, für die Löwi plädiert, entsprechen dem, was heute handlungs- oder projektorientierter Unterricht heißt. Ursprünglich stammt der Terminus Arbeitsschule aus dem Vokabular der Reformpädagogik, auf die Löwi sich ausdrücklich bezieht. Er übernimmt von Gaudig[4] den Begriff der »geistigen Arbeit« und die Idee des freien Unterrichtsgesprächs. Handwerkliche Arbeit

---

1 Ebd., 4.

2 »Erwartet man dagegen für diese Dinge Aufschluß aus der pädagogischen Praxis, dann erhält man niemals einen *Begriff* des Lehrers, sondern höchstens ein Bild oder, wie man heute sagt, ein *Strukturbild*.« Ebd., 14.

3 Ebd., 69.

4 Gaudig, H., Freie geistige Schularbeit in Theorie und Praxis, 1925.

ermöglicht »Anschauungsunterricht« im Sinne Kerschensteiners[1]. Arbeit ist damit dasjenige Unterrichtsprinzip, das Lehrer und Schüler entgegen dem alten schulmeisterlichen »Frontalunterricht« als gleichwertige Partner auffasst. Der »Lernschule« alten Typs, in der es um bloßen Kenntnis- und Wissenserwerb geht, tritt deshalb eine grundsätzlich neue Sicht des Unterrichts gegenüber: Anwendung und Weiterfragen dienen dazu, selbständigen Gebrauch von dem Erlernten zu machen.[2] Dazu können Schüler mit anderen Schülern zugleich Lehrer sein. Die Lehrerrolle ist nicht ausschließlich an den Lehrer gebunden, wenngleich Unterricht ohne Lehrer strukturlos bliebe. Lehrer- und Schülersein können und müssen in der Person des Schülers zusammenfallen. So möchte Löwi selbstbewusste Schüler und starke Lehrerpersönlichkeiten mit sicherem Fachwissen und humanistischer Allgemeinbildung.[3] Das Konzept der Arbeitsschule ist deshalb immer gemeint als »Arbeit an der eigenen Person«[4]. Persönlichkeitsbildung und das Prinzip der Selbsttätigkeit sind pädagogische und didaktische Grundforderungen. Insofern ist Arbeit »Bildung, und Bildung ist Einstellung auf Werte, Wertbildung.«[5]

Das ist überraschend aktuell gedacht und entspricht dem Prinzip des Projektunterrichts. Ein Projekt ist nach Frey, einem Hauptvertreter der Methode des Projektunterrichts, ein konkretes »Lernunternehmen, das eine Gruppe aushandelt, plant, anpackt, durchhält oder auch abbricht«[6]. In jedem Fall erfordert Projektarbeit einen konkreten Projektabschluss als Produkt oder Handlungsergebnis. Die Projektmethode strebt die Einheit von »Kopf, Herz, Hand« im Sinne Pestalozzis an und ist leicht an die pragmatistische Pädagogik Deweys anschließbar. Doch sowenig schülerorientierter Unterricht bereits schon guter Unterricht ist, so viel schlechten Unterricht können schlampig geplante und durchgeführte Projekte bedeuten. Der Projektunterricht muss schließlich wie jede Unterrichtsmethode zu Ergebnissen führen. So stellt Löwi, wie die reformpädagogischen Unterrichtstheorien insgesamt, den selbständigen Schüler und selbstlernende Klassen in das Zentrum der Didaktik. Das isolierende bloße Lernen in Unterrichtsfächern ist lebensfremd und unproduktiv. Guter Unterricht ist lebensnah, schlechter Unterricht ist lebensfremd. Indem wir einer Schülerantwort »Ursprünglichkeit, Origi-

---

1 Kerschensteiner, G., Begriff der Arbeitsschule, 2002; siehe auch Löwi, M., Grundbegriffe der Pädagogik, 1934, 190 u. 196 ff. Eine Darstellung dieser reformpädagogischen Ansätze findet sich bei Bönsch, M., Allgemeine Didaktik, 2006, und Frey, K., Die Projektmethode, 2007, 27-43.

2 Löwi, M., Grundbegriffe der Pädagogik, 1934, 188.

3 Gaudig und Kerschensteiner werden bei Löwi ausführlich behandelt.

4 Löwi, M., Grundbegriffe der Pädagogik, 1934, 194.

5 Ebd., 196 f.

6 Frey, K., Die Projektmethode, 2007, 15.

nalität und Aktualität zusprechen, wird der Unterricht produktiv und lebendig.«[1] Der Lehrer als derjenige, der die Wertegemeinschaft repräsentiert, muss die Schülerantwort bewerten, er muss entscheiden, zustimmen oder ablehnen. Denn Lehrer und Schüler sind in allen methodischen Formen des Unterrichts immer und zuallererst – Menschen.[2] Lebensnähe wird nicht vorrangig über Lernarrangements oder allein durch vorgeblich moderne Unterrichts- und Lernmethoden durch die Lehrperson hergestellt, sondern ist auch produktive Aufgabe der Schüler.

Was bedeutet das nun für die zu unterrichtende Sache, die »Fächer«? Dazu mögen einige Hinweise genügen, zumal Löwi selbst diese Thematik nicht weiter systematisch begründet hat, er selbst spricht von Unterrichtsgütern. Jeder Unterrichtsgegenstand besitzt einen Wertbezug und ist selbst werthaltig. Die zu vermittelnde Sache erscheint eben immer schon als »Ausdruck«, sie zeigt sich nicht als sie selbst, sondern ist immer schon »Unterrichtsgegenstand«. Darum darf man Schülern weder Unsinn noch Unwesentliches beibringen. Die Schülerinnen und Schüler zur Stellungnahme, zur eigenen Lösung zu bringen, ist immer auch Mittel der Persönlichkeitsbildung und deshalb zugleich auch Erziehung. Darum bilden die Unterrichtsinhalte eine Einheit, in der jedes Fach zugleich auch alle anderen mitrepräsentiert. Das ist der tiefere Grund für die Notwendigkeit des fächerübergreifenden Unterrichts, beispielsweise in Unterrichtsprojekten: »Der mathematische oder naturwissenschaftliche Unterricht vermittelt nicht nur ein Wissen von bestimmtem Umfange, sondern zugleich auch eine lebendige Beziehung zu allen anderen Unterrichtsgegenständen.«[3] Daraus ergibt sich die Idee der Fachdidaktik. Nicht jedes Fach ist gleich zu behandeln, allein schon deshalb, weil die jeweiligen Unterrichtsgegenstände unterschiedlich bestimmt sind.[4] Historische Gegenstände sind im Unterschied zu naturwissenschaftlichen Gegenständen niemals bloße Tatsachen, sondern immer auch »Begriff«.[5]

---

1 Löwi, M., Grundbegriffe der Pädagogik, 1934, 216.

2 »Die Rede geht von Mensch zu Mensch. Der Schüler greift in das Getriebe des Lebens ein. Der Schüler ist auf dem Wege, sich als Persönlichkeit zu entfalten. Das ist der Sinn der Lebensnähe des Unterrichts.« Ebd., 216.

3 Ebd., 231 f. Als Beispiel dafür kann ein durchgeführtes fächerverbindendes Unterrichtsprojekt dienen: Nothelle-Woters, S./ Breil, R., Ich und die Anderen: Wofür bin ich verantwortlich? 2014, 66-80.

4 »Wenn die Lehrgüter unterrichtbar sind, dann sind sie mitteilbar, dann sind sie aber jedes in seiner Art Formen des Ausdrucks. Jeweils in besonderer Weise findet sich in den mathematisch-naturwissenschaftlichen auf der einen und in den kulturkundlichen Fächern auf der andern Seite das Motiv des Ausdrucks. Wäre das nicht der Fall, dann wäre die Unterrichtsmethodik für die Mathematik und Naturwissenschaften die gleiche wie für die kulturkundlichen Fächer.« Löwi, M., Grundbegriffe der Pädagogik, 1934, 114.

5 Ausführlich herausgearbeitet hat das Gutbrod, J., Schule und Gemeinschaft, 2018.

Die didaktische Relevanz dieser Konzeption findet inzwischen Beachtung. Johannes Gutbrod etwa zeigt an einem Beispiel Löwis, wie Gegenständlichkeit Kenntnis und Unkenntnis über konkrete Gegenstände bedingt. Für einen technisch unkundigen Menschen bleibt eine Kartonfaltmaschine beispielsweise ein Empfindungs- und Wahrnehmungskomplex zahlloser Eindrücke wie Walzen, Kabel oder Laufbänder. Hier ist auf den Begriff der Verständigung zu rekurrieren. Die sprachliche Beschreibung und Umschreibung von Funktion, Zweck und Bedeutung der Maschine und ihrer Teile zeichnet gerade das Wissen des Experten aus, der durch diese den Gegenstand »relativ abschließend« bestimmt. Im Unterricht fungieren solche sprachlichen Verfahren als »Vorschriften«, die den Schüler dazu auffordern, »wie der Lehrer« Begriffe und sprachliche Wendungen so zu gebrauchen, dass ein so benannter Gegenstand verstanden ist. So ist bloße Kenntnis von Erkenntnis zu unterscheiden. Kenntnis bedeutet nur die richtige Zuordnung zu einem bestimmten Namen, die Gegenstände werden von anderen Menschen gedacht und als Begriffe an andere weitergegeben. Wesentlich für Erkenntnis ist dagegen das Erkennen eines Gegenstandes nach den Methoden der Wissenschaft.[1] So sieht Gutbrod Löwis Verdienst und aktuelle Bedeutung nicht nur in der klaren und anschaulichen Weise, in der diese Grundbegriffe entwickelt und in ihrem Zusammenhang begründet werden. Zugleich stelle Löwi einen Bezug zur Unterrichtsmethodik her, und zwar unter Berücksichtigung der psychologischen Entwicklungsstufen der Schüler.[2]

5. Eine Pädagogik für die offene Gesellschaft

Sowenig wie Kultur einfach »da« ist, sondern durch Handlungen und Verhaltensweisen von Menschen hergestellt worden ist und an deren Stelle auch andere Kultur stehen könnte, sowenig sind Erziehungs- und Bildungswirklichkeit notwendige Ergebnisse menschlicher Praxis. Sie lassen sich nicht ohne die Berücksichtigung ihrer Ursprünge in Aktionen und Interaktionen der sie hervorbringenden und stabilisierenden Individuen und Gemeinschaften verstehen. Mit anderen Worten: Die Erziehungswirklichkeit ist nicht natürliche Wirklichkeit, sondern durch Subjekte »sekundärkonstiuiert«.[3] Nichts in ihr ist »natürlich«, sondern Natur und natürliches Verhalten steht »immer schon« unter den Bedingungen menschlicher Praxis und Freiheit. Daher ist es ein moderner Irrtum zu

---

1 Löwi, M., Grundbegriffe der Pädagogik, 1934, 9.

2 Ebd., 77 u. 167.

3 Ich beziehe mich auf den Begriff »Sekundärkonstitution« bei Wolandt, G., Gegenständlichkeit und Gliederung, 1964, 39.

glauben, man könne es in einer demokratischen, »offenen« Gesellschaft bei einer Analyse der Praxis belassen, weil ihre fundierenden Werte und Normen nicht grundsätzlich in Frage stehen. Insofern führt die Erziehungswissenschaft – etwa in der Schul- und Unterrichtspraxis – nur Abwehrkämpfe gegen intolerantes »geschlossenes« und unkritisches Denken und Verhalten. Doch Toleranz beispielsweise einzufordern bleibt, wie alle didaktischen und schulpädagogischen Maßnahmen, wirkungslos, wenn sie bloß appellativ sind und mit dem Anschein relativer Beliebigkeit einhergehen. Kulturpluralistische Gesellschaften bedürfen aber einer normativen Verankerung ihrer Werte und Normen, die legitimiert, dass sie auch eingefordert werden dürfen und können.

Was aber, wenn gerade diese vermeintlich sicheren Wertfundamente nicht länger gelten sollen? Löwi musste diese Erfahrung durchleben. Es ist bei Sicherheit an Leben und Eigentum eben nicht egal, welchen Werten und Normen angehangen wird. Die propagierte »Volksgemeinschaft« ist ebensowenig eine Bildungsgemeinschaft wie »Rasse« ein wissenschaftlicher Begriff der Anthropologie ist. Zur wissenschaftlichen Methodik gehört, Wahres von Falschem zu unterscheiden. In den Naturwissenschaften ist dies im wesentlichen nach Maßgabe der Fakten zu entscheiden, also in Versuch und Experiment. Doch Fakten entscheiden nicht über die Geltung von Werten, sondern umgekehrt bestimmen in Kultur, Bildung und Erziehung Werte Fakten.

Ein Beispiel dafür hat Löwi in einer aus heutiger Sicht abgelegenen Begründung des Begriffs der »Handarbeit«, ihrer handwerklichen und landwirtschaftlichen Wertbestimmtheit gegeben. Am 17. November 1936 hielt Löwi in Breslau einen Vortrag zum Thema »Handarbeit als Erziehungsproblem« in den Räumen der Lessingloge, deren Mitglieder dem Zionismus nahestanden bzw. zionistischen Gemeinschaften angehörten.[1] In diesem Vortrag wurden diese recht akademisch scheinenden Überlegungen in den aktuellen Kulturkontext gestellt, insbesondere in ihrer Beziehung zum Zionismus.[2] Löwis Ausführungen hätten weit über den bei Reformpädagogen beliebten Begriff der Lern- und Arbeitsschule hinausgeführt und auf den Begriff der Laborschule bei John Dewey geführt. Erziehung sei primär Bildung und keine bloße Vorbereitung auf einen zukünftigen Beruf. Handarbeit sei daher kein Selbstzweck, sondern bedarf pädagogischer Begründung, die eben dann geleistet ist, wenn klar ist, was Handarbeit zur Bildung junger Menschen beiträgt, also zur »Formung des Charakters«. Löwi ging dazu auf Begriffe wie Arbeits- und Werk- und Wertegemeinschaft ein. Damit verließ der Vortrag den engen akademischen Rahmen. Arbeit könne nämlich nicht wegen ihres Bezugs zu ökonomischen Werten wertvoll sein, sondern vor allem dann, wenn die Arbeit Vorgaben folge, die der Arbeitende nicht nur sich selbst gegeben

1 Siehe Kap. 2.5. Als »Jude« in Breslau, 44 f.

2 Fink, F., Handarbeit als Erziehungsproblem, 1936, 2.

habe, sondern diese Befolgung auch von anderen verlange. Dies gelte insbesondere dann, wenn diese Forderung eine Bedingung für den Bestand der Gemeinschaft sei: Arbeit in diesem Sinne folge also einem Ideal. Dann zitiert der berichtende Franz Fink Löwi: »In diesem Falle sind wir Juden [...] da ohne Landarbeit die Juden als Volk offenbar nicht möglich sind.«[1] Das ist eine Begründung des Arbeitsideals des Zionismus und dem menschenverachtenden nationalsozialistischen Begriff der »Zwangsarbeit« diametral gegenübergesetzt. Löwi muss wohl seinen Vortrag mit einem zionistischen pathetischen Appell geschlossen haben:

> Freilich, geistige Arbeit soll darum nicht gering geachtet werden; mit ihr leben wir als Juden, durch sie schließen wir uns zusammen. Aber nicht weniger ist das Werk unserer Hände die Quelle, aus der unsere Gemeinschaft ihre lebendigen Kräfte schöpft. Zum Ideal erhöht, wird das Werk zur Tat, zum Trost für die Alten, zum leuchtenden Preis für die Hingabe der Jungen, vor allem aber zum Bürgen für ungezählte Tage des Glücks! Und so soll es sein![2]

Der Appell ist nur verständlich, wenn man bedenkt, dass die jüdische Bildungsarbeit für eine gesicherte Ausbildung der Jugend zu sorgen hatte, um ihre Emigration zu ermöglichen. Einwandern konnte man anderswo eben nur mit einer ordentlichen Ausbildung und einem guten Schulabschluss – und der Zionismus hatte mit seiner Kibbuz-Kultur auch sozialistische Züge. Aber man sieht, dass pädagogisch nichts ohne grundsätzlichen Bezug auf Werte bleiben kann. Es genügt heute daher nicht, Erziehungskonzeptionen allein auf das Verhältnis von Individuen (Lehrer – Schüler bzw. Erzieher – Zögling) zu beziehen, sondern auch auf die kontextstiftende Gesellschaft und Gemeinschaft. Diese sind aber auch in westlichen Gesellschaften immer mehr kulturpluralistisch binnengegliederte Lebenswelten. Eine Ursache dafür sind die globalen Migrationsbewegungen. Meier fordert daher in ihrer Dissertation eine Klärung des Verhältnisses von Individuum und Gemeinschaft im Hinblick auf eine »erzieherische Orientierung« in einer pluralistischen Umwelt sowie um eine Rechtfertigung der Orientierung gebenden Faktoren. Erforderlich seien eine Klärung des Kulturbegriffs und ein »transkulturelles Erziehungskonzept« – also eine prinzipientheoretische Geltungsanalyse des Kulturbegriffs und der konstituierenden Normen und Werte.[3]

In diesem Zusammenhang diskutiert Meier das Pädagogikkonzept Löwis. Der zugrundegelegte Kulturbegriff zeige ein offenes und pluralistische Kulturverständnis, das man als »transkulturell« bezeichnen könne.[4] Kulturen und Kulturbereiche verändern sich, wenn ihre Grundlagen reflektiert und kritisch auf ihr Wertefundament hin geprüft werden. Diese Aufgabe wird eine Gemeinschafts-

---

1 Ebd., 2.

2 Ebd., 2.

3 Meier, K., Kultur und Erziehung, 2014, 15.

4 Ebd., 80.

aufgabe, wenn jedes Mitglied durch Bildung in die Lage versetzt wird, sich dieser Aufgabe unterziehen zu können. Dann entwickeln sich Kulturen und Kulturbereiche nicht in beliebige Richtungen, sondern konvergieren in ihren werttheoretischen Grundlagen.[1] Erziehung und Unterricht bedeuteten daher letztlich nicht, den Menschen ausschließlich dazu zu befähigen, in einem vorgegebenen »geschlossenes« Werte- und Kultursystem leben zu können. Das ist zwar notwendig und deshalb besteht die Rede von zu erwerbenden Kompetenzen, die das Leben in einer bestimmten Gesellschaft zu meistern gestatten, zu Recht. Aber das ist nur der vorletzte Zweck von Bildung und Erziehung. Nach Löwi kann der letzte Zweck der Erziehung nur ein anderer sein. Erziehung müsse den Menschen ermöglichen, sich von fremden Meinungen zu befreien und sich seines eigenen Verstandes zu bedienen, damit er für sich selbst und andere frei Verantwortung übernehmen könne und »sich zu den Gegebenheiten der Welt ins Verhältnis setzt«.[2] Ließe sich nachhaltiger kulturellem Misstrauen, Fremdenhass und Rassismus begegnen?

---

1 Ebd., 129.
2 Ebd., 223.

7. Die Grundlagen der klinischen Psychiatrie

Noch einmal erschließt sich in den Arbeiten Löwis ein neuer Problemkomplex. Löwis psychologische Arbeiten fallen in eine Zeit der methodischen und theoretischen Selbstklärung der klinischen Psychiatrie. Ursprünglich Psychologe, arbeitete Löwi um 1930 für einige Jahre in Breslau mit dem Neurologen Otfried Foerster zusammen. Dabei wurde er mit den dort praktizierten, überwiegend neurologischen Forschungs- und Behandlungsmethoden vertraut. Über mehrere Jahre kam es in einem interdisziplinären gemeinsamen Forschungsprojekt zur Klärung neurologischer und damit verbundener psychologischer Fragen. Das damit verbundene Forschungsprogramm nahm Löwi nach der Emigration bis zu seinem Tod wieder auf. Wiederum ist sein treibendes Forschungsmotiv zutiefst philosophisch: Was der Mensch als Subjekt sei, wie er Subjekt angesichts bedingender natürlicher Determinationen seines Organismus bleiben könne, auch angesichts von Krankheiten und Verletzungen, die in ihren Konsequenzen tief in die menschliche Psyche eingreifen. Inwiefern ist auch ein solcher, beliebig schwer verletzter Mensch Subjekt? Möglich, dass die eigene schwere Kriegsverletzung ein weiteres Motiv bildete, aber der Hauptantrieb war sicher »die Sache selbst«: Wie wirken Psyche und Körper zusammen? Bilden sie nicht eine untrennbare Einheit, die erst zusammen Menschsein ausmachen? Was bedeutet es also, hier vom Menschen als Subjekt zu sprechen? Denn in der Medizin kehrt diese Thematik in der Frage nach dem Verhältnis von Psyche und Soma wieder. Löwis Interesse an der Medizin, insbesondere an Neurologie und Psychiatrie, war philosophisch begründet. Es hängt auch mit der besonderen Etablierung der Psychiatrie als akademisches und praktisches Fach an der Universität Breslau zusammen, die so oder ähnlich vermutlich auch an anderen Universitäten abgelaufen sein könnte. Die medizinhistorische Entwicklung kann hier nur skizziert werden; für ausführlichere Darstellungen verweise ich auf Standardwerke der Medizin- und Psychiatriegeschichte.

1. Zur Geschichte der Psychiatrie an der Universität Breslau

Die Universität Breslau war seit Mitte des 19. Jahrhunderts einer der Orte in Deutschland, an denen sich die Entwicklung und Emanzipation der Psychiatrie zu einer eigenständigen anerkannten Teildisziplin der Medizin entschied. Entstanden ist die Psychiatrie aus der Inneren Medizin, der Neurologie und der Psychologie. In Deutschland lässt sich die Entstehung der klinischen Psychiatrie mit den

Arbeiten Wilhelm Griesingers (1817-1868) verbinden. Der Mediziner Griesinger war Internist, später auch Psychiater und ein früher Wegbreiter der sich seit etwa 1900 etablierenden klinischen Psychiatrie.[1] Natürlich lassen sich Krankheitsbilder, die üblicherweise mit den Begriffen Wahnsinn, Geisteskrankheit oder Psychose verbunden sind, in der gesamten menschlichen Kulturgeschichte nachweisen. Aber im Zuge der preußischen Reformen nach 1807 kam es zu wesentlichen Veränderungen im Zuchthaus- und Irrenanstaltswesen. Psychisch Kranke und Kriminelle wurden zunehmend in getrennten Anstalten untergebracht. In der preußischen Provinz Schlesien kam es seit Beginn des 19. Jahrhunderts zur Gründung eigener psychiatrischer Anstalten, Krankenhäusern und zur Gründung erster Lehrstühle für Psychiatrie. So kam der Mediziner Heinrich Neumann (1814-1884) 1851 an die Friedrich-Wilhelms-Universität. Im selben Jahr ernannte ihn der Rat der Stadt Breslau, parallel zu seiner Berufung als Extraordinarius für Psychiatrie an der Universität, zum Primärarzt der psychiatrischen Abteilung des städtischen Allerheiligenhospitals. Dort hielt er auch seine klinischen Vorlesungen. 1861 berief man ihn als Ordinarius für Psychiatrie.[2] Neumann, ein Reformer des Krankenhauswesens, strebte in Breslau die räumliche und fachliche Trennung der Psychiatrie von der Inneren Medizin an, die allerdings erst sein Nachfolger Carl Wernicke (1848-1905) durchsetzen konnte. So initiierte er 1889 den Neubau der städtischen »Irrenanstalt«, die auch die psychiatrische Universitätsklinik provisorisch aufnahm.[3] In der neuen psychiatrisch-neurologischen Universitäts-

---

1 Eine umfangreiche ältere, ideengeschichtlich geprägte Geschichte der Psychiatrie stammt von Leibbrand, W. / Wettley, A., Der Wahnsinn, 1961. Einen fundierten Überblick gibt das Standardwerk Schott H. / Tölle, R., Geschichte der Psychiatrie, 2006. Dagegen ist der von Shorter vertretene biologistische Ansatz mit der These verbunden, die Geschichte der Psychiatrie seit 1800 sei geradlinig verlaufen. Dieser Ansatz ist kritisch zu sehen, da das von ihm vertretene Wissenschaftsverständnis nicht problematisiert wird: Die Geschichte der Psychiatrie »setzt bei jenen Irrenärzten ein, die überzeugt waren, daß die Ursachen für Geisteskrankheiten im Gehirn zu finden seien, spürt dann der Unterbrechung dieses Denkens in jenem halben Jahrhundert nach, in dem unter der Vorherrschaft von Freuds Theorien Gehirn und Seele getrennt wurden, und schließt mit dem Siegeszug der modernen Erkenntnisse über den Primat des Gehirns.« Shorter, E., Geschichte der Psychiatrie, 2003, 9. Besonders bedenklich in ihrer latent antisemitischen Färbung sind die Ausführungen über das Judentum: »Doch dann kam der zweite Schock, der Holocaust [...] Hunderttausende, die gerade erst Teil der Mittelschicht geworden waren, wurden aus ihrer komfortablen europäischen Existenz herausgerissen und mit dem Alptraum konfrontiert, von heute auf morgen eine Passage nach Amerika ergattern zu müssen. Diesem Schock [...] war die Sehnsucht der Juden in den Vereinigten Staaten nach irgendeinem Symbol ihres eigenen Wertes zuzuschreiben, einem kollektiven Zeichen ihres Stolzes im Chaos des fremden Lebens. Dieses Symbol, so behaupte ich, war die Psychoanalyse.« Ebd., 277-87, 279. Zu Griesinger vgl. Schott H. / Tölle, R., Geschichte der Psychiatrie, 2006, Kapitel 6, 66-78.

2 Schott, H. / Tölle, R., Geschichte der Psychiatrie, 2006, 572.

3 Lanczik, M. / Schiffers, J., Keil, G., Zur Geschichte des psychiatrischen Krankenhauswesens, 1994, 53-58.

klinik verband Carl Wernicke die Psychiatrie mit der Neurologie, eine Verbindung, die weit über Deutschland hinaus beispielhaft wirkte. Wernickes Interesse galt der Hirnforschung und der Neurologie im Allgemeinen. So wurde Breslau zu einem damaligen Zentrum der neuropathologischen Psychiatrie.[1] Die enge Verbindung zur Neurologie bestand unter Wernickes Nachfolgern weiter. Nervenheilkunde bzw. Neurologie war zunehmend eine zusammenfassende Bezeichnung für Psychiatrie und Neurologie.[2] 1916 wurde der weit über Breslau hinaus bekannte Psychiater und Neurologe Oswald Bumke (1877-1950) Direktor der Psychiatrischen Universitätsklinik und Lehrstuhlinhaber. Auch nach seinem Weggang aus Breslau nach München 1921 blieb die Zusammenarbeit mit dem in Breslau arbeitenden und lehrenden Otfrid Foerster erhalten, der ebenso wie Bumke der Expertenkommission angehörte, die Lenin 1923 in Moskau behandelte.[3] Nach der Emeritierung Foersters im Jahr 1938 übernahm Werner Wagner (1904-1956) die kommissarische Leitung. Er habilitierte sich 1936 in Breslau für Psychiatrie und Neurologie und übernahm als Privatdozent 1938 neben der Klinikleitung auch die Lehrstuhlvertretung bis 1940.[4]

Das letzte Kapitel der Universitätspsychiatrie in Breslau offenbart eine »dunkle Seite der Psychiatrie«.[5] Bereits in den dreißiger Jahren geriet selbst der berühmte Otfrid Foerster in Schwierigkeiten, sicher auch wegen seiner »halbjüdischen« Frau.[6] Mit der Übernahme von Klinik und Lehrstuhl durch Werner Villinger (1887-1961) war die Breslauer Psychiatrie zumindest indirekt in die NS-Verbrechen involviert. Bereits seit 1934 als Chefarzt in Bethel wirkte er an der Zwangssterilisation[7] Minderjähriger mit, vermutlich auch an Euthanasieaktionen »und möglicherweise auch an medizinischen Versuchen bei hospitalisierten psy-

---

1 Schott, H. / Tölle, R., Geschichte der Psychiatrie, 2006 224.

2 Ebd., 90. Auf Wernicke folgten ab 1907 zunächst sein Schüler Karl Bonhoeffer (1868-1948), dann Aloysius Alzheimer (1864-1915), der Entdecker der nach ihm benannten Demenzerkrankung. In der Klinik arbeitete zur gleichen Zeit der Neurologe Hans Creutzfeldt, Mitentdecker der nach ihm benannten Hirnerkrankung.

3 Mikorey, M., Bumke, Oswald, 1957, 15-16. Bumke und Foerster gaben gemeinsam das monumentale mehrbändige Lehrbuch der Neurologie heraus.

4 Kreuter, A., Deutschsprachige Neurologen und Psychiater, Bd. 1, 1996, 1518 f.

5 Der Begriff geht auf ein Gespräch mit Dr. Ralf Seidel zurück.

6 Vgl. dazu Gottwald, W., Otfrid Foerster (1873-1941) am Beginn der modernen Neurochirurgie, 1995, 445.

7 Grundlage war das »Gesetz zur Verhütung erbkranken Nachwuchses« vom 14. Juli 1933. In: Reichsgesetzblatt 1933, I, hg. v. Reichsministerium des Innern, 529: Wer erbkrank ist, kann durch chirurgischen Eingriff unfruchtbar gemacht (sterilisiert) werden, wenn nach den Erfahrungen der ärztlichen Wissenschaft mit großer Wahrscheinlichkeit zu erwarten ist, dass seine Nachkommen an schweren körperlichen und geistigen Erbschäden leiden werden.« Als erbkrank gilt angeborener Schwachsinn, Schizophrenie, manisch-depressives Irresein, erbliche Fallsucht, Chorea Huntington, erbliche Blind- und Taubheit, schwere erbliche körperliche Missbildung und schwerer Alkoholismus.

chisch Kranken«.[1] Vorgeworfen wurde ihm auch, zu den etwa vierzig Gutachtern gehört zu haben, die im Rahmen der »Aktion T 4« zwischen 1940 und 1945 entschieden, wer getötet werden solle. Skandalöserweise war Villinger übrigens noch 1961 Gutachter im Wiedergutmachungsausschuss des Deutschen Bundestages. Dort vertrat er den Standpunkt, bei den Zwangssterilisationen habe es sich nicht um nationalsozialistisches Unrecht gehandelt. Diese Gutachten haben dazu geführt, dass die etwa 400.000 Opfer der Zwangssterilisationen nicht entschädigt wurden.[2] In Breslau war Villinger 1940/41 nach eigenen Angaben als beigeordneter Richter am »Erbgesundheitsobergericht« tätig. Seine Haltung und seine Entscheidungen zur Zwangssterilisation hat er bis zu seinem Tod nicht bedauert.[3]

Viktor von Weizsäcker (1886-1957) war von 1941-1945 der letzte Lehrstuhlinhaber für Psychiatrie und Neurologie an der Breslauer Universität. Er war Direktor des Neurologischen Forschungsinstituts in der Nachfolge von Otfrid Foerster und gleichzeitig Ordinarius für Neurologie. Der Internist und Neurologe Weizsäcker wurde nach dem Krieg als Vertreter der psychosomatischen Medizin und medizinischen Anthropologie bekannt. Er gehörte zu denjenigen, die eine Orientierung der Psychiatrie und der Medizin insgesamt am kranken Menschen forderten, da die Medizin Gefahr laufe, den Menschen nur als Objekt zu betrachten.[4] Mit seinen Arbeiten zur medizinischen Anthropologie stand Weizsäcker nicht nur existentialistischen und phänomenologischen Ansätzen der philosophi-

---

1 Schott, H. / Tölle, R., Geschichte der Psychiatrie, 2006, 181. Dort wird verwiesen auf Schmuhl, H.-W., Zwischen vorauseilendem Gehorsam und halbherziger Verweigerung, 2002, 1058-1063.

2 »Entschädigen wir, so läuft man natürlich Gefahr, daß eine gewisse Neurotisierung dieser Sterilisierten stattfindet. Bespricht man die Dinge in der Öffentlichkeit sehr eingehend, so läuft man Gefahr, daß wiederum eine Welle von Neurosen erzeugt wird [...] Es ist die Frage, ob dann nicht neurotische Beschwerden und Leiden auftreten, die nicht nur das bisherige Wohlbefinden und [...] die Glücksfähigkeit dieser Menschen, sondern auch ihre Leistungsfähigkeit beeinträchtigen.« Deutscher Bundestag, 3. Wahlperiode, 7. Ausschuss, Protokoll 34, 13. April 1961, 16. Vgl. dazu die Arbeit von Gerst, T., Gesetz zur Verhütung erbkranken Nachwuchses: Ächtung nach 74 Jahren, 2007, A14. In der Kurzbiographie dort heißt es: »Prof. Dr. Werner Villinger, NSDAP-Mitglied, 1934 Chefarzt der Bodelschwinghschen Anstalten in Bethel (bis September 1936 wurden dort 2854 Personen zur Sterilisation angezeigt), Richter am Erbgesundheitsobergericht, als zentraler »Euthanasie«-Gutachter verantwortlich für die Selektion und Tötung *biologisch Minderwertiger*, 1958 Mitbegründer der »Bundesvereinigung Lebenshilfe für das geistig behinderte Kind«, Großes Bundesverdienstkreuz.« Der Text des Bundesentschädigungsgesetzes (BEG) vom 18.9.1953 ist online abrufbar.

3 Deutscher Bundestag, 3. Wahlperiode 1957, Protokoll 34. Sitzung des Ausschusses für Wiedergutmachung am Donnerstag, dem 13. April 1961, 13. Zum Umgang mit den Opfern der Zwangssterilisation in der Bundesrepublik Deutschland siehe auch Herrmann, S. / Braun, K., Das Gesetz, das nicht aufhebbar ist, 2010.

4 »Damit richtete er das Augenmerk auf die Person des Kranken, dessen Biographie, das Arzt-Patienten-Verhältnis, den *Sinn* der Krankheit und einen neuen Krankheitsbegriff, der sich gegen die Verengung in der naturwissenschaftlichen Medizin richtete.« Schott, H. / Tölle, R., Geschichte der Psychiatrie, 2006, 509.

schen Anthropologie nahe, sondern auch den subjektstheoretischen Ansätzen Hönigswalds und Löwis. Wie schon bei Villinger, war auch unter der Leitung von Weizsäckers das Ordinariat[1] teilweise in die Verbrechen der »Kinder-Euthanasie« verstrickt, an denen aber von Weizsäcker sicher nicht mitgewirkt hat. In einer Weizsäckers Institut unterstellten Abteilung untersuchte der Neuropathologe Hans-Joachim Scherer Gehirn und Rückenmark auch von Menschen, die im Rahmen des Euthanasieprogramms »Aktion T4« ermordet wurden.[2]

Immer wieder sind zu einer humanen wissenschaftlichen Psychiatrie gegenläufige Tendenzen zu konstatieren, insbesondere dort, wo die Psychiatrie in eine ideologische Abhängigkeit zu anderen Wissenschaften oder pseudowissenschaftlichen Weltanschauungen geraten ist. Die wissenschaftliche Psychiatrie hatte sich schon von Beginn an gegen fachfremde esoterische, pseudowissenschaftliche und ideologische Vereinnahmungen zu wehren versucht, etwa gegen den Sozialdarwinismus oder die Degenerationslehre, also der Theorie von der »Entartung«, durch die nicht nur Psychosekranke, Psychopathen oder Kriminelle stigmatisiert wurden, sondern vor allem auch Juden. Gestützt wurden diese Theorien auf unkritisch übernommene, empirisch unhaltbare biologische, soziologische oder theologische Vorstellungen.[3] Diese »dunkle« Seite der Psychiatrie fand ihre schlimmste Ausprägung in der sogenannten »Aktion T4«, die den Massenmord an psychisch kranken und behinderten Menschen an psychiatrischen und anderen Kliniken und Anstalten in Deutschland vollzog.[4]

---

1 »Mit diesem Ordinariat war die Leitungsfunktion für das Breslauer Hirnverletztenlazarett (460 Betten), das neurologische Forschungsinstitut mit einer Neuropathologie, eine neurologische und neurochirurgische Klinik verbunden.« Rimpau, W., Weg zur anthropologischen Medizin: Viktor von Weizsäcker, 1987, 57.

2 »Es besteht kein Zweifel, dass in den Jahren 1942 bis 1944 über 200 Obduktionsberichte von Dr. Scherer erstellt wurden über Gehirn- und Rückenmarkpräparate von Patienten, die im Rahmen der nationalsozialistischen »Kinder-Euthanasie« getötet worden waren. Die Zusendungen erfolgten aus der Landesheil- und -pflegeanstalt Lublinitz, in der sich auch eine Kinderfachabteilung befand. Viele dieser dort behandelten Kinder litten an körperlichen und geistigen Behinderungen und wurden mit großer Wahrscheinlichkeit durch die Verabreichung von Luminal im Rahmen der *Kinder-Euthanasie* getötet.« Stoffels, Hans / Achilles, Peter: Viktor von Weizsäcker und der Nationalsozialismus, 2020.

3 »Auch als um 1900 die Erbforschung aufkam und scheinbar die Degenerationslehre bestätigte, blieb Letztere im medizinischen wie im sozialpolitischen Denken wirksam und bahnte in Verbindung mit dem Sozialdarwinismus und der Rassenhygiene den Weg zu den Verbrechen der Zwangssterilisation, Krankenmorde (*Euthanasie*) und Judenvernichtung (*Endlösung*) im Nationalsozialismus«. Schott, H. / Tölle, R., Geschichte der Psychiatrie, 2006, 99.

4 Seidel, R., Euthanasie im Nationalsozialismus, 2000, 25-37, und Meyer, J.-E. / Seidel, R., Die psychiatrischen Patienten im Nationalsozialismus, 1989, 369-396.

2. Löwi am Norwich State Hopital

Ein weiterer Aspekt lässt die geschichtliche Entwicklung der Psychiatrie in einem ambivalenten Licht erscheinen. Offenbar herrschten, aus heutiger Sicht, teils schlimme Verhältnisse an den psychiatrischen Kliniken im 19. und frühen 20. Jahrhundert, selbst wenn man berücksichtigt, dass diese gegenüber den bloß wegsperrenden »Irrenhäusern« einen gewaltigen sozialen und medizinischen Fortschritt brachten. Ab Mitte 1943 arbeitete Löwi als »research associate for psychatry« am Norwich State Hospital, einer großen psychiatrischen Klinik, sowie am Hartford Junior College, einem College für Frauen. Es gibt einen Untersuchungsbericht aus dem Jahr 1939, der Organisation und Behandlung der Patienten beschrieb.[1] Die Klinik nahm neben »Geisteskranken« weitere Patientengruppen auf: Menschen mit körperlichen und geistigen Behinderungen und Krankheiten, Geriatrie-Patienten, Drogenabhängige, aber auch verurteilte Kriminelle wie Mörder oder Gewalttäter. Zwischen 1931 und 1939 wurden dort auch Tuberkulose-Patienten untergebracht, deren fachgerechte Behandlung keineswegs sichergestellt war. 1939 war die Klinik deutlich überbelegt und unterfinanziert. Ausgelegt in den dreißiger Jahren für 2460 Betten, lag die Zahl tatsächlich bei über 2900, was offenbar auch an anderen Kliniken üblich war. Entlassen oder ambulant behandelt wurde eher selten, so blieben die Patienten oft bis zu ihrem Lebensende, was die hohen Belegungszahlen erklären würde. Eine Folge des Fach- und Pflegepersonalmangels waren zumindest gelegentlich vorkommende Misshandlungen[2] sowie eine inakzeptable Behandlung und Versorgung der Patienten. Diagnosen erfolgten wohl mit erheblicher zeitlicher Verzögerung und häufig unvollständig, Entsprechendes galt für die Behandlungen. Dazu zählten Fixierungen, auch Formen von Fesselungen und Zwangsjacken. Auch am Norwich State Hospital kam es in den 1940er Jahren zu zahlreichen Lobotomien als Behandlung von Psychosen, zur Schmerzbehandlung oder gar zur Änderung

1 Der Kommissionsbericht ist in der Connecticut State Library vorhanden: Connecticut Commission on the Treatment and Care of People Afflicted with Physical or Mental Disabilities: A survey of the Norwich State Hospital by the Commission appointed under Special Act 548, 1939.

2 Ebd., 21 f.

sozial unerwünschter oder krimineller Verhaltensweisen.[1] Einiges spricht für eine Verbesserung der Verhältnisse den vierziger Jahren, wofür nicht zuletzt eine neue Klinikleitung und eine verbesserte finanzielle Ausstattung verantwortlich waren.[2] Der Personalmangel aber, verstärkt durch den Abzug medizinischen Personals durch den 2. Weltkrieg, konnte nur durch Patientententlassungen gemildert werden – die Belegung sank in dieser Zeit. Alles in allem waren die Bedingungen, die Löwi antraf, offensichtlich so, dass eine Wiederaufnahme seiner Forschungsarbeit erfolgen konnte, während seine Frau in der Klinik als Krankenschwester arbeitete.

Bis zum Lebensende wurde nun die Frage der Bedeutung der experimentellen Psychologie für die klinische Psychiatrie wesentlich. Löwi knüpft dabei sowohl an die gemeinsame Arbeit mit Foerster in Breslau wie auch an die Untersuchungen mit Käthe Stern zum Leseverständnis an, insbesondere an die Hypothesen, Wahrnehmung und Verstehen seien wesentlich aktive Leistungen des Subjekts.

Das am Connecticut-College etablierte experimentelle Verfahren wurde nun mit klinischen Probandinnen und Probanden durchgeführt. Am Norwich State Hospital hat Löwi nochmals einen Neurologen gefunden, mit dem er zusammenarbeiten konnte. Mit Louis Cohen[3] untersuchte er Fälle von Psychosen, die er mit den bereits am Connecticut College erzielten Ergebnissen verglich. Löwis letzte

---

1 Nijensohn, D., u.a., Psychosurgery: Past, Present, and Future, Including Prefrontal Lobotomy and Connecticut's Contribution, 2014, 455. Im Präfrontalkortex sind bestimmte kognitive, psychische und das Sozialverhalten steuernde Funktionen verortet. Vgl. dazu Klinke, R., u.a. (Hg.), Physiologie, 2005, 806: »Ein unrühmliches Beispiel für fehlgeleitete Korrelationen und resultierende medizinische Praxis ist die in den 30er- und 40er-Jahren vor allem in den Vereinigten Staaten von Amerika in Tausenden von Patienten zur Behandlung von Symptomen *geistiger Verwirrtheit* durchgeführte neurochirurgische Resektion des Frontallappens bzw. Durchtrennung fronto-thalamischer Bahnen (*Lobotomie, Leukotomie*). Die Eingriffe hatten vielfältige hirnorganische Psychosyndrome und Persönlichkeitsveränderungen zur Folge. »Psychosurgery has been used as a treatment of psychiatric illness, intractable pain, and as a means to control and modify violent human behavior. The latter has been the source of multiple books, speeches, and motion pictures. The threat of psychosurgical procedures to society for reasons other than purely medical ones has occurred in the past both in totalitarian regimes as well as in some democratic states. A major threat is when it is used for political purposes. Ethics of neuroscience is essential in the present psychosurgical guidelines and in the study and practice of psychosurgery.« Nijensohn, D., u.a., Psychosurgery: Past, Present, and Future, 2014, 461. Der Klinische Direktor des Norwich State Hospitals, Louis H. Cohen, beschrieb die üblichen Behandlungsmöglichkeiten. Vgl. dazu den Bericht von Cohen, L. e.a., Frontal Lobotomy in the Treatment of Chronic Psychotic Overactivity, 1942, 96-104.

2 Connecticut Commission on the Treatment and Care of People Afflicted with Physical or Mental Disabilities: A survey of the Norwich State Hospital by the Commission appointed under special Act 548, 1939, Summary.

3 Cohen war zu dieser Zeit Klinischer Direktor am Norwich State Hospital. Er vertrat den Standpunkt, »that mental illness has a psychological as well as organic basis«. Vgl. dazu den biographischen Bericht in der Klinikzeitung des Norwich State Hospitals: Introducing the Staff. The Clinical Director, in: *The Stylus*, 2 (1942)1, 1 u. 4.

psychologische Forschungen untersuchten die Faktoren, die das Verstehen und Begreifen von Wort-, Satz- und Sprachverstehen bestimmen, und zwar an »gesunden« College-Schülerinnen wie auch an Aphasie oder Schizophrenie leidenden Patientinnen und Patienten im Norwich State Hospital.[1] Untersucht wurde, was sich unter gleichen Versuchsbedingungen bei Aphasie- oder Schizophrenie-Patienten ändert. Cohen und Löwi gelangten zu einem qualitativen Ergebnis. Es gibt offenbar vier Arten von Auffassungs- bzw. Verständnisstörungen, wobei die Patienten typischerweise mehrere Störungsmuster besaßen: von 84 Patienten zeigten 38 zwei oder mehr »comprehension-defects«.[2] Die beobachteten Reaktionen haben Löwi und Cohen daher in vier Gruppen zusammengefasst:

Typ 1: Mindestens ein Fragment wurde aufgegriffen, führte aber zu freier Unterhaltung. Die geäußerten Ergebnisse hatten nur entfernt mit dem eigentlichen Satz zu tun, z.B.:

> Exposed Sentence: *A dog barked at night. Response*: Somebody wanted to go in the house to rob a girl, money, cloth, a diamond,or to kill somebody and the boss of the house knows his dog, he puts on the light ...[3]

Typ 2: Die wenigen entdeckten Fragmente wurden zu neuen Sätzen mehr oder minder passend arrangiert, hatten aber wenig mit der ursprünglichen Bedeutung zu tun, z.B.:

> Exposed Sentence: *Fear springs from lack of understanding. Response*: When you are afraid you cannot understand what another speaks to you.

Typ 3:. Einige Fragmente wurden unter Ausschluss anderer Fragmente erkannt, etwa:

> Exposed Sentence: *Fear springs from lack of understanding. Response*: When you don't get the meaning of something, that's all I can say.

Typ 4: Die Fragmente wurden isoliert in einer stereotypen Weise angeordnet, so dass der Ergebnissatz Wort- oder Satzteile des Ursprungssatzes enthält, etwa:

> Exposed Sentence: *A dog barked at night. Response*: When it is night time and a dog barked at night.

---

1 Löwi, M., Observations on Comprehending, 1943, und Löwi, M. / Cohen, L. H.: Comprehension-defects in the psychoses, 1945.

2 Löwi, M. / Cohen, L. H.: Comprehension-defects in the psychoses, 1945, 393. Aufgrund von Gesprächen mit Löwi über die Untersuchungsergebnisse gibt Cohen an, dieser würde seinen Schlussfolgerungen zugestimmt haben. Ebd., 391.

3 Alle Beispiele ebd., 395.

Löwi und Cohen behandelten Psychotiker und Aphasiker wie *Menschen,* die unter den gleichen psychischen und physiologischen Bedingungen stehen wie die »Normalen« bzw. »Gesunden«.[1] Daher sind die Grundbedingungen, die für jedes Subjekt gelten, auch die Grundlage des Verständnisses von organischen oder psychischen Erkrankungen. Auch ein kranker Mensch erlebt und verständigt sich; dieser ist »jemand« wie der gesunde Mensch auch. Defizite in der Verständigung oder im Erleben sind bei Subjekten immer nur auf der Grundlage zu verstehen, dass sie als Subjekte dieser Verständigung und dieses Erlebens grundsätzlich fähig sind. Deshalb bestimmen Prinzipien wie Gemeinschaft, Verständigung und Erleben auch den psychisch kranken Menschen, und nur auf dieser Grundlage kann überhaupt bestimmt werden, worin das spezifisch »kranke« Erleben abweicht. Das ist die große Leistung Löwis: die psychologische Wurzel der klinischen Psychiatrie gegenüber den neurochirurgischen neurologischen Methoden wieder als wesentlichen Faktor zu berücksichtigen und zu stärken. Dass Psychosen nicht einfach wegoperiert oder wegtherapiert werden können, ohne zu bedenken, dass es *Subjekte* sind, um deren »krankes« Erleben es geht. Löwi und Cohen geben also gar nicht darauf ein, ob Psychosen auf physiologische, psychische oder andere multikausal wirkende Faktoren zurückgeführt werden können. Selbst bei physiologischen Schäden lässt sich als symptomatische Folge eine »gestörte« Kommunikation beobachten. Denn die Kommunikation sprachgestörter und psychotischer Patienten scheint sich als eine Störung des Begreifens und Verstehens von Wörtern oder Sätzen zu manifestieren. Bei intakten physiologischen Voraussetzungen der Patienten gelang ihnen jene Selbstkorrektur des antizipierenden Suchens nach sinnvollen Bedeutungen und korrigierender Überprüfung nicht, deren die getesteten College-Studentinnen fähig waren. Das ist jedenfalls die These von Cohen und Löwi, die nicht nur mit einschlägigen psychologischen Positionen aus der deutschen Psychologie belegt[2], sondern auch gegenüber der

1 »The problem of communication, from the viewpoint of the «meaning" or «image," *i.e.* the *comprehension* of the *isolated* word, was of great interest to psychologists for many years. It received new impetus with the advent of experimental psychology, particularly with the introduction of the word-association experiments. These studies made available a means for studying the thought processes of mentally sick as well as mentally healthy subjects under experimentally controlled conditions and eventually led to observations which could be included within a systematic psychiatry.« Ebd., 391.

2 Bleuler, Schneider, Kraepelin werden genannt. Ebd., 398-400.

damaligen amerikanischen Forschung und psychiatrischen Praxis verteidigt wird.[1] Zugleich lehnen beide die klassische Assoziationspsychologie als »mechanistisch« ab und setzen dagegen, wenn man die entsprechenden Experimente Löwis in Breslau und am Connecticut College berücksichtigt, ein denkpsychologisches Konzept:

> The attempt to describe disturbance of the process of comprehending as a common basis for the symptomatology of all mental disorders would therefore have to consider impairment of the association-mechanism as most important. Furthermore, it must show how association operates in all our acts of comprehending, particularly in our communication with other people. When the association-mechanism does not work correctly, even for one of the communicating partners, it is impossible to come to any mutual understanding; that is, neither person comprehends the other, hence neither person can communicate with the other. They may speak the same words but they cannot speak the same language.[2]

Leider konnten die Versuche wegen des plötzlichen Todes Löwis nicht fortgesetzt werden. Auch war Cohen wohl eher an konventionellen und später vor allem an Therapien interessiert, die auf dem Einsatz von Medikamenten beruhen.[3] Einer der nächsten Schritte wäre der Versuch einer klinisch-quantitativ abgesicherten Überprüfung einer Zuordnung dieser vier Typen von Verständnisstörungen zu den jeweils gestellten klinischen Diagnosen gewesen.[4] Wäre dies gelungen, die klinische Psychiatrie in den USA wäre möglicherweise vielleicht schon in den vierziger Jahren auf dem Weg fort von vorrangig operativen Therapien hin zu psychologisch-therapeutischen Behandlungen und Gesprächstherapien von Sprachstörungen und Psychosen gewesen.

Die Frage nach den Grundlagen erscheint nicht zuletzt bedeutsam im Hinblick auf die wechselvolle Geschichte der Psychiatrie. Sie stellt sich besonders im Hinblick auf die Bestimmung der Grenzen, die nicht überschritten werden dürfen. Es ist einfach, diese Beschränkung auf der Grundlage »extern« herangetragener ethischer Prinzipien und verbindlicher Rechtsprechung zu setzen. Diese Beschrän-

---

1 »It seems to us that association-disturbance is as common in the psychoses as in the various forms of aphasia. In psychosis, as in aphasia, communication with the external world is jeopardized due to disturbance in association and the consequent unavailability for expression of suitable speech material. Probably some psychologists will think us old-fashioned in making responsible for the inability to communicate the disturbance of an *association-mechanism.* For more than three decades no psychological concept was so much the target of critical attack as that of association, and this attitude has been adopted by many psychiatrists and clinical psychologists.« Ebd., 398 f.

2 Ebd., 399.

3 Cohen hat später dazu eine Reihe von Aufsätzen publiziert.

4 Cohen hat dies wegen der kleinen Stichprobe statistisch nicht sicher auswerten können. Löwi und Cohen vermuteten, dass sich solche Zuordnungen eher nicht nachweisen lassen. Verständnisstörungen beruhen nicht (immer) auf kausalen physiologischen Gründen.

kungen hätten ihren Grund in der unveräußerlichen Menschenwürde. Hier eine Begründung zu geben, hieße, die Diskussion als eine ausschließlich medizinethische Diskussion zu führen. Damit wird aber ein Aspekt ausgeblendet, der methodisch aus dem Begriff der Psychiatrie folgt. Es bedarf nicht ethischer Prinzipien, um bestimmte Therapieformen auszuschließen. Die Idee, die Löwi im Anschluss an Hönigswald verfolgt, ist, dass menschenunwürdige Behandlung eine spezifisch psychiatrische Behandlung unmöglich macht. Psychiatrie ist ihrem Begriff nach nur möglich, wenn ihre Beziehung zum Begriff der Subjektivität geklärt ist und auf diesen gegründet wird. Moralisch unerlaubte psychiatrische Maßnahmen widersprechen zugleich diesem Begriff der Psychiatrie: sie wären verbrecherisch, aber auch medizinisch nicht legitimiert. An Versuchen, diese Fundierung zu leisten, hat es jedenfalls nicht gefehlt.[1]

Bis heute scheint es keine allgemein anerkannte geschlossene kausale Theorie der Psychiatrie auf ausschließlich physiologischer Grundlage zu geben. Möglicherweise verweist diese Lage auf ein ungeklärtes Grundlagenproblem. Wir finden schon bei Löwi Hinweise auf die Prinzipien, die einen kritisch geklärten Begriff der Psychiatrie ausmachen. Im Gefolge von Hönigswalds Denkpsychologie haben sie sogar Berücksichtigung in der Psychiatriebegründung Binswangers gefunden. Auch hier weist eine Klärung des »Problems der Subjektivität« den Weg, wenn sie mit philosophischer Grundlagenkritik verbunden ist.

3. Daseinsanalyse: Binswanger und Hönigswald

Wenige Monate vor Hönigswalds Tod 1947 in New Haven kam es zu einem letzten thematisch bestimmten Briefwechsel mit Ludwig Binswanger. Es ging um die Grundlagen der Psychiatrie, insbesondere, auf welchen wissenschaftstheoretischen Grundlagen diese zu stellen sei. Die Thematik haben beide seit den zwanziger Jahren immer wieder diskutiert und darüber hinaus eine freundschaftliche Beziehung gepflegt, die auch in widrigen Zeiten nicht abgerissen ist. So war Binswanger – der mit anderen 1933 gegen die Entlassung Hönigswalds an der Universität München protestiert hatte, an der Emigration Hönigswalds in die Schweiz beteiligt. Nach 1933 hat sich Binswanger für Hönigswald eingesetzt, so hat er etwa eine Anstellung in der Schweiz und den Niederlanden mit zu initiieren und Schriften Hönigswalds außerhalb Deutschlands zu publizieren ver-

1 Ein frühes Beispiel ist bei dem (jüdischen) Psychiater Arthur Kronfeld (1886-1941) zu finden, der sich nach seiner Emigration in Moskau angesichts der drohenden Einnahme durch deutsche Truppen das Leben nahm. Zu Arthur Kronfeld vgl. Schott, H. / Tölle, R., Geschichte der Psychiatrie, 2006, 187 u. 589. Kronfeld, A., Das Wesen der psychiatrischen Erkenntnis, 1920.

sucht. Auch während des Krieges riss die langjährige Korrespondenz nicht ab.[1] Ludwig Binswanger (1881-1966) stammte aus einer Schweizer Psychiaterfamilie, die eine Privatklinik (»Bellevue«) in Kreuzlingen am Bodensee führte. Binswanger leitete die Klinik bis 1956. Während seiner Assistenzzeit an der psychiatrischen Klinik »Burghölzli« in Zürich lernte er Bleuler und C. G. Jung kennen sowie die von ihnen vertretene Psychoanalyse. Später entstand ein lebenslanger Kontakt mit Freud, dessen Psychoanalyse aber eher nicht auf Binswangers eigenem Weg lag.[2] Binswanger suchte nach einer anthropologischen Begründung der Psychiatrie, die den Menschen »ganz« und nicht dualistisch im Sinne einer Subjekt-Objekt-Spaltung begreift.

Der philosophisch gebildete Binswanger fand zunächst in der Phänomenologie Husserls eine Theorie, die eine solche Konzeption zu ermöglichen schien. Zwar war es Husserls Bestreben, die kartesianische Subjekt-Objekt-Spaltung zwischen Körper und Geist zu überwinden, doch in dieser unzulässigen Einschränkung bleibt ein unbegriffener dualistischer Rest. Das Ich, das Erlebnisse »hat« und das Ich, das sich diesem in diesen Erlebnissen »hat«, sind begrifflich zu unterscheiden. Eine Folge dieser nicht restlos überwundenen Subjekt-Objekt-Spaltung betrifft so vor allem zwar dualistische Leib-Seele-Konzeptionen, aber eben auch die Phänomenologie Husserls.[3] Erst Heideggers *Sein und Zeit*[4] lieferte ihm die passenden Bestimmungen. Der Mensch als Dasein in der Welt kann nun, wenn es um den kranken Menschen geht, als ein Dasein verstanden werden, dessen Weltentwurf und Selbstverständnis sich demgegenüber abwandeln. Der Kranke bleibt Mensch und nicht »Fall«, der gleichsam für den Arzt in seiner Krankheit zu verschwinden droht, sondern die Krankheit zwingt den Kranken zu veränderten Beziehungen zu sich selbst, zu anderen, zur Welt. Diese »Transzendenz« zur Welt ist Ausdruck eines konkreten Lebensentwurfs, und Psychosen sind in dieser anthropologischen Perspektive nicht nur »Krankheiten des Gehirns« unter klinisch-medizinischen Aspekten – sondern in einer grundsätzlichen Beziehung Abwandlungen dieses

1 Grassl, R., Der junge Richard Hönigswald, 1998, 238 und Grassl, R., Denken in seiner Zeit, 1997, 15.

2 Binswanger, L., Ausgewählte Werke, Bd. 1, 1992, XIV und zu Freud Schott, H. / Tölle, R., Geschichte der Psychiatrie, 2006, 158 u. ö.

3 »Auf Grund dieser Lehre wird das menschliche Dasein in ein bloßes Subjekt, d. h. in ein weltloses Rumpfsubjekt, reduziert, in dem sich alle möglichen Vorgänge, Ereignisse, Funktionen abspielen, das alle möglichen Eigenschaften hat oder alle möglichen Akte vollzieht, von dem aber niemand mehr sagen – sondern nur theoretisch konstruieren – kann, wie es mit einem »Objekt« zusammentreffen und mit anderen Subjekten kommunizieren und sich verständigen kann; denn[...] bedeutet In-der-Welt-Sein immer zugleich: mit meinesgleichen, mit Mitdaseienden in der Welt sein.« Binswanger, L., Über die daseinsanalytische Forschungsrichtung in der Psychiatrie, 1994, 234.

4 Heidegger, M., Sein und Zeit, 1979.

Transzendierens und fundamentalen In-der Welt-Seins[1]. »Daseinsanalyse« nannte Binswanger diesen Ansatz, den er in weiteren Folge zu einem hermeneutisch-verstehenden Therapieansatz ausweitete. Die Daseinsanalyse sei auf das »Wesen des ganzen Menschen« ausgerichtet, aber keine philosophisch-ontologische Position wie die Daseinsanalytik Heideggers. Vielmehr beanspruche sie, eine empirische Wissenschaft zu sein, die methodisch phänomenologisch verfahre.[2]

Die Stärke dieses Ansatzes ist seine Verbindung zur empirisch-klinischen Praxis. Neben der Krankheit und ihrer objektiven Diagnose und Behandlung müsse auch das subjektive Erleben der Krankheit des Betroffenen gesehen werden.[3] Neben der Behandlung von Schizophrenie-Fällen lag der Schwerpunkt der daseinsanalytischen Therapien auf schwersten Fällen von »Melancholie« – Binswanger hielt an dem alten Begriff fest und verwendete eher nicht den heute üblichen Terminus »Depression«. Die dabei auftretenden Erlebnis- und Persönlichkeitsveränderungen erscheinen für »die anderen« (zunächst) nicht mitteilbar und sind u.a. verbunden mit einem veränderten Zeiterleben. Binswanger begriff diese Veränderungen als Daseinsveränderungen – Dasein im existentialistischen Sinne Heideggers verstanden, als »Loslösung von den konstitutiven Bedingungen der natürlichen Erfahrungen überhaupt«.[4] Es sind die Weltentwürfe, die kranke

---

1 Binswanger, L., Über die daseinsanalytische Forschungsrichtung in der Psychiatrie, 1994, 234 f.

2 »Unter Daseinsanalyse verstehen wir eine anthropologische, d. h. auf das Wesen des Menschseins gerichtete wissenschaftliche Forschung. Ihr Name sowohl als ihr philosophisches Fundament leiten sich von der Daseinsanalytik *Heideggers* her [...] Sie selbst ist aber weder Ontologie noch Philosophie überhaupt, weswegen die Beziehung einer *philosophischen Anthropologie* für die Daseinsanalyse *abzulehnen* ist [...] Die Daseinsanalyse stellt keine ontologische These über einen das Dasein bestimmenden Wesensverhalt auf, sondern sie macht ontische Aussagen, d. h. Aussagen über tatsächliche Feststellungen an faktisch vorkommenden *Formen und Gestalten* des Daseins. Insofern ist die Daseinsanalyse eine *Erfahrungswissenschaft,* wenn auch mit einer eigenen Methode und einem eigenen Exaktheitsideal, nämlich mit der Methode und dem Exaktheitsideal der phänomenologischen Erfahrungswissenschaften.« Ebd., 231 f.

3 Schott, H. / Tölle, R., Geschichte der Psychiatrie, 2006, 160 f.

4 Binswanger, L., Melancholie und Manie, 18. Vgl. auch Schott, H. / Tölle, R., Geschichte der Psychiatrie, 2006, 158 u. 412. Binswangers Rückführung psychischer Erkrankungen auf Veränderungen des Daseins beschreibt er so: »Die daseinsanalytische Interpretation hat es auf die Konstitution der natürlichen Erfahrung und auf die Feststellung und Interpretation versagender Momente innerhalb dieser Konstitution abgesehen, aber nicht auf die Feststellung, Beschreibung und Erklärung qualitativer oder quantitativer Verschiedenheiten im Vollzug der natürlichen Erfahrung selbst. Die letztere Aufgabe überlässt sie den empirischen Wissenschaften.« Binswanger, L., Brief an Rudolf Boehm vom 24. Dezember 1958, 1994, 356.

von gesunden Menschen unterscheiden. Der Weltentwurf des Kranken beeinträchtigt oder verhindert im Extremfall sogar die Verständigung mit den Gesunden. Beobachtet werden können nur »Symptome«, doch diese stehen für ein bestimmtes »In-der-Welt-Sein«, für einen konkreten Daseinsentwurf des Kranken insgesamt.[1]

Binswangers Ansatz kommt ohne Begriffe wie »Seele« bzw. »Psyche« aus, was ihn davor bewahrt, in zeitgenössische Leib-Seele-Diskussionen verwickelt zu werden. In den zwanziger und dreißiger Jahren kommt es zu einer teilweisen philosophisch-begrifflichen Konvergenz zwischen Binswanger und Hönigswald. Mehrere für Hönigswald wichtige systematische Klärungen zum Begriff der Psychologie und Psychiatrie fallen in diese Zeit; Entsprechendes gilt für Binswanger, der parallel seine Daseinsanalyse entwickelte.[2] Im Zentrum des wissenschaftlichen Austauschs stand einerseits Binswangers Bestreben, auch die Denkpsychologie Hönigswalds und die Arbeiten Löwis für die Psychiatrie zu nutzen und die schließlich auch in der daseinsanalytischer Psychiatriebegründung ihren Platz gefunden haben. In dem Essay *Lebensfunktion und innere Lebensgeschichte*[3] stellt Binswanger direkte Bezüge zu Hönigswald und Löwi her. Vor allem der Rückgriff auf Hönigswald geht deutlich über ein bloß beiläufiges Zitieren hinaus. Binswanger geht es in seinen Therapien natürlich nicht um eine objektive Rekonstruktion individueller Biographien, sondern um die Herausarbeitung der jeweiligen Lebensentwürfe, die sich in der individuellen Lebensgeschichte

---

1 »Denn nicht darauf kann es jetzt ankommen, einzelne psychische Symptome im Gehirn zu lokalisieren, sondern in erster Linie darauf zu fragen, wo und wie wir die psychische Grundstörung, kenntlich an der Wandlung des In-der-Welt-Seins als solcher, zu lokalisieren haben. Erweist sich doch das »Symptom« , etwa das der Ideenflucht, der psychomotorischen Gehemmtheit, des Neologismus, der Stereotypie usw. als Ausdruck einer übergreifenden seelischen Veränderung, der Veränderung der gesamten Daseinsform oder des *gesamten* Lebensstils.« Binswanger, L., Über die daseinsanalytische Forschungsrichtung in der Psychiatrie, 1994, 257.

2 Es bleibt einer eigenen Forschungsarbeit vorbehalten, hier den Einflüssen Hönigswalds auf Binswangers Daseinsanalyse nachzugehen. Soviel aber lässt sich begründet vermuten: Wenn auch Binswanger in der Nachkriegszeit die Beziehung zu Heideggers Daseinsanalytik immer hervorgehoben hat, so ist nicht nur für ein angemessenes Verständnis der Entwicklungsgeschichte von Binswangers Denken Hönigswalds Denkpsychologie unerlässlich. Auch das Verständnis zentraler daseinsanalytischer Begriffe erschließt sich erst auf der Grundlage von Bedeutungen, die ihnen Hönigswald gegeben hat.

3 Binswanger, L., Lebensfunktion und innere Lebensgeschichte, 1994, 71-94.

zeigen.[1] Während Binswanger früher zwischen Leib und Seele als psychiatrische Forschungsobjekte unterschieden hat, fasst er hier beides integrativ im Begriff der »Lebensfunktion« zusammen, die einer Person, also dem Menschen insgesamt entspricht. Eine Psychiatrie, die einerseits kausale biologische Zusammenhänge und andererseits seelische Zusammenhänge hermeneutisch aufzuhellen sucht, folgt einem verfehlten methodologischen Konzept – Binswanger meinte hier Jaspers. Mit ausdrücklichem Bezug auf Löwi setzt Binswanger diesem den Einwand entgegen, bereits physiologisch-biologische Prozesse lassen sich nicht ausschließlich kausal verstehen, so dass eine strenge Gegenüberstellung von Leib einerseits und Seele andererseits weder für die Psychiatrie hilfreich noch philosophisch legitime Grundbegriffe sein können. Es kann daher auch keine ausschließlich naturalistisch ausgerichtete Psychiatrie geben.[2]

Körperliches und seelisches »Naturgeschehen«, im Begriff der Lebensfunktion zusammengefasst, finden ihren Grund in ihrer Zugehörigkeit zu einem Organismus, und damit wird Binswangers Psychiatriekonzept an Hönigswalds Monadologie anschlussfähig.[3] Binswanger stellt den Bezug selbst her, wiederum auch mit Hinweis auf Löwi und vor allem auf Hönigswalds Denkpsychologie. Kernbegriff der Psychiatrie ist wie für die Psychologie der Begriff des Erlebens, und zwar nicht in einer allgemeinen erkenntnistheoretischer Hinsicht, sondern im Hinblick auf dessen Bedeutung für die Psychiatrie. Über das Erleben Zugang zum Weltentwurf des Kranken zu finden, ist eine Voraussetzung der Daseinsanalyse, auch wenn Binswanger hier den Begriff noch nicht verwendet, sondern den Terminus

---

1 »So führt die Vertiefung in die innere Lebensgeschichte, sei es von seiten des erlebenden Individuums selbst, sei es von seiten eines fremden, zum Eigensten, Individuellsten des Individuums, zu seinem eigentlichen Wesen. [...] In der Lebensgeschichte entfaltet und gestaltet sich also, um es noch einmal zu sagen, das innere Wesen des Menschen, seine geistige Person, und umgekehrt lernen wir aus der inneren Lebensgeschichte die geistige Person erst kennen, und nur aus ihr.« Ebd., 85. Wie sehr Binswanger Hönigswald auch fachlich geschätzt hat, zeigen in seinen Schriften die zahlreichen Hinweise auf Hönigswald, z.B. in *Über Ideenflucht*, 1933, 16, wo er seine Hochschätzung der Hönigswald-Arbeit *Philosophie und Psychiatrie* (1929) damit begründet, hier nichts weniger als »den ersten Ansatz zu einer *Theorie*, zu einem wirklichen *System* der Psychiatrie vor uns zu haben«.

2 Binswanger zitiert Löwi: »Der am tiefsten greifende Unterschied aber bezüglich Gegebenen in Biologie und Physik liegt in folgendem: Der Charakter der Gegebenheit als Individuum ist ein theoretischer Ausdruck für den Richtungssinn und den besonderen Zeitwert des Prinzips von Reiz und Reaktion. In dem Ausdruck *Individualität* offenbart sich mit anderen Worten das Prinzip von Reiz und Reaktion. Individualität und damit Gegebenheit wird also zum Prinzip einer Methode, zum Prinzip der organischen Naturerkenntnis«. Löwi, M., Über spezifische Sinnesenergien, 1927, 182. Bei Binswanger, L., Lebensfunktion und innere Lebensgeschichte, 1994, 76. Binswanger schließt daraus, die Psychiatrie lasse sich eben nicht »in eine rein funktionale Pathologie oder gar in eine Neuropathologie der Hirnfunktion auflösen«. Ebd., 86.

3 Ebd., 78.

»innere Lebensgeschichte«.[1] Binswanger entwickelt im Anschluss daran Grundbestimmungen des Erlebens, wie sie bereits Hönigswald vorgegeben hat. Anschlussfähig wird das Konzept der inneren Lebensgeschichte an die experimentelle Psychologie[2] an die Biologie und damit auch an Physiologie und Neurologie. Die Vielfalt psychiatrischer Methoden findet ihr Zentrum im individuellen Erleben der kranken (und gesunden) Person, sie finden von ihr her ihre Bedeutung. Zugleich weist Binswanger auch die Grenzen des Konzepts auf. Es kann keine Therapie geben, ohne klinisch- pathologische Gründe zu berücksichtigen, deshalb können Psychosen in der Regel auch nicht ausschließlich psychoanalytisch aufgelöst werden.[3]

In der Folge entwickelte sich ein vertiefter wissenschaftlichen Austausch zwischen Binswanger und Hönigswald, ausgehend von einer Analyse des Phänomens der »Ideenflucht«[4]. Dieses Phänomen ist, jenseits seiner psychiatrischen Bedeutung, auch für den Philosophen interessant, weil sich an ihm Grundzüge des Erlebens, Denkens und den Grundbestimmungen der Subjektivität bestimmen lassen. Mit Binswanger und Hönigswald haben sich zwei Denker gefunden, die in einer ganz grundsätzlichen Hinsicht »die gleiche Sprache sprechen«. Dazu mag der Umstand beigetragen haben, dass Hönigswald selbst Arzt gewesen ist und ihn

1 »Hingegen interessiert uns hier weiter eine ganz spezielle Seite dieses Urphänomens selbst, nämlich die einmalige historische Abfolge der Erlebnisinhalte der individuellen geistigen Person als Ursprung oder Zentrum allen Erlebens, kurz: *die innere Lebensgeschichte der Person*«. Ebd., 81. Hier erfolgt in der Fußnote der Verweis auf Hönigswalds *Grundlagen der Denkpsychologie*, 1925, und Löwis *Über spezifische Sinnesenergien*, 1927.

2 Binswanger, L.: Lebensfunktion und innere Lebensgeschichte, 1994, 88.

3 Ebd., 91. In seiner Arbeit *Über Ideenflucht*, 1933, knüpft Binswanger sein Konzept weniger Husserl und Heidegger, sondern an Hönigswalds Denkpsychologie an, insbesondere an die dort entwickelten Begriffe Ich, Erleben, Präsenz, Verständigung. Vgl. 118 ff.,194 ff.

4 Ideenflucht: »formale Denkstörung mit Beschleunigung u. Zusammenhanglosigkeit des Denkablaufs, starker Ablenkbarkeit u. ständig wechselnden Assoziationen bei fehlender Tenazität; Vork. insbes. bei Manie u. Delir.« Pschyrembel, Klinisches Wörterbuch, 2002, 737.

Fragen der Medizin, weit über Grundlagenfragen hinaus, immer wieder und nachhaltig beschäftigt haben. Das Phänomen der Ideenflucht begreifen Binswanger und Hönigswald als ein Symptom nicht nur für verwirrtes, ungeordnetes Sprechen und Denken, sondern für ein grundsätzliches Problem der Verständigung.[1]

Binswanger führt diesen Gedanken mit ausdrücklicher Bezugnahme auf Hönigswald aus: Verständigung konstituiert zunächst den Begriff des Symptoms und ist daher ein zu begründender Begriff der Medizin. Das ist kurz zu begründen: Ein Symptom erscheint zunächst »nur« als eine subjektive Äußerung, Verhaltensweise oder eine physiologische Reaktion, die für etwas anderes steht, z.B. für eine Gefühlsäußerung, ein Unwohlsein oder ein Schmerzempfinden. Erst wenn dieser subjektive Bezug zum Ausdruck eines medizinisch-objektivierbaren Geschehens wird, erhält man Anhaltspunkte für eine Diagnose. Scheinbar unverständliche sprachliche Äußerungen und Verhaltensweisen besitzen zwar (möglicherweise) für den Patienten eine Bedeutung, diese kann aber nicht unbedingt mitgeteilt werden. Mit Hönigswald ist Binswanger der Ansicht, dass »in der Psychiatrie Tatsachen der Verständigung selbst Symptome sind«.[2] Wiederum geht Binswanger von klinischen Befunden aus, um von hier aus zu einer grundsätzlichen Problemstellung zu kommen. Die Diagnose, jemand leide an Ideenflucht, sei zwar ein psychiatrisch-diagnostisches Urteil über eine bestimmte (Fehl-)Funktion eines seelischen Geschehens oder Vorgangs, zugleich aber auch ein psychologisches Urteil über eine bestimmte Art menschlichen Erlebens. Wie in jeder psychopathologischen Diagnose komme es zu einer Überlagerung und Überschneidung naturwissenschaftlicher und psychologischer Begriffs- und Urteilsbildung. Diese »Durchkreuzung« klinischer Tatsachen und psychologischer Sachverhalte sei typisch für das Problemfeld der psychiatrischen Diagnostik.[3]

---

1 »In dieser Hinsicht ist von grösster Wichtigkeit, von *Hönigswald*, der ja selber auch Mediziner ist, zu lernen, dass man nicht sowohl einer Kundgebung in Sprache oder Schrift Verwirrtheit nachsagen darf (wir können natürlich ebenso gut sagen Ideenflucht), als vielmehr dem Redenden oder Schreibenden, von dem sie ausgeht; sofern nämlich von ihm *angenommen* wird, er sei aus psychologisch-naturwissenschaftlichen *Gründen* ausserstande, die Ordnung einer Sinnbestimmtheit zu *meinen*. (*Psychologisch* feststellen lässt sich diese *Unfähigkeit* also keineswegs, und auch dann nicht, wenn wir *den Redenden* als an Ideenflucht leidend bezeichnen, sie lässt sich *nur* diagnostizieren; psychologisch *gibt es*, wie wir sahen, überhaupt keine Sinninkohärenz, das würde ja den Begriff des Psychischen aufheben).« Binswanger, L., Über Ideenflucht, 1933, 20.

2 Ebd., 118.

3 Ebd., 7. Auf die Gefahren dieses Ansatzes hat zuletzt Seidel hingewiesen: »Die wirklichen Lebensverhältnisse psychisch kranker Menschen innerhalb und außerhalb der Psychiatrie blieben häufig ausgeblendet, an deren Stelle trat die Selbsterfüllung der Beziehung des Psychiaters zu ihnen durch die Identifikation mit ihren »abwegigen« Daseinsmöglichkeiten.« Seidel, R.: St. Alban oder das Recht auf Gastlichkeit, 2018.

4. Denkpsychologie als Grundlage der Daseinsanalyse

An Binswanger stellt Hönigswald die prinzipientheoretische Frage nach den Grundlagen der Psychiatrie, zuletzt in seinem Brief vom 18. Januar 1947. Es ist die *philosophische* Konzeption Binswangers, die Hönigswald als *Arzt* in ihren Zielen sicher teilt, als *Philosoph* aber eher kritisch anspricht. Hinzu kommen die ungeklärten Voraussetzungen, die in Heideggers Subjektsbegriff liegen: Heidegger bestimmt den Menschen als Dasein, das um seine Endlichkeit und Bedingtheit weiß und dessen Dasein von der »Sorge« bestimmt ist und sich so in einem diffusen uneigentlichen »Man«, der Masse, verlieren kann. Dann tritt an die Stelle selbstbestimmten Lebens die Fremdbestimmung durch andere, »die« Gesellschaft oder »die« Kultur oder Religion. Aber Heideggers Existentialismus kennt keine allgemeingültigen Maßstäbe des Denkens, Erkennens und der Wissenschaft, auch keine ethischen oder ästhetischen Prinzipien, denen konkretes Denken, Fühlen, Handeln, Erleben zu folgen hätte. Es gibt nur die Regeln des konkreten Daseins selbst, die sich im eigenen subjektiv und bewusst bestimmten Lebensentwurf zeigen. Daher kennt Heideggers Philosophie weder eine seriöse, nach intersubjektiv gültigen Wahrheitsprinzipien verfahrende Wissenschaft, noch eine verbindliche Ethik.[1] Und so benennt Hönigswald ziemlich deutlich den zentralen Kritikpunkt an Heideggers Daseinsanalytik, die auch Binswangers Daseinsanalyse – und verwandte Ansätze – betrifft:

> Es ist die, wie ich meine, nicht restlos geklärte *Sorge* um die Autonomie der ontologischen Problemstellung. Sie aber schließt viele andere Fragen in sich, z. B. die vom Verhältnis zwischen Ontologie und dem Begriff der Psychologie. Demgemäß habe ich vor, mir – u. zwar nur für mich – noch einmal kritische Rechenschaft darüber zu geben, in welchem Umfang ontologische Einheitsinstanzen einer methodisch angebbaren Gliederung entbehren sollten, die sie, von anderem abgesehen, zu dem immerhin geschichtlich und sachlich respektablen Problem der Erkenntnis und des Gegenstandes in eindeutige Beziehungen brächten. Nur Gliederung vermag, so meine ich, wahre Einheitlichkeit zu zeitigen, deren Analyse so derjenigen der Gliederung selbst gleichkommt.[2]

---

1 Zur Kritik an Heideggers Subjektsbegriff vgl. vor allem Brelage, M., Studien zur Transzendentalphilosophie, 1965, 188-229.

2 Hönigswald, R., Brief an Ludwig Binswanger vom 18. Januar 1947, 1994. Von Hönigswalds Kritik sind natürlich vor allem auch die philosophisch begründenden Arbeiten Boss' zur Daseinsanalyse betroffen, sofern sie mit Heideggers Daseinsanalytik kontaminiert sind. Deutlich machen dies die bekannten »Zollikoner Seminare«, an denen auch Heidegger auf Einladung Boss' regelmäßig teilnahm. Vgl. Heidegger, M., Zollikoner Seminare, 2017, ebenso Boss, M., Anstöße Martin Heideggers für eine andere Psychiatrie, 1991, und Ders., Psychoanalyse und Daseinsanalytik, 1980.

Hönigswald bezieht sich auf die Lektüre des zweiten großen Hauptwerks *Grundformen und Erkenntnis menschlichen Daseins*, das er erst mit mehrjähriger Verspätung erhalten hatte. Binswanger beruft sich hier unter anderem auf Hönigswalds Kritik am Psychologismus und mehrmals zustimmend auf dessen Psychologiekonzeption, in der die Eigenart des Psychischen monadisch als das Zusammenfallen von Prinzip und Faktum bestimmt wird.[1] Allerdings hält er eine Erweiterung für notwendig, der Hönigswald kaum zustimmen kann und die nicht prinzipientheoretisch gerechtfertigt ist. Binswanger hält in letzter Konsequenz Hönigswalds Subjektsbegriff für zu einseitig am Kognitiven orientiert und daher für unterbestimmt, zumindest aber für unvollständig und erweiterungsbedürftig. Hönigswalds denkpsychologischen Ausführungen stellt er seinen eigenen anthropologischen Ansatz gegenüber, der das psychiatrische Verhältnis auf dem Grundzug der »Liebe« zwischen »Ich« und »Du« gründet.[2]

Die Lösung im Sinne Hönigswalds aber würde Binswangers Konzeption mit den diese fundierenden Prinzipien der Denkpsychologie, also Hönigswalds Theorie der konkreten Subjektivität, begründen. Binswanger selbst hielt seinen daseinsanalytischen Ansatz, der als »eigener und eigentümlicher Modus des menschlichen Daseins«[3] verstanden werden müsse, für vereinbar mit den entsprechenden Ausführungen Hönigswalds. Zumindest in der theoretischen Ausformung griff er immer wieder auf Hönigswalds Denkpsychologie zurück.[4] Für die klinische Praxis allerdings vertraute er mehr den daseinsontologischen Ausführungen Heideggers und der Phänomenologie Husserls – ein fataler Fehlgriff. Denn dieser hat ihn zu

---

1 »Was einer völligen Übereinstimmung unserer Auffassung im Wege steht, ist der Umstand, daß *Hönigswald* das Grundproblem der Psychologie sieht in dem polaren Gegensatz von Ich und Ist oder von Ich bin und Es ist, also in dem Problem von Erlebnis und Gegenstand und seinen Sonderthemen, der Geltung, Bedeutung, Verständigung, Sprache, des Ausdrucks, der Präsenszeit, der Kontinuität des Ich, der Erlebnismitte oder Monade, des Organismus und der *Natur*, mit einem Wort, im *Denken* als dem *Wissen um sich selbst*.« Binswanger, L., Grundformen und Erkenntnis menschlichen Daseins, 1973, 574.

2 »Und zwar besteht diese Erweiterung darin, daß *wir* über das theoretische Prinzip des Wissens, der Wissenschaft, des Gegenstandes und des Ich, kurz der (endlichen) Sorge hinausgehen zu dem Seinsprinzip der (unendlichen) Liebe, der Wirheit von Ich und Du. Hier handelt es sich nicht nur um ein *Wissen um mich selbst*, sondern um ein Wissen um das Sein im Einander. Gewiß behielte *Hönigswald* mit dem naheliegenden Einwand recht, daß auch dieses Sein den Bedingungen der Möglichkeit des Wissens um sich selbst genügen müsse, um überhaupt zum Gegenstand oder Thema einer (allgemein verständlichen) *Aussage* gemacht werden zu können. [...] Anderseits aber vertieft sich gerade im Blick auf *Hönigswalds* Lehre die anthropologische Einsicht, daß sich beim *Übergang* von der Liebe zur psychologischen *Erkenntnis* der anthropologische *Schwerpunkt* vom Wir, von Ich *und* Du – unbeschadet der Intaktheit des Wir in allem psychologischen Erkennen – verlegt *auf Mich*. Ebd., 574 f.

3 Binswanger, L., Über Ideenflucht, 1933, 213.

4 Gesehen hat das unter anderem auch Passie, T., Phänomenologisch-anthropologische Psychiatrie und Psychologie, 1995, 43, 171.

einem unaufgelösten Widerspruch in der Konzeption seines in der Daseinsanalyse zugrundegelegten Subjektbegriffs geführt. So unterscheidet er zwischen drei Subjektbegriffen, dem Ich der Traumwelt und der Psychosen, also das Ich, das in seinem »verwirrten« Weltentwurf steht; das Ich der »inneren Lebensgeschichte«, das sowohl die »Iche« der Traumwelt oder Psychose und des Weltentwurfs die gesamte verwirklichte Lebensgeschichte umfasst: das psychologische Subjekt. Ideenflucht etwa erscheint erst für dieses psychologische Subjekt als Phänomen.[1] Problematisch ist nun der dritte Begriff der Subjektivität, das Ich, das Binswanger mit Husserl das »transzendentale Ich« nennt, das Ich, das die Kontinuität der inneren Lebensgeschichte ermögliche und Gegenstand der transzendentalen Phänomenologie sei. Hier zeigt sich das Ich als ein jederzeit durchgängiges Ich als der Grund der Möglichkeit von Lebensentwürfen überhaupt, das Ich, das in der Reflexion sich als der Grund von Welt und konkreter Subjektivität als Grund konkreter Weltentwürfe erweist. Binswanger bezieht sich auf das »Ich denke« des Descartes, aber mehr noch auf Husserl, und genau das ist das Problem.[2] Für die Psychiatrie reiche es, von den Teilkontinuitäten und Weltentwürfen der psychologischen Subjekte auszugehen, da für die Phänomenologie und Analyse der transzendentalen Subjektivität die Philosophie zuständig sei. Schließlich begegnen dem Psychologen und Psychiater nur die konkreten individuellen Weltentwürfe konkreter Subjekte. Die Methode, diese zu erfassen, sei die Methode der phänomenologischen Anthropologie, die er später »Daseinsanalyse« genannt hat.[3]

Damit aber hängt der psychologische Subjektsbegriff prinzipientheoretisch im Leeren. Binswanger nimmt Hönigswald nur für die Analyse der ersten beiden Subjektivitätsbegriffe in Anspruch. Damit entgeht ihm die eigentliche prinzipientheoretische Pointe: mit Hönigswald gibt es nur einen kritisch legitimierten Subjektsbegriff, nämlich das psychologische Subjekt Binswangers, sofern man diesem neben Faktizität (wie das Dasein Heideggers) Prinzipiencharakter (wie dem

1 »*Dieses* Ich kann also *sowohl* schlafen, träumen, ideenflüchtig oder ideenflüchtig-verwirrt sein, *als* wach sein oder gesund sein.« Binswanger, L., Über Ideenflucht, 1933, 195.

2 »Solange wir einen *Geisteskranken* noch als Menschen bezeichnen, also auch dann noch, wenn wir von einem *gänzlich vertierten* oder von einem *nur noch vegetierenden* Menschen sprechen, solange sprechen wir auch von dieser transzendentalen Subjektivität. Das transzendental-phänomenologische Ich kann, ebenso wenig wie es träumen oder wachen kann – denn das sind Aussagen über Welt, sind *Weltbegriffe* – auch nicht gesund oder krank (*geisteskrank*) sein. Mit ihm haben wir es also weder in der Psychologie und Psychiatrie zu tun, und doch ist es dasjenige Ich, das Psychologie und Psychiatrie erst *ermöglicht*. Ebd., 197.

3 »Ist einmal ein Thema, hier also die Ideenflucht, unter dem Aspekt der Idee der Existenzialität als existenzial-anthropologisches Phänomen gesichtet, so gilt es, dieses Phänomen auch im Blick festzuhalten und aus ihm selbst heraus, so wie es sich selbst gibt, zu verstehen. Das aber ist der Grundzug jeder Art von *phänomenologischer Methode*.« Ebd., 215.

transzendentalen Ego Husserls) zuerkennen würde. Auf diesen Aspekt zielt die freundschaftlich-moderate Kritik Hönigswalds. Geradezu gewaltsam bringt Binswanger diese drei Subjektbegriffe aufgrund eines fehlerhaften Hönigswald-Bezugs zusammen, ohne die divergierenden Momente zusammenfassend aufheben zu können. Dazu hätte er nur einen Ich-Begriff annehmen müssen, der auf der Möglichkeit des Erlebens beruht.[1] Aus diesem Grund ist die Rede von einem weitgehenden Einfluss Heideggers auf Binswanger zwar formal richtig, aber sie verkennt, dass hier nicht zu Ende gedacht worden ist. Binswanger kommt nicht zu einem Subjektsbegriff, der prinzipientheoretisch bestimmt den sicheren Grund seiner anthropologisch fundierten Daseinsanalyse abgeben könnte. Denn Heideggers Subjektivitätsbegriff ist in jeder Hinsicht »haltlos«, da ihm die wesentlich dazu erforderlichen Geltungsmomente fehlen. Das »Dasein« ist bloße Faktizität, niemals auch Prinzip. Genau die »Reihenstruktur« und Ordnungsstruktur des Ich ist es, was die einzige ausweisbare Funktion des transzendentalen Egos sein könnte. Ohne das Prinzip eines präsenzbestimmten Organismus, der zu sich selbst in einem Possessivverhältnis steht, würde es dies Funktion niemals ausüben können: es bliebe eine dogmatische, metaphysische Setzung. Genau dies ist einer der grundsätzlichen Einwände, den auch Löwi gegenüber Husserl erhebt.[2]

Hönigswald hat die methodologische Absicht des phänomenologischen Zugriffs als Versuch Binswangers verstanden, »die Sache selbst« angemessen zu begreifen. Beide entwickeln die Frage nach den Grundlagen der Psychiatrie am Krankheitsbild der Ideenflucht, auf deren medizinische Aspekte hier nicht weiter eingegangen werden kann.[3] In den praktischen Konsequenzen für die psychiatrisch-psychologische Praxis hingegen sind beide weitgehend einig. Ausdrücklich stimmt Hönigswald den klinischen Konsequenzen und Schlussfolgerungen Binswangers zu. Hönigswald wendet allerdings ein, Binswanger verstehe in seinem phänomenologischen Zugriff diese subjektstheoretischen Begriffe als ontologische Instanzen, die er zwar als Ausdruck einer »Gesamtpersönlichkeit« verstehe, aber dennoch, wie man im Auseinandertreten von »Ich« und »Welt« sehe, Gefahr

---

1 Ebd., 194.

2 Löwi, M., [Rez.] Friedrich Kreis, Phänomenologie und Kritizismus, 1932. Löwi stimmt in dieser Rezension dem Autor in seiner Husserl-Kritik zu, wenn dieser Husserls Ichbegriff als eine »Verschmelzung« des reinen transzendentalen Bewusstseins und des empirischen Bewusstseins bezeichnet, in der Wirklichkeit und Intelligibles beziehungslos nebeneinander stünden. Aus diesem Grund könne die Phänomenologie nicht das leisten, was beabsichtigt sei, sie »vermag zwar, die auf das Bewußtsein bezogenen Inhalte als solche kenntlich zu machen, aber das bloße Anschauen des Gegebenen ist nicht die Grundlage für das *theoretisch* Gegebene. Neben dem Kontemplativen bedarf es des Normativen.« Ebd., 776.

3 Ideenflucht: »formale Denkstörung mit Beschleunigung u. Zusammenhanglosigkeit des Denkablaufs, starker Ablenkbarkeit u. ständig wechselnden Assoziationen bei fehlender Tenazität; Vork. insbes. bei Manie u. Delir.« Pschyrembel, Klinisches Wörterbuch, 2002, 737.

laufe, in aufeinander unbezogene Einzelaspekte der Person zu zerfallen. Prinzipielle Abhilfe sei nur in einem einheitlichen Grund zu finden, eben in den Leistungen des »Erlebnismittelpunktes«, der *monás*. Hönigswald liefert hier etwas nach, was bei Binswanger nicht begründet wird, weil es sich ja phänomenologisch zeige: Die Sprache als Prinzip und Tatsache als Ausdruck monadischer – und damit auch intermonadischer – Leistung zu verstehen, ermöglicht erst ihre Differenzierung in Äußerungen von Gesunden und Kranken. Sprache, verstanden als Mitteilung sprachlicher und nichtsprachlicher Äußerungen, ist die Bedingung von Verständigung, die Binswanger im klinisch-therapeutischen Prozess anstrebt, aber zugleich auch voraussetzen muss. Denn auch die durch Krankheit »gestörte« Verständigung ist zuletzt – Verständigung.[1] Auf die naheliegende Frage, ob diese vergleichsweise abstrakten philosophischen Ausführungen den klinischen Psychiater beunruhigen oder auch nur beschäftigen müssten, gibt Hönigswald folgende Antwort: Psychiatrie »braucht« die Philosophie nicht im Sinne einer Hilfswissenschaft, wie die Medizin die Methoden und Erkenntnisse anderer Wissenschaften in Anspruch nehmen muss. Das Verhältnis von Psychiatrie und Philosophie wird radikaler gedacht. Die wissenschaftliche Autonomie der Psychiatrie ist nur dadurch gegeben, wie die psychiatrischen Einzelprobleme als Abwandlungen – nicht Übersetzungen – grundlegender (denk)psychologischer Probleme begriffen werden. In der Suche nach ihren Grundlagen muss sie daher »Wissenschaft ihrer selbst« werden. Das aber ist nur möglich als – Philosophie.[2]

So bleibt Binswangers Daseinsanalyse trotz ihrer Entwicklung fort von der Phänomenologie und hin zur Daseinsanalytik Heideggers bei einem Vorletzten stehen, ihre fundierenden Begriffe wie Methoden bleiben als bloß gesetzte bzw. sich zeigende unbegründet, weil sie das prinzipientheoretische Fundament von Sprache und Verständigung nicht erschließen kann. Das Letzte und prinzipientheoretisch Erste wäre der monadische Subjektsbegriff Hönigswalds der *Grundlagen der Denkpsychologie* und die weitere Ausgestaltung in seinen intermonadischen Bezügen in *Philosophie und Sprache*, die Hönigswald gegeben hat.

---

1 »In jeder Art der *Sprachlosigkeit*, von den mannigfachen Abschattungen der *Aphasie* bis zu den *übersprachlichen* Verhaltungsweisen der Persönlichkeit, der *gesunden* und der *kranken*, wandelt sich eben das kritisch gestellte Problem der Sprache ab. Es umfasst auch die Frage nach den grundsätzlichen Gegenstandsbezügen der Sprache und damit die nach dem Begriff des Gegenstandes überhaupt.« Hönigswald, R., Ueber Ideenflucht, 1933, 251.

2 »Daher begleitet Philosophie den Psychiater bis zu den letzten Verzweigungen seiner Fragestellung. Das mag an manchen Stellen einem elementaren Ideal naturwissenschaftlicher Exaktheit widerstreiten; damit aber genügt er jener höheren Bedingung der Exaktheit, die jede ihrer eigenen Struktur bewusste Fragestellung in sich hegt. In solchem Sinne erscheint Binswangers Werk, richtig gelesen d. h. in seinen letzten sachlichen Motiven erfasst, als ein wertvolles Symbol der methodologischen Verbundenheit von Psychiatrie und Philosophie.« Ebd., 252 f.

5. Verständigung: Arzt und Patient

Intermonadische Verhältnisse bezeichnen Verhältnisse zwischen Subjekten. Ein intermonadisches Sonderverhältnis ist dasjenige zwischen Arzt und Patient. Doch für eine vollständige Objektivierung der Therapiebeziehung gibt es zwei grundsätzliche Begrenzungen, auf die etwa Jaspers hingewiesen hat. Die erste Grenze zeigt sich in der Frage nach der Bestimmung des Begriffs »Heilung«: Ist der Kranke geheilt, wenn er arbeitsfähig, leistungsfähig, glücksfähig oder dergleichen ist? Kann die Abwesenheit von Angst beispielsweise als Therapieziel, nicht zu einer Verarmung menschlicher Möglichkeiten führen, zu denen auch Angst gehört? Heilung bestimmt sich pragmatisch als das zu erreichen, »was zu erreichen möglich ist«. Doch keine Therapie könne das Leben selbst ersetzen, keine Therapie könne Liebe, verantwortliche Aufgaben und einen erfüllenden Platz in der Welt herbeischaffen. Die zweite Grenze setze die menschliche Existenz selbst. Das Sosein jedes Menschen begrenze jeden Therapieerfolg, es erweist sich als das jeder Therapie gegenüberstehende individuell Unveränderliche. Genetische Dispositionen, persönliche Lebenserfahrungen – nicht alles ist durch freien Selbstentwurf veränderbar: »Gegenüber dem Sosein ist die Therapie nutzlos.«[1] So sei das Entscheidende in der Bestimmung des Verhältnisses von Arzt und Patient zuletzt die »existentielle Kommunikation«, die gegenseitige Anerkennung als »Schicksalsgefährten«, die über jede Therapie hinausgehe.[2]

Hönigswald hat solchen Vorstellungen gegenüber eingewendet, in ihnen bleibe die methodische Grundstruktur unbestimmt. Wenn Krankheit ausschließlich existential begriffen werde, werde eben vorweggenommen, was als Krankheit zu gelten habe. Es müsse daher nicht danach gefragt werden »was« Krankheit sei, sondern unter welchen methodischen Bedingungen ein Zustand gegeben ist, der für einen Organismus Krankheit bedeutet. In diesem Zustand aber zeigt sich ein Beziehungsgefüge wechselseitiger Bedingungsverhältnisse sozialer und kultureller, organischer und psychischer, subjektiv-empfindungsmäßiger und wissenschaftlicher Momente.[3] Daher können diesen Bestimmungen verschiedene

---

1 Jaspers, K., Der Sinn der ärztlichen Praxis in der Psychotherapie, 1986, 96.

2 Ebd., 88.

3 »Zwar lässt sich auch *Krankheit* als *existentialer* Bestand auffassen. [...] Alle Bezüge, die ihn nach der Seite der *Natur* und der *Kultur* hin kennzeichnen, erscheinen entweder in der Idee jenes existentialen Bestandes vorweggenommen, oder aber sie verharren in grundsätzlicher Unbestimmtheit. [...] Ein Zustand heisst *Krankheit* nicht mit bezug auf einen existentialen, auf einen mit sich selbst identisch beharrenden *Seinswert*, der gleichsam in dem Kranken, oder in dem der Kranke darinnen steckt, sondern im Hinblick auf das Recht eines möglichen Systems von Beziehungen, von denen aus ein Organismus bestimmbar erscheint.« Hönigswald, R., Ueber Ideenflucht, 1933, 251 f.

psychiatrische Behandlungsmethoden entsprechen. Sie repräsentieren, jede für sich, dieses intermonadische Verhältnis zwischen Arzt und Patient, das zugleich die Beurteilungsnorm für ihre Legitimation und ihre Grenzen ist. Es zielt auf das Grundverständnis des Menschen selbst, wie die Medizin zu jeder Zeit bestimmte Vorstellungen vom Menschen widerspiegelt.

So stellen sich für die Psychiatrie alle diese Fragen in verschärfter Form: Was bedeutet es beispielsweise, wenn ein bestimmtes (»unnormales«) Verhalten beobachtet wird? Ein- und dasselbe Verhalten kann Verschiedenes bedeuten und auf unterschiedliche Gründe zurückgehen. Aus dem gleichen Grund kann eine neurologische Untersuchung zwar somatische Befunde liefern, aber in vielen Fällen nicht zugleich auch die Erklärung dafür, was diese oder jene Beobachtungen *bedeuten*. Wir sehen uns hier auf eine der Grundfragen einer Philosophie des Geistes zurückverwiesen: Das »Rätsel« des Geistes und Bewusstseins verweist gerade in seinen »krankhaften« Zuständen auf die anthropologische Frage nach dem »Wesen« des Menschen. Der Mensch ist kein bloßes Naturwesen, das nur somatische Befunde zuließe. Mit Geist und Psyche stellen sich eigene Zustände her, und das Zusammenwirken mit dem Soma macht gerade die Schwierigkeit und das Besondere von Psychiatrie und Humanmedizin aus. Die Zusammenhänge von Psyche und Soma sind noch immer rätselhaft.

An dieser Stelle drängt die Grundlegung wieder in das Feld der Philosophie und wir stehen vor der zentralen Problemstellung, unter welchen Bedingungen das intermonadische Verhältnis von Arzt und Patient steht. Zusammenfassend gesagt, ergibt sich für Löwi und Hönigswald diese Klärung aus ihrer Beziehung auf den Begriff erlebender Subjekte.[1] Für Löwi ist hier eine weitere Dimension dieser Subjekt-Subjekt-Beziehung aufzuklären. Denn das Subjektsverhältnis bestimmt auch das wissenschaftstheoretische Grundverhältnis von Psychiatrie und Psychologie einerseits und Philosophie andererseits. Als Subjekt ist der Mensch nicht nur als Arzt und Patient Subjekt, sondern zugleich auch der methodische Urheber der Psychiatrie als Wissenschaft und medizinischer Teildisziplin. Denn es sind *Subjekte*, die Wissenschaft und Medizin betreiben – Bienenvölker etwa haben weder Wissenschaft noch Medizin. Zweifellos ist die Medizin im Unterschied zur Physik vor allem eine praktische Wissenschaft. Es kommt eben zuletzt nicht darauf an, welche medizinische Theorie man hat, sondern auf Heilungserfolge. Dennoch steht in der Medizin die medizinische Praxis bereits unter den Bedingungen der Theorie, nicht zuerst unter den Bedingungen der Ethik.[2]

---

1 Zu den Bedingungen ganzheitlichen Erlebens als Grundlage der Psychopathologie (und Psychiatrie) vgl. Wienbruch, U., Die philosophische Grundlage der Psychopathologie, 1996, 375-381. Wienbruch wendet sich gegen begrifflich unbestimmte Ausführungen u.a. bei Jaspers.

2 Wolandt, G., Arzt und Patient, 1983.

Gerade weil die limitierenden Prinzipien der Medizin bereits mit dem Begriff der Intersubjektivität, ausgeprägt im Begriff »Verständigung« gegeben sind, ist auch die ethische Beurteilung keine bloß beliebige, kulturabhängige Zugabe, die dem medizinischen Betrieb auferlegt wird. Sie ist nur möglich, weil das Verhältnis zwischen Arzt und Patient ein Verhältnis von Subjekten ist.[1]

Doch dieses Verhältnis erscheint »gebrochen« in dem jeweiligen Erleben der Beteiligten. Der Kranke erlebt die Welt anders, er lebt manchmal sogar »wie in einer anderen Welt«. »Anders« bedeutet dabei einerseits der Bezug auf eine Umwelt, die nach naturwissenschaftlichen Gesichtspunkten begreifbar ist, und zwar für den gesunden wie auch (meistens) den kranken Menschen auf dieselbe Weise. Auch Kranke machen objektivierbare Erfahrungen. Aber häufig geht es um »andere« Erfahrungen, und diese Verschiedenheit hat ihren Grund im unterschiedlichen Erleben von Arzt und Patient und ist daher Gegenstand von Diagnose und Therapie. Und schließlich findet eine Integration dieser Erlebnisse in einen persönlichen Zusammenhang statt. Sie können bestätigen oder verstören, kurz, sie stehen in einem Zusammenhang, der durch die Einheit der Persönlichkeit bestimmt ist, die natürlich »verletzt« sein kann. Es ist dieser Bezug auf die Grundlagen möglicher Erfahrung, die auch die Welt des Kranken konstituiert, bis in die Physiologie hinein. Es sind die gleichen Naturgesetze, die diese Welten bestimmen, und deshalb sind diese Grundlagen auch die gemeinsame Bedingung dafür, um dieses Verhalten als tatsächliches Verhalten beschreibbar machen. Zugleich sind diese Elemente auch Teil der Welt des Kranken, für den sie möglicherweise eine andere Bedeutung besitzen. Es sind diese Möglichkeiten des Erlebens, die dem Psychiater jederzeit begegnen.[2]

Dazu gehört das Erleben seiner selbst als »Ich«. Also ist die psychophysische Beziehung zwischen Erlebniszusammenhängen und physiologischen Vorgängen des Organismus nicht nur eine Aufgabe philosophischer Erörterung, sondern begegnet in der Psychiatrie immer auch als »Tatsache«. Das Ich-Erleben impliziert zugleich das Miteinander. Ein erlebendes Subjekt begreift sich selbst als sich selbst gegenüberstehend. »Ich« kann mich selbst zum Objekt der Reflexion machen. Zugleich aber wird ein »Du« nur möglich, weil ich mich selbst als »ich« erleben kann. Vorausgesetzt wird hier die »Gleichursprünglichkeit« der Subjekte. Verständigung ist für diese als Bedingung von Intersubjektivität einerseits Prin-

---

1 Hönigswald, R., Philosophie und Psychiatrie, 1929, 726. Zu einem ähnlichen Ergebnis kommt aus konstruktivistischer Sicht auch Mittelstraß, J., Philosophie in der Psychiatrie, 2007, 7 ff.

2 »Es muß ihm, anders ausgedrückt, unterstellt werden können, daß es zu sich *ich* sage. Dieses *Zu-sich-ich-Sagen* aber besitzt nicht nur den Zeitwert des *jetzt*, es hat auch, weil es ihn besitzt, den Anspruch auf eine Zeitstelle im Zusammenhang der Natur, in dem Kontext der *Ereignisse*. Es muß an diesem Kontext, d. h. an der Eindeutigkeit der Ereignisse, also an der Gesetzlichkeit der Natur teilhaben, an diese Gesetzlichkeit geknüpft sein.« Hönigswald, R., Philosophie und Psychiatrie, 1929, 716.

zip, denn sie ist die allgemeine Grundlage, auf der Gemeinschaft, Miteinander, Intersubjektivität möglich ist. Andererseits aber ist Verständigung auch deren Ausdruck, also Tatsache. Wie Verständigung *tatsächlich* stattfindet, geschieht auf vielfältige Art, sprachlich und nichtsprachlich, sachlich und emotional geprägt, auf Deutsch oder Englisch.[1]

In der Psychiatrie stehen diese Formen tatsächlicher Verständigung unter besonderen Bedingungen. Dazu gehört, dass Subjekte überhaupt fragen und befragt werden können. »Symptome« sind daher solche Tatsachen, die als Tatsachen nur auf der Grundlage eines sich selbst erlebenden und sich verständigenden Organismus zu verstehen möglich sind. Erst unter diesen Gesichtspunkten werden Symptome zu »Zeichen«, etwa für eine organische Funktionsstörung oder psychische Erkrankung. Ihre physiologisch-naturwissenschaftlichen Aspekte stehen aber immer unter der Bedingung, Befunde zu sein, die an einem erlebenden Subjekt, beobachtet und gefunden werden. Auch die Krankheiten der Psyche, sind daher als ein Erlebniszusammenhang zu verstehen, in dem eine mögliche Feststellung physiologischer Veränderungen unter den Gesichtspunkten des Leidens, Heilens, Helfens steht. Gefragt wird zwar nach körperlichen oder psychischen Zuständen des Kranken. Aber dieses mögliche Fragen und Gefragtwerden geschieht aus Sicht des Kranken im Hinblick auf den eigenen Organismus. Diese Fragen sind daher diagnostische Fragen. Die in Frage und Antwort stehenden Symptome sind folglich von bloßen Naturtatsachen unterschieden. Symptome sind ausgezeichnete Tatsachen, denn es sind solche Tatsachen, die »gemeint« und als »gemeinte« danach befragt werden können.[2]

---

1 »Im Erleben *weiß ich mich*, werde ich mir zum *Du*, gleichwie das *Du*, d. h. *der andere* nur als Moment des Wissens um mich selbst möglich wird. Der Sachverhalt dieses *Du* nun, eines *möglichen* Du, darf im definierten Sinn *Verständigung* heißen und offenbart gleich dieser jenes letzte Gesetz aller Gegenständlichkeit. In solcher Bedeutung schließt der Begriff des Organismus den der *Verständigung* grundsätzlich ein.« Ebd., 718.

2 In pathologischen Urteilen wird »ein biologisches Objekt, nämlich *jemandes* Körper, auf besondere Weise gekennzeichnet; es wird in ihnen unter Bildung diagnostischer Begriffe ausgesagt, daß sich an diesem Körper naturnotwendige Veränderungen vollziehen, die ihrem Besitzer *schaden*, indem sie seine Leistungsfähigkeit herabmindern, sei es, daß sie deren Ausmaß schmälern, sei es, daß sie deren Qualität verändern, oder aber daß sie das gesamte psychosomatische System, das mit den Worten jemandes Körper gemeint ist, in seinem Bestande überhaupt gefährden.« Ebd., 722.

6. Philosophie und Psychiatrie

Für die Psychiatrie mag dies aus Sicht der empirischen Forschung und Medizin das (vorerst) letzte Wort sein.[1] Doch die Grundlagen der Psychiatrie sind erst mit einer präzisen Bestimmung des Menschen als Subjekt gegeben. Die Geltung dieser Bestimmung kann nicht von der kontingenten Zustimmung oder Ablehnung der Angehörigen einer Wissenschaft abhängen. Wendet man die wesentlichen Begriffe der bis zu Löwis Tod entwickelten Philosophie der Subjektivität an, findet man eine weitgehende Anschlussfähigkeit an den *Monás*begriff Hönigswalds. Hönigswald weist an einer entscheidenden Stelle auf diesen Umstand hin. In seiner *Systematik der Philosophie*, die letzte seiner publizierten Nachlass-Schriften, bezieht sich Hönigswald auf Löwis Fassung des Prinzips der Verständigung, die Löwi in seinem zentralen Aufsatz *Vom Ich und Ichbewusstsein* gegeben hat. Löwi begründet dort, wie die Sprache nicht nur die Selbstbezüglichkeit aller Erlebnisse einschließt, sondern zugleich auch das Bewusstsein der Unterschiedenheit eines jeden von jedem anderen. Die Unterscheidung ist der Grund für die Möglichkeit, sich in diesem Bewusstsein der Unterschiedenheit von jedem anderen zugleich mit jedem anderen verbunden zu wissen.[2] Doch im Unterschied zu Hönigswald geht Löwi von empirischen Beobachtungen und Sachverhalten der experimentellen Psychologie aus, die er auf eine subjektstheoretische Grundlage zurückführt, im wesentlichen auf den Begriff des Erlebens. Verständigung wird bei Löwi als Grundlage des psychologischen Dialogs zwischen

---

1 Andererseits scheint für die Psychiatrie diese Pluralität in ihrer Rückbindung an den Subjektsbegriff ein Vorteil zu sein. So schreibt Paul Hoff, Chefarzt an der Psychiatrischen Universitätsklinik Zürich: »Das bewusste Offenhalten unterschiedlicher Perspektiven, ausgerichtet an der Leitidee des autonomen Subjektes, ist nicht etwa Ausdruck von konzeptueller Armut, Opportunismus oder, heute, postmoderner Beliebigkeit, im Gegenteil: Im frühzeitigen Erkennen und in der begründeten Rückweisung voreiliger Festlegungen oder dogmatischer Verkürzungen liegt das potentiell wirkmächtige, wenn auch nachhaltig unterschätzte Aufgabenfeld philosophischer Reflektion in der Psychiatrie.« Psychische Krankheit: Ein Begriff aus der Medizin, unverständlich ohne die Philosophie, 2016.

2 Hönigswald, R., Die Systematik der Philosophie Bd. II, 1977, 465; Löwi, M., Vom Ich und Ichbewusstsein, 1930, 23.

Experimentator und Versuchsperson entwickelt, da der Experimentator nur etwas über Erlebnisse des Probanden erfahren kann, wenn er erfährt, was dieser meint bzw. gemeint haben könnte. Sprache und Verständigung sind daher die Bedingungen, unter denen jeder Dialog, stehen muss, der Erlebnisse eines anderen zum Gegenstand hat.[1]

Löwi hielt bereits in seiner Habilitationsschrift eine Grundlegung der Psychiatrie für möglich. In der Medizin liegt eine intermonadische, intersubjektive Beziehung zugrunde; jemand steht jemandem, auf eine für die Medizin spezifische Weise, gegenüber. Intermonadische Bezüge sind aber solche der Verständigung und von hier aus zu entwickeln und begründen.[2] Wenn das Subjekt sich im Erlebnis ausdrückt und in jedem Erlebnis als dessen Prinzip mitzusetzen ist, dann erscheinen Anforderungen und Aufgaben, die in der Psychologie ihren methodischen Sinn haben, unter den Gesichtspunkten der Psychiatrie für kranke Menschen als schwierig, sinnlos oder unverständlich. Ein Beispiel dafür sind die Versuche, die Löwi im Norwich State Hospital durchgeführt hat. Die Verständigung zwischen Arzt und Patient, oder im psychologischen Experiment, zwischen Versuchsleiter und Proband, ist bei psychisch kranken und psychotischen Menschen beeinträchtigt oder gar gescheitert.[3]

---

1 »Das den gesuchten wechselseitigen Austausch ermöglichende Band heißt *Sprache*. Die Sprache ist also da nicht zu missen, wo die Feststellung der ›Meinung‹ recht eigentlich Problem ist. Die Sprache ist eine Funktion des Meinens. Die letztlich allein durch die Sprache gekennzeichnete Beziehung zwischen Personen heißt *Verständigung*, heißt Fragen und Antworten. Der Frage und Antwort, oder der Frage und Aussage ist somit bei der Feststellung des Gemeinten nicht zu entraten.« Löwi, M., Schwellenuntersuchungen, 1924, 61.

2 Hönigswald, R., Die Systematik der Philosophie Bd. II, 1977, 400.

3 Löwi, M., Schwellenuntersuchungen, 1924, 49. »Der Akt des Erlebnisses ist, wie man leicht einsieht, eine Art des Bestimmens. Jedermann weiß anzugeben, *was* er erlebt, oder der Ausdruck *Erlebnis* wird hinfällig. Auch da, wo man vergessen hat oder scheinbar nicht zu sagen weiß, was man erlebt hat, liegt eine eindeutige Bestimmung des Erlebnisses vor. Die Art der Erlebnisbestimmtheit aber ist nach diesen Bemerkungen im Vergleich zur Art der Erkenntnisbestimmtheit von eigenem Charakter: sie besteht nur dann, wenn *jemand* bestimmt. Zur Kennzeichnung dieser im Erlebnisakt sich äußernden Bestimmung dient der Ausdruck *meinen*.« Ebd., 60 f.

Auf eine Besonderheit der Ausführungen Löwis gegenüber Hönigswald ist noch kurz hinzuweisen. Das Ich – genauer: der Begriff Ich bzw. Ichbewusstsein – erscheint bei Löwi nicht als eine dogmatische oder ontologische Setzung, sondern entspringt aus der Prinzipienstruktur des Erlebnisses.[1] Wir haben bereits früher gesehen, wie Löwi die Isoliertheit und Abgeschlossenheit des Erlebnisses als eine Erzeugung des Subjekts auffasst. Indem eine Gruppe von Sinneseindrücken in einen Zusammenhang gebracht wird, werden im Erlebnis Anfang, Ende und Struktur gesetzt. Aber Erlebnisse sind nicht abzählbar wie die Elemente einer Zahlenfolge. Der Grund dafür ist die Rückbezüglichkeit des Erlebnisses, das immer nur als ein Ganzes gegeben und erzeugt wird, zugleich mit dieser Beziehung auf sich selbst.[2] Im Erlebnis vollzieht sich die Beziehung auf sich selbst, indem es erlebt wird. Das, was diesen identitätsstiftenden Vollzug ausführt, kann nur durch ein Prinzip beschrieben werden, das »Ich« bzw. Ichbewusstsein genannt wird. Hier liegt sowohl Selbstbezüglichkeit (Ich bin mir bewusst, etwas zu erleben), Vollzug (Ich bin es, der dieses Erlebnis hat) sowie der Bezug auf das im Erlebnis Gegebene (Das Erlebnis, die »Sache« ist von dieser oder jener besonderen Bestimmtheit). Die Struktur des Urteils, das dieser Selbstbezüglichkeit formal zugrunde liegt, ist nicht nur theoretischer, gegenstandsbezüglicher Art. Ich kann nicht nur wissen und wissen, das ich es bin, der dies weiß, sondern ich kann wissen, *dass* ich will, fühle, glaube, meine usw. und auch, *was* ich will, fühle, glaube, meine. Das Ich ist ursprünglich, und das bedeutet zugleich, alle Iche sind gleich ursprünglich. Im Erlebnis ergreift es sich in seinem Selbstbezug zugleich als Ursprung und Grund dieses Selbstbezugs. So erlebt sich das Ich gewissermaßen zweimal: als Ausgangspunkt und als Bezugspunkt. Damit ist die Zeitlich-

---

1 »*Ich* ist demnach nur das Wort, welches als Bezeichnung für die Tätigkeit des Erlebnisses beim Vollzug des Beziehens auf sich selbst üblich ist. *Ich* erlebe rot, besagt bereits, *ich erlebe das Erlebnis rot.* Im Ich liegt ursprünglich die tätige Beziehung auf sich selbst und doch gleichermaßen die Einstellung auf das Erlebte. Das Bewußtsein oder das Ich in seiner Eigenschaft, sich selbst zu ergreifen, sich selbst zu begreifen, dieses *Ichbewußtsein* also bietet die Grundlage für alles Erleben. Jedes Erlebnis, mag es im Einzelfalle seine Besonderungen aufweisen, genügt diesem Ich auf seine Art, erfüllt die im Ich gelegenen Forderungen je nach seiner Besonderheit.« Löwi, M., Vom Ich und Ichbewußtsein, 1930, 23 f.

2 »Man kann aber nicht vom Erlebnis sprechen und von der Rückbeziehung als von etwas Zweitem. Beides ist *eines;* darum gibt es keine Anordnung des Erlebnisses im Sinne einer Folge, keine zahlenmäßige Aneinanderreihung von Erlebnissen. Die Beziehung auf sich selbst kann also nichts Erlebnisfremdes bedeuten, nichts wovon sich das Erlebnis unterschiede, sonst stünde diese erlebnisfremde Beziehung *zwischen* Erlebnis und Erlebnis, was einer Folge von Erlebnissen gleichkäme. Die Beziehung des Erlebnisses auf sich selbst muß folglich selbst *Erlebnis* sein«. Ebd., 23.

keit wesentliches Merkmal. Nicht in dem Sinne, als ob das Ich in der Zeit sei, sondern die Zeitfolge ergibt sich vielmehr aufgrund der Erlebnisse, die durch das Ich erzeugt und geordnet werden. Zugleich erlebt sich das Ich in der Folge dieser Erlebnisse als sich selbst gleichbleibend. So sagt Löwi mit Recht: das Ich ist Ausdruck.[1]

Nun ist Psychiatrie in ihren empirischen Methoden und Differenzierungen eine autonome Erfahrungswissenschaft. Aber sie ist auch mehr als das. Als klinische Psychiatrie besitzt sie zudem als Teil der Medizin eine praktische Dimension. Sie steht unter dem Zweck, Leiden zu heilen oder mindestens zu lindern.[2] Damit steht sie nicht nur unter eigenen Bestimmungen, sondern auch unter philosophischen Bedingungen, die sich unter anderem darin zeigen, dass die »Objekte« der klinischen Psychiatrie Menschen sind. Das Verhalten von und gegenüber Menschen folgt damit ethischen und rechtlichen Regeln, die nicht aus dem Methodenfundus der Psychiatrie stammen, sondern der Philosophie.[3] Eine solche Beziehung zur Philosophie bliebe aber von außen herangetragen, mehr oder minder zufällig und hinge von den Vorlieben des philosophierenden Psychiaters ab. Es ist eben nicht gleichgültig, welchen philosophischen Zugang man wählt. Philosophieren zu fordern, bedeutet, eine Problem- und Methodenanalyse zu legitimieren, die der besonderen Beziehung zwischen Arzt und Patient, zur Mit- und Umwelt, zu den jeweiligen Krankheiten gerecht wird.[4] Bereits das »Objekt« der Psychiatrie ist komplex gegliedert: Da ist einerseits die Krankheit, die wie ein

---

1 »Unter *Ausdruck* versteht man also jene Grundtatsache, daß das Ich von sich aus zu jener Leistung der Rückbeziehung befähigt ist. Auf Grund des Ausdrucks vermag das Ich, *sich als dasselbe* zu erfassen, denn der Ausdruck ist jene selbsttätige Rückbeziehung. Der Ausdruck gibt also dem Ich ein Mittel, sich selbst als dasselbe zu erhalten.« Ebd., 25.

2 So auch Jaspers, K., Der Arzt im technischen Zeitalter, 1958, 1040: »Was die Psychiatrie wirklich weiß und kann, muß die Praxis zeigen. Man sieht sie in den Anstalten, Kliniken und Sprechstunden. Wieweit hat das in Lehrbüchern und Abhandlungen mitgeteilte Wissen mit der Praxis etwas zu tun?«

3 Die enge Beziehung von Psychiatrie und Philosophie ist immer wieder gesehen und thematisiert worden, z.B. aus phänomenologischer Sicht von Natanson, M., Philosophische Grundfragen der Psychiatrie I, 1963, 903-925.

4 Zugleich muss vor einer bloß äußerlichen Inanspruchnahme philosophischer Theorien gewarnt werden, eine Warnung, die auch für die gegenteilige Auffassung gilt, die Psychiatrie könne auf Philosophie gänzlich verzichten: »Man interessiert sich für eine philosophische Lehre, weil sie vielleicht der eigenen Geisteshaltung entspricht oder sonst wertvolle Motive zu enthalten scheint. Man fühlt sich durch sie psychiatrisch *angeregt* und beeilt sich, ihre Thesen ins Psychiatrische zu übersetzen, ohne zu bemerken, daß man damit die eigentlichen und fruchtbarsten sachlichen Beziehungen zur Philosophie preisgibt. Das tiefe Wort, man habe nicht eine Philosophie, sondern das *Philosophieren* zu erlernen, klingt wie für den Psychiater geprägt. Nicht philosophische Ergebnisse hat er sich denn auch, offen oder terminologisch verhüllt, anzueignen, sondern an seinem eigenen Gegenstande wird sich ihm in selbständiger Analyse das Problem der Philosophie auf besondere Weise erschließen müssen.« Hönigswald, R., Philosophie und Psychiatrie, 1929, 741.

vom Patienten abgelöstes natürliches Objekt erscheint, das physiologisch bestimmbar ist, zweitens aber immer als »jemandes« Krankheit mit ihren komplexen binnensubjektiven Verhältnissen existiert. Hinzu kommt die intersubjektive Dimension der Krankheit, die zwischen Subjekten (Arzt und Patient) festgestellt und verhandelt wird, wobei dieses intersubjektive Verhältnis selbst wiederum im Kontext der Gesellschaft und Kulturgemeinschaft steht.

So unterliegen psychische Störungen und Psychosen zunächst denselben Bedingungen des Erlebens und ihres somatischen Bezuges wie jede Krankheit. Allerdings gehören Formen der Verständigung zusätzlich zu ihrem Begriff, indem »Tatsachen der Verständigung« selbst Symptome sind. Verständigung wird somit nicht nur zum Prinzip der ärztlichen Beurteilung, sondern erscheint zugleich als tatsächliches psychisches Verhalten.[1] Dieses Prinzip bestimmt zudem den psychiatrischen Begriff der Person bezüglich der Einheit oder Spaltung der Persönlichkeit. Da dem Psychiater sein »monadisches Objekt« sowohl als naturnotwendig wie auch als kultur- und gemeinschaftsbestimmt begegnet, erscheint es als psychosomatische Einheit. Eine Konsequenz dieses Begriffs ist die Forderung, stets den einheitlichen, ganzen Menschen zu behandeln und nicht einzelne Symptome seines Krankheitsbildes. Wir stehen damit vor dem letzten Grund, weshalb Hönigswald und Löwi eine Verankerung im Begriff der Subjektivität für notwendig halten. Fassen wir diese Aspekte zusammen, die den Begriff der Psychiatrie ausmachen, so finden wir einen Begriff, den Hönigswald und Löwi *monás* genannt haben. Wir haben diesen Begriff bereits an anderer Stelle diskutiert, hier kam es darauf an, seine Bedeutung für die Psychiatrie aufzuzeigen.

---

[1] Ebd., 728 u. 737 f.

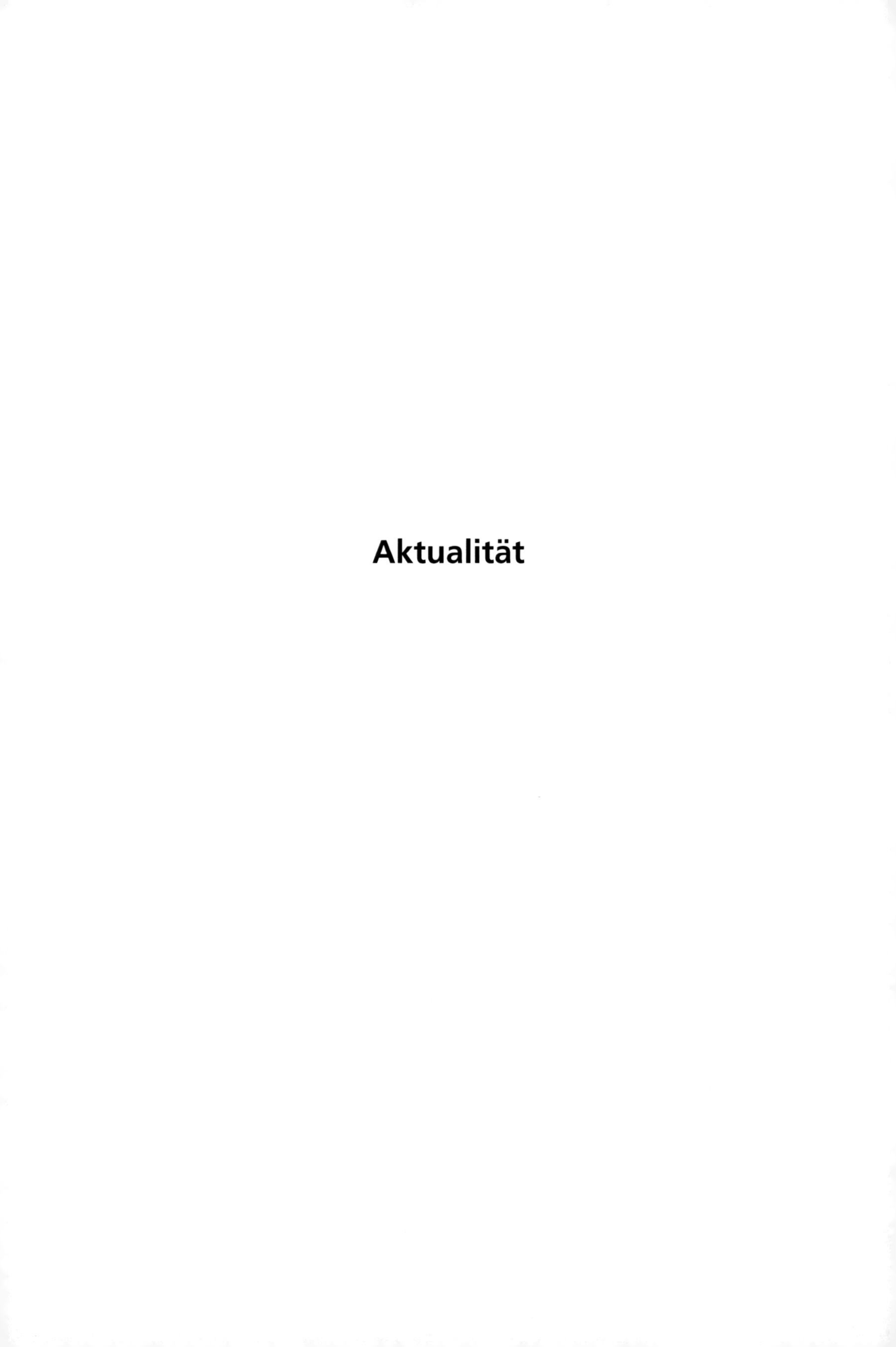

Aktualität

8. Gehirn und Bewusstsein

Von der Psychiatrie her drängt die Frage nach der »Natur« des menschlichen Selbstbewusstseins auf Antwort, eine Frage, die nicht erst seit Kant als ein wesentliches Problem der Metaphysik allen philosophischen Bemühungen zu trotzen scheint. Was in Psychologie und Psychiatrie ein Rätsel bleibt, kann auch aus neurobiologischer Sicht bisher nicht abschließend beantwortet werden; denn zu tun haben wir es nicht nur mit einem Rätsel, sondern zugleich auch mit einem Dilemma. Wir brauchen in der Medizin den biomedizinischen Zugang zum Menschen, doch den Menschen allein aus biologischer Sicht zu verstehen, führt zu neuen Problemen. So folgen doch aus der biologischen Perspektive unweigerlich normative Konsequenzen hinsichtlich des Selbstverständnisses des Menschen. Aus Sicht der Psychiatrie hat etwa Seidel auf wesentliche Aspekte hingewiesen, die aus einem ausschließlich naturalistisch orientierten Menschenbild folgen. Komplexe geistige Tätigkeiten wie Lernen, Verstehen oder Wahrnehmungen seien nicht allein als Hirnfunktionen begreifbar, und auch psychische Störungen ließen sich nicht mehr von Erkrankungen des Zentralnervensystems unterscheiden.[1] Einen eher pragmatischen Ausweg schlägt Viktor von Weizsäcker vor, der allerdings das psychophysische Problem für eher unlösbar, wenn nicht bedeutungslos, erklärt.[2]

Es ist hier nicht die Absicht, Wert und Bedeutung der Neurowissenschaften hinsichtlich ihres Erkenntnisbeitrags zum Leib-Seele-Problem in Frage zu stellen. Denn es ist eine bewährte wissenschaftsmethodische Maxime, so weit wie möglich empirisch valide zu klären, was empirisch zu klären ist. Auch interessiert hier nicht die Frage nach den empirischen Bedingungen und Qualitäten dieser Forschungsprogramme – man wird sehen, ob sie tatsächlich die Erkenntnisse zeitigen, die von ihnen erwartet werden. Es geht hier vielmehr um die grundsätzliche philosophische Frage, ob es grundsätzlich möglich ist, Subjektivität als aus Nicht-

---

1 »Es hieße der Neurobiologie allein die Definitionsmacht über psychiatrische, anthropologische, ja moralische Fragen zu überlassen. Natürliche Daten, Hirnströme, MRT-Bilder geben keinen Grund dafür, sich um andere Menschen – als Menschen – zu sorgen. Sie haben, für sich genommen, keine Bedeutung und sind für das, was wir Verantwortung nennen, kein Fundament.« Seidel, R.: St. Alban oder das Recht auf Gastlichkeit. Von der Notwendigkeit einer philosophisch fundierten Psychiatrie, 2018. Entsprechend äußert sich Mittelstraß, J., Philosophie in der Psychiatrie, 2007, 20.

2 »Wir wissen jetzt, daß der Anfang nicht eine Reflexion ist, daß der Anfang auch nicht von mir gemacht wird, sondern daß er kommt – wie der Patient kommt. Dieser Anfang ist eine biographische Szene und ist zuerst ein Gespräch. […] Trotzdem ist das Problem des »Ich« nicht verloren, sondern verändert. Das Erste ist nicht, daß ich das Ich erkennen muß, sondern daß ich mit ihm sprechen muß. Jetzt ist das Ich gar kein Ich mehr: es wird ein Du für mich. Das Ich, wir haben es gesehen, kann ja, da es das Subjekt für alles Objekt ist, eben darum niemals selbst Objekt »werden«, auch nicht für mich. Aber es kann doch »für mich« werden, nur nicht »Etwas« , sondern »Du«.« Weizsäcker, V., Der Arzt und der Kranke, 1926/27, 86.

Subjektivität entstanden widerspruchsfrei zu denken. Einem Naturwissenschaftler oder naturalistisch denkenden Psychologen mag eine solche Frage bedeutungslos, wenn nicht gar abwegig erscheinen, betrachten sie doch den Menschen nicht als Subjekt, sondern immer wie einen »gegebenen« Gegenstand. So reduziert sich in einer biologischen Fragestellung das Verständnis von Subjektivität methodisch notwendig auf das Verständnis physiologischer Funktionen des Gehirns.

1. Psychologie statt Biologie: Die Problemstellung bei Löwi

Bei Löwi finden wir eine grundsätzliche Darlegung des Leib-Seele-Problems, die in wesentlichen Punkten von den bekannten Darstellungen abweicht. Löwi entwickelt die Problemstellung nicht von den »exakten« Naturwissenschaften, sondern von der Psychologie und Physiologie her. Dieser geforderte Perspektivwechsel folgt aus einer scheinbar einfachen Überlegung. Der Zusammenhang zwischen Bewusstsein und Organismus ist nicht nur sachlich objektiv gegeben. Er kann zwar in einer beschreibenden und erklärenden, objektiv wissenschaftlichen Haltung Gegenstand empirischer Untersuchungen sein. Doch jede noch so sehr um Vollständigkeit bemühte naturwissenschaftliche Analyse des funktionalen Zusammenhangs zwischen Soma und Psyche[1] erfasst diesen als einen Gegenstand, der sich von anderen Naturgegenständen nur hinsichtlich seiner funktionalen Komplexität, nicht aber prinzipiell unterscheidet. Entscheidend für eine solche Position sind zwei anfechtbare prinzipientheoretische Annahmen. Zunächst wird ein Physikalismus bzw. Naturalismus angenommen, damals »Materialismus« genannt. Nun mag empirische Forschung eines Tages tatsächlich Bewusstsein und Selbstbewusstsein und deren emotionale und kognitive Funktionen vollständig von ihrer biologisch-neurophysiologischen Basis her verstehen, indes kann sich dieses erst am Ende eines solchen Forschungsprozesses als wahr bzw. empirisch gesichert herausstellen. Es ist jedoch eine Petitio Principii

1 Bewusstsein und Selbstbewusstsein werden hier als psychische Leistungen und nicht als ontologisch »gesetzte« Substanzen mit bestimmten Eigenschaften (qualia) verstanden. Sie sind zu unterscheiden von anderen psychischen Funktionen, z.B. emotionalen. Davon unterschieden sind Empfindungen, etwa Sinnes- und Schmerzempfindungen. Alle diese Momente des Psychischen fallen bei Löwi unter den Begriff des Erlebens. Zudem besitzt das Bewusstsein eine Sonderfunktion, denn bewusst werden können Kognitives (z. B. der Satz des Pythagoras), Emotionales (z.B. Freude) oder Empfundenes (z.B. Schmerz oder ein Lichtreiz). Selbstbewusstsein ist das Bewusstsein, das »ich« – also »jemand« – es ist, der dieses oder jenes erlebt oder erlebt hat oder erleben wird. Dem Selbstbewusstsein entspricht das, was Nicolai Hartmann den subjektiven Geist genannt hat. Objektiver Geist sind intersubjektive Gehalte wie Institutionen, objektivierter Geist meint Geistiges, im Materialen fundiert, z.B. Bücher, Autos oder Kunstwerke. Hartmann, N., Der Aufbau der realen Welt, 1964, Kap. 20 und Ders., Das Problem des geistigen Seins, 1933.

(hier: Zirkelschluss), gerade das zur Voraussetzung eines Forschungsprogramms zu erheben, was nur als ein Ergebnis an dessen Ende stehen kann. Naturwissenschaftliche Forschung ist ergebnisoffen, gerade das macht Forschung aus, alles andere wäre grundlose metaphysische Selbstbestätigung. Es ist eben so, dass wir nur die gegenwärtige Wissenschaft und den gegenwärtigen Forschungsstand kennen, nicht die zukünftige Wissenschaft und die zukünftigen Forschungsergebnisse. Methodisch ist folglich streng zu unterscheiden zwischen dem, was erwartet und dem, was tatsächlich stattfinden wird. Bei Licht besehen, beruht die Annahme des Naturalismus, das Körper-Geist-Problem auf ausschließlich physiologischer Grundlage lösen zu können, auf bloßen Annahmen über Ziele, Methoden und Ergebnisse zukünftiger Wissenschaft und unterscheidet sich so kaum vom Hellsehen oder Lesen des Kaffeesatzes.

Neben diesen formalen Einwand tritt ein grundsätzlicher inhaltlich-methodischer Aspekt. Gesetzt den Fall, zukünftige Wissenschaft hätte tatsächlich die naturalistische Erwartung bestätigt, was wäre damit erreicht? Es wäre erreicht, das Bewusstsein so verstehen zu können, wie wir die Funktionen des Verdauungstraktes, das Fortpflanzungsverhalten von Meerschweinchen oder den radioaktiven Zerfall des Urans verstehen könnten. Wir würden Bewusstsein und Körper sowie ihren Zusammenhang nach Art und Weise der physikalisch bestimmten Natur verstehen – und damit geht gerade die Besonderheit des Psychisch-Geistigen verloren. Diese Besonderheit hat Löwi als Erleben bezeichnet. Das Erleben bezeichnet aber nicht nur einen Vorgang mit Beteiligung der Psyche, sondern ein psychisch Bestimmtes in einem Organismus:

> Der Zusammenschluß von Seele und Körper ist nicht allein ein sachlicher, wie das Verhältnis von Psychologie und Physiologie; er ist auch zugleich ein *erlebter*, erlebt in den mit zentral eingeleiteten Erregungsprozessen auftretenden Akten. In den Akten der Handlung kommt es zu einer neuen Ansicht des Bewußtseins, zum Bewußtsein der Verkettung des Seelenlebens mit dem Körperlichen, zum Bewußtsein *seiner selbst, zum Bewußtsein seiner eigenen Person*.[1]

Damit verbunden ist eine Verschiebung der Problemstellung. Nicht, wie der Naturalismus glaubt, ist das Problem, wie sich Psychisches und Bewusstes aus physischen Abhängigkeiten und Gesetzen verstehen lässt, sondern, was es für einen Körper der physischen Welt bedeutet, dass er ein Organismus ist, der erlebt. Erleben ist aber nicht im Physischen »verortet« wie ein organisch Fremdes. Der Organismus ist der Ort in der physischen Welt, an dem Bewusstsein und Selbstbewusstsein körperlich werden, wie Nagel einmal geschrieben hat. Es ist der Ort, an dem Physisches erlebt wird. Doch das Erleben und das Erlebte sind nicht Gegenstand der Physiologie, sondern der Psychologie. Im Erleben manifestiert sich ein Tatbestand, der Psychisches in eine besondere Relation zum Physischen

1 Löwi, M., Über spezifische Sinnesenergien, 1927, 231.

stellt. Nagel stellte immer wieder die Frage, was es für ein Lebewesen bedeutet, dass es dieses Lebewesen ist. Löwi hat gefragt, was es für ein Lebewesen bedeutet, dass es genau diesen Organismus hat und dieser Organismus *ist*. Mit Hönigswald bestimmt Löwi dieses Verhältnis als ein Possessivverhältnis. Im Erleben, im Handeln, im Verhalten wird der organische Körper zu »meinem« Organismus, »ich« selbst »bin« dieser Organismus. Wie der Organismus in allen seinen Veränderungen immer als derselbe und als »meiner« erlebt wird, so ist er dieser als »derselbe« immer als durch »mein« Erleben erzeugt. Für »mich« ausgezeichnet, ist er doch Teil der physischen Welt.[1] Dass menschliche (und sicher auch mindestens höhere tierische) Organismen durch ein solches Possessivverhältnis bestimmt sind, geht in der naturalistischen Perspektive verloren; sie erfasst allein das »Außenverhältnis«. Löwi ist damit ein Vertreter der Ansicht, dass die »Innenperspektive« einem grundsätzlichen Zugriff »von außen« im Sinne einer objektivierenden naturwissenschaftlichen Beschreibung grundsätzlich entzogen ist.

Löwis Beitrag ist daher im Hinblick auf die gegenwärtige Diskussion in zweifacher Hinsicht interessant. Er entwickelt *erstens* aus psychologischer Sicht Argumente, die gegen einen Physikalismus und wissenschaftsmethodischen Reduktionismus gerichtet sind. Ein solcher Reduktionismus ist aus prinzipiellen Gründen unmöglich. Bereits die Unterscheidung zwischen biologischen und physiologischen Problemstellungen und Methoden, die Löwi ausführlich dargelegt hatte, verhindert reduktionistische Vorgehensweisen. Damit erweist sich die Hoffnung als trügerisch, über ein vollständiges Verständnis des Gehirns zugleich ein psychologisch valides Verständnis des menschlichen Bewusstseins zu erreichen. Obwohl für Löwi Psychisches und Physisches verschieden sind, argumentiert er *zweitens* für einen funktionalen psychophysischen Monismus, der in wesentlichen Zügen modernen Doppelaspekt-Theorien und wissenschaftstheoretisch einem »pragmatischen Dualismus« nahesteht. Insofern sind die theoretischen Arbeiten Löwis an die moderne Wissenschaftstheorie und Philosophie des Geistes nicht nur anschlussfähig, sondern könnten ihr weiterführende Impulse vermitteln. Der Schlüssel dazu findet sich in Löwis Begriff des Erlebens. Denn das Erleben ist nicht von außen zu verstehen.

---

1 »Der Organismus wird in den Akten des Handelns zum eigenen Organismus. In dieser Art der Gegenüberstellung von Erleben und Organismus ist er vor den Dingen und Geschehnissen der Außenwelt *ausgezeichnet* und *doch* als Außending, als Geschehen wiedergefunden. Also nicht einem Setzen nach außen kommt die erlebte Gegenüberstellung gleich; diese scheinbare Trennung bedeutet jetzt vielmehr eine *Vereinigung des Organischen mit dem Seelischen; in diesem Akte wird die Seele an den Körper gebunden*. Ebd., 230 f. Aus diesem Grund sind Gedankenexperimente wie Putnams »Gehirn im Tank« interessant. Siehe Putnam, H., Vernunft, Wahrheit und Geschichte, 1982, 21 f.

2. Falsche Annahmen und Fragen

An der gegenwärtigen Dominanz materialistischer und reduktionistischer Standpunkte in der gegenwärtigen Philosophie des Geistes ist mindestens das eine interessant, dass sie, bei Lichte besehen, auf weitgehend grundlosen Annahmen und Erwartungen beruhen. So entbehren reduktionistische Theorien, wenn sie von besonderen naturwissenschaftlichen Programmen ausgehen, nicht nur oft nicht nur einer kritischen Reflexion der eigenen in Anspruch genommenen Voraussetzungen und Annahmen. Zudem halten sie diese Annahmen für vermeintlich sichere Erkenntnisse und Methoden ihrer Wissenschaft. Wissenschaftsoptimismus, Wissenschaftspositivismus und Metaphysik gehen dann eine Allianz ein, die auf dem Glauben beruht, wissenschaftliche Theorien könnten zumindest in Teilen eine reale Welt beschreiben, ohne auf die Bedingungen eingehen zu müssen, unter denen solche Theorien möglich sind. So erscheinen in wissenschaftstheoretischer Hinsicht evolutionstheoretische und reduktionistische Erklärungsversuche als Varianten der Identitätstheorie. Diese Theorie behauptet die Identität mentaler und neuronaler Zustände, und zwar nicht in dem Sinne, dass neuronale Zustände mentale Zustände kausal bedingen, dann hätte man zwei verschiedene Zustände angenommen, sondern tatsächlich als Identität gedacht. Es »gibt« nur neuronale Zustände, die, hinreichend verstanden, die Vorstellung mentaler Zustände überflüssig machen, weil sie jedes psychische Ereignis als neuronales Ereignis ausweisen würde.

Platzek etwa weist auf eine Fülle unbegründeter Annahmen speziell bei Wolf Singer hin.[1] Die wichtigste betrifft das reduktionistische Wissenschaftsverständnis. Es ist im Bild vom Laplaceschen Dämon in Emil Du Bois-Reymonds berühmtem Vortrag aus dem 19. Jahrhundert zusammengefasst. Diesem Bild hat Du Bois-Reymond sein berühmtes »Ignorabimus« entgegengehalten, dass wir angesichts der Rätsel des menschlichen Bewusstseins und der Willensfreiheit niemals wissen werden, nach welchen Naturgesetzen dieses aufzulösen ist, weil es sich jeder naturwissenschaftlichen Beschreibung entzieht.[2] Singer behauptet, dieses

---

1 Platzek, R., Moderne Hirnforschung oder das vermeintliche Ende des freien Willens, 2006, ebenso Singer, W., Der Beobachter im Gehirn, 2002.

2 Wie »der Astronom nur der Zeit in den Mondgleichungen einen gewissen negativen Wert zu erteilen braucht, um zu ermitteln, ob, als Perikles nach Epidaurus sich einschiffte, die Sonne für den Piräus verfinstert ward, so könnte der von Laplace gedachte Geist durch geeignete Diskussion seiner Weltformel uns sagen, wer die eiserne Maske war oder wie der *President* zugrunde ging. Wie der Astronom den Tag vorhersagt, an dem nach Jahren ein Komet aus den Tiefen des Weltraumes am Himmelsgewölbe wieder auftaucht, so läse jener Geist in seinen Gleichungen den Tag, da das Griechische Kreuz von der Sophienmoschee blitzen oder da England seine letzte Steinkohle verbrennen wird. [...] Solchem Geiste wären die Haare auf unserem Haupte gezählt, und ohne sein Wissen fiele kein Sperling zur Erde.« Du Bois-Reymond, E., Über die Grenzen des Naturerkennens, 1912, 443.

Rätsel stehe dank der Fortschritte der Hirnforschung vor einer Lösung. Offenbar merkt Singer nicht, dass Du Bois-Reymond ein mechanistisches und deterministisches Wissenschaftsverständnis kritisiert, das in Unkenntnis der Reichweite der eigenen Methoden bleibt. Singers eigenes Wissenschaftsverständnis wird von diesen Aussagen Du Bois-Reymonds betroffen und bedürfte daher einer Rechtfertigung, die aber nirgendwo geliefert wird. Dem Biologen gehe es nicht in erster Linie um Prognosen, so Platzek, sondern um das Verständnis des Entwicklungsgefüges, das ein Organismus durchläuft. Singer aber will deterministisch erklären, wie neurophysiologische Vorgänge lückenlos nicht nur einzelne psychische Vorgänge, sondern gar die Einheit des Bewusstseins im Selbstbewusstsein insgesamt erklären.[1] Auch hier wirkt wieder eine unbegründete Annahme: Der »Gesamtheit funktionierender Nervenzellen« solle »das Korrelat des Denkens« entsprechen.[2] Neben weiteren Aspekten richtet sich die Kritik Platzeks daher auf den bei Singer verwendeten objektivistischen Zeitbegriff, und zwar mit Rückbeziehung auf den denkpsychologischen Zeitbegriff Hönigswalds. Dieses Argument gegen Singer richtet sich auf die behauptete Korrelation von physikalischer und erlebter Zeit, ein Umstand, dessen Klärung bei Singer keine Rolle spielt. Dabei folgt jedes Rhythmus- und Melodieerleben, wie schon Hönigswald gezeigt hat, einer spezifischen Zeitstruktur, die dieser unter den Begriff Präsenz gefasst hat. Diese erlebte »Gleichzeitigkeit« ist eben nicht die mehr oder weniger zufällige Koinzidenz gleichzeitig stattfindender Ereignisse, sondern findet überhaupt keine Entsprechung im objektiven zeitlichen Ablauf. Wie also können sich Erlebnisse wie Rhythmen neurobiologisch »erklären« lassen? Und weiter: Wie steht es mit der Möglichkeit, dass Denken und Erleben den Gehirnzustand bestimmen?

---

1 Den Dämon, dem Singer folgt, beschreibt Platzek so: Dem Hirnforscher und Neuro-Biologen ist dies dagegen nicht genug. Er zielt mathematische Präzision an, und er ist auch der Überzeugung, daß jede Nuance hirnbiologischer Gegebenheit im Detail beschreibbar und das Hirngeschehen, im Wissen der physiologischen Zusammenhänge der Zelle, vorausberechenbar ist. [...] Es soll folglich gelten: Wissen wir einen Anfangszustand aller Gegebenheiten im Gehirn, dann können wir voraussagen, welche Zustände nach einer bestimmten Zeit festzustellen sind.« Platzek, R., Moderne Hirnforschung oder das vermeintliche Ende des freien Willens, 2006, 134 f.

2 Ebd., 138. »Ohne die philosophische Bedeutung seiner Aussage zu bemerken, weist Singer auf den tatsächlich entscheidenden Punkt hin: Nicht ein *Zentrum* ließe sich im Gehirn feststellen, sondern das gesamte Gehirn sei so organisiert, daß »eine riesige Zahl von Operationen *gleichzeitig* abläuft.« Ebd., 143. Das Zitat bezieht sich auf Singer, W., Unser Menschenbild im Spannungsfeld von Selbsterfahrung und neurobiologischer Fremdbeschreibung, Ulm 2003, 24.

Die Beziehung zwischen Psyche und Soma ist, wie jeder Mediziner und Patient weiß, eine Wechselbeziehung. Und führt nicht jedes Lernen zu einer veränderten neuronalen Verknüpfungsstruktur im Gehirn? Ändern sich nicht durch Üben nicht nur mentale, sondern auch physiologisch-motorische Abläufe, wie jeder Sportler und Musiker weiß?[1]

Bisher jedenfalls haben sich die überzogenen Erwartungen an den Wissenschaftsfortschritt, wie sie im hirnphysiologischen Manifest von 2004 formuliert wurden, nicht erfüllt. Das aber hindert Reduktionisten nicht daran, weiter von den Naturwissenschaften die Lösung letztlich philosophischer Probleme zu erwarten. Denn es sei nur eine Frage der Zeit, bis alle geistig-psychischen Phänomene lückenlos aus neurophysiologischen Prozessen erklärt werden könnten. Die Folge sei ein neues Menschenbild.[2] Immerhin kam 2014 eine Gruppe aus Forschern, Medizinern und Philosophen um den Psychiater Felix Tretter zu einer kritischen Zwischenbilanz, die gravierende methodische und wissenschaftstheoretische Schwächen des reduktionistischen Programms benennt. Die wichtigste methodische Schwäche liegt in der Annahme, die Korrelationen zwischen physischen und psychischen Prozessen könnten durch erklärende Kausalbeziehungen beschrieben werden. Doch Korrelationen beschreiben nur, Theorien, vor allem deterministische, *erklären*. Sicher ist das Hirn-Geist-Problem nicht *ohne* die Hirnphysiologie zu lösen, aber es *allein* auf der Grundlage der Hirnphysiologie lösen zu wollen, erscheint wissenschaftstheoretisch höchst unbegründet.[3]

Doch wenn man schon nicht psychische Phänomene vollständig durch physiologische Gesetze und Abhängigkeiten eindeutig erklären kann, gelänge es vielleicht, Selbstbewusstsein und Psyche als Ergebnisse der Evolution zu verstehen. Selbst ernsthafte Verfechter dieser Hypothese erliegen dem methodischen Irrtum, wenn man verstanden habe, wie sich »etwas« entwickelt habe, habe man zugleich auch verstanden, wie dieses »etwas« funktioniere. Bereits theoretisch ist diese Annahme grundlos, denn ihre Richtigkeit würde bedeuten, dass ein Wissenschaftshistoriker, der sich mit der historischen Entwicklung etwa von Quanten-

1 »Immer ändert sich das Gehirn in einer bestimmten Weise, weil etwas Bestimmtes gedacht oder auch weil Musik gehört wird. Das Denken hat dann einen Ort in der Natur gefunden. Daher ist es in den Worten Hönigswalds, *zeitstellenbezogene Präsenz*. Das Denken eines Menschen ist also *in Zeit, zu einer bestimmten Zeit* und doch zugleich zeitüberlegen, da es verschiedene Zeiten im psychischen Jetzt zusammenführt. Das ist der Grund dafür, daß mein Denken nicht zerfällt und daß ich auch in vergehender Zeit derjenige sein werde, der ich jetzt bin und früher schon war.« Platzek, R., Moderne Hirnforschung oder das vermeintliche Ende des freien Willens, 2006, 151.

2 Elger, C., u.a., Das Manifest. Elf führende Neurowissenschaftler über Gegenwart und Zukunft der Hirnforschung, 2004, 36. Immerhin wird eingeräumt: Mitgefühl, Verantwortung oder eine Fuge von Bach zu verstehen, blieben selbst dann außerhalb der Zuständigkeit der Neurowissenschaften.

3 Tretter, F., u.a., Memorandum »Reflexive Neurowissenschaft«, 2014.

feldtheorien beschäftigt hat, zugleich auch damit rechnen könnte – was sicher nicht ausgeschlossen, vermutlich aber nicht die Regel ist. Der zugrundeliegende Erklärungstypus ist historisch, nicht funktional oder kausal. Insofern ist die Evolutionstheorie eine Theorie der historischen Entwicklung von Lebewesen und daher notwendig von einer vorgefundenen Gegenwart aus zeitlich rückwärts gewandt, eine Eigenschaft, die sie wegen des historischen Erklärungstyps mit der Geschichtswissenschaft oder der Naturgeschichte teilt. Sie erklärt, wie etwas geworden ist, nicht aber, warum etwas gerade so geworden ist, wie es ist. Und schon gar nicht erlaubt sie einen Blick auf künftige Entwicklungen, selbst nicht in eine nahe Zukunft. Die Richtungslosigkeit und »Zufälligkeit« der Entwicklung durch Mutations- und Selektionsgesetze erklärt immer nur das, was geworden und »da« ist. Sie erklärt wirkliches Dasein und nicht mögliches Dasein. Und so ergibt sich das paradoxe Bild, dass Evolutionisten zwar die Evolutionstheorie für eine deterministische Theorie halten, diese Theorie aber gerade da nicht angewendet werden kann, wo deterministische Theorien ihre methodische Stärke haben. Denn die Evolutionstheorie ermöglicht, im Gegensatz zu Einsteins Allgemeiner Relativitätstheorie etwa, keine Prognosen, also über das Eintreten zukünftiger Ereignisse aufgrund determinierender Gesetze.

Emergente Eigenschaften folgen nicht aus der Evolutionstheorie, sondern nur aus der evolutionstheoretisch unbegründeten spekulativ-metaphysischen Fortschreibung gegenwärtiger Annahmen über eine mögliche zukünftige Entwicklung, die keineswegs eintreten muss wie etwa eine prognostizierte Sonnenfinsternis. Wie sehr emergenztheoretische Vorstellungen ebenso wie reduktionistische Theorien zuletzt einen identitätstheoretischen Monismus bedienen, haben Mittelstraß und Carrier am Beispiel des »emergentistischen Materialismus« von Mario Bunge gezeigt. Die Kluft zwischen Psychologie und Neurophysiologie werde dort durch eine »imaginäre kognitive Neurophysiologie« überbrückt, indem imaginäre »Psychonen« angenommen werden, für die es keinen empirischen Nachweis gibt. Vor allem die Konsequenzen für die Medizin, Psychotherapie und die Psychiatrie erscheinen äußerst bedenklich. Wenn alle psychischen Störungen und Erkrankungen ausschließlich als physiologische Erkrankungen des Gehirns begriffen werden, führt das zu unverantwortlichen Konsequenzen für die medizinische Praxis, da in diesem ausschließlich objektivistischen Verständnis des Menschen gerade das Spezifische verloren ginge, hier die psychotherapeutische Beziehung, allgemein die Beziehung zwischen Arzt und Patient.[1]

---

1 Insbesondere folgen aus Bunges reduktionistischem Verständnis bedenkliche Konsequenzen für die Psychotherapie und Psychiatrie, wenn er scheibt: »sick neurons call for a biochemical (or psychopharmacological) approach instead of logotherapy: cells do not listen«. Bunge, M., The Mind Body Problem, 1980, 79. Eine Grundsatzkritik an Bunge geben Carrier, M. / Mittelstraß, J., Geist, Gehirn, Verhalten, 1989, 135, 167 u. ö.

So führt auch die Frage, wie Bewusstsein und Ichbewusstsein aus natürlichen Bedingungen »entstanden« ist, nicht weiter. Sie bringt lediglich Weltanschauungen hervor, die auf der Grundlage der Evolutionstheorie – die natürlich in der Biologie einen methodisch bestimmten, berechtigten Sinn hat – zuletzt bloß metaphysische Konstrukte darstellen. Eine solche Theorie nenne ich Evolutionismus.[1] Hier bleiben Feststellungen wie diejenige Hönigswalds über die Irreduzibilität der Innenperspektive gegenüber der objektiv beschreibenden wissenschaftlichen Außenperspektive immer im Recht. »Ich« bleibe ich als gedachtes Ich, und ich bin nicht mein Gehirn, das nur für einen Beobachter als Gehirn Gegenstand ist.[2]

3. Das Erklärungslücken-Argument und die Doppelaspekt-Theorie

Ein bekannter Rettungsversuch des Reduktionismus besteht in der Zurückweisung des sogenannten Erklärungslücken-Arguments. Vertreten wird das Argument von Vertretern der Doppelaspekttheorie wie Nagel ebenso wie von Verfechtern des Dualismus, z. B. von Popper.[3] Erklärungslücken-Theoretiker haben allerdings mit dem Anschlussproblem zu kämpfen, das gemeinsame Auftreten von Hirnaktivität und innerem Erleben erklären zu müssen. Die vorherrschende, auch historisch dominante Auffassung ist die These von der psychophysischen Wechselwirkung: Physiologisches wirkt auf Psychisches und umgekehrt, während die reduktionistische Auffassung scheitert, den Einfluss des Psychischen auf Physisches verstehen zu können, es sei denn, Psychisches ist letztlich selbst Physisches. Während aus reduktionistischer Sicht ein Einfluss der Psyche auf den Organismus eher schwer zu akzeptieren ist – es sei denn, Psychisches ist letztlich nur physiologisch bedingt – stößt aber auch das Dogma von der Bedingtheit des Psychischen durch »untere« Bedingungsstrukturen an Grenzen. Es reicht ja nicht zu verstehen, dass überhaupt ein Zusammenhang zwischen physiologischen Gesetzlichkeiten und psychischen Erlebnissen besteht, sondern *wie genau* dieser Zusammenhang möglich und tatsächlich im konkreten Fall beschaffen ist.

---

1 Der Begriff fällt bei Spaemann, R., Sein und Gewordensein. Was erklärt die Evolutionstheorie?, 1984, 88.

2 Hönigswald hat die Irreduzibilität des Psychischen treffend so charakterisiert: »Nur einem fremden Beobachter könnte mein Gehirn Gegenstand der Erfahrung sein; mir selbst aber bleibt es als Coordinatum von Erlebnissen allewege *Gedankending*.« Hönigswald, R., Die Grundlagen der Denkpsychologie, 1925, 337.

3 Popper, K. / Eccles, J., Das Ich und sein Gehirn, 1984.

Nagel etwa bestreitet nicht nur die identitätstheoretische, sondern auch die funktionalistische Lösung des Leib-Seele-Problems mit folgender Überlegung: Immer wieder finden sich in der analytischen Philosophie des Geistes die Begriffe »Wasser« und »H_2O« als Beispiel für eine Eigenschaftsidentität.[1] Beide Begriffe meinen dasselbe, wenn »H_2O« alle intrinsischen physikalisch-chemischen Eigenschaften von Wasser (Siedepunkt, elektrische Leitfähigkeit, Dichte, Brechungsindex usw.) vollständig erklärt. »Wasser« hingegen steht für einen Bezug dieses Stoffes auf das Wahrnehmungsvermögen. Wasser ist das, was wir durch unsere Wahrnehmungen erkennen können, diese aber sind keine Eigenschaft des Wassers. Wenn also die physikalischen Eigenschaften von H_2O bekannt sind, sind, auch die Eigenschaften von Wasser bekannt, und zwar ohne Bezug auf unsere Wahrnehmung. Nagel bestreitet nun, dass das Verhältnis von Begriffen mentaler Ereignisse und physischer Erscheinungen im Gehirn nach demselben Muster gedacht werden können.[2] Denn wenn wir wüssten, wie die physikalischen Eigenschaften dieses Ereignisses im Gehirn wären und welchen Gesetzen sie unterliegen, wüssten wir auch die vollständigen Eigenschaften des entsprechenden mentalen Zustands. Der Geschmack von Zucker, das Gefühl von Schmerz oder beliebige andere Erlebnisse müssten sich verstehen lassen, wenn die korrespondierenden physikalischen Eigenschaften des Gehirns bekannt wären. Dass aber ist nicht der Fall. Denn es sei für jeden physikalischen Zustand im Gehirn vorstellbar, dass diesem kein mentaler, erlebter Zustand entspricht.[3] Umgekehrt gilt auch: Wie Löwis und Foersters frühe neurologisch-psychologische Untersuchungen gezeigt haben, kann dieselbe mental gesteuerte Funktion auch funktional von anderen Hirnarealen übernommen bzw. ein neurologischer Ausfall anderweitig teilweise oder gar vollständig kompensiert werden.[4] Auch hier also müsste nicht nur die Korrelation geistiger und physiologischer Ereignisse nachgewiesen werden, sondern zusätzlich müsste gezeigt werden, wie ein mentaler Zustand kausal bedingt ist durch eben diese physikalischen Abläufe und Gesetze.

---

1 So wie Nagel es gebraucht, geht das Beispiel zurück auf Kripke, S., Naming and Necessity, 1980. Die Identität von Wasser und H_2O ist weder eine Definition noch eine analytische Wahrheit, sondern ein Ergebnis empirischer naturwissenschaftlicher Forschung.

2 Nagel, T., Geist und Kosmos, 2013, 60 ff.

3 »Das Geschmackserleben scheint etwas Zusätzliches zu sein, das mit dem Hirnzustand kontingent zusammenhängt – etwas, das vom Hirnzustand eher *produziert* wird, anstatt dass der Hirnzustand es ausmacht. Es kann deshalb mit dem Hirnzustand nicht in der Weise identisch sein, wie Wasser mit H_2O identisch ist.« Ebd., 63 f.

4 Die neurophysiologische Forschung scheint auch empirisch dem reduktionistischen Versuch entgegenzustehen, Mentales auf Physisches als kausal verursacht abzubilden. Die Verhältnisse sind einfach zu komplex. Siehe Physiologie, hg. v. Klinke, R., u.a., 2005, Kap. 28, 803 ff.

Nagel vertritt einen Eigenschaften-Dualismus. Da psychische Zustande nicht auf die gleiche Weise wie physische Gegenstände beschrieben werde können, sind sie keine Zustände von »irgend etwas« anderem, sondern Bestimmungen, die auf bewusste Wesen zutreffen. So könne ein- und derselbe Gegenstand zwei Arten nicht auf einander reduzierbar wesentlicher Eigenschaften haben, eben psychische und physische Qualitäten. Nach Nagels Auffassung sind Erlebnisqualitäten subjektiv und daher nur aus einer subjektiven Erfahrungsperspektive zu verstehen. Nur Wesen, die eine über eine solche subjektive Perspektive verfügen, können Begriffe bilden, die solche subjektiven Zustände beschreiben. Psychische Zustände erschließen sich daher aus der Perspektive der »1. Person«. Objektive Beschreibungen hingegen sind mit Begriffen möglich, deren mögliche Bildung von keiner besonderen Erfahrungsperspektive abhängt. Die Gegenstände der physischen Welt sind mit objektiven Begriffen beschreibbar, gewissermaßen in der Perspektive der »3. Person«. Nur eine Person, die weiß, was Zahnschmerz ist, weil sie selbst schon Zahnschmerzen gehabt hat oder Schokolade gegessen hat, weiß wie es ist, Zahnschmerzen zu haben oder Schokolade zu essen. Daher könne nur sie Begriffe bilden, die dieser Perspektive entsprechen. Das in der Innenperspektive Gegebene ist in einer anderen Weise »innen« als das Gehirn, das sich »innen« im Schädel befindet.[1] So bleiben »meine« und »jemandes« Empfindungen immer »innen«, auch wenn sie sich von »außen« neurophysiologisch beschreiben ließen. In der Außenperspektive bleibt unverständlich, zu wissen, wie es ist, diese Empfindung zu »haben« und wie es ist, »ich selbst« zu sein. »Ich bin« auf eine andere Weise als biologisch ein Exemplar der Gattung homo sapiens zu sein. Wenn also alle diese Vorgänge wie das Essen von Schokolade oder das Empfinden von Zahnschmerzen immer auch mit physikalischen Prozessen im Gehirn auf-

---

1 Das hat bereits Norbert Elias gesehen: »Es hat einen guten Sinn zu sagen, daß das Gehirn des Menschen sich im Inneren seines Schädels befindet und das Herz im Inneren seines Brustkorbes. [...] Aber wenn man die gleichen Redewendungen auf Persönlichkeitsstrukturen bezieht, sind sie nicht am Platze. [...] Auf dieser Ebene gibt es nichts, was einem Behälter ähnelt –, nichts, das die Metaphern wie die von dem *Inneren* des Menschen rechtfertigen könnte.« Elias, N., Über den Prozeß der Zivilisation, Bd. 1, 1977, LXIII f. Die Sprachkritik Nagels wird hier um Jahrzehnte vorweggenommen.

treten, so sind diese immer auch mit einem psychischen Aspekt verbunden. Nagel zieht daraus den Schluss, das Gehirn sei kein ausschließlich physikalisches System. Selbst wenn es einem Hirnphysiologen gelänge, mit seinen Untersuchungen in mein Gehirn einzudringen, »so würde sich dies für uns auf eine bestimmte Weise anfühlen«.[1]

Der Grund für diese Verschiedenheit ist im Denken und Erleben, also auch im naturwissenschaftlichen Erkennen, selbst zu finden. Offenbar kann das Denken nicht aus sich selbst heraustreten und sich vermeintlich objektiv von außen betrachten. Dieser Versuch wäre selbst wieder denken.[2] Aus dem »Ich denke« kann man nicht heraustreten, weil jede Theorie über das Denken und mich selbst, selbst wenn sie eine wahre neurophysiologische Erklärung für die Entstehung dieses Gedankens hätte, selbst wieder Gedachtes ist. Physikalismus und Naturalismus halten Theorien und Naturgesetze für die objektiven ontologischen Regeln einer realen Welt, die wir gewissermaßen »im Nachhinein« entdecken könnten. Das aber ändert nichts daran, dass wir wahre und falsche Gedanken über die Beschaffenheit und Struktur dieser Gesetze haben können. Das Haben wahrer und falscher Gedanken ist ein Gedanke, und ihre Prüfung führt zu Gedanken über wahre und falsche Gedanken. Es ist die Reihe Hönigswalds, die uns hier begegnet: Ich weiß, ich weiß, dass ich weiß, ich weiß zu wissen, dass ich weiß, usw. Mit dem Haben dieser Gedanken ist zugleich das mögliche Bewusstsein des Habens dieser Gedanken gegeben und folglich auch das Bewusstsein einer möglichen Urheberschaft durch »mich« und »jeden anderen«.

Mit Nagel sind weitere dieser Gedanken gegeben, aus denen wir nicht heraustreten können: elementare logische und mathematische Gedanken etwa, die wir in Anspruch nehmen müssen, um sie zu erschüttern oder zu widerlegen. Um logische oder mathematische Sätze zu bestreiten oder zu bestätigen, müssen wir uns eben derselben logischen und mathematischen Sätze bedienen, sonst wäre ihre Verteidigung oder Widerlegung nicht überzeugend. Die Instanz, die jeder, der Naturalist wie der Dualist, damit akzeptiert, ist eine universale, uneingeschränkte

---

1 »Die Auffassung, dass das Gehirn der Ort des Bewusstseins ist, dass jedoch seine bewussten Zustände keine bloß physikalischen Zustände sind, bezeichnet man als *Doppelaspekttheorie*. Man nennt sie so, da sie besagt, dass mein Hineinbeißen in eine Tafel Schokolade in meinem Gehirn einen Zustand oder Vorgang mit zwei Aspekten hervorruft: einen physikalischen Aspekt, der die vielfältigen chemischen und elektrischen Reaktionen einschließt, und einen psychischen Aspekt – der Geschmacksempfindung von Schokolade. Läuft dieser Vorgang ab, so ist ein Wissenschaftler, der mein Gehirn inspiziert, in der Lage, seinen physikalischen Aspekt zu beobachten, während man selbst aus der Innenperspektive seinen psychischen Aspekt erlebt: man hat die Empfindung des Geschmacks von Schokolade.« Nagel, T., Was bedeutet das alles?, 2012, 37 f.

2 Nagel, T., Das letzte Wort, 1999, 22-56. Baumgartner etwa hat diesen Gedanken von der Unhintergehbarkeit der Vernunft zu einer Kritik an der evolutionären Erkenntnistheorie entwickelt. Siehe Baumgartner, H., Die innere Unmöglichkeit einer evolutionären Erklärung der menschlichen Vernunft, 1984, 55-71.

Vernunft als letzte Prüfungsinstanz von Theorien und Gedanken hinsichtlich ihrer Geltung, »denn es ist unmöglich, etwas zu kritisieren, ohne über etwas zu verfügen«[1]. Das gilt selbst für den Irrtum und die misslungene Forschung. Die Geltung wissenschaftlicher Theorien kann zu der Einsicht führen, dass wir uns bezüglich der angenommenen Gesetze der Natur möglicherweise oder tatsächlich geirrt haben. Aber an deren Stelle setzen wir neue, bessere Theorien, begründet mit den gleichen methodischen Verfahren, mit denen wir auch die alten Theorien und Gesetze begründet haben. An die Stelle wissenschaftlicher Forschung tritt besser begründete wissenschaftliche Forschung – andere Argumente und Methoden können in der Wissenschaft nicht akzeptiert werden. Selbst wenn wir also die Subjektivität wie auch die Objektivität bestimmter Gedanken denken, nehmen wir Formen des Denkens in Anspruch, aus denen wir nicht heraustreten können, ohne den Anspruch möglicher Begründung insgesamt aufzugeben.[2]

Die hier behauptete Erklärungslücke, die reduktionistisch argumentierende Philosophen wie Pauen schließen zu können glauben,[3] reißt mit jedem ihrer Widerlegungsversuche immer wieder neu auf. Jede Einsicht in neurophysiologischen Gesetze, die die Möglichkeit des Geistes bedingen, wäre zuletzt eine Theorie, also ein komplexer Inbegriff von Gedanken. Auch ihre kritische Prüfung, der Nachweis ihrer Geltung, ihre Verteidigung oder Bezweiflung ist selbst wieder Gedanke. Daher ist es eine naturalistische Fehldeutung zu glauben, Wissenschaft produziere wahre Theorien über die Welt und insbesondere über die Rolle des Bewusstseins in der Welt ohne zugleich den Gedanken haben zu müssen, es sind Subjekte, die diese Theorien hervorbringen. Es gibt keine objektiven Gesetze der Natur unter Einschluss des Subjektes, die ausschließlich Gesetze der realen Welt wären. Diese Vorstellung ist selbst wieder ein Gedanke, dessen Urheber »ich« und damit »jemand« ist. Offenbar führt kein Weg daran vorbei, die Existenz von Organismen anzuerkennen, die über Selbstbewusstsein und Geist verfügen können. Das Moment der Subjektivität in der Welt ist nicht weiter reduzierbar, denn die Möglichkeit solcher Subjekte ist mit den Mitteln des physikalischen Reduktionismus nicht beschreibbar. Dann aber stellt sich die Frage, wie diese Subjekte Teil derselben einen, objektiven Welt sein können. Denn mit unserem Leib, unserem Organismus, stehen wir dieser Welt nicht gegenüber, sondern leben

---

1 »Es gibt keinen Standpunkt, den wir einnehmen und von dem aus wir alle derartigen Gedanken als bloß psychologische Bekundungen ansehen können, ohne einige dieser Gedanken wirklich zu denken.« Nagel, T., Das letzte Wort, 1999, 33.

2 »Wie sehr man auch versuchen mag, die eigenen Begriffe und Gedanken naturalistisch – als Äußerungen kontingenter Lebensformen – zu deuten, so wird doch die Logik dieses Unterfangens immer wieder Gedanken erzeugen, die dafür grundlegend sind: Gedanken, auf denen man auf diese Weise nicht herausgelangen kann und die man zum Einsatz bringen muß, wenn man sich bemüht, alles andere, was man tut, von außen zu betrachten.« Ebd., 52.

3 Etwa Pauen, M., Die Natur des Geistes, 2016.

mitten in ihr. Wie also muss gedacht werden, auf welche Weise sich Psychisches in den Kontext der objektiven physischen Welt einfügt? Bei Nagel allerdings erhält die Fragestellung eine objektivistische Wendung, die ihre Beantwortung in eine weite Ferne rücken lässt. Aufgrund der objektivistisch-realistischen Voraussetzungen, unter denen die Philosophie Nagels steht, stellt er die Frage nach der Lösung des psychophysischen Problems so: »Wie kann eine *psychische Einheit* materielle Teile haben?«[1] Die Antwort scheint in *Geist und Kosmos* nur noch teleologisch möglich, indem der Natur psychische Prädispositionen und Dispositionen zugedacht werden. So scharfsinnig seine Reduktionismus-Kritik ist, die in der Feststellung gipfelt, der Reduktionismus sei »ein heroischer Triumph ideologischer Theorie über den gesunden Menschenverstand«[2], so unbefriedigend bleibt die Antwort, die auf den Spuren eine aristotelisch-spätidealistischen Naturphilosophie wandelt, allenfalls vergleichbar mit der Naturteleologie Whiteheads. Dass es ganz so einfach nicht zu sein scheint, sieht auch Nagel, wenn er dazu eine Wissenschaft fordert, deren Begriffe wir weder besitzen noch ahnen. Bemüht wird eine Analogie aus der Physik: Die Möglichkeit, elektromagnetische Erscheinungen umfassend zu beschreiben, gelang erst mit der Feldtheorie Maxwells, die mit grundlegenden Bestimmungen der mechanistischen Physik brach. So müsse man auf einen »psychologischen Maxwell« hoffen der eine allgemeine Theorie des Psychischen entwickelte, der wiederum vielleicht von einem »psychologischen Einstein und einer Theorie abgelöst werden könnte, nach der das Psychische und das Materielle in Wirklichkeit ein- und dasselbe sind.«[3]

Dabei könnten wir über diese Theorie längst verfügen. Ihre wesentlichen Elemente sind schon bei Löwi und Hönigswald zu finden. Dazu ist als »Leitwissenschaft« nicht von der Physik, sondern von der Psychologie auszugehen. Denn letztlich muss ein Vertreter des Erklärungslückenarguments nicht beweisen, dass es qualia, also eigenständige Eigenschaften des Bewusstseins gibt. Es reicht zu zeigen, dass die Innenperspektive sich grundsätzlich nicht naturwissenschaftlich vollständig erklären lässt. Die Beweislast liegt beim Reduktionismus, für den die naturalistische Erklärung des Bewusstseins ein Hindernis darstellt: »Was verschieden aussieht, ist solange als verschiedenartig zu behandeln, bis das Gegenteil gezeigt ist.«[4] Die reduktionistische Philosophie des Geistes führt nach Falkenburg zu einem Trilemma, deren Thesen, für sich genommen, plausibel erscheinen, aber jeweils zwei von ihnen mit der jeweils dritten unvereinbar erscheinen: These 1 behauptet die radikale Verschiedenheit psychischer und physischer Phänomene, These zwei behauptet die Möglichkeit der Verursachung physischer Phänomene

1 Nagel, T., Der Blick von Nirgendwo, 2012, 92.
2 Nagel, T., Geist und Kosmos, 2013, 176, 183.
3 Nagel, T., Der Blick von Nirgendwo, 2012, 95.
4 Carrier, M. / Mittelstraß, J., Geist, Gehirn, Verhalten, 1989, 292.

durch psychische, etwa, wenn Handlungen in der Welt durch bewusste Absichten hervorgerufen werden. Die dritte These schließlich behauptete die kausale Abgeschlossenheit der physischen Phänomene. Allen physischen Zuständen und Prozessen liegen physische Ursachen zugrunde. Während für die beiden ersten Annahmen empirische Gründe sprechen – eben die Verschiedenheit physischer und psychischer Zustände und die Möglichkeit von bewussten Handlungen – bleibt die These der kausalen Abgeschlossenheit trotz aller Erfolge der Hirnforschung nach wie vor spekulativ, also eine metaphysische Behauptung. Gefordert wird daher eine Rückkehr zu Kant, der das Prinzip, die Natur so weit wie möglich kausal zu erklären, für ein heuristisches Prinzip, nicht aber für eine objektive oder gar ontologische Bestimmtheit der Natur gehalten habe. Forschungsinteresse und Forschungsprinzip der kognitiven Neurowissenschaft seien legitim, die Annahme aber, wir seien grundsätzlich in der Lage, alles in der Welt vollständig kausal erklären zu können, sei »metaphysischer Wahn«.[1]

Das Erklärungslücken-Argument macht unter den Bedingungen aktueller Wissenschaft den grundsätzlichen Einwand geltend, Psychisches könne nicht naturwissenschaftlich erklärt werden. Das ist richtig und wiederholt im wesentlichen nur die bereits bekannten Abgrenzungskriterien physiologischer und psychologischer Erklärung. Doch es liefert keine Alternative, die zuletzt nicht dualistisch wäre.

4. Löwi und das »ungeheure Problem der Subjektivität«

Denn so radikal die Unterscheidung zwischen subjektiver Innenperspektive, die das Erleben bestimmt, und objektiv-physikalischer Außenperspektive auch ist, wenn man die Frage so fasst wie Nagel, ist sie unmöglich zu beantworten. Nicht, wie kann eine psychische Einheit materielle Teile haben, muss gefragt werden, sondern nach welchen Prinzipien ist psychophysische Einheit möglich. Wir müssen also mit Löwi fragen: »Welchen Bedingungen genügt jedes Erlebnis ohne Ausnahme?«[2] Diese Frage ist grundsätzlicher als die Frage nach dem Zusammenwirken vorgeblich getrennter »Substanzen«. Ihre Behandlung erfordert eine transzendentale Untersuchung. Sie lässt nicht nur offen, ob und wie das psycho-

1 »Die Hirnforschung liefert uns tiefe, aber nur bruchstückhafte Einsichten in die Wirkungsmechanismen, die Gehirn und Bewusstsein verbinden. Sie erklärt uns nicht, wie wir uns als geistige Wesen verstehen können. [...] Die Befunde legen es nahe, uns vom Determinismus und vom Reduktionismus zu verabschieden. Die höheren Organisationsformen der Natur lassen sich nicht lückenlos aus den niedrigeren herleiten. Und der Geist nicht aus der Natur.« Falkenburg, B., Wieviel erklärt uns die Hirnforschung?, 2012, 19. Ausführlich Falkenburg, B., Mythos Determinismus, 2012.

2 Löwi, M., Vom Ich und Ichbewußtsein, 1930, 20.

physische Problem mit Hilfe der Naturwissenschaften zu lösen sei. Indem sie auf die transzendentalen und psychologischen Bedingungen des Erlebens zielt, richtet sie sich zugleich auf die Frage nach den Bedingungen wissenschaftlicher Erkenntnis und der Geltung wissenschaftlicher Theorien. Auch Denken und Erkennen sind Weisen des Erlebens oder, nach Kant, bewusste Vorstellungen. Wenn wir zurück auf Löwis Analysen zur Grundlegung der Psychologie und ihr Verhältnis zur Philosophie blicken, ist Löwis Antwort trotz ihrer Komplexität zuletzt doch einfach. Der erste Teil der Antwort ist negativ, ist Abwehr von Materialismus, Reduktionismus und Physikalismus. Erleben ist nicht sinnlich wahrnehmbar, nicht räumlich bestimmbar, ist folglich nicht Teil der objektiven Welt.[1] Das ist die Kernaussage der Doppelaspekttheorie. Der Grund dafür ist *nicht*, dass es Wesen gibt, die eben des Erlebens fähig sind. Das wäre eine empirisch zwar scheinbar selbstverständliche Feststellung, die aber nicht erklärt, was Erleben ist und unter welchen Bedingungen ein erlebendes Wesen in der Lage ist, sich auf Gegenstände der physischen Welt zu beziehen. Es wird auch nicht klar, wie sich Erlebnisse zueinander verhalten und aufgrund welcher Prinzipien sie sich zu einer Einheit zusammenschließen, die selbst Erlebnis zu sein scheint, aber zugleich Grund von Erlebnissen ist.

Jedes Naturgeschehen und Naturgesetz steht unter Bedingungen, die selbst nur aufgrund von Erlebnissen bestimmt sind. Bloße Anschauung bleibt subjektiv und ungeordnet. Ordnung in ungeregelter Vereinzelung zu schaffen, ist eine Funktion des Erlebens. Das ist anscheinend eine idealistische Antwort. Sie berücksichtigt aber den Gesichtspunkt, dass jede Theorie bereits »Gedanke« über etwas anderes als Gedanken ist. Jede Theorie folglich, die naturwissenschaftlich erklären würde, wie es zu diesen Theorien kommt, wäre selbst wiederum eine Theorie. Mit den Worten Nagels: Das Denken (Löwi würde präzisieren: als Erleben) kann nicht aus sich selbst heraustreten. Löwi argumentiert nun so: Wenn Erleben nicht räumlich bestimmt ist, dann kann es auch nicht zeitlich bestimmt sein wie ein äußerer Naturprozess. Der scheinbar objektive Zeitfluss der klassischen Physik misst sich an den Veränderungen der äußeren Phänomene.

1 »Gesehen wird der Gegenstand der Gesichtsempfindung. Auch das Auge, durch welches die Empfindung vermittelt wird, kann von anderen gesehen werden, ebenso unter Umständen der Gesichtsnerv. Niemals aber wird das Erleben, welches mit dem Sehen gegeben ist, also das Sehen als Erlebnis sichtbar.« Ebd., 20.

Wir messen Bewegung als Geschwindigkeit und Beschleunigung, als Verhältnisse von zurückgelegten Wegen und dafür benötigten Zeiten, umgekehrt aber ist jede Uhr eine Maschine, die auf regelmäßig ablaufenden periodischen Naturprozessen im Raum beruht. Die Zeitlichkeit der Natur stellt daher wie der Raum eine Ordnung von Teilen und eine Relation zwischen Teilen dar.[1]

In welchem allgemeinen Sinne sind also Erlebnisse grundsätzlich bestimmbar und im Besonderen: wie sind sie zeitlich bestimmbar? Denn eine zeitliche Dimension ist mit ihnen offenbar gegeben. Jede Erinnerung bezieht sich auf vergangene Erlebnisse und Ereignisse, jede Erwartung auf zukünftige Erwartungen und Ereignisse. Eine Analyse des Zeitbegriffs ist hier notwendig. Die Ergebnisse lassen sich wie folgt zusammenfassen. Ein Erlebnis hat im Unterschied zu einem Naturprozess paradoxerweise keinen Anfang. Es ist die Versuchsperson, die darüber entscheidet, wann ein Erlebnis anfängt. Jede zeitliche Messung von außen kann daher den »wirklichen« Beginn nicht messen. Erlebnisse sind unteilbar, weil sie nicht in dem Sinne aus Elementen bestehen wie die Bestandteile eines Naturprozesses. Ein Erlebnis ist »ganz« oder es ist nicht. Als Erlebnis ist es bestimmt, d. h., eine Versuchsperson weiß, ob und welches Erlebnis es hat oder gemeint ist. Aber diese Bestimmtheit ist nicht von raum-zeitlicher Bestimmtheit. Auf die Zeit bezogen, erscheint es »isoliert«. Hätte es Anfang und Ende, stünde es in Zusammenhang mit Erlebnisfremden, das zeitlich vorhergeht oder nachfolgt und ließe sich im objektiven Naturkontext lokalisieren. Dem aber widerspricht, dass der Erlebende die »Zeitspanne« des Erlebnisses verändern kann. »Alles« ist gewissermaßen mögliches Erlebnis. Löwis Ausführungen zeigen, was von den empirischen Wissenschaften vernünftigerweise als Beitrag zu einer Neubestimmung des Geist-Körper-Problems bestenfalls erwartet werden kann, wenn man das Niveau der Argumentation Kants halten will. Zugleich zeigen sie die Grenze jeder empirischen Untersuchung auf. Zwar nimmt auch Löwi an, dass prinzipiell jedes psychische Phänomen, also auch die mit dem Ich-Bewusstsein verbundenen, empirisch untersucht werden kann. Was aber beschreiben und erklären diese Untersuchungen? Nur das, was sie als Naturbestimmtheiten ausmacht. Sie erschließen, was ihnen mit jedem anderen Naturgegenstand gemeinsam ist, nicht aber ihre davon unterschiedene Besonderheit.

Positiv bestimmt sind Erlebnisse aufgrund ihrer Bindung an einen Organismus. Die Sinnesorgane etwa ermöglichen Sinnesempfindungen aufgrund physikalisch-physiologischer Gesetzlichkeiten. Sinneszellen, Nerven und Gehirn liefern aufgrund ihrer Zugehörigkeit zum Naturkontext die Grundlage möglichen Erlebens. Die Beziehung zwischen Erleben und Naturgeschehen ist bestimmt als

1 »Denn nur auf Grund jener Elemente gibt es eine Angabe darüber, *wo* ein Ereignis der Umwelt statthat und *wann* es sich begibt. Raum- und Zeitelemente machen eindeutige Angaben über Dinge und Geschehen der Umwelt allererst möglich.« Ebd., 21.

Beziehung des Erlebnisses »auf sich selbst«. Jedes Naturereignis ist durch raumzeitliche, kategoriale und mathematische Momente bestimmt. Die durch sie konstituierten Naturgesetze sind charakterisiert durch die in ihnen ausgesprochene »zeitlose« Geltung, obgleich sie Raum-Zeitliches bestimmen. Aufgrund von Naturgesetzen steht jedes dieser Ereignisse in einem Natur-Zusammenhang. Nicht so das Erlebnis. Erlebnisse sind als Erlebnisse »isoliert«. Erlebnisse sind nicht mit früheren oder späteren erlebnisfremden Ereignissen verbunden. Eine Erklärung der »Entstehung« von Erlebnissen aus physiologischen Bedingungen ist unmöglich, denn diese Erklärung müsste das Erlebnis wiederum notwendig in einen Naturzusammenhang stellen. Was also physiologisch an Erlebnissen verstanden werden kann, macht gerade nicht aus, was ein Erlebnis »ist«. Da ihre Beziehung im Zeitkontext nicht auf zeitlich vorgängiges und nachfolgendes Erlebnisfremdes ausgedrückt werden kann, bleibt eben nur die paradox anmutende Beziehung auf sich selbst, die diese Isolation bedingt.

Isolation bedeutet Abgeschlossenheit. Wie steht es daher um den Zusammenhang verschiedener Erlebnisse? Stehen diese denn nicht in einem Kontext der Zeitfolge wie die Dinge der Natur? Folgen nicht die Erlebnisse aufeinander wie Naturereignisse einer grundsätzlich abzählbaren Reihe diskreter Glieder? Eine solche Frage vergisst, dass der Zusammenhang von Erlebnissen selbst wiederum Erlebnis ist. Der Zusammenhang wird »erlebt«, das heißt, er ist nur möglich als Selbstvollzug, als selbst vollzogenes Beziehen auf sich selbst. Die Isoliertheit des Erlebnisses ist daher zugleich auch Ausdruck seiner Ganzheit. Ich kann etwas erleben und ich kann erleben, dass ich »etwas« erlebe, und ich kann erleben, wie ich erlebe. Der Selbstbezüglichkeit des Erlebens ist nicht zu entkommen – wie auch das Denken – als eine Art des Erlebens – zumindest »manchmal« nicht aus sich selbst heraustreten kann.[1] In dieser Weise kann Erleben, wenn es »etwas« erlebt, sich seiner selbst bewusst werden, »ich« bin mir bewusst, »etwas« zu erleben. Nicht alle Organismen verfügen über Fähigkeiten dieser Art, zumindest aber wir Menschen verfügen über diese voll ausgebildete Reflexivität des Erlebens.

Damit ist der nächste Schritt möglich. Wenn wir uns auf die Welt und Vorgänge in ihr beziehen, geschieht dies in Erlebnissen. Zwar unterliegt jeder Gegenstand, als ein mit sich selbst identisch bleibender einer Beziehung auf sich selbst, aber er stellt diese Beziehung auf sich selbst nicht selbst her. Im Erlebnis stelle »ich« diese Selbstbezüglichkeit des Erlebnisses her – »ich« als »tätige Rückbezie-

---

1 Löwi gibt dazu das bereits diskutierte Beispiel des Erlebens roter Farbe, vgl. oben, 110.

hung« verstanden.[1] So folgt aus der Zeitbestimmtheit des Erlebens als Präsenz die Zeitbestimmtheit der Natur. »Nacheinander« ist nur, weil es ein »zugleich« im Erleben ist. In dem »ich« im Erleben zugleich das Bewusstsein habe, dass »ich« dieses Erlebnis habe, begreift sich das Ich als Ursprung und Urheber dieses Erlebnisses. Das ist nicht ontologisch, sondern funktional gemeint. Ein Erlebnis haben meint immer, auch zu wissen, dass ich dieses Erlebnis habe. »Ich« bin der Grund dieses Wissens und Erlebens, indem ich weiß, dass es »mein« Erlebnis ist, dass ich es bin, der dieses Erlebnis »hat«. In diesem Sinn begreift das Ich sich als Ursprung, als ein zeitlich Früheres als das jeweilige Erlebnis. Was aber heißt es für ein Ich, zeitlich früher zu sein? Das Ich ist nicht in der Zeit. Die Zeitfolge, die das Naturgeschehen charakterisiert, ist die Folge der Selbstbezüglichkeit des Subjekts, das im Erleben einen Anfang und ein Ende eines Erlebnisses »auf einmal« hat – einzeitig oder präsenzbestimmt, in der Terminologie Hönigswalds ausgedrückt. Daher macht es keinen Sinn, nach dem Anfang oder Ende von Erlebnissen zu fragen. Vielmehr ist es so: Da im Erlebnis ein Früher und Später als Ganzes »einzeitig« erlebt wird – das Ich sich als ein- und dasselbe erlebt – , ist auch ein Bewusstsein von »vorher« und »nachher« möglich. Die Bezugsgröße, an der der Zeitlauf sich festmacht, ist nicht Veränderung der Dinge in der Natur, wie seit Aristoteles immer wieder gedacht worden ist. Die Bezugsgröße ist das Ich, das in der Selbstbezüglichkeit des Erlebens sich als dasselbe eine Ich erlebt und daran alles Erlebte »misst«. Ein Erlebnis ist folglich immer »jetzt« – und vergangene Erlebnisse sind in ihrem Bewusstwerden als vergangene Erlebnisse »jetzt«. Indem das Ich darum weiß, Grund im Vollzug dieser Selbstbezüglichkeit auch Grund des Erlebens zu sein, drückt es sich aus. Daher ist das Ich, wie Löwi sagt, »Ausdruck«.[2]

---

1 Löwi benennt den Unterschied zur Reihenvorstellung Hönigswalds so: »Das, was wir die Rückbeziehung des Erlebnisses auf sich selbst nannten, stellt Hönigswald als eine eigentümliche Reihe dar. [...] Diese Reihe lautet: Ich weiß, – ich weiß, daß ich weiß, – ich weiß, zu wissen, daß ich weiß – usw. Auf solchem Wissen beruht jedes Erlebnis, mag es sich um Empfindungen, um den Willen, um die Erinnerung oder um irgendeine andere Form des Erlebnisses handeln.« Löwi, M., Vom Ich und Ichbewußtsein, 1930, 42.

2 »Die Natur gehorcht dem Gesetz, das Erleben dagegen dem Bewußtsein oder dem Ich. [...] Was sich als Naturgeschehen ausweisen soll, muß *regelmäßig* wiederkehren, so lautet das Gebot des Gesetzes. Was sich dem Bewußtsein fügt, bleibt frei von der Bindung ans Gesetz; dem ungebundenen Spiel des Bewußtseins dankt es Sein und Bestand. Das Erlebnis kennt keine Regel, es zeichnet sich durch seine *Individualität* oder *Einmaligkeit* aus.« Ebd., 25.

Eine wichtige, für die Nachkriegswirkung entscheidende Arbeit stammt dazu von Siegfried Marck, dem Nachfolger Hönigswalds in Breslau 1930. 1948 zog Marck eine Bilanz zur historischen Bedeutung und den sachlichen Erträgen des Neukantianismus.[1] Ausdruck, so heißt es da, sei nicht bloß eine Äußerlichkeit, die einem Gedanken übergestülpt würde wie ein Kleid, sondern der Gedanke wird erst im Ausdruck geformt: Geltung geschieht nur im Vollzug. Dieser Vollzug darf weder existentialistisch noch idealistisch missverstanden werden, sondern drückt ein transzendentales Prinzip aus. Die Geltung vollziehende Subjektivität dürfe nicht ontologisch als eine bloße Gegebenheit missverstanden werden. Denkpsychologie sei vielmehr »transzendentale Psychologie« auf der Grundlage von Kants Theorie der Erfahrung.[2]

Damit ist das psychophysische Problem neu gestellt. Die Einsichten der Doppelaspekt-Theorie werden nicht aufgehoben, sondern anerkannt, aber zugleich aus dem Begriff des Erlebens heraus entwickelt. Erfahrung bedeutet auch nach Hönigswald und Löwi nicht mehr bloß Erfahrung der physischen, sondern auch der psychischen Realität. Der Subjektsbezug der Erfahrung betrifft nicht nur Psychisches, sondern ist auch transzendentale Bedingung von Erfahrung, von Naturerkenntnis, von Naturwissenschaft. Diese werden nun bei Löwi und Hönigswald unter einheitlichem Gesichtspunkt Thema: Natur muss erlebt werden können, und ist damit auf ein erlebendes Ich grundsätzlich bezogen. Eine unbezogene Natur wäre uns nicht zugänglich. Psychisches und Physisches sind nicht bloß Tatsachen, unhinterfragbare ontologische Gegebenheiten. Erlebnisse und Vorstellungen bevölkern eben nicht die Ganglienzellen des Großhirns wie Vögel ihre Nester, so hat Hönigswald einmal treffend bemerkt.[3] Das Selbst, so sagte Marck mit Löwi, könne nicht seinerseits gegenständlicher Identität unter-

---

1 »Denn alles Erleben, das ja letztlich Denken ist, ist bedeutungshaft. In überspitzter Formulierung könnte von dem großen *Satz* unserer Seele und unseres Lebens gesprochen werden, in dem die einzelnen Erlebnisse die Worte darstellen. [...] Als psychosomatische Einheit ist das Ich gewiß in der Naturzeit, unter dem transzendentale *Gesichtspunkte*, das heißt unter dem Gesichtspunkte der Rolle eines, besser des grundlegenden Elements der Denkpsychologie bin ich *in der eigentümlichen Gleich- und Einzeitigkeit meines Wissens*.« Marck, S., Am Ausgang des jüngeren Neukantianismus, 1987, 28 f.

2 Ebd., 29. Vgl. Breil, R., Hönigswald und Kant, 1991.

3 Hönigswald, R., Die Systematik der Philosophie, Bd. II, 1977, 355.

liegen, da es diese erst setze und möglich mache.[1] So ziele die transzendentale Fragestellung geradezu auf die Bedingungen ab, unter den solcherart »Tatsachen« möglich sind.[2] Grundbedingung ist auch hier, wie bereits ausgeführt, die monadische Struktur des Organismus, so dass Marck hier sogar von einer neuen, »die Theorie der Erfahrung erweiternden Kritik der Urteilskraft« spricht.[3]

Möglich wird auch eine neue Weise, über das psychophysische Problem zu sprechen, wenn man die ontologisch-objektivistische Terminologie hinter sich lässt. Der »homo clausus« etwa, das Menschenbild der idealistischen Philosophie, zu der Norbert Elias alle Descartes Dualismus folgenden Philosophien rechnet, ist verfehlt, weil die zugrundeliegende Trennung zwischen einer Innen- und einer Außenwelt letztlich doch den vermeintlich überwundenen dualistischen Ansatz festschreibt. Diese Kritik trifft auch den Eigenschaften-Dualismus der Doppelaspekt-Theorien. Von Löwi und Hönigswald können wir lernen, dass »Innen« aufgrund der Präsenzstruktur des Psychischen kein räumliches »Innen« bedeutet, das mit den Mitteln einer noch so weit entwickelten Naturwissenschaft erkundet werden könnte. Indem die Erfahrung des Physischen und Psychischen als spezielle Arten des Erlebens im Erleben als gemeinsamen Grund zurückgeführt wird, erweist sich der Eigenschaften-Dualismus nur als beschreibende Wiederholung des einfachen Sachverhalts, dass es Psychisches und Physisches »gibt«. Erst ein transzendentaler Ansatz begründet jenseits aller ontologischen Setzung die Eigenständigkeit des Psychischen gegenüber dem Physischen.

Das Verhältnis physiologischer und psychologischer Momente des Erlebens muss nach Löwi als ein Korrelationsverhältnis begriffen werden, dem andere Korrelationen wie Reiz – Erleben zur Seite stehen. Dieses Verhältnis ist als Korrelationsverhältnis kein Bedingungsverhältnis, sondern jedes Moment ist mit und an dem anderen Moment gegeben. Löwi vertritt, wie deutlich geworden ist, keinen ontologischen Dualismus, auch keinen methodologischen Dualismus, da die Differenziertheit physikalischer, psychophysischer, physiologischer und psychologischer Methoden diesem entgegensteht. Die Tatsache, dass konkretes Erleben sich sowohl physiologisch als auch psychologisch untersuchen lässt, darf also nicht zu dem Fehlschluss führen, die eine durch die andere Analyse ersetzen

---

1 Marck bezieht sich hier ausdrücklich auf Löwi. Marck, S., Die Dialektik in der Philosophie der Gegenwart, Bd. 2, 1931, 65.

2 »Ist die Wirklichkeit ebensosehr physisch wie psychisch determiniert? In dieser Form kann keine Erkenntnistheorie diese Frage beantworten. [...] *Ist* die Natur ein System möglicher Reize, *ist* das Ich das Zentrum des Universums, *ist* das erlebende, geschichtlich konkrete Ich als solches das Ich der Apperzeption? Müssen Organismen den Bedingungen der geschichtlichen Kontinuität genügen, also zugleich geschichtliche Wesen sein? Für die transzendentalphilosophische Analyse genügt es, daß all dies *Gesichtspunkte* sind, die bei der Grundlegung der Erfahrung *müssen* angewendet werden *können.*« Marck, S., Am Ausgang des jüngeren Neukantianismus, 1987, 32.

3 Ebd., 30.

zu können. An physiologischen Problemen des Erlebens sind zugleich auch psychologische Probleme gestellt, wie auch Psychologie nicht ohne physiologische Basis möglich ist. Gerade darum ist es auch möglich, aus bestimmten sich ergebenden Auffälligkeiten der psychologischen Analyse auf physiologische Anomalien zu schließen, unter der Voraussetzung allerdings, dass die besondere Art, wie sich eine Versuchsperson verhält, im Laufe einer Versuchsreihe »immer auf dieselbe Aufgabe bezieht«. Nur unter dieser Voraussetzung lassen sich diese Beobachtungen als zu *einer* Person gehörig auffassen die dieses wahrnehmende Verhalten eindeutig erlebt, produziert und subjektiv als »ihr eigenes« empfindet.[1] Ein solches Wechselverhältnis zwischen empirisch-naturwissenschaftlicher und prinzipientheoretischer Verschränkung ist allgemeingültig. Löwi weist es auch für Pädagogik und Psychiatrie nach. Es beherrscht auch die Neurobiologie und die Medizin. Wo der Mensch zum Objekt wissenschaftlicher Untersuchung wird, ist er zugleich als deren Prinzip präsent. Die methodische Grenze der Physiologie zu psychischen Phänomenen ist daher scharf zu ziehen. Die Methoden der Physiologie reichen so weit, wie sie Hirnleistungen naturwissenschaftlich messen und erklären können. Das Psychische aber entzieht sich jeder Messung.[2]

5. Weiterführungen: Cramer und Wagner

Es ist Cramer, der schließlich die Argumentationslinien Löwis und Hönigswalds nach dem Krieg wieder aufnimmt und in einen weiteren historischen und systematischen Kontext rückt, wenig später gefolgt von Hans Wagner, der in dem Älteren einen systematischen Anreger und kongenialen Gesprächspartner gefunden hatte.[3] Es war die dumpfe, von Heidegger und anderen existentialistisch geprägte Atmosphäre nach dem Krieg, die ein an rationalen Kriterien orientiertes systematisches Philosophieren in Deutschland zu ersticken drohte, von der Ontologie Nicolai Hartmanns sei hier abgesehen. Vor allem erschien das Thema einer

---

1 Löwi, M., Über spezifische Sinnesenergien, 1927, 209.

2 »So ist es durchaus zu begreifen, wenn der Physiologe im Verlaufe seiner Betrachtungen über die Leistungen des Großhirns nur bis zu dem Punkte vordringt, an welchem er bestimmter materieller Elemente habhaft wird, die den Bestand *psychischer* Funktionen verbürgen. Für weitere Einsichten ist seine Methode nicht mehr geschaffen, die Natur der psychischen Akte wird mit Mitteln aufgehellt, die sich den Befugnissen seines Verfahrens gemäß dem Begriff der Physiologie notwendig entziehen müssen.« Ebd., 193.

3 Wolfgang Ritzel sieht in Cramers Sudie *Die Monade* (1954) den systematischen Versuch einer »Überbrückung des unüberwindlich erscheinenden Gegensatzes von Transzendentalphilosophie und Ontologie im zeitgenössischen Denken«. Ritzel, W., [Rez.] Wolfgang Cramer, Die Monade, 1957, 214. Vgl. auch Ders., [Rez.] Wolfgang Cramer: Grundlegung einer Theorie des Geistes, 1958.

philosophischen Theorie der Subjektivität ausschließlich in existentialistischem Gewand. Eine Ausnahme bildete die noch von Hönigswald kurz vor seinem Tod mitherausgegebene, 1947 erstmals erschienene Zeitschrift *Archiv für Philosophie*. Insbesondere der hier 1949 publizierte Aufsatz von Siegfried Marck *Am Ausgang des jüngeren Neukantianismus*, den Philosophien Hönigswalds und Cohns gewidmet. Doch auch dieser markiert eher einen historischen Rückblick, als dass er Impulse für einen Neubeginn gesetzt hätte. So war es Cramer, der nach seiner Umhabilitation an die Universität Frankfurt am Main das philosophische Forschungsprogramm einer Philosophie der Subjektivität wieder aufgenommen, aber radikal und sehr eigenständig weitergeführt hatte. Immer wieder hat Cramer auf seine akademischen Lehrer Hönigswald und Löwi hingewiesen, ihnen wichtige Schriften gewidmet und auch im eigenen Denken theoretisch bei ihnen angeschlossen. Das »ungeheure Problem der Subjektivität«, das Löwi ihm erschlossen habe, ist das Kernthema der Philosophie Löwis. Kein anderer hat das so deutlich gesehen wie Cramer. Und kein anderer als Cramer hat aus den Einsichten Löwis derart radikale und weiterführende Konsequenzen gezogen und zu seinem zentralen philosophischen Thema erhoben.

Im Gesamtwerk Cramers nimmt *Die Monade*, erschienen 1954, eine eher vorbereitende Stellung ein. Einige hier entwickelte Grundgedanken hat Cramer später weitergeführt oder fallengelassen. Das Hauptverdienst der Studie ist die Konsequenz, mit der Cramer die von Hönigswald und auch Löwi entwickelten Theoriestücke einer Theorie der Subjektivität aufgenommen und in einen größeren philosophiehistorischen Kontext gerückt hat, vor allem in Auseinandersetzung mit Kant und Husserl. Bei Kant vermisst Cramer eine ausgearbeitete Subjektstheorie, die z. B. für grundlegende Unterscheidungen wie die zwischen Anschauung und Denken vorausgesetzt werden müsse. Immer wieder glaubt Cramer, Kant habe vorausgesetzt, was eine ausgearbeitete Theorie der Subjektivität erst zu begründen hätte. Mit dieser Kritik steht Cramer nicht allein. Vieles findet man auch bei Heidegger, von dem Cramer sich deutlich abzugrenzen sucht, ebenso auch bei Husserl.[1]

Was Cramer bei Hönigswald und Löwi gefunden hat, ist ein Subjektivitätsbegriff, der weder den überzogenen Einseitigkeiten des idealistisch-neukantianischen Subjektsbegriffs folgt noch den ausschließlichen Faktizitätsbestimmungen der Philosophie Heideggers. Für Cramer ist eine Theorie der Subjektivität weder eine Lehre von unbedingten rationalen Bestimmungen noch kann sie sich in Bestimmungen des Subjekts als von anthropologisch bedingter Faktizität erschö-

---

1 Ausführlicher dazu Wagner, H., [Rez.] Wolfgang Cramer: Die Monade, 2017, 231 ff. Cramer war für seine polemische Schärfe bekannt. Über Husserl schreibt er etwa: »Daß der Verfasser sich so eindeutig gegen Husserl wendet, erfordert das Sachproblem. Aber an der Klarheit Husserls hat er viel gelernt. Es ist von größtem Wert, wenn ein Denker so klar Unhaltbares gedacht hat.« Cramer, W., Die Monade, 1954, 3.

pfen. Subjektivität als Monade gedacht, umfasst eben beides: als Prinzip und Faktum gedacht, ist sie als faktische Subjektivität immer auch Prinzip und als Prinzip nur möglich als konkrete, »singuläre« Individualität. Dazu greift er, nachdem er am Beispiel Kants die Notwendigkeit der Ausarbeitung einer solchen Theorie begründet hat, auf den Begriffs des Erlebens zurück, den er allerdings stark erweitert. So differenziert Cramer Erleben nach höheren und niederen Formen, die sich nach dem jeweiligen Vermögen der »Produktion« des Individuums bestimmen: »Auch das Erleben einer Fliege ist Produktion.«[1] Denn wenn die Fliege Erlebnisse hat, so Cramers Überlegung, müssen sie die Struktur des Erlebens überhaupt haben. Eine Fliege wäre dann kein Automat, sondern ihr Verhalten könnte als Ausdruck des Erlebens gedeutet werden. Dieser gegenüber Hönigswald erweiterte Begriff des Erlebens lässt eine Rangstufung innerhalb der Monadizität selbst zu. Tierische Vorstellungen werden nicht in der Idee des Selbstbewusstseins verknüpft und bestimmt. Die *monás* ist für Cramer im Anschluss an Leibniz nur eine »Spezies von Monade«, allerdings eine, die »Geist« hat.[2] Bewusstsein und Selbstbewusstsein sind daher nur bestimmte Formen der Monadizität. Cramer vertritt deshalb im Unterschied zu Hönigswald und Kant die These, dass eine allgemeine Monadologie, die noch keine Theorie der konkreten Subjektivität sein muss, einer spezielleren Lehre vom Bewusstsein vorausgehen müsse. Die Beziehung des Ich auf sich selbst im Selbstbewusstsein ist nur eine, wenn auch ausgezeichnete, Beziehung unter vielen möglichen. So ist die Monade zugleich Urheber von monadisch bestimmten Handlungen.

Der Organismus steht bei Cramer als ein äußeres System unter den Bedingungen des Erlebens und ist seiner Funktion nach differenzierbar, entsprechend der Vielfalt monadischer Funktionen. Die Monade kann aus Vorsatz handeln, weil sie »ihrer Glieder mächtig« ist. Das gilt auch für tierische Individuen.[3] Personen aber sind im Unterschied zu Tieren und Pflanzen Monaden vom »Range Ich« mit dem Vermögen persönlicher Freiheit. Sie reagiert mit ihren Handlungen in ihren Gegenstandsbezügen nicht bloß passiv und von diesen abhängig, sondern sie kann sich durch den Willen selbst Zwecke setzen, d. h., sie ist für ihr Handeln verantwortlich. Aktivität als Freiheit wird damit als Konstitutionsbedingung der Wirklichkeit und damit auch als Möglichkeitsbedingung von Erkenntnis ausgewiesen. Die äußere Wirklichkeit erscheint für die Monade nur in ihrem handelnden Verhältnis zur Welt gegeben. Der bei Hönigswald transzendental konzipierten Subjektslehre ordnet Cramer eine Ontologie vor, die mit einer allgemeinen Monadologie die speziellere

---

1 Ebd., 1954, 61.

2 Ebd., 93 f.

3 Ebd., 203 ff.

Bewusstseinslehre fundieren soll. So erscheint die Relation von Monade und »Äußerem« in die »Welt« eingeordnet.[1] Cramers Bemühen gilt im weiteren einem Begriff von Subjektivität, der nicht in positiv ontologischer Setzung verbleibt, sondern aus sich heraus sich selbst begründet. Das mag paradox erscheinen, hat aber in Descartes, Leibniz und Kant berühmte Vorbilder.

Überraschenderweise bezieht sich Cramer in den entscheidenden Passagen seine Subjektivitätslehre viel mehr auf Löwi als auf Hönigswald. Cramers *Grundlegung einer Theorie des Geistes* ist eine ausgeführte Theorie der Subjektivität nicht nur auf der Grundlage der Denkpsychologie Hönigswalds, sondern mehr noch, auf der Basis der Theorie des Erlebens im Sinne Löwis. Gewidmet ist sie eben nicht Hönigswald, sondern dem Andenken Moritz Löwis. Das ist keine Äußerlichkeit, sondern Ausdruck systematischer Konsequenz. Die Abhandlung liest sich denn auch wie ein Kommentar zu den oben skizzierten Ausführungen Löwis zum psychophysischen Problem. Zudem hat Cramer hier die entscheidenden Grundzüge seiner Theorie der konkreten, singulären Subjektivität entwickelt. Es ist das Prinzip der Zeitlichkeit des Erlebens, verstanden als Rückbezüglichkeit des Denkens und Erlebens auf sich selbst. Cramer knüpft hier an Löwis Begriff der Rückbezüglichkeit des Erlebens an und eben nicht die bekannte reflexive »Wissensreihe« Hönigswalds.[2] Im Nachwort schreibt er, seine Analysen stellten gar eine »Kategorienlehre der Subjektivität« dar.[3]

Dazu einige Hinweise: Da Erleben unräumlich ist, auch wenn es sich auf räumlich Erlebtes bezieht, wird das, was als räumlich Bestimmtes erlebt wird, Teil des Erlebens. Das bedeutet, Erleben ist nicht auf physische Bestimmungen zurückführbar: »Das Prinzip des Erlebens ist Sichbestimmen«, aber nicht »Reflexion auf sich«, da Reflexion selbst wiederum Erleben voraussetzt. Selbst ein Sinneseindruck erfasse als Sinneseindruck das Gegebene eben im Sinneseindruck nur als Sinneseindruck. Insofern kann Cramer sagen, das Erleben beziehe sich

---

1 Zeidler allerdings hält die später von Cramer begonnene Entwicklung einer Philosophie des Absoluten (Cramer konnte vor seinem Tod die Theorie nicht mehr abschließen) für den nicht zu Ende geführten »Versuch einer nachträglichen Rechtfertigung der Subjektontologie« statt für deren Ausarbeitung. Vgl. Zeidler, K., Kritische Dialektik und Transzendentalontologie, 1995, 167. Vgl. dazu die vor einigen Jahren publizierten Nachlass-Schriften Cramers: Die absolute Reflexion, 2012.

2 Angekündigt wird das schon vorher: »Wenn wir im Folgenden von Erleben und nicht von Bewußtsein sprechen, so gebrauchen wir die Worte *Erleben* und *Bewußtsein* nicht synonym. Wir werden zum Beispiel einem Trompetentierchen, dessen Reaktionsbewegungen wir geneigt sind als Ausdruck von Erleben zu deuten, nicht Bewußtsein im Sinne von Selbst-, Ichbewußtsein zusprechen. Wir gebrauchen den Terminus *Bewußtsein* für das Selbst- oder Ichbewußtsein. [...] Ist das Ich ein Erleben gewissen Ranges, dann hat es diesen Rang, der Ich heißt, eben nur, sofern es auch Erleben ist. Dem philosophischen Problem vom Bewußtsein und vom Ich geht das philosophische Problem vom Erleben voraus« Cramer, W., Die Monade, 1954, 54.

3 Cramer, W., Grundlegung einer Theorie des Geistes, 1999, 88.

nicht auf etwas dem Erleben Transzendentes. Denn Erleben als Sichbestimmen ist Produktion (»Zeugen«) des Erlebten als konkretes Erleben aus dem bestimmenden Erleben als Ursprung: Das Subjekt als Subjekt ist Ursprung seiner selbst[1]. Das ist aber nichts anderes als der von Löwi ausgeführte Gedanke der Rückbezüglichkeit des Erlebens.[2] Aus diesem Grund sind Monaden psychophysische, individuelle Einheiten, deren Individualität ihrer Rückbindung an einen Organismus entspringt. Organismen sind nicht nur zeitlich, sondern auch räumlich bestimmt und daher räumlich vereinzelt. Daher sei nicht nur ein »Modus der Monade möglich, der äußere Perzeptionen tätigt«, sondern der auch Aktivität ermögliche, indem der Organismus zu Aktionen bestimmt werde. Damit hat Cramer die theoretische und die praktische Dimension der Subjektivität erschlossen, die in der Lehre vom Ich abgeschlossen wird.[3] Im Gedanken »Ich« erzeugt die Monade zwar nicht ihr Sein, wohl aber den Gedanken »Sein«, ebenso, wie sie Grund bestimmender Regeln ihrer Handlungen ist. Zwar kann ein Baum angeschaut werden, ohne dass er bestimmt wäre etwa als »die Tanne dort«, aber diese Bestimmung muss nicht vollzogen werden. Doch »ich« kann mich selbst nicht anschauen, »ich« kann mich selbst nur meinen. In diesem Meinen aber bin »ich« es, der den Gedanken »ich« hat, und das ist nicht der Gedanke »ich«, sondern etwas davon Verschiedenes.[4]

Im Ergebnis gelangt Cramer zu einer Reihe von Bestimmungen des Geistes, in denen diese Differenzierungen und Möglichkeiten des Monadischen real entwickelt vorhanden sind: Subjektivität ist grundsätzlich bestimmt als singuläre Zeitlichkeit, denn im Erleben werden Erlebnisse präsentiell bestimmt. Das Subjekt ist daher wesentlich Sichbestimmen in theoretischer und praktischer Hinsicht.[5] Aus dieser Theorie der singulären Subjektivität lässt sich ein Argument gegen die noch immer aktuelle Qualia-Lehre gewinnen, nach der psychische Eigenschaften eben als psychische Qualitäten einer physischen Substanz gedacht werden, z. B.

---

1 Ebd., 39.

2 »Also ist nicht das Erlebte *und* das Erleben bestimmt sich noch. Sondern das Erlebte ist allererst durch das Erleben, sichbestimmend ist das Erleben ein Sichgeben des Erlebten und nicht ein Beziehen auf Gegebenes.« Ebd., 40.

3 Ebd., 45 ff.

4 Ebd., 104.

5 Ausgeführt ebd., 86.

bei Nagel. Nach Cramer sind Qualitäten bereits besondere Weisen des Sichbestimmens von Lebewesen, die als psychophysische Einheiten gedacht werden müssen. Einer solchen Monade, einem solchen »Ich« besondere psychische Eigenschaften zusprechen, setzt bereits wieder ein »Ich« voraus, das Grund dieser Bestimmungen ist.[1]

Cramers Transzendentalontologie der konkreten singulären Subjektivität hat ersichtlich eine hermetische Struktur, die vielfach als neukantianisch, metaphysisch oder idealistisch missverstanden worden ist. Hans Wagner war es schließlich, der eine solche Theorie der Subjektivität in den Horizont einer allgemeinen philosophischen Systematik gerückt bzw. diese Systematik vom Begriff der Subjektivität her transzendental entwickelt hat. Dazu transformiert er die denkpsychologischen Prinzipienbegriffe in kategoriale Prinzipien und Begriffe, die aus der Philosophie Husserls und vor allem Nicolai Hartmanns stammen. Besonders in den späteren Arbeiten lässt sich auch eine verstärkte begriffliche und sachliche Hinwendung zur Philosophie Kants feststellen. Sicher ist es kein Zufall, dass Cramer unter den ersten war, die die richtungsweisende Bedeutung von Wagners erstem systematischen Hauptwerk *Philosophie und Reflexion*, erstmals 1959 erschienen, erkannt hatten.[2]

Wagner entfaltet hier das Problem der Subjektivität als zweifachen Reflexionsgang. Wagners Ziel ist es, die Einheit der Philosophie in der gegliederten Verschiedenheit ihrer Sonderdisziplinen zu verstehen und aus einem Prinzip folgend aufzuweisen.[3] Um das zu begründen, verwendet Wagner Termini der Phänomenologie Husserls. Unterschieden werden noetische und noematische Reflexion sowie axiotische Reflexion. Der Begründungsgang weist dementsprechend verschiedene apriorische Prinzipienfelder aus. Wagner nennt diese die primär- und sekundär-konstitutive, die regulative und die systematische Apriorität. Der Reflexionsgang muss dabei von der fundamentalen theoretischen Reflexion (als

---

1 »Ich kann meinen Arm sehen. Aber nimmt eine Monade in dieser Weise sich selbst wahr, dann nimmt sie sich wahr, und in diesem *sich* ist schon Selbstperzeption enthalten. Die Monade ist also sich ausgezeichnet. Die Weltstelle, da sie sich befindet, ist ihr ausgezeichnet, und erst vermöge dieser Auszeichnung kraft Selbstbeziehung ist ihr anderes *dort*.« Cramer, W., Individuum und Kategorie, 1962, 65 f.

2 Immerhin hat Cramer, bei allen festgestellten Unterschieden der philosophischen Konzeption, grundsätzliche Einigkeit »in dem entscheidenden Punkte« zwischen sich und Wagner festgestellt. Cramer, W., [Rez.] Hans Wagner: Philosophie und Reflexion, 1963, 68-90.

3 »Als dieses Einheitsprinzip erweist sich das Prinzip der Reflexion. Alle Philosophie ist Reflexion. Die Philosophie entfaltet sich in das Gefüge der Sonderdisziplinen nach Maßgabe eines Gesetzes, nach welchem das zugrundeliegende Prinzip der Reflexion selbst sich in eine Phasenreihe entfaltet. Aus dem gesetzmäßigen Gang der Reflexion wächst an bestimmten, wohlartikulierten Stellen nacheinander das Gefüge der philosophischen Disziplinen heraus. In der gesetzmäßigen Einheit des Reflexionsgangs hat auch die Philosophie ihre innere Einheit.« Wagner, H., Philosophie und Reflexion, 2013, 1 u. § 24.

noetische und noematische) zur nicht-theoretischen, axiotischen Reflexion fortschreiten. Diese Reihenfolge ist für Wagner weder beliebig noch austauschbar oder gar umkehrbar. So wird die noetische Reflexion als diejenige eingeführt, die sich auf die denkenden Akte richtet und folglich ihren Abschluss im Subjekt als deren vollziehendem Träger findet. Ebenso gelangt die noematische Reflexion, die sich auf die Denkergebnisse und Gehalte richtet, zu einem (weiteren) Begriff vom Subjekt, das jedes Noema hervorbringt und zugleich vor der Aufgabe steht, Geltung oder Nichtgeltung, Wahrheit und Richtigkeit dieser Gehalte zu bestimmen. Noetische und geltungstheoretische Reflexion zusammen konstituieren erst einen hinreichend bestimmten Subjektsbegriff, also der Sache nach den Prinzipienbestand, den Hönigswald mit den Begriffen Vollzug und Geltung erfasst hat. In der noetischen Reflexion erkennt das Subjekt – ganz im Sinne Heideggers – seine Akte und sich selbst als endlich und bedingt; in der noematischen Reflexion dagegen erkennt es sich als unbedingt.[1] Dieses Verhältnis kehrt in der Analyse der axiotischen Reflexion wieder: Als sich selbstgestaltender Entwurf erweist sich das Subjekt einerseits als bedingt und unfrei, etwa durch biologische, kulturelle, gesellschaftliche Faktoren. Andererseits aber vermag sich das Subjekt – und die Gemeinschaft der Subjekte – nach absoluten Maßstäben zu gestalten. Diese unbedingten Maßstäbe, zu denen beispielsweise moralische Normen und Werte gehören, treten an das Subjekt und seine Bedingtheiten als Aufgaben und Möglichkeiten heran. Ihnen gemäß vermag es sich, über seine Zufälligkeit und Bedingtheit hinaus, zu »entwerfen« und zu bestimmen. In dieser Selbstgestaltung ist das Subjekt »autonom« im Sinne Kants.

Wagner bestimmt das Verhältnis von Bedingtheit und Unbedingtheit als ein Korrelationsverhältnis sich gegenseitig bedingender und setzender Momente. So erweist sich am Ende der Reflexion das Subjekt als unbedingt und bedingt zugleich. Diese Grundbestimmtheit der Subjektivität ist weder auf eines dieser Momente noch auf ein außersubjektiv Drittes reduzierbar. Das Subjekt ist, mit den Worten Hönigswalds, Prinzip und Tatsache zugleich, eben *monás*. Damit gelangt Wagner nicht nur weit über den Neukantianismus hinaus, sondern auch über Heidegger und die verschiedenen Varianten der Existenzphilosophie, grundsätzlich auch über den heute verbreiteten Biologismus und Naturalismus. Er zeigt nämlich, dass diese Faktizitätsmomente zugleich prinzipientheoretische Bedin-

1 Ebd., 354 f.

gungen dafür sind, dass das Subjekt auch unbedingter Grund sein kann. Es denkt sich sowohl bedingt als auch unbedingt, es ist zugleich Maßstab wie auch das an diesem Maßstab zu messende, es ist nicht nur Objekt, z. B. einer Wissenschaft wie der Biologie, sondern auch Subjekt als Urheber dieser Wissenschaft, die es zugleich zum Objekt macht.[1]

An den Nachweis, dass der Mensch nie nur ein bloßes Objekt, ein bloß bedingtes Lebewesen unter anderen Lebewesen, nie nur ein vollständig durch Gesellschaft und Kultur determiniertes Wesen ist, bindet Wagner die unbedingte Würde des Menschen. Allen diesen Bedingtheiten zum Trotz ist der Mensch auch *Subjekt*, also ein Wesen, das das Moment der Unbedingtheit, der Freiheit, in sich selbst trägt und darum »Würde« besitzt wie kein anderes Lebewesen sonst. Wagner analysiert die Subjektivität in ihrem Spannungsverhältnis zwischen einer durch vielfältigste empirische Einflüsse bestimmten Tatsächlichkeit und unbedingter Selbstbestimmung. Im Zentrum seiner Überlegungen steht also kein abstrakt konstruiertes Subjekt, sondern das konkrete individuelle Individuum, das seine Geschichte und seinen unverwechselbaren Ort in der Welt besitzt. Diese methodische Vorgehensweise führt auf die notwendigen geltungsgliedernden systematischen Implikate, auf die verschiedenen geltungstheoretischen Hinsichten, unter denen im Rahmen der philosophischen Grundlehre der Subjektsbegriff behandelt werden muss. In der ersten Hälfte seiner Studie weist Wagner zunächst in theoretischer Hinsicht diejenigen empirievorgängigen Prinzipien der Subjektivität aus, die ihre Unbedingtheit ausmachen. Man entdeckt hier sofort die einheitsstiftende Vorordnung der theoretischen vor der praktischen Philosophie, die schon in der historischen Lehre Kants vorgegeben ist und dort neben anderen Funktionen die Möglichkeit der Freiheit als Restriktion der Kausalität auf bloße Naturgegenstände begründet. Bei Wagner kehrt dieses Motiv, der menschlichen Freiheit ihre Autonomie, und damit dem Menschen die Möglichkeit der Selbstbestimmung nach allgemeinen praktischen Prinzipien zu sichern, wieder. Denn eben dieses praktische Element der Selbstbestimmung macht maßgeblich die Würde des Menschen aus, indem die außersubjektiven Bedingtheiten nur soweit anzuerkennen sind, wie sie den Menschen als Faktizität betreffen. Wohl kommen, wie schon gesagt, den gesellschaftlichen und historischen Bedingtheiten und damit den Aussagen der Natur- und Geisteswissenschaften große Bedeutung zu, sofern sie sich auch auf die empirische Verfasstheit des Menschen beziehen – etwa der Evolutionstheorie, psychologischen Theorien oder den Sozialisationstheorien; denn sie machen umso unmissverständlicher klar, dass der Mensch ein durch vielfältige verschiedenste Bedingtheiten bestimmtes Lebewesen ist. Sie sind

---

1 *»Also prüft in der geltungstheoretischen Reflexion das Subjekt sich selbst; das Subjekt ist nicht nur das, was zu prüfen ist und geprüft wird; es ist auch das Prüfende«* Ebd., 340. Siehe dazu auch ebd., §§ 29 ff.

aber hinsichtlich der Frage, was sie für das Verständnis des Menschen als *Subjekt* beizutragen vermögen, nur soweit anzuerkennen, wie sie sich auf die Faktizitätselemente der Subjekte beziehen. Denn die Wissenschaften, werden sie auf den Menschen bezogen, machen ihn aufgrund ihrer methodischen Struktur notwendig zu ihrem *Objekt* und ergreifen ihn gerade darum nicht in seinem Subjektsein.[1] Die Wissenschaften sind, wie alle anderen Kulturleistungen auch, von Menschen geschaffene Sachverhalte, deren konstitutiver Grund der Mensch selbst ist. Dass er selbst das leistende Subjekt ist, zeigt sich dem Menschen in der Selbstreflexion, in dem Vermögen, über seine eigenen Bedingtheiten hinaus eben diese Bedingtheiten reflektieren zu können, denn er selbst ist der produzierende und verantwortliche Grund auch einer jeden Theorie über den Menschen. Mögen auch andere Lebewesen über Bewusstseinsinhalte und Vorstellungsinhalte verfügen, der Mensch allein ist Subjekt in dem Sinne, dass er sein theoretisches und praktisches Verhalten nach objektiven Geltungsnormen bis hin zu der Übernahme verpflichtender Grundsätze in allen Bereichen der Praxis zu bestimmen in der Lage ist. Und eben diesem Subjektsein verdankt der Mensch seine unantastbare Würde.

Ein Licht fällt noch einmal auf das psychophysische Problem. Auch in der Philosophie Wagners wird das Subjekt als psychophysische Einheit und Ganzheit bestimmt. Einheit und Ganzheit sind aber keine ontologischen oder positive, real vorgefundene Eigenschaften von Lebewesen, die neben ihrem Dasein als Organismen »auch noch« Möglichkeiten des Erlebens, des Denkens, der Reflexion, des Selbstbewusstseins besäßen. Kurz gesagt, handelt es sich hier um kategoriale Verschiedenheiten. Leib und Seele sind keine voneinander getrennten »Substanzen«, deren Existenz die Frage aufwürfe, wie denn das Verhältnis zwischen ihnen zu bestimmen sei. Vielmehr sind verschiedene »Schichten« von Realprinzipien – Kategorien – zu berücksichtigen, die in einem psychosomatischen, mit Bewusstsein ausgestatteten Realgebilde zur Einheit und Ganzheit verbunden sind. Es »gibt« nicht Physisches und Psychisches, sondern es gibt Psychisches nur, weil es Physisches gibt, das im Organismus unter bestimmten Bedingungen Psychisches ermöglicht. Dieses Psychische tritt aber nur an und mit diesem Organismus auf, es besteht nicht für sich. Ebenso »gibt« es kein individuelles geistiges Sein, das für sich bestünde, es bedarf des Organismus und ist nur an diesem auffindbar. Es ist daher ein Fehler zu glauben, man könne Geistiges, Psychisches und Physisches für sich zu untersuchen, ohne zu berücksichtigen, dass sie Möglichkeiten und Bedingungen des Organismus sind. Reduktionismus und Idealismus setzen

---

1 »Nun eben das schlichte Faktum, daß ein Mensch das denken und schreiben kann, was jener Verhaltensforscher denkt und schreibt, zeigt bereits das Wesentliche: Der Mensch kann um solche *Strukturen* und *Kategorien* seiner Psyche, seines Bewußtseins, wissen, sie erforschen, ihre Objektivität bezweifeln, sie unter dem Gesichtspunkt der Objektivität prüfen, kritisieren.« Wagner, H., Bewußtsein, 2015, 262.

Psychisches und Physisches als Substanzen und meinen letztlich, man könne diese bestimmen, wie man Kieselsteine bestimmt. Doch wenn man die kategorialen Prinzipien des Geistes bestimmt, bestimmt man eben diese Prinzipien, nicht aber Lebewesen, die über Geist verfügen. Insofern ist die Frage nach der Möglichkeit des Bewusstseins nicht Objekt einzelwissenschaftlicher Forschung, sondern Problem der Erkenntnistheorie.[1]

Wagner und Cramer sparten nicht mit wechselseitiger wertschätzender und weiterführender Kritik. Noch heute sind ihre Gedanken und Theorien Anlass zu Arbeiten, die von weitgehender Zustimmung bis hin zu kritischer Diskussion und Ablehnung reichen.[2] Und so münden die Arbeiten Moritz Löwis zuletzt in die gemeinsame gegenwärtige philosophische Forschung zu einer Theorie der Subjektivität. Ihre angemessene Berücksichtigung eröffnet der philosophischen Subjektivitätstheorie neue Perspektiven und birgt noch manchen ungehobenen Schatz.

---

1 »Das Gegenteil kann nur meinen, wenn man das Bewußtsein für das unmittelbar und verläßlich Gegebene ansieht, das für sich deshalb kein erkenntnistheoretisches Problem darstelle, und ein erkenntnistheoretisches Problem erst hinsichtlich des Verhältnisses zwischen dem Bewußtsein und dem Bewußtseinsjenseitigen für gestellt hält. Aber dies kann man nur meinen, solange die erkenntnistheoretische Reflexion sozusagen auf halbem Weg stecken bleibt, weil sie entscheidende Tatsache übersieht, daß in der Erkenntnistheorie selbst nicht jenes Bewußtsein, sondern erst die *Theorie* von jenem Bewußtsein das eine Glied des Erkenntnisverhältnisses bildet, oder auch: daß in der Erkenntnistheorie selbst jenes Bewußtsein nicht etwa die Stelle des theoretischen Subjekts einnimmt, sondern notwendiger Weise, als das eine Glied der Erkenntnisrelation zwischen Bewußtsein und Bewußtseinstranszendentem, zusammen mit dieser Relation nur als das *Objekt* der erkenntnistheoretischen Untersuchung auftreten kann. Das Bewußtsein wird also in Wahrheit *Problem* der Erkenntnistheorie«. Ebd., 274.

2 Etwa Flach, W., Grundzüge der Erkenntnislehre, 1994 und Zeidler, K., Kritische Dialektik und Transzendentalontologie, 1995. Erst kürzlich sind zwei umfangreiche Sammelbände erschienen, in denen Wagners und Zeidlers systematische Positionen diskutiert werden. Siehe Krijnen, C. / Zeidler, K. W., Reflexion und konkrete Subjektivität, 2017; Rendl, L. / König, R., Schlusslogische Letztbegründung, 2020.

9. Ausblicke

Das begriffliche Verständnis des Psychischen ist nicht ohne Philosophie nicht möglich. Dies ist die hier entwickelte Kernthese. Löwi war nicht nur experimentierender Psychologe, sondern als Psychologe, der sich um die Grundlagen des eigenen Fachs bemühte, zugleich Philosoph. Denn wenn der Begriff des Erlebens als Grundbegriff der Psychologie und später auch in der Psychiatrie bestimmt wird, dann ist eine Analyse dieses Begriffs eine philosophische, grundlagentheoretische Unternehmung, die jeder einzelwissenschaftlichen Analyse bereits vorausgeht. Für die gegenwärtige Philosophie und ihre Probleme folgen daraus einige Konsequenzen:

Die erste betrifft die Richtung, in der die Lösung des Leib-Seele-Problems zu erwarten ist. Löwis Argumentation ist klar: Immer sind es Organismen, die etwas erleben. Keine noch so intelligente Maschine ist erlebnisfähig. Organismen sind begrifflich angemessen nur als psychophysische Einheiten bestimmbar, die Löwi mit Hönigswald *monás* nennt. Psychisches und Physisches begegnen uns in der Lebenswelt in untrennbarer Einheit. In der anorganischen Natur existiert zwar bloß Physisches ohne Psyche; aber nichts Psychisches vermag nur für sich ohne einen physischen Organismus zu existieren. Es gibt daher weder reine Geister oder »Gespenster« noch Maschinen mit einer Seele. Eine Trennung von Psyche und Körper führt zum Tod des Organismus. Diese psychophysische Einheit widersetzt sich einer reduktionistischen Bestimmung. Es ist nicht nur nicht notwendig, sondern geradezu unmöglich, diese Einheit als eine Reduktion des Psychischen auf das Physische zu verstehen. Das Psychische tritt zwar mit und an physiologischen Prozessen auf, beruht aber auf eigenen Prinzipien. Erkenntnistheoretisch ist es eine seit Kant gewonnene Einsicht, dass Prinzipien keine ontologischen Gegenstände sind. Das Gravitationsgesetz etwa existiert nicht wie der Himmelskörper, der der Schwerkraft unterliegt, deren Wirkungen eben durch dieses Gesetz beschrieben werden. Dieses Gesetz wiederum ist nur möglich aufgrund einer vorausliegenden kategorialen Grundstruktur. Verschiedene Kategorien bestimmen *ein* Seiendes, das erkannte bereits Aristoteles. Deshalb ist ein Gegenstand wie ein Baum durch verschiedene Kategorien bestimmt. Er besitzt räumliche Ausdehnung wie zeitliche Dauer, bestimmte Eigenschaften (qualia), existiert in kausal bestimmten Wechselwirkungskontexten mit anderem Seienden, etwa der Sonne, und unterliegt der Veränderung. Der Reduktionismus begeht den Fehler, Naturgesetze und begriffliche Bestimmungen für real vorhandene Gegenstände zu halten, die wissenschaftlich erkennbar seien und zum großen Teil schon bekannt sind. Dabei wird verkannt, dass diese Gesetze und Begriffe bereits schon Elemente von *Theorien* über Gegenstände sind, nicht die Dinge selbst. Theorien können wahr oder falsch sein, Dinge nicht.

Was bedeutet es schließlich für die Philosophie, in ihren Grundlagen Theorie der Subjektivität zu sein? Hier eröffnen sich weite Anwendungsfelder und Forschungsperspektiven. In jeder ihrer Disziplinen betrifft die Philosophie den Menschen. Löwi hat mit Hönigswald die *monás* durch zwei Prinzipien bestimmt, die er Prinzip und Faktum nennt. In biologischen Wesen mit Selbstbewusstsein fallen sie zusammen. Einerseits ist die *monás* Faktum. Sie ist als Organismus in der Natur gegeben und insofern naturwissenschaftlich – als Lebewesen – bestimmbar. Zugleich ist sie Grund dieser Bestimmbarkeit. In den komplexeren, insbesondere kognitiven Formen des Erlebens, begegnen Organismen, die nicht nur erleben, sondern um sich und ihr Erleben wissen. Insofern ist eine *monás* immer ein individuelles Ich, ist immer Subjekt. Dieses Subjekt ist zugleich der Grund der Möglichkeit, Wissen über sich selbst und seinesgleichen zu erwerben. Subjekte stehen in Gemeinschaft und verhalten sich zueinander nach Regeln der Verständigung und Sprache. Ihre Verbundenheit und wechselseitiger Austausch gehen über eine bloß räumlich-physische Verbundenheit hinaus. Für Gemeinschaften erlebender Subjekte sind verschiedene Formen von Verständigung möglich, sie bestimmen Kunst, Kultur oder Wissenschaft. Es sind wirklich lebende und erlebende *Menschen* – Monaden im Sinne Löwis –, die Wissenschaft treiben und dabei Physisches und Psychisches zu verstehen suchen.

Diese theoretische Bedeutung der Philosophie besitzt eine praktisch-humane Dimension. Philosophie ist hier nicht einfach nur Wissenschaftstheorie der Physiologie, Psychologie oder Medizin. Als normative und reflektierende Instanz setzt sie grenzlosem Experimentieren und Therapieren nicht nur ethische Grenzen, sondern weist diesen Versuchen auch die Richtung hin zu einer humanen Psychologie, Pädagogik und Medizin. Sie begreift den Menschen in seinem Kern als freies Wesen, das in sich selbst die verbindlichen ethischen Gründe seines Handelns findet und deshalb besonderen Schutz erfordert. Die inhumanen Beispiele aus der Geschichte der Psychologie und Psychiatrie des letzten Jahrhunderts haben dies mehr als deutlich gezeigt. Darüber hinaus ist Löwis Philosophie trotz ihres Festhaltens an einen fundierenden Grund zutiefst pluralistisch, sich jedem totalitären Anspruch widersetzend. Sowenig es *den* Menschen, sondern immer nur die Individuen gibt, sowenig gibt es »die« Kultur, Wissenschaft, Sprache, Religion oder Kunst. Wie Kunst nur als konkrete möglich wird, in einer bestimmten Form, hervorgebracht von einem Individuum in unabsehbar verschiedener Hinsicht, so ist es überall. Dies zu reflektieren und auf die bestimmenden Gründe zurückzuführen, ist nicht Aufgabe von Kunstwissenschaft oder den anderen Gesellschafts- und Kulturwissenschaften, sondern Aufgabe der Philosophie. Wer könnte glauben, Probleme wie die Digitalisierung unserer Umwelt oder Fragen nach den Grenzen künstlicher Intelligenz ließen sich angemessen bearbeiten, ohne den Begriff des Menschen als Subjekt zugrunde zu legen?

Für die empirischen Wissenschaften vom Menschen schließlich können insbesondere Löwis Grenzbestimmungen der Psychologie gegenüber Physik und Physiologie, Biologie, Neurologie und Psychiatrie wegweisend wirken. Ihre »Gegenstände« unterscheiden sich nicht ontologisch, sondern methodisch. Was Gegenstand der Psychologie oder Physiologie ist, bestimmen die Methoden der Psychologie und Physiologie im Wandel der Zeit. So kann dasselbe »Ding« Gegenstand verschiedener Wissenschaften sein. Aus der Vielfalt der Methoden resultiert die Vielfalt der Gegenstände. Gerade darin liegt der systematische Grund zunehmender wissenschaftlicher Spezialisierung. Um so wichtiger ist es, den Grund ihrer Einheit festzuhalten. Das aber ist und bleibt Aufgabe der Philosophie.

Quellen und Verzeichnisse

10. Dokumentarischer Anhang

1. Lebenslauf Moritz Löwi

13. Dezember 1891	geboren in Breslau als Sohn des jüdischen Religionslehrers und Rabbiners Eduard Löwi und Marianne (Marie) Löwi, geb. Juliusburger
1913	Abitur am evangelischen Elisabeth Gymnasium Breslau, Tod des Vaters
1913-1915	Studium Philosophie, Physik, Zoologie an der Universität Breslau
1915-1919	Kriegsdienst als österreichischer Staatsbürger in der kaiserlich-königlichen Armee und Kriegsgefangenschaft in Italien
1917	Tod der Mutter
1919-1921	Wiederaufnahme des Studiums Philosophie, Physik, Zoologie an der Universität Breslau
Dezember 1921	Promotion zum Dr. phil an der Universität Breslau
März 1924	Habilitation für das Fach Psychologie an der Universität Breslau
Februar 1925	Erhalt der Einbürgerungsurkunde als preußischer Staatsbürger
1924-1930	Privatdozent für Psychologie an der Universität Breslau
1927 – 1931/32	Zusammenarbeit mit Otfrid Foerster in der Neurologischen Abteilung am Wenzel-Hancke-Krankenhaus Breslau
1930 – 1935	kommissarische und später offizielle Leitung des Psychologischen Laboratoriums an der Universität Breslau

1931-1936	nichtbeamteter außerordentlicher Professor für Psychologie an der Universität Breslau mit Lehrauftrag
1934	Erste Bemühungen um Emigration nach Großbritannien
1935	Zu Beginn des Wintersemesters 1935 Verbot der Lehrtätigkeit an der Universität Breslau infolge der Nürnberger Gesetze
Februar 1936	Ausschluss aus der Philosophischen Fakultät der Universität Breslau und Entzug des Lehrauftrags
1936-1938	Vorträge und Kurse zur Psychologie und Pädagogik an der Jüdischen Volkshochschule Breslau, dort auch für Studierende des Jüdisch-Theologischen Seminars Breslau
18. Juli 1938	Ausstellung eines Besuchervisums für die USA in Breslau
August 1938	Emigration in die USA über die Tschechoslowakei und Boulogne-sur-mer /Frankreich
3. Oktober 1938	Ankunft in New York
29. Dezember 1938	Ankunft Marie Trautmanns über Hamburg in New York
12. September 1939	Moritz Löwi heiratet Marie Trautmann in New York
1941	2. Emigration über Havanna/Kuba in die USA mit einem Einwanderungsvisum
1941-1942	Research Associate am Connecticut College for Women, New London, Conn., USA
1943	Research Associate am Hartford College for Women, Hartford/Conn. und Forschungstätigkeit am Norwich State Hospital, Preston und Norwich/Conn., USA
6. Januar 1944	gestorben in New London/Conn., USA
7. April 1972	Mary Lowi stirbt in Sarasota/Fl., USA

2. Handschriftlicher Lebenslauf[1]

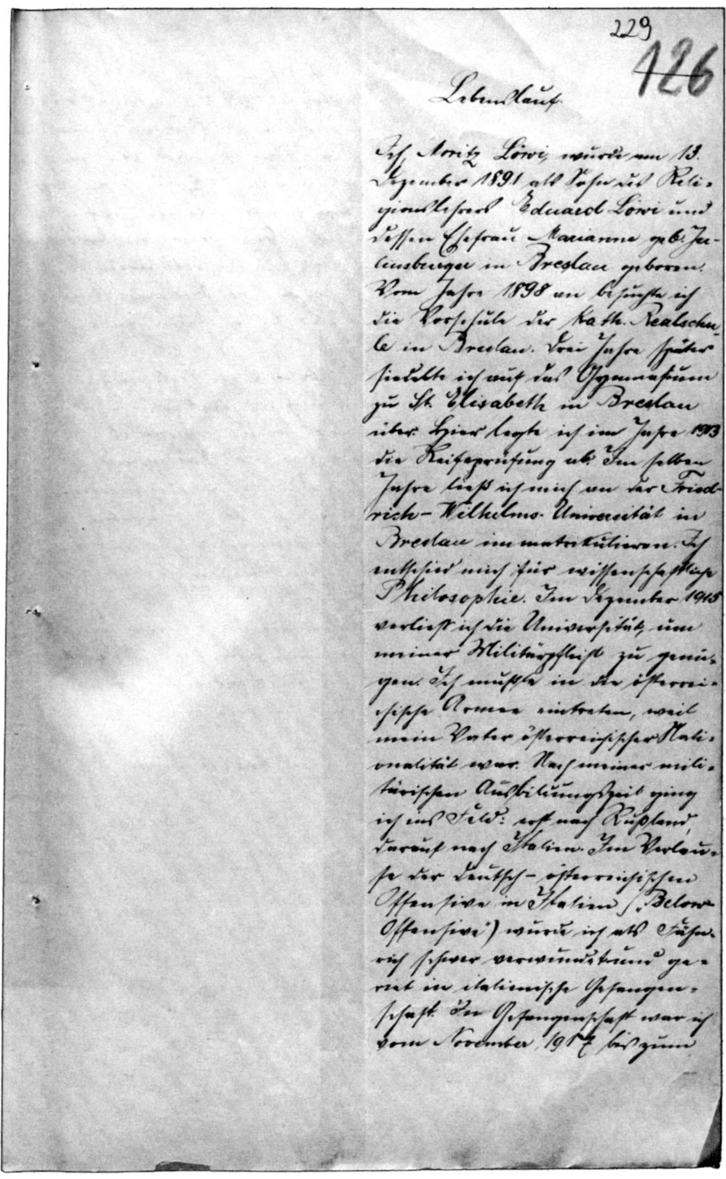

229

126

Lebenslauf.

Ich Moritz Löwi wurde am 13. Dezember 1891 als Sohn des Religionslehrers Eduard Löwi und dessen Ehefrau Marianne geb. Jelinsberger in Breslau geboren. Vom Jahre 1898 an besuchte ich die Vorschule der kath. Realschule in Breslau. Drei Jahre später siedelte ich auf das Gymnasium zu St. Elisabeth in Breslau über. Hier legte ich im Jahre 1913 die Reifeprüfung ab. Im selben Jahre ließ ich mich an der Friedrich-Wilhelms-Universität in Breslau immatrikulieren. Ich entschied mich für wissenschaftliche Philosophie. Im Dezember 1915 verließ ich die Universität, um meiner Militärpflicht zu genügen. Ich mußte in die österreichische Armee eintreten, weil mein Vater österreichischer Nationalität war. Nach meiner militärischen Ausbildungszeit ging ich ins Feld: erst nach Rußland, darauf nach Italien. Im Verlaufe der deutsch-österreichischen Offensive in Italien (Below-Offensive) wurde ich als Fähnrich schwer verwundet und geriet in italienische Gefangenschaft. In der Gefangenschaft war ich vom November 1917 bis zum

1 Promotionsakten Philosophische Fakultät 1921/22, Archiwum Uniwersytetu Wrocławskiego (Universitätsarchiv Wrocław), F 243, p. 229 f.

230

Februar 1919. In diesem Monat wurde ich als Austauschinvalider nach Wien befördert. Von hier schied ich im Mai 1919, um nach Breslau zurückzukehren, wo ich mich im selben Monat an der Universität zu immatrikulieren ließ. Ich gehöre der Breslauer Universität bis auf den heutigen Tag an.

Ich besuchte die Vorlesungen bezw. Übungen hauptsächlich der Herren Prof. Dr Hoenigswald, Geh. Reg.-Rt. Prof. Dr Baumgartner, Geh. Reg.-Rt. Prof. Dr Kühnemann, Prof. Dr Stern. Daneben hörte ich naturwissenschaftliche sowie geschichtswissenschaftliche Vorlesungen.

Allen meinen Lehrern spreche ich meinen aufrichtigsten Dank aus für die Förderung, welche ich durch sie erfahren habe.

Moritz Löwi

Breslau XIII
Höfchenstraße 97 II
bei Neumann.

Lebenslauf

Ich, Moritz Löwi, wurde am 13. Dezember 1891 als Sohn des Religionslehrers Eduard Löwi und seiner Ehefrau Marianne, geb. Juliusburger in Breslau geboren. Vom Jahr 1898 an besuchte ich die Vorschule der Kath. Realschule in Breslau. Drei Jahre später siedelte ich auf das Gymnasium zu St. Elisabeth in Breslau über. Hier legte ich im Jahre 1913 die Reifeprüfung ab. Im selben Jahre ließ ich mich an der Friedrich-Wilhelms-Universität in Breslau immatrikulieren. Ich entschied mich für wissenschaftliche Philosophie. Im September 1915 verließ ich die Universität, um meiner Militärpflicht zu genügen. Ich mußte in die österreichische Armee eintreten, weil mein Vater österreichischer Nationalität war. Nach meiner militärischen Ausbildungszeit ging ich ins Feld: erst nach Rußland, darauf nach Italien. Im Verlaufe der deutsch-österreichischen Offensive in Italien (»Below-Offensive«) wurde ich als Fähnrich schwer verwundet und geriet in italienische Gefangenschaft. In Gefangenschaft war ich vom November 1917 bis zum [Seite 2] Februar 1919. In diesem Monat wurde ich als Austauschinvalider nach Wien befördert. Von hier schied ich im Mai 1919, um nach Breslau zurückzukehren, wo ich mich im selben Monat an der Universität immatrikulieren ließ. Ich gehöre der Breslauer Universität bis zum heutigen Tag an.
Ich besuchte die Vorlesungen bezw. Übungen der Herren Prof. Dr. Hönigswald, Geh. Reg. Rt. Prof. Dr. Baumgartner, Geh. Reg.-Rt. Prof. Dr. Kühnemann, Prof. Dr. Stern. Daneben hörte ich naturwissenschaftliche sowie geschichtswissenschaftliche Vorlesungen.
Allen meinen Lehrern schulde ich meinen aufrichtigen Dank auch für die Förderung, welche ich durch sie erfahren habe.

Moritz Löwi
Breslau XIII
Höfchenstraße 97: III
bei Neumann

3. Franz Fink an Hans-Georg Gadamer, 7.2.1949[1]

17-

Dr. Franz Fink

Montevideo, den 7. Februar 1949
3008, Calle Manuel Haedo

Herrn Professor Gadamar

Frankfurt a.M.
Mertonstraße 17 - 25
Philosophisches Seminar der Universität

Sehr geehrter Herr Professor Gadamar!

Herr Dr. Wolfgang Cramer (Laufen), mit dem ich seit 1925 befreundet bin, hat mich gebeten, Ihnen einen Bericht über unsere Beziehungen während der Zeit der Hitler-Regierung zu geben. Ich erfülle diese Bitte, vor allem im Andenken an unseren gemeinsamen Freund und Universitätslehrer, Professor Moritz Löwi, dem der Tod die Lippen verschlossen hat. (Professor Löwi ist 1945 in den Vereinigten Staaten gestorben.) Ich fühle mich verpflichtet, insbesondere das Zeugnis des Verstorbenen weiterzugeben.

Im April 1933 teilte uns Dr. Cramer seine Zugehörigkeit zur NSDAP mit; uns - das bedeutet: seinen jüdischen Freunden, einem Kreise, dessen Mittelpunkt Professor Löwi war. Dr. Cramer, entsetzt über die Kundgebungen der Barbarei, war von Reue und Schuldgefühl bewegt uns verdammte seinen "Irrtum "; er äußerte zugleich seinen Entschluß, unverzüglich aus der Partei auszutreten. Professor Löwi jedoch, dessen unbeugsame Rechtlichkeit sprichwörtlich war und der durch seine Mannhaftigkeit sich sogar vor dem braunen Pöbel während des berüchtigten Skandals "Cohn" in der Breslauer Universität behauptet hatte, riet dringend von jenem Schritte ab; Dr. Cramer werde den Verfolgten und Verfemten besser helfen können, wenn er in der Partei bleibe, als wenn er sich durch den Austritt verdächtig mache. Freilich müsse er durch sein künftiges Verhalten die Ehrlichkeit und Kraft seiner Gesinnung bewähren.

Diese Bewährungsprobe hat Dr. Cramer in der Folgezeit bestanden. Er hielt sich dem Parteibetriebe nach Möglichkeit fern, zeigte sich ~~aber~~ ostentativ - trotz mehrfachen Warnungen - mit seinen jüdischen Freunden, besuchte mit uns jüdische Lokale und so fort. Er hat uns öfter vor bevorstehenden "Aktionen" gewarnt und rettete schließlich durch sein geschicktes und mutiges Eintreten Professor Löwi - unmittelbar vor dessen Auswanderung - die Freiheit, wenn nicht das Leben. Der Verstorbene hat dieser Hilfe oft und dankbar gedacht.

Ich kann Ihnen diesen Bericht nicht überreichen, ohne noch ein Wort über mich selbst erklärend hinzuzufügen. Ich bin Jude, und ich gehöre nicht zu denen, die großmütig vergeben und vergessen können. Freunde und nächste Angehörige von mir sind vergast, gefoltert, erschossen, von Hunden zerrissen worden. In den Jahren, als die Nachrichten vom Vordringen der Hitlerarmeen und von den Massenausrottungen zu mir drangen, habe ich inbrünstig, von Grauen, Empörung, Bangen ergriffen, den Untergang Deutschlands herbeigewünscht. Auch damals gehörte Dr. Cramer zu den wenigen, die ich von dieser Verwünschung ausnehmen wollte. Übrigens wurde die Verbindung zwischen uns nach dem Ende des Krieges von meiner Seite wiederaufgenommen.

Ich hoffe, daß dieser Bericht zu Gunsten Dr. Cramers spricht.

Hochachtungsvoll

gez Fink

Anbei die Beglaubigung der hiesigen jüdischen Gemeinde.

---

1 Universitätsarchiv Frankfurt am Main, Abt. 134 Nr. 93 Blatt 17.

11. Verzeichnisse

1. Schriften Löwis

1. Synthesis und System. Ein Beitrag zur Theorie des Ganzheitsgedankens. Auszug aus einer Schrift zur Erlangung der Doktorwürde der Hohen Philosophischen Fakultät der Schlesischen Friedrich-Wilhelms-Universität zu Breslau, Breslau 1921.
2. Schwellenuntersuchungen. Theorie und Experiment. In: *Archiv für die gesamte Psychologie* 48 (1924), 1-73.
3. [Rez.]Paul Hertz: Über das Denken und seine Beziehung zur Anschauung. Erster Teil: Über den funktionalen Zusammenhang zwischen auslösendem Erlebnis und Enderlebnis bei elementaren Prozessen, Berlin 1923. In: *Archiv für die gesamte Psychologie* 48 (1924), 181-182.
4. Zum Problem der Ganzheit. Synthesis und System, Breslau 1927. [Druckfassung der Dissertation »Synthesis und System«, 1921].
5. Über spezifische Sinnesenergien. Psychologie und Physiologie, Breslau 1927.
6. Vom Ich und Ichbewußtsein. Ein Beitrag zur Grundlagenforschung der Denkpsychologie. In: *Die Arbeitsgemeinschaft* 11/2 (1930), 19-26.
7. Die Prinzipien des Lesenlernens. Ein Beitrag zur Theorie des Sprachverständnisses. In: *Zeitschrift für angewandte Psychologie* 40 (1931), 74-75.
8. Zur Analyse des Lesenlernens (zusammen mit Käthe Stern). Bericht über den XII. Kongreß der Deutschen Gesellschaft für experimentelle Psychologie in Hamburg vom 12.-16. April 1931. Im Auftrage der Deutschen Gesellschaft für Psychologie hg. v. Gustav Kafka, Jena 1932, 423-427.
9. Foerster, Otfrid / Löwi, Moritz: Über die Beziehung von Vorstellung und Wahrnehmung bei Schädigung afferenter Leitungsbahnen. In: *Zeitschrift für die gesamte Neurologie und Psychiatrie* 139 (1932), 658-692.
10. [Rez.] Friedrich Kreis (Dr. phil, Heidelberg): Phänomenologie und Kritizismus. Heidelberger Abh. z. Philos. u. ihrer Gesch. Hrsg. v. Ernst Hoffmann und Heinr. Rickert, Bd. 21, 1930. In: *Deutsche Literaturzeitung* 53 (1932), 774-776.
11. [Rez.] V. A. Fochtmann: Das Leib-Seele-Problem bei George Trumbull Ladd und William McDougall, München 1928. In: *Zeitschrift für Psychologie* 124 (1932), 391.
12. [Rez.] Hans Marquardt: Vom Aufbau der Seele. Zweite vermehrte u. umgearb. Aufl. von »Der Mechanismus der Seele«, Berlin, 1931. In: *Zeitschrift für Psychologie* 130 (1933), 127.
13. Schwellenuntersuchungen. Theorie und Experiment. [Sonderdruck aus Archiv für die gesamte Psychologie 48 (1924), 1-73]. Leipzig 1933.
14. Grundbegriffe der Pädagogik, Breslau 1934.
15. Judentum und Philosophie des 19. Jahrhunderts. Zu Dr. Albert Lewkowitz: das Judentum und die geistigen Strömungen des 19. Jahrhunderts, Marcus, Breslau 1935. In: *Breslauer Jüdisches Gemeindeblatt*, Breslau, v. 15. November 1935, 12/21 (1935), 1-2.
16. Observations on Comprehending. In: *The American Journal of Psychology*, 56/1 (1943), 129-133.
17. Löwi, M. / Cohen, L. H.: Comprehension-defects in the psychoses. In: *The Journal of Abnormal and Social Psychology*, 40/4 (1945), 391-400.
18. Kurze Bemerkung zur Frage des Übersetzens. Auszug aus: Grundbegriffe der Pädagogik, Marcus, Breslau 1934, S. 173-179. In: Ostdeutsche Denker. Vierhundert Jahre philosophischer Tradition von Jakob Böhme bis Moritz Löwi, hg. v. Gerd Wolandt u. Reinhold Breil, Bonn 1992, 309-312.

2. Rezensionen und unveröffentlichte Texte zu Löwi

Zwirner, Eberhard: Löwi, M.: Schwellenuntersuchungen. Theorie und Experiment, Arch. f. d. gesamte Psychol. 1924, Bd. 48, 1-73. In: *Zentralblatt für die gesamte Neurologie und Psychiatrie* 36 (1924).

Zwirner, Eberhard: Löwi M.: Über spezifische Sinnesenergien, Psychologie und Physiologie, Breslau 1927. In: *Archiv für die gesamte Psychologie* 70 (1929), 536 f.

Zwirner, Eberhard: Unveröff. Nachschrift zu Löwis »Empfindungslehre«, SS 1924, 48 S, Hönigswald-Archiv Aachen.

3. Archiv-Quellen

Öffentliche Bibliotheken
New York Public Library (NYPL)
Manuscripts and Archives Division,
Emergency Committee in Aid of Displaced Foreign Scholars Records MssCol 922, Series I. Grant files, 1927-1949, Box 22, Folder 4, Lowi, Moritz

Staatsarchive und Landesarchive
Landesarchiv Berlin (LAB)
Personenstandsregister ehemalige deutsche Ostgebiete 1876-1945, Standesamt Breslau IV
Staatsarchiv München (StAM)
- Spruchkammerakte Karton 4117 Cramer, Wolfgang

Universitätsarchive
Archiwum Uniwersytetu Wrocławskiego (Archiwum UWr)
(Universitätsarchiv Wrocław)
Aktenbestände
F 26, Album der Philosophischen Fakultät 1886-1926
F 243, Acta betreffend die Doktor-Promotionen 1921/22
F 71, Lehrfach der Philosophie und die Personalien der zu demselben gehörenden Dozenten 1923-1931
Bodleian Libraries, University of Oxford
Department of Special Collections, Archive of the Society for the Protection of Science and Learning, 1933-87
– Löwi, Moritz (1891-), File 1934-42, MS. SPSL 521/2, fols. 476-493
Connecticut College
Linda Lear Center for Special Collections and Archives, Files Moritz Loewi
Universitätsarchiv Frankfurt am Main (UAF)
Aktenbestände Abt. 14 und Abt. 134
Yale University Library
Manuscripts and Archives, Albrecht Goetze Papers, MS 648, Box 14, Folder 345

Nationalarchive
National Archives and Records Administration (NARA), Washington D.C.
Record Groups 21, 47, 85, 147

The National Archives at New York City
- Naturalization Records

National Library of Israel (NLI)
- Archives Department, Franz Jona Fink Archive ARC. Ms. Var. 398

Privatarchive

Hönigswald Archiv, Philosophisches Institut, RWTH Aachen University, Prof. Dr. Stephan Nachtsheim, Prof. Dr. Reinhold Breil

Privatarchiv Nataly Ritzel

Privatarchiv Reinhold Breil

Internet

http://obc.opole.pl/Content/1302. http://obc.opole.pl/Content/1302 (17.06.2020)

https://www.bundesarchiv.de/gedenkbuch/directory.html (08.07.2020).

http://diglib.amphilsoc.org/islandora/object/text:81169 (17.06.2020)

https://de.findagrave.com/memorial/133124521/moritz-lowi#source (19.06.2020)

https://jri-poland.org/databases/jridetail_2.php (19.06.2020)

https://www.familysearch.org/ark:/61903/1:1:VVNJ-6CW (23.06.2020)

Zeitungen, Periodica

Breslauer Jüdisches Gemeindeblatt, Breslau, Jge. 12 (1935) und 13 (1936)

Connecticut College Alumnae News, Stonington, Conn. Jg. 23 (1944)

Connecticut College News, New London, Jge. 27 (1941), 29 (1943-1944)

Jewish Telegraphic Agency, New York, Vol. 1 (1935)

Breslauer Jüdisches Gemeindeblatt, Breslau, Jge. 12 (1935) und 13 (1936)

Jüdisches Gemeindeblatt Breslau, Breslau, Jg. 14 (1937)

Jüdische Zeitung Breslau, Breslau, Jg. 43 (1936)

Koiné 1945. Connecticut College Yearbooks, Book 32

The Highlander, Hartford Junior College 1944, West Hartford, Conn./USA

The Stylus, The Norwich State Hospital, Norwich, Conn./USA, Vol. 2 (1941)

4. Bildnachweise

Titelfoto: Moritz Löwi 1941
Photo courtesy Linda Lear Center for Special Collections and Archives, Connecticut College.

Der Abdruck des handschriftlichen Lebenslaufs auf Seite 257 f. erfolgt mit freundlicher Genehmigung des Archivs der Universität Wrocław.

Der Abdruck des Briefs von Franz Fink an Hans-Georg Gadamer vom 07.02.1949 auf Seite 260 erfolgt mit freundlicher Genehmigung des Universitätsarchivs Frankfurt am Main.

5. Literaturverzeichnis

Abel, Theodora M.: Proceedings of the sixteenth annual meeting of the Eastern Psychological Association. In: *Psychological Bulletin* 42/8 (1945), 527-533.

Adams, Alice: Dr. Lowi of Psych Department Explains Latest Experiment. In: *Connecticut College News* 27/3 (1941), 3.

Alechnowicz-Skrzypek, Iwona: Badania Richarda Hönigswalda i Moritza Löwiego w laboratorium psychologicznym worcawskiego Seminarium Filozoficznego (1916-1930). In: Na drogach i bezdroach historii psychologii, hg. v. Teresa Rzepa, Teresa u. Cezar Domaski, Lublin 2015, 111-121.

– Neukantianer an der Breslauer Universität, in: Neukantianismus in Polen, hg. v. Tomasz Kubalica u. Stephan Nachtsheim, Würzburg 2015, 209-217.

Aschenberg, Reinhold: Ent-Subjektivierung des Menschen. Lager und Shoah in philosophischer Reflexion, Würzburg 2003.

Ballauff, Theodor: Philosophische Begründungen der Pädagogik. Die Frage nach Ursprung und Maß der Bildung, Berlin 1966.

Baumgartner, Hans Michael: Die innere Unmöglichkeit einer evolutionären Erklärung der menschlichen Vernunft. In: Evolutionstheorie und menschliches Selbstverständnis. Zur philosophischen Kritik eines Paradigmas moderner Wissenschaft, hg. v. Robert Spaemann, Peter Koslowski u. Reinhard Löw, Weinheim 1984, 55-71.

Berger, Manfred: Erinnerung an eine in Vergessenheit geratene Montessori-Pädagogin: Käthe Stern (1894-1973). In: *Montessori* 2 (2011), 37-44.

Bergmann, Gustav v. / Staehelin, Rudolf (Hg.): Handbuch der Inneren Medizin, Bd. 5. Krankheiten des Nervensystems, Teil 1, Allgemeines, Spezielle Pathologie 1, 3. Aufl. Berlin 1939.

Bericht der 12. Versammlung der Internationalen Föderation Eugenischer Organisationen. Konferenzsitzungen vom 15. bis 20. Juli 1936 in Scheveningen, Holland, Den Haag 1936.

Berichte der Kant-Studien über Zeitschriften und Bücher aus dem Gebiete der Philosophie. In: *Kant-Studien* 39/3 (1934).

Binswanger, Ludwig: Ausgewählte Werke, Bd. 1. Formen mißglückten Daseins, hg. v. Max Herzog, Heidelberg 1992.

– Brief an Rudolf Boehm vom 24. Dezember 1958. In: Ausgewählte Werke Bd. 3. Vorträge und Aufsätze, hg. v. Max Herzog, Heidelberg 1994, 354-356.

– Drei Formen mißglückten Daseins. In: Ausgewählte Werke Bd. 3, hg. v. Max Herzog, Heidelberg 1992, 233-418.

– Grundformen und Erkenntnis menschlichen Daseins [1941], 5. Aufl. München 1973.

– Lebensfunktion und innere Lebensgeschichte [1928]. In: Ausgewählte Schriften Bd. 3. Vorträge und Aufsätze, hg. v. Max Herzog, Heidelberg 1994, 71-94.

– Melancholie und Manie. Phänomenologische Studien, Pfullingen 1960.

– Über die daseinsanalytische Forschungsrichtung in der Psychiatrie [1946]. In: Ausgewählte Werke Bd. 3. Vorträge und Aufsätze, hg. v. Max Herzog, Heidelberg 1994, 231-257.

– Über Ideenflucht [1933]. In: Ausgewählte Werke, Bd. 1. Formen mißglückten Daseins, hg. v. Max Herzog, Heidelberg, 1992 1-231.

Birbaumer, Niels / Schmidt, Robert F. (Hg.): Biologische Psychologie, 6. Aufl. Heidelberg 2006.

Bönsch, Manfred: Allgemeine Didaktik. Ein Handbuch zur Wissenschaft vom Unterricht. Stuttgart 2006.

Boss, Medard: Anstöße Martin Heideggers für eine andere Psychiatrie. In: Von Heidegger her. Wirkungen in Philosophie – Kunst – Medizin. Meßkircher Vorträge 1989, hg. v. Hans-Helmuth Gander, Frankfurt/M. 1991, 125-140.

– Psychoanalyse und Daseinsanalytik, 2. Aufl. München 1980.
Brämer, Andreas / Herzig, Arno / Ruchniewicz, Krzysztof (Hg.): Jüdisches Leben zwischen Ost und West. Neue Beiträge zur jüdischen Geschichte in Schlesien, Göttingen 2014.
Breil, Reinhold: [Rez.] Erich Doflein: Gestalt und Stil in der Musik. In: *Philosophischer Literaturanzeiger* 41/2 (1988), 155-157.
– Die Grundlagen der Naturwissenschaft. Zu Begriff und Geschichte der Wissenschaftstheorie, Würzburg 2011.
– Hönigswald und Kant. Transzendentalphilosophische Untersuchungen zur Letztbegründung und Gegenstandskonstitution, Bonn 1991.
– Hönigswalds Begründung einer Theorie der Wissenschaften. In: Heimkehr des Logos. Beiträge anlässlich der 70. Wiederkehr des Todestages von Richard Hönigswald am 11. Juni 1947, hg. v. Christian Swertz u.a., Köln 2019, 9-40.
– Moritz Löwi: Von der Denkpsychologie zur experimentellen Psychologie. In: Neukantianismus in Polen, hg. v. Tomasz Kubalica u. Stephan Nachtsheim, Würzburg 2015, 249-264.
Brelage, Manfred: Studien zur Transzendentalphilosophie, Berlin 1965.
Brocke, Michael / Carlebach, Julius (Hg.): Biographisches Handbuch der Rabbiner. Teil 2, Die Rabbiner im Deutschen Reich 1871-1945, Bd. 2, München 2009.
Brody, Morris B. / Williams, Moyra: Intelligence testing. In: *Recent Progress in Psychiatry* 2 (1950), 163-196.
Brühlmeier, Artur: Menschen bilden. Impulse zur Gestaltung des Bildungswesens nach den Grundsätzen von Johann Heinrich Pestalozzi, 2. Aufl. Baden-Dättwil, 2008.
Bühler, Karl: Tatsachen und Probleme zu einer Psychologie der Denkvorgänge. 1. Über Gedanken. In: *Archiv für die Gesamte Psychologie* 9 (1907), 297-365.
Bumke, Oswald / Foerster, Otfrid (Hg.): Handbuch der Neurologie. 17 Bände, Berlin 1935-37.
Bumke, Oswald: Die Psychoanalyse. Eine Kritik, Berlin 1931.
Bunge, Mario: The Mind Body Problem. A Psychobiological Approach, Oxford 1980.
Carrier, Martin / Mittelstraß, Jürgen: Geist, Gehirn, Verhalten. Das Leib-Seele-Problem und die Philosophie der Psychologie, Berlin 1989.
Carstens, Uwe: Franz Boas »Offener Brief« an Paul von Hindenburg. In: *Tönnies-Forum* 16 (2007), 70-75.
Cassirer, Ernst: Philosophie der symbolischen Formen. Bde. I-III [1923-1929]. Nachdr. d. 10. Aufl. Darmstadt 1994.
Cattell, James M.: The inertia of the eye and brain. In: *Brain* 8 (1886), 295-312.
– Ueber die Zeit der Erkennung und Benennung von Schriftzeichen, Bildern und Farben. In: *Philosophische Studien* 2 (1885), 635-649.
Cohen, Hermann: Kants Begründung der Ethik, 2. Aufl. Berlin 1910.
– Kants Theorie der Erfahrung [1871], 2. Aufl. Berlin 1885.
– Logik der reinen Erkenntnis, Berlin 1902.
Cohen, Louis H. / Novick, Rudolph G. / Ettleson, Abraham: Frontal Lobotomy in the Treatment of Chronic Psychotic Overactivity. In: *Psychosomatic Medicine* 4/1 (1942), 96-104.
Cohn, Willy: Kein Recht, nirgends. Breslauer Tagebücher 1933-1941. Eine Auswahl, Köln 2008.
Cramer, Konrad: Um einen nationalsozialistischen Fichte von Innen bittend. August Faust über Fichte 1938. In: Wissen, Freiheit, Geschichte. Die Philosophie Fichtes im 19. und 20. Jahrhundert, Bd. I, hg. v. Jürgen Stolzenberg u. Oliver-Pierre Rudolph, Amsterdam 2010, 285-309.
Cramer, Wolfgang: [Rez.] Hans Wagner: Philosophie und Reflexion. In: *Philosophische Rundschau* 11 (1963), 68-90.

– Die absolute Reflexion. Schriften aus dem Nachlass, hg. v. Konrad Cramer, Frankfurt/M. 2012.
– Die Monade. Das philosophische Problem vom Ursprung, Stuttgart 1954.
– Grundlegung einer Theorie des Geistes, 4. Aufl. Frankfurt/M. 1999.
– Individuum und Kategorie. In: Einsichten. Gerhard Krüger zum 60. Geburtstag, hg. v. Klaus Oehler u. Richard Schaeffler, Frankfurt/M.1962, 39-70.
Die jüdischen Gefallenen des deutschen Heeres, der deutschen Marine und der deutschen Schutztruppen 1914-1918. Ein Gedenkbuch, hg. v. Reichsbund jüdischer Frontsoldaten, 3. Aufl. Berlin 1933.
Diestelkamp, Bernhard: Kurzer Abriss der Fakultät / des Fachbereichs Rechtswissenschaft der Johann Wolfgang Goethe Universität zu Frankfurt am Main bis zum Ende des 20. Jahrhunderts. Arbeitspapier des Fachbereich Rechtswissenschaft der Goethe-Universität Frankfurt/M. Nr. 7/2015, Rn. In: 100 Jahre Rechtswissenschaft in Frankfurt, hg. v. Fachbereich Rechtswissenschaft der Goethe-Universität, Frankfurt/M. 2015, 11-104.
Doflein, Erich: Gestalt und Stil in der Musik [1925], hg. v. Hariolf Oberer, Bad Honnef 1987.
Du Bois-Reymond, Emil: Über die Grenzen des Naturerkennens [1872]. In: Reden von Emil du Bois-Reymond Bd. 1, hg. v. Estelle du Bois-Reymond, 2. Aufl. Leipzig 1912, 441-473.
Duggan, Stephan / Drury, Betty: The Rescue of Science and Learning. The Story of the Emergency Committee in Aid of Displaced Foreign Scholars, New York 1948.
Ebbinghaus, Julius: Zu Deutschlands Schicksalswende. Jugend und Vaterland [1947]. In: Gesammelte Schriften Bd. 1, hg. v. Hariolf Oberer u. Georg Geismann, Bonn 1986, 157-167.
– Zu Deutschlands Schicksalswende. Neuer Staat und neue Hochschule [1947]. In: Gesammelte Schriften Bd. 1, hg. v. Hariolf Oberer u. Georg Geismann, Bonn 1986, 126-141.
Ehrenfels, Christian v.: Über Gestaltqualitäten. In: *Vierteljahresschrift für wissenschaftliche Philosophie* 14 (1890), 249-292.
Elger, Christian u.a.: Das Manifest. Elf führende Neurowissenschaftler über Gegenwart und Zukunft der Hirnforschung. In: *Gehirn und Geist* 6 (2004), 30-37.
Elias, Norbert: Brief an Gerd Wolandt vom 21. Februar 1977. In: Wolandt, Gerd: Letztbegründung und Tatsachenbezug, Bonn 1983, 185.
– Idee und Individuum. Ein Beitrag zur Philosophie der Geschichte, Breslau 1924.
Notizen zum Lebenslauf. In: Norbert Elias über sich selbst, Frankfurt/M. 1996, 107-197.
– Über den Prozeß der Zivilisation. Soziogenetische und psychogenetische Untersuchungen. 2 Bde., 3. Aufl. Frankfurt/M. 1977.
– Was ist Soziologie?, 5. Aufl., Weinheim/München 1986.
Falkenburg, Brigitte: Mythos Determinismus. Wieviel erklärt uns die Hirnforschung?, Berlin 2012.
– Wieviel erklärt uns die Hirnforschung? In: *Information Philosophie* Heft 1 (2012), 8-19.
Fechner, Gustav Theodor: Elemente der Psychophysik, 2 Bde., 2. Aufl. Leipzig 1889.
Fink, Franz: Handarbeit als Erziehungsproblem. In: *Jüdische Zeitung*, Breslau, 43, Nr. 45 (1936) vom 27. November 1936, 2.
– Leben und Erleben in der Neurologie. 2 Studien, unveröffentlichtes Typoskript [ca. 1942], Hönigswald-Archiv Aachen.
– Professor Löwi: Körperbau und Charakter, Probleme und Scheinprobleme. In: *Jüdische Zeitung*, Breslau, 43, Nr. 5 (1936) vom 31. Januar 1936, 3.
– Über die Farbenbeständigkeit der Außendinge und die sogenannte Berücksichtigung der Beleuchtung. Zugl. Diss. Breslau 1930, Ohlau i. Schl. 1930.

Flach, Werner: Grundzüge der Erkenntnislehre. Erkenntniskritik, Logik, Methodologie, Würzburg 1994.

Fleck, Christian: Etablierung in der Fremde. Vertriebene Wissenschaftler in den USA nach 1933, Frankfurt/M. 2015.

Foerster, Otfrid, u.a.: Rückenmark, Hirnstamm, Kleinhirn. In: Handbuch der Neurologie Bd. 6, hg. v. Oswald Bumke u. Otfrid Foerster, Berlin 1936.

Freiträger, Andreas: »Außenseiter«? Archivische Streifbilder auf die Pädagogische Akademie Oberhausen (1946-1953) und das »Institut für Textiles Gestalten« in Köln (1948-1968). In: Lehrerausbildung an Rhein und Ruhr im 20. Jahrhundert. Symposium 40 Jahre Pädagogische Hochschule Ruhr in Duisburg, hg. v. Ingo Runde, Duisburg 2011, 65-79.

Frey, Karl: Die Projektmethode. »Der Weg zum bildenden Tun«, Weinheim 2007.

Friedla, Katharina: Juden in Breslau / Wrocław 1933-1949. Überlebensstrategien, Selbstbehauptung und Verfolgungserfahrungen, Köln 2015.

Fulda, Hans Friedrich: Nationalsozialismus und Philosophie. In: *Deutsche Zeitschrift für Philosophie* 47 (1999), 203-212.

– In memoriam Wolfgang Cramer. In: Rationale Metaphysik. Die Philosophie von Wolfgang Cramer, Bd. 1, hg. v. Hans Radermacher u. Peter Reisinger, Stuttgart 1987, 307-311.

Funke, Joachim: Problemlösendes Denken, Stuttgart 2003.

Gaudig, Hugo: Freie geistige Schularbeit in Theorie und Praxis, Breslau 1925.

Gaupp, Robert: Otfrid Förster. In: *Zeitschrift für die gesamte Neurologie und Psychiatrie* 176/1 (1943), 485-521.

Gerabek, Werner E.: Munk, Hermann. In: Neue Deutsche Biographie Bd. 18, Berlin 1997, 595.

Gerst, Thomas: Gesetz zur Verhütung erbkranken Nachwuchses: Ächtung nach 74 Jahren. In: *Deutsches Ärzteblatt* 104/1 (2007), A 14.

Geuter, Ulfried (Hg.): Daten zur Geschichte der deutschen Psychologie. Bd. 1, Göttingen 1986.

Giudetti, Luca: The Categories in the Younger Neo-Kantians – Richard Hönigswald, Wolfgang Cramer, Hans Wagner. In: Categories. Histories and Perspectives Bd. 2, hg. v. Giuseppe D'Anna u.a., Hildesheim 2019, 169-187.

Gottwald, Werner: Otfrid Foerster (1873-1941) am Beginn der modernen Neurochirurgie. In: *Würzburger medizinhistorische Mitteilungen* 13 (1995), 431-448.

Grassl, Roswitha / Richart-Wilmes, Peter: Denken in seiner Zeit. Ein Personenglossar zum Umfeld Richard Hönigswalds, Würzburg 1997.

Grassl, Roswitha: Breslauer Studienjahre. Hans-Georg Gadamer im Gespräch. Schriften des Forschungsprojektes zu Leben und Werk Richard Hönigswalds an der Universität Mannheim, hg. v. Günther Groth, Heft 1, Forschungsbericht Nr. 40, 1996.

– Der junge Richard Hönigswald. Eine biographisch fundierte Kontextualisierung in historischer Absicht, Würzburg 1998.

Gray, William S.: Summary of Reading Investigations July 1, 1942 to June 30, 1943. In: *The Journal of Educational Research* 37/6 (1944), 401-440.

Grimm, Christian: Netzwerke der Forschung. Die historische Eugenikbewegung und die moderne Humangenomik im Vergleich, Berlin 2011.

Gundlach, Horst: Die Lage der Psychologie um 1900. In: *Psychologische Rundschau* 55 (2004), 2-11.

– Oswald Külpe und die Würzburger Schule. In: Hundert Jahre Institut für Psychologie und Würzburger Schule der Denkpsychologie, hg. v. Wilhelm Janke u. Wolfgang Schneider, Göttingen 1999, 107-124.

Gutbrod, Johannes: Schule und Gemeinschaft. Eine problemhistorische Rekonstruktion, Frankfurt/M. 2018.

Hagendorf, Herbert u.a.: Wahrnehmung und Aufmerksamkeit. Allgemeine Psychologie für Bachelor, Berlin 2011.

Harker, William J.: Reading comprehension to 1970: its theoretical and empirical bases and its implementation in secondary professional textbooks, instructional materials and tests. PhD Diss., University of British Columbia 1971.

Hartmann, Nicolai: Das Problem des geistigen Seins. Untersuchungen zur Grundlegung der Geschichtsphilosophie und der Geisteswissenschaften, Berlin 1933.

– Der Aufbau der realen Welt. Grundriss der allgemeinen Kategorienlehre, 3. Aufl. Berlin 1964.

Heidegger, Martin: Sein und Zeit [1927]. 15. Aufl. Tübingen 1979.

– Zollikoner Seminare, hg. v. Peter Trawny, Frankfurt/M. 2017.

Helson, Harry: Proceedings of the thirteenth annual meeting of the Eastern Psychological Association. In: *Psychological Bulletin* 39/8 (1942), 601-608.

Herrmann, Svea Luise / Braun, Kathrin: Das Gesetz, das nicht aufhebbar ist. Vom Umgang mit den Opfern der NS-Zwangssterilisation in der Bundesrepublik. In: *Kritische Justiz* 43/3 (2010), 338-352.

Hodson, Cora: International Federation of Eugenic Organizations, Report of the 1936 Conference. In: *Eugenics Review* 28/3 (1936), 217-219.

Hoenigswald, Henry: Erinnerung an den Vater. In: Briefe aus der Einsamkeit – Briefe einer Freundschaft. Richard Hönigswald an Ernst Lohmeyer, hg. v. Wolfgang Otto, Würzburg 1999, 23 f.

– Zu Leben und Werk von Richard Hönigswald. In: Erkennen – Monas – Sprache. Internationales Hönigswald-Symposion Kassel 1995, hg. v. Wolfdietrich Schmied-Kowarzik, Würzburg 1997, 426-435.

Hönigswald, Richard: [Rez.] Oswald Bumke: Die Psychoanalyse. Eine Kritik. In: *Deutsche Literaturzeitung* 27 (1931), 1282-1292.

– Beiträge zur Psychologie des Lesens. In: *Acta psychologica, including Netherlands-Scandinavian Journal of Psychology* (The Hague) 4 (1939), 62-82.

– Brief an Ludwig Binswanger vom 18. Januar 1947. In: Ludwig Binswanger: Ausgewählte Werke, Bd. 3, hg. v. Max Herzog, Heidelberg 1994, 314 f.

– Briefe an Ernst Lohmeyer. In: Aus der Einsamkeit – Briefe einer Freundschaft. Richard Hönigswald an Ernst Lohmeyer, hg. v. Wolfgang Otto, Würzburg 1999, 80 f.

– Die Grundlagen der allgemeinen Methodenlehre, Bde. I u. II. Im Auftrag des Hönigswald-Archivs hg. v. Hariolf Oberer, Bonn 1969 u. 1970.

– Die Grundlagen der Denkpsychologie. Studien und Analysen, 2. Aufl. Leipzig 1925.

– Die philosophischen Grundlagen der Philosophie Pestalozzis. In: *Pädagogische Rundschau* 2 (1927), 394-407.

– Die Systematik der Philosophie, Bde. I u. II. Im Auftrag des Hönigswald-Archivs hg. v. Eberhard Winterhager, Bonn 1976 u. 1977.

– Grundfragen der Erkenntnistheorie. Kritisches und Systematisches [1931], hg. v. Wolfdietrich Schmied-Kowarzik, Hamburg 1997.

– Gutachten zur Habilitationsschrift von Moritz Löwi. Universitätsarchiv Wrocław, F 71. Abdruck in Wolandt, Barbara: Der wissenschaftliche Weg Moritz Löwis im Anschluß an Richard Hönigswald. In: Studien zur Philosophie Richard Hönigswalds, hg. v. Ernst Wolfgang Orth u. Dariusz Aleksandrovicz, Würzburg 1996, 245-247.

– Philosophie [Geschichte des Lehrfaches Philosophie an der Universität Breslau. 1811-1911]. Von R. Hönigswald, mit Benutzung der Vorarbeit von Freudenthal, Baumgartner, Kühnemann und Stern. In: Festschrift zur Feier des hundertjährigen Bestehens der Universität Breslau. Zweiter Teil: Geschichte der Fächer, Institute und Ämter der Universität Breslau 1811-1911, Breslau 1911, 337-348.

– Philosophie und Psychiatrie. Eine kritische Untersuchung. In: *Archiv für Psychiatrie und Nervenkrankheiten* 87 (1929), 715-741.

- Philosophie und Sprache. Problemkritik und System, Basel 1937.
- Prinzipienfragen der Denkpsychologie. In: *Kant-Studien* 18 (1913), 205-245.
- Systematische Selbstdarstellung [Sonderausgabe], Berlin 1933, 191-223.
- Über die Grundlagen der Pädagogik. Ein Beitrag zur Frage des pädagogischen Universitäts-Unterrichts, 2. Aufl. München 1927.
- Ueber Ideenflucht. Eine Problemanalyse (Im Ausblick auf Ludwig Binswangers gleichnamiges Buch). In: *Nederlandsch Tijdschrift voor Psychologie en hare grensgebieden* (Amsterdam) 1 (1933), 236-253.
- Vom Problem der Idee. Eine analytische Untersuchung aus Anlass des Bauch'schen Werkes »Die Idee«. In: *Logos* 15 (1926), 261-301.
- Vom Problem des Rhythmus. Eine analytische Betrachtung über den Begriff der Psychologie, Leipzig 1926.

Horn, Klaus-Peter: Erziehungswissenschaft in Deutschland im 20. Jahrhundert. Zur Entwicklung der sozialen und fachlichen Struktur der Disziplin von der Erstinstitutionalisierung bis zur Expansion, Bad Heilbrunn 2003.

Huber, Mary: Paragnosia and Paraphasia. In: *Journal of Speech Disorders* 11/4 (1946), 321-326.

Hufnagel, Erwin: Der Wissenschaftscharakter der Pädagogik. Studien zur pädagogischen Grundlehre von Kant, Natorp und Hönigswald, Würzburg 1990.
- Richard Hönigswalds Pädagogikbegriff. Zur Verhältnisbestimmung von Philosophie und Pädagogik, Bonn 1979.
- Zu Richard Hönigswalds Pädagogik. In: Erkennen – Monas – Sprache. Internationales Richard-Hönigswald-Symposion Kassel 1995, hg. v. Wolfdietrich Schmied-Kowarzik, Würzburg 1997, 255-275.

Hunt, Morton: The Story of Psychology, 2. Ed. New York 2007.

Husserl, Edmund: Die Krisis der europäischen Wissenschaften und die transzendentale Phänomenologie. Husserliana Bd. VI, hg. v. Walter Biemel, Den Haag 1976.
- Ideen zu einer reinen Phänomenologie und phänomenologischen Philosophie. In: Gesammelte Schriften Bd. 5, hg. v. Elisabeth Ströker, Hamburg 1992.

Hussy, Walter: Denkpsychologie. Ein Lehrbuch. Bd. 1, Stuttgart 1984.
- Denkpsychologie. Ein Lehrbuch. Bd. 2, Stuttgart 1986.

Hutter-Wolandt, Ulrich: Ernst Lohmeyer und Richard Hönigswald. In: Studien zur Philosophie Richard Hönigswalds, hg. v. Ernst Wolfgang Orth u. Dariusz Aleksandrovicz, Würzburg 1996, 205-230.

Jaspers, Karl: Der Arzt im technischen Zeitalter. In: *Klinische Wochenschrift* 36 (1958), 1037-1043.
- Der Sinn der ärztlichen Praxis in der Psychotherapie [1913]. In: Der Arzt im technischen Zeitalter. Technik und Medizin, Arzt und Patient, Kritik der Psychotherapie, München 1986, 77-122.

Jospe, Alfred: Lewkowitz, Albert. In: Neue Deutsche Biographie Bd. 14, Berlin 1985, 417 f.

Kant, Immanuel: Kritik der reinen Vernunft, 1. Aufl. [1781]. In: Akademie-Ausgabe Bd. IV, Berlin 1911, 1-252.
- Kritik der reinen Vernunft, 2. Aufl. [1787]. In: Akademie-Ausgabe Bd. III, Berlin 1904/11.
- Kritik der Urteilskraft [1790]. In: Akademie-Ausgabe Bd. V, Berlin 1908/13, 165-486.
- Metaphysik der Sitten [1797]. In: Akademie-Ausgabe Bd. VI, Berlin 1914, 203-494.
- Über den Gemeinspruch: Das mag in der Theorie richtig sein, taugt aber nicht für die Praxis [1793]. In: Akademie-Ausgabe Bd. VIII, Berlin 1912/23, 273-314.

Kapferer, Norbert: Die Nazifizierung der Philosophie an der Universität Breslau 1933-1945, Münster 2001.

Katner, Wilhelm: Foerster, Otfrid. In: Neue Deutsche Biographie Bd. 5, Berlin 1961, 280 f.

Kennard, Margret, u. a: Otfrid Foerster 1873–1941. An Appreciation. In: *Journal of Neurophysiology* 5 (1942), 1-17.
Kerschensteiner, Georg: Begriff der Arbeitsschule [1912] Nachdruck Darmstadt 2002.
Klinke, Rainer / Pape, Hans-Christian / Silbernagl, Stefan (Hg.): Physiologie. 5. Aufl. Stuttgart 2005.
Köhn, Andreas: Der Neutestamentler Ernst Lohmeyer. Studien zu Biographie und Theologie, Tübingen 2004.
Kretschmer, Ernst: Körperbau und Charakter. Untersuchungen zum Konstitutionsproblem und zur Lehre von den Temperamenten [1921]. 14. Aufl. Berlin 1936.
Kreuter, Alma: Deutschsprachige Neurologen und Psychiater. Ein biographisch-bibliographisches Lexikon von den Vorläufern bis zur Mitte des 20. Jahrhunderts. Bd. 1, München 1996, 1518 f.
Krijnen, Christian / Zeidler, Kurt Walter (Hg.): Reflexion und konkrete Subjektivität. Beiträge zum 100. Geburtstag von Hans Wagner (1917-2000), Wien 2017.
Kripke, Saul: Naming and Necessity, Cambridge/Mass. 1980.
Krohn, Claus-Dieter / Mühlen, Patrik von zur u.a. (Hg.): Handbuch der deutschsprachigen Emigration 1933–1945, 2. Aufl. Darmstadt 2008.
Kronfeld, Arthur: Das Wesen der psychiatrischen Erkenntnis, Berlin 1920.
Kühl, Stefan: Die Internationale der Rassisten. Aufstieg und Niedergang der internationalen eugenischen Bewegung im 20. Jahrhundert. 2. Aufl. Frankfurt/M. 2014.
Külpe, Oswald: Über die moderne Psychologie des Denkens. In: *Internationale Monatsschrift für Wissenschaft, Kunst und Technik* 6 (1912), 1069-1110.
Kürschners deutscher Gelehrtenkalender 1935, hg. v. Gerhard Lüdtke, 5. Aufl. Berlin 1935.
Łagiewski, Maciej: Breslauer Juden 1850–1944. Ein vergessenes Kapitel der Geschichte, Wrocław 2011.
Lanczik, Mario / Schiffers, Johanna, Keil, Gundolf: Zur Geschichte des psychiatrischen Krankenhauswesens und die Entwicklung eines psychiatrischen Versorgungssystems in Deutschland unter besonderer Berücksichtigung der ehemaligen preußischen Provinz Schlesien. In: Versorgungsstrukturen in der Psychiatrie, hg. v. Fritz Reimer, Berlin 1994, 45-58.
Leibbrand, Werner / Wettley, Annemarie: Der Wahnsinn. Geschichte der abendländischen Psychopathologie, Freiburg 1961.
Lewkowitz, Albert: Das Judentum und die geistigen Strömungen des 19. Jahrhunderts, Breslau 1935.
Lindpointner, Rudolf: Die transzendentale Subjekts-und Erkenntnistheorie im 20. Jahrhundert: Darstellung und Kritik. Neukantianismus, Husserl, Hönigswald, Cramer, Heidegger. Diss. Universität Salzburg, Salzburg 1981.
Lochner, Rudolf: Deutsche Erziehungswissenschaft, Meisenheim/Glan 1963.
– Metaphysik, Leipzig 1879.
Marck, Siegfried: Am Ausgang des jüngeren Neukantianismus. Ein Gedenkblatt für Richard Hönigswald und Jonas Cohn [1949]. In: Materialien zur Neukantianismus-Diskussion, hg. v. Hans-Ludwig Ollig, Darmstadt 1987, 19-43.
– Die Dialektik in der Philosophie der Gegenwart. 2. Halbbd., Tübingen 1931.
Meder, Norbert: Das Problem der Grundlegung einer Theorie des Subjektes im Vergleich von Hönigswald und Cramer. In: Rationale Metaphysik. Die Philosophie von Wolfgang Cramer, Bd. 1, hg. v. Hans Radermacher u. Peter Reisinger, Stuttgart 1987, 112-131.
– Kritik und Skepsis – ein Ausblick. In: Zwischen Gleichgültigkeit und Gewissheit. Herkunft und Wege pädagogischer Skepsis. Beiträge zum Werk Wolfgang Fischers, hg. v. Norbert Meder, Würzburg 2003, 143-151.
– Prinzip und Faktum. Transzendentalphilosophische Untersuchungen zu Zeit und Gegenständlichkeit im Anschluss an Richard Hönigswald, Bonn 1975.

Meier, Katayon: Kultur und Erziehung. Neukantianische Pädagogik als transkulturelles Erziehungskonzept, Frankfurt/M. 2014.

Meyer, Joachim-Ernst / Seidel, Ralf: Die psychiatrischen Patienten im Nationalsozialismus. In: Psychiatrie der Gegenwart, Bd. IX, hg. v. Karl Peter Kisker u.a., 3. Aufl. Berlin 1989, 369-396.

Mikorey, Max: Bumke, Oswald. In: Neue Deutsche Biographie Bd. 3, Berlin 1957, 15-16.

Mitteilungen der Kant-Gesellschaft. Neuangemeldete Mitglieder für 1920. In: *Kant-Studien* 25/1 (1920), 86-93.

Mittelstraß, Jürgen: Philosophie in der Psychiatrie. Zur therapeutischen Beziehung in der Psychotherapie, Konstanz 2007.

Mühle, Eduard: Breslau. Geschichte einer europäischen Metropole, Köln 2015.

Müller, Roland: Auf den Spuren der Breslauer Synagogengemeinde bis zur Shoah. Fakten – Personen – Geschichten, Leipzig 2018.

Munk, Hermann: Ueber die Functionen der Grosshirnrinde, 2. Aufl. Berlin 1890.

Münkler, Herfried: Der Große Krieg. Die Welt 1914-1918, Reinbek b. Hamburg 2015.

Murchison, Carl (Ed.): The Psychological Register, Vol. III, Worcester/Mass. 1932.

Myers, David G.: Psychologie. 3. Aufl. Heidelberg 2014.

Nachtsheim, Stephan: Die musikalische Reproduktion. Ein Beitrag zur Philosophie der Musik, Bonn 1981.

Nagel, Thomas: Das letzte Wort [engl. Oxford 1997], Stuttgart 1999.

– Der Blick von nirgendwo [engl. Oxford 1986], Frankfurt/M. 2012.

– Geist und Kosmos. Warum die materialistische neodarwinistische Konzeption der Natur so gut wie sicher falsch ist, Frankfurt/M. 2013.

– Was bedeutet das alles? [engl. New Oxford 1987], Stuttgart 2012.

Natanson, Maurice: Philosophische Grundfragen der Psychiatrie Bd. I, Philosophie und Psychiatrie. In: Psychiatrie der Gegenwart, Bd. 1, 2, Grundlagen und Methoden der klinischen Psychiatrie, bearb. v. Gustav Bally u.a., Berlin 1963, 903-925.

Natorp, Paul: Allgemeine Psychologie, in Leitsätzen zu akademischen Vorlesungen, 2. Aufl. Marburg 1910.

– Kant und die Marburger Schule. In: *Kant-Studien* 17 (1912), 193-221.

Nehring, Alfons: Zur Begriffsbestimmung des Satzes. In: *Zeitschrift für vergleichende Sprachforschung auf dem Gebiete der Indogermanischen Sprachen* 55 (1928), 238-279.

Nijensohn, Daniel E. / Goodrich, Isaac: Psychosurgery: Past, Present and Future, Including Prefrontal Lobotomy and Connecticut's Contribution. In: *Connecticut Medicine* 78/8 (2014), 453-463.

Nothelle-Woters, Simone / Breil, Reinhold: Ich und die Anderen: Wofür bin ich verantwortlich? Project work Philosophy and English. In: *Zeitschrift für Didaktik der Philosophie und Ethik* 1 (2014), 66-80.

Oberer, Hariolf: Vom Problem des objektivierten Geistes. Ein Beitrag zur Theorie der konkreten Subjektivität im Ausgang von Nicolai Hartmann, Köln 1965.

Olson, Willard C.: Proceedings of the fifty-second annual meeting of the American Psychological Association. In: *Psychological Bulletin* 41/10 (1944), 725-793.

Opahle, Oswald: Der weitere Ausbau der Ganzheitstheorie Hönigswalds durch Moritz Löwi. In: *Die Ganzheitsschule* 10/2 (1961), 25-28.

– Studien zum Problem der Unterrichtsmethode, Münster 1930.

Orth, Ernst Wolfgang / Aleksandrowicz, Dariusz (Hg.): Studien zur Philosophie Richard Hönigswalds, Würzburg 1996.

Orth, Ernst Wolfgang: Psyche und Organismus bei Richard Hönigswald. Zur Frage der Medialität des Subjekts. In: Erkennen – Monas – Sprache. Internationales Richard-Hönigswald-Symposion Kassel 1995, hg. v. Wolfdietrich Schmied-Kowarzik, Würzburg 1997, 225-240.

Otto, Wolfgang (Hg.): Aus der Einsamkeit – Briefe einer Freundschaft. Richard Hönigswald an Ernst Lohmeyer, Würzburg 1999.

Pape, Hans-Christian u.a. (Hg.): Physiologie, 8. Aufl. Stuttgart 2018.

Passie, Torsten: Phänomenologisch-anthropologische Psychiatrie und Psychologie. Eine Studie über den »Wengener Kreis«: Binswanger – Minkowski – von Gelbsattel – Straus, Hürtgenwald 1995.

Pauen, Michael: Die Natur des Geistes, Frankfurt/M. 2016.

Paul, Gerhard: Nationalsozialismus und Emigration. In: Handbuch der deutschsprachigen Emigration 1933–1945, hg. v. Claus-Dieter Krohn u. Patrik von zur Mühlen, u.a., 2. Aufl. Darmstadt 2008, 46-61.

Petzelt, Alfred: Zur Frage der Konzentration bei Blinden. Eine psychologisch-pädagogische Studie, Leipzig, 1925.

Platzek, Reinhard: Moderne Hirnforschung oder das vermeintliche Ende des freien Willens. In: *Perspektiven der Philosophie* 32/1 (2006), 133-161.

Plessner, Helmuth: Die Einheit der Sinne. Grundlagen einer Ästhesiologie des Geistes, Bonn 1923.

– Die Stufen des Organischen und der Mensch. Einleitung in die philosophische Anthropologie [1928]. 3. Aufl. Berlin 1975.

Popper, Karl / Eccles, John: Das Ich und sein Gehirn [engl. London 1977], 3. Aufl. München 1984.

Przyrembel, Alexandra: »Rassenschande«. Reinheitsmythos und Vernichtungslegitimation im Nationalsozialismus, Göttingen 2003.

Pschyrembel: Klinisches Wörterbuch, 259. Aufl. Berlin 2002.

Putnam, Hilary: Vernunft, Wahrheit und Geschichte [engl. Cambridge/Mass. 1981], Frankfurt/M. 1982.

Rayner, Keith, e.a.: How psychological science informs the teaching of reading. iin: *Psychological Science in the Public Interest* 2,2 (2001), 31-74.

Reichsministerium des Innern (Hg.): Gesetz zum Schutze des deutschen Blutes und der deutschen Ehre. Vom 15. September 1935. In: Reichsgesetzblatt, Berlin I, 1935, 1146 f.

– Gesetz zur Verhütung erbkranken Nachwuchses vom 14. Juli 1933. In: Reichsgesetzblatt, Berlin I, 1933, 529-531.

– Gesetz zur Wiederherstellung des Berufsbeamtentums. Vom 7. April 1933. In: Reichsgesetzblatt, Berlin I, 1933, 175-177.

Reinhold, Josef: Psychotherapie. In: Allgemeine Therapie. Handbuch der Neurologie Bd. 8, hg. v. Oswald Bumke, u. Otfrid Foerster, Berlin 1936, 628-703.

Rendl, Lois M. / König, Robert (Hg.): Schlusslogische Letztbegründung. Festschrift für Kurt Walter Zeidler zum 65. Geburtstag, Berlin 2020.

Richter, Hans Günther: Ästhetische Erziehung und moderne Kunst. Zu den Möglichkeiten u. Grenzen einer ästhetischen Erziehung heute, Ratingen 1975.

Rickert, Heinrich: Der Gegenstand der Erkenntnis. Einführung in die Transzendentalphilosophie. 2. Aufl. Tübingen 1904.

Rimpau, Wilhelm: Weg zur anthropologischen Medizin: Viktor von Weizsäcker. In: Medizin, Moral und Markt, Jahrbuch für Kritische Medizin Bd. 12, Berlin 1987, 54-67.

Ritzel, Nataly: Das 6. Semesterprotokoll. Heideggers Oberseminar »Zum Wesen der Sprache« im SS 1939, Norderstedt 2016.

Ritzel, Wolfgang: [Rez.] Wolfgang Cramer: Die Monade. In: *Philosophischer Literaturanzeiger* 10 (1957), 206-215.

– [Rez.] Wolfgang Cramer: Grundlegung einer Theorie des Geistes. In: *Philosophischer Literaturanzeiger* 11 (1958), 3-7.

– Jugend zwischen den Kriegen, Heft 2, S. 135. In: Ritzel, Nataly: Das 6. Semesterprotokoll. Heideggers Oberseminar »Zum Wesen der Sprache« im SS 1939, Anhang, Norderstedt 2016.

– Philosophie und Pädagogik im 20. Jahrhundert, Darmstadt 1980.

Różanowski, Ryszard: Hermann Cohen in Breslau. Auf dem Weg zur Religion aus den Quellen des Judentums. In: *Kalonimos* 23/1 (2020), 1-6.

Schmied-Kowarzik, Wolfdietrich (Hg.): Erkennen – Monas – Sprache. Internationales Richard-Hönigswald-Symposion Kassel 1995, Würzburg 1997.

– Daten zu Leben und Werk von Richard Hönigswald. In: Erkennen – Monas – Sprache. Internationales Richard-Hönigswald-Symposion Kassel 1995, hg. v. Wolfdietrich Schmied-Kowarzik, Würzburg 1997, 463-473.

– Richard Hönigswalds Philosophie der Pädagogik, Würzburg 1995.

Schmithüsen, Franziska / Krampen, Günter: Geschichte der Psychologie. In: Lernskript Psychologie. Die Grundlagenfächer kompakt, hg. v. Franziska Schmithüsen, Berlin 2015, 1-19.

Schmuhl, Hans-Walter: Zwischen vorauseilendem Gehorsam und halbherziger Verweigerung. Werner Villinger und die nationalsozialistischen Medizinverbrechen. In: *Der Nervenarzt* 73 (2002), 1058-1063.

Schneider, Manuel: Das Urteil und die Sinne. Transzendentalphilosophische und ästhesiologische Untersuchungen im Anschluß an Richard Hönigswald und Helmuth Plessner, Köln 1989.

Schott, Heinz / Tölle, Rainer: Geschichte der Psychiatrie. Krankheitslehren, Irrwege, Behandlungsformen, München 2006.

Schwarz, Hans-Peter: Adenauer. Bd. 1, München 1994.

Seidel, Ralf: Euthanasie im Nationalsozialismus. Das faktische Geschehen und seine Bedeutung für die Gegenwart. In: Schriftenreihe der Deutschen Gesellschaft der Nervenheilkunde Bd. 6, Würzburg 2000, 25-37.

– St. Alban oder das Recht auf Gastlichkeit. Von der Notwendigkeit einer philosophisch fundierten Psychiatrie. In: Public Health, Eugenik und Rassenhygiene in der Weimarer Republik und im Nationalsozialismus. Gesundheit und Krankheit als Vision der Volksgemeinschaft, hg. v. Gerhard Baader u. Jürgen Peter, Frankfurt/M. 2018, 166-183.

Seidler, Eduard: Kretschmer, Ernst. In: Neue Deutsche Biographie Bd. 13, Berlin 1982, 15.

Selg, Herbert: Siegmund Freud – Genie oder Scharlatan? Eine kritische Einführung in Leben und Werk, Stuttgart 2002.

Shorter, Edward: Geschichte der Psychiatrie [engl. New York 1997], Reinbek b. Hamburg 2003.

Singer, Wolf: Der Beobachter im Gehirn. Essays zur Hirnforschung, Frankfurt/M. 2002.

– Unser Menschenbild im Spannungsfeld von Selbsterfahrung und neurobiologischer Fremdbeschreibung, Ulm 2003.

Spada, Hans (Hg.): Lehrbuch Allgemeine Psychologie, Bern 1990.

Spaemann, Robert: Sein und Gewordensein. Was erklärt die Evolutionstheorie? Die innere Unmöglichkeit einer evolutionären Erklärung der menschlichen Vernunft. In: Evolutionstheorie und menschliches Selbstverständnis. Zur philosophischen Kritik eines Paradigmas moderner Wissenschaft, hg. v. Robert Spaemann, Peter Koslowski, Reinhard Löw, Weinheim 1984, 73-91.

Stadie, Susanne: Vom Tiefensehen. (Im Anschluß an die Theorien von H. von Helmholtz und E. Hering), Breslau 1928.

Stein, Edith: Aus dem Leben einer jüdischen Familie. In: Aus dem Leben einer jüdischen Familie und weitere autobiographische Beiträge, neu bearb. und mit einer Einleitung versehen v. Maria Amata Neyer, Freiburg 2007.

Stuhlmann, Friedrich: Below, Otto von. In: Neue Deutsche Biographie Bd. 2, Berlin 1955, 33.

Swertz, Christian / Meder, Norbert, u.a. (Hg.): Heimkehr des Logos. Beiträge anlässlich der 70. Wiederkehr des Todestages von Richard Hönigswald am 11. Juni 1947, Köln 2019.

Tilitzki, Christian: Die deutsche Universitätsphilosophie in der Weimarer Republik und im Dritten Reich. 2 Bde., Berlin 2002.
Tretter, Felix u.a.: Memorandum »Reflexive Neurowissenschaft«. In: *Psychologie heute*, März 2014.
Vierhaus, Rudolf (Hg.): Deutsche Biographische Enzyklopädie Bd. 6, 2. Aufl. München 2006, 532.
Vorläufiges Kongressprogramm des XII. Kongresses der Deutschen Gesellschaft für experimentelle Psychologie in Hamburg vom 12.-16. April 1931. In: *Zeitschrift für Psychologie* (119) 1931, 423.
Wagner, Hans: [Rez.] Wolfgang Cramer: Die Monade [1956/57]. In: Gesammelte Schriften Bd. 6, hg. v. Reinhold Aschenberg, Paderborn 2017, 231-237.
– Bewußtsein [1976]. In: Gesammelte Schriften Bd. 3, hg. v. Bernward Grünewald, Paderborn 2015, 243-275.
– Philosophie und Reflexion [1959]. In: Gesammelte Schriften Bd. 1, hg. v. Bernward Grünewald, Paderborn 2013.
Weizsäcker, Viktor v.: Der Arzt und der Kranke. Stücke einer medizinischen Anthropologie. In: *Die Kreatur* 1 (1926/27), 69-86.
Wender, Karl-Friedrich: Ausgewählte Methoden. In: Lehrbuch Allgemeine Psychologie, hg. v. Hans Spada, Bern 1990, 561-594.
Wiebel, Arnold (Hg.): Rudolf Hermann: Aufsätze, Tagebücher, Briefe, Münster 2009.
Wienbruch, Ulrich: Die philosophische Grundlage der Psychopathologie. In: *Fortschritte der Neurologie und Psychiatrie* 64/10 (1996), 375-381.
Wiener, Alfred: Das deutsche Judentum in politischer, wirtschaftlicher und kultureller Hinsicht, Berlin 1924.
Wolandt, Barbara: Der wissenschaftliche Weg von Moritz Löwi im Anschluß an Richard Hönigswald. In: Studien zur Philosophie Richard Hönigswalds, hg. v. Ernst Wolfgang Orth u. Dariusz Aleksandrovicz, Würzburg 1996, 231-247.
– Moritz Löwi, in: Ostdeutsche Denker. Vierhundert Jahre philosophischer Tradition von Jakob Böhme bis Moritz Löwi, hg. v. Gerd Wolandt u. Reinhold Breil, Bonn 1992, 307-308.
Wolandt, Gerd / Breil, Reinhold (Hg.): Ostdeutsche Denker. Vierhundert Jahre philosophischer Tradition von Jakob Böhme bis Moritz Löwi, Bonn 1992.
Wolandt, Gerd: Arzt und Patient. In: Letztbegründung und Tatsachenbezug, Bonn 1983, 73-83.
– Gegenständlichkeit und Gliederung. Untersuchungen zur Prinzipientheorie Richard Hönigswalds mit besonderer Rücksicht auf das Problem der Monadologie, Köln 1964.
– Idealismus und Faktizität, Berlin 1971.
– Letztbegründung und Tatsachenbezug, Bonn 1983.
– Norbert Elias und Richard Hönigswald. In: Letztbegründung und Tatsachenbezug, Bonn 1983, 180-185.
Wundt, Wilhelm: Über die Definition der Psychologie. In: *Philosophische Studien* 12 (1896), 1-66.
Zander, Hartwig: Prätheoretische Anschauung – Bereitstellungen und Erwägungen. In: Metamorphosen der Bildung. Historie – Empirie – Theorie, hg. v. Edwin Keiner u.a., Bad Heilbrunn 2011, 87-101.
Zeidler, Kurt Walter: Kritische Dialektik und Transzendentalontologie. Der Ausgang des Neukantianismus und die post-neukantianische Systematik R. Hönigswalds, W. Cramers, B. Bauchs, H. Wagners, R. Reiningers und E. Heintels, Bonn 1995.
– Moritz Löwi. In: Deutschsprachige Psychologinnen und Psychologen 1933-1945. Ein Personenlexikon, erg. um einen Text von Erich Stern, hg. v. Uwe Wolfradt, Elfriede Billmann-Mahecha u. Armin Stock, Wiesbaden 2015, 290.

Zülch, Klaus Joachim: Otfrid Foerster. Arzt und Naturforscher. 9.11.1873-15.6.1941, Berlin 1966.
– Otfrid Foerster. Arzt und Naturforscher. In: *Zeitschrift für Neurologie* 205 (1973), 177-184.
Zwirner, Eberhard: Zum Begriff der Geschichte. Eine Untersuchung über die Beziehungen der theoretischen zur praktischen Philosophie, Leipzig 1926.

6. Internet-Publikationen

Bundesentschädigungsgesetz (BEG) vom 18.9.1953. https://www.gesetze-im-internet.de/beg/BEG.pdf (30.04.2020).
Connecticut Commission on the Treatment and Care of People Afflicted with Physical or Mental Disabilities. A survey of the Norwich State Hospital by the Commission appointed under Special Act 548, 1939. Connecticut State Library, http://hdl.handle.net/11134/30002:5337016 (28.07.2020).
Deutscher Bundestag, 3. Wahlperiode, 7. Ausschuss, Protokoll 34, 13. April 1961, Frage der Entschädigung für Zwangssterilisierte; Anhörung von Sachverständigen. https://www.euthanasiegeschaedigte-zwangssterilisierte.de/dokumente/bt-protokoll-13-04-1961.pdf (28.07.2020).
Erste Verordnung zum Reichsbürgergesetz. Vom 14. November 1935, Reichsgesetzblatt 125 (1935), 1333 f, https://www.reichstagsprotokolle.de/Blatt4_h1_bsb00000147_00025.html (24.07.2020).
Hartwich, Dietmar: Rekursive Hermeneutik. Analysen zum Selbstverständnis der nachneuzeitlichen Gesellschaft als dem Hintergrund von Bildung. Diss. Universität Bielefeld 2002, https://pub.uni-bielefeld.de/download/2302901/2302904 (29.07.2020).
Hoff, Paul: Psychische Krankheit: Ein Begriff aus der Medizin, unverständlich ohne die Philosophie. Zurich Open Repository and Archive, University of Zurich, Scientific Publication in Electronic Form, Published Version 2016, https://doi.org/10.5167/uzh-129216 (23.07.2020).
Stangl, Werner: Experiment in der Psychologie, https://arbeitsblaetter.stangl-taller.at/FORSCHUNGSMETHODEN/Experiment.shtml (28.07.2020).
– Experiment. In: Online Lexikon für Psychologie und Pädagogik, https://lexikon.stangl.eu/3447/experiment/ (28.07.2020).
– Test und Experiment als zentrale Tätigkeitsfelder der Psychologie, https://testexperiment.stangl-taller.at/grundlagen.html#Test%20und%20Experiment%20als%20zentral (28.07.2020).
Stoffels, Hans / Achilles, Peter: Viktor von Weizsäcker und der Nationalsozialismus, https://viktor-von-weizsaecker-gesellschaft.de/mitt_mehr.php?id=8&sID=4 (27.04.2020).

7. Personenregister

Löwi und Hönigswald wurden nicht aufgenommen.

Abel, Theodora 61, 63, 264
Abramczyk, Ilse 54
Achilles, Peter 190, 275
Adams, Alice 158, 264
Alechnowicz-Skrzypek, Iwona 39, 264, 278
Aleksandrowicz, Dariusz 83, 271
Alzheimer, Aloysius 188
Aschenberg, Reinhold 70, 264, 274

Ballauff, Theodor 171, 264
Bauch, Bruno 67
Bauer, Theo 55f
Baumgartner, Hans M. 230, 264
Baumgartner, Matthias 35
Baur, Ludwig 45
Beethoven, Ludwig van 32
Below, Otto v. 34
Benussi, Vittorio 95
Berger, Manfred 40, 264
Bergmann, Gustav v. 86, 264
Binswanger, Ludwig 69, 101, 111f, 114, 196ff, 264, 268f, 272
Birbaumer, Niels 92, 124, 264
Bleuler, Eugen 114, 194, 197
Blunt, Katherine 60f, 64
Boas, Franz 58f
Boehm, Rudolf 198
Bonhoeffer, Karl 188
Bönsch, Manfred 165, 180, 264
Boss, Medard 203, 264
Brämer, Andreas 32, 265
Braun, Kathrin 189, 268
Breil, Reinhold 9, 12, 20, 33, 65, 67, 75, 84f, 101, 131, 141, 181, 238, 265
Brelage, Manfred 84, 115, 203, 265
Brentano, Franz 95
Brocke, Michael 31, 265
Brody, Morris B. 82, 265
Brühlmeier, Artur 170, 265
Bühler, Karl 45, 79, 93f, 106, 265
Bumke, Oswald 38, 111ff, 188, 265, 267f, 271f
Bunge, Mario 226, 265
Burks, Barbara 60, 63

Carlebach, Julius 265
Carrier, Martin 226, 232, 265
Carstens, Uwe 265
Cassirer, Ernst 103, 107, 116, 165, 175, 265
Cattell, James 159, 265
Cohen, Hermann 17f, 20, 30, 107f, 117, 265
Cohen, Louis H. 16, 64, 82, 192ff, 265
Cohn, Ernst 51, 80f
Cohn, Jonas 16, 241
Cohn, Willy 41f, 265
Cramer, Wolfgang 9ff, 20f, 24, 46, 48, 50ff, 67, 74ff, 82ff, 106, 240ff, 249, 262, 265ff, 270, 272, 274
Cramer, Konrad 46, 85, 265
Creutzfeldt, Hans 188

Danziger, Kurt 33
Descartes, René 205, 239, 243
Dewey, John 79, 95, 180, 183
Diels, Paul 35
Diestelkamp, Bernhard 81, 266
Dilthey, Wilhelm 36, 166
Doflein, Erich 9, 75, 266
Doflein, Franz 35
Drury, Betty 51, 56, 58ff, 63, 65, 77f, 266
Du Bois-Reymond, Emil 223f, 266
Duggan, Stephan 77f, 266

Ebbinghaus, Hermann 33, 36, 39ff, 93
Ebbinghaus, Julius 13, 266
Eccles, John 227, 272
Ehrenfels, Christian v. 94f, 106, 266
Einstein, Albert 79
Elger, Christian 225, 266
Elias, Norbert 9, 70f, 75, 168f, 229, 239, 266
Erdmann, Benno 39
Ettleson, Abraham 265

Falkenburg, Brigitte 233, 266
Fechner, Gustav Theodor 125, 266
Fichte, Johann G. 46
Fink, Franz 38, 46f, 49, 51, 54ff, 67, 70, 74f, 121, 161, 183f, 260, 263, 266
Flach, Werner 249, 267
Fleck, Christian 77, 80, 287

Foerster, Otfrid 16, 37f, 62, 85f, 136ff, 153, 161, 186, 188f, 192, 228, 255, 261, 265, 267, 269f, 272, 275
Freiträger, Andreas 166, 267
Freud, Siegmund 101, 111, 187, 197, 273
Frey, Karl 180, 267
Friedla, Katharina 29f, 46, 51f, 267
Frisch, Karl v. 36
Fröbel, Friedrich 40
Fulda, Hans F. 55, 85, 267
Funke, Joachim 92ff, 95ff, 98

Gadamer, Hans-Georg 9, 46, 51, 53, 55f, 70, 260, 263
Gaudig, Hugo 179f, 267
Gaupp, Robert 267
Gerabek, Werner 125, 267
Gerst, Thomas 189, 267
Geuter, Ulfried 12, 24, 39, 41, 267
Giudetti, Luca 12, 267
Goethe, Johann W. 12
Goetze, Albrecht 63
Goodrich, Isaac 271
Gotowicki, Piotr 33
Gottwald, Werner 86, 136, 188, 267
Grassl, Roswitha 37, 40, 70, 72, 197, 267
Gray, William 82, 267
Griesinger, Wilhelm 187
Grimm, Christian 50, 267
Grisebach, August 36
Gundlach, Horst 92, 267
Gutbrod, Johannes 84, 164, 181f, 267
Guttmann, Ludwig 42

Hagendorf, Herbert 268
Hancke, Wenzel 136
Harker, William 82, 268
Hartmann, Nicolai 220, 240, 245, 268
Hartwich, Dietmar 84, 275
Hauptmann, Gerhart 32
Heidegger, Martin 69, 101, 114, 117, 197f, 201, 203ff, 240f, 246, 264, 268, 270, 272
Helmholtz, Hermann v. 273
Helson, Harry 61, 63, 268
Herbart, Johann Friedrich 165
Hermann, Rudolf 9, 69, 74
Herrmann, Svea L. 189, 268
Herzig, Arno 265
Hindenburg, Paul 59
Hitler, Adolf 47
Hodson, Cora 50, 268
Hoenigswald, Henry 69ff, 76, 268
Hoff, Paul 212, 275
Horn, Klaus-Peter 24, 269
Huber, Mary 82, 269
Hufnagel, Erwin 21, 164, 166f, 171, 269
Hull, Clark 96
Hunt, Morton 11, 269
Husserl, Edmund 95, 101, 103, 114, 117, 165, 197, 201, 204ff, 241, 245, 269f
Hussy, Walter 92ff, 96ff, 128, 141, 269
Hutter-Wolandt, Ulrich 269
James, William 95
Jaspers, Karl 95, 200, 208f, 215, 269
Johannsen, Hermann 167
Jospe, Alfred 49, 269
Jung, Carl G. 197

Kant, Immanuel 12f, 16ff, 22, 24, 66, 70, 76, 102, 104, 107, 115, 117, 133, 135, 142f, 172, 174, 219, 233ff, 238, 241ff, 245ff, 250, 264f, 267, 269, 271
Kapferer, Norbert 34, 42f, 51, 269
Katner, Wilhelm 38, 136, 269
Kaulla, Hellmut 70
Keil, Gundolf 187, 270
Kennard, Margret 86, 270
Kerschensteiner, Georg 180, 270
Klinke, Rainer 192, 228, 270
Kneser, Adolf 35
Knight, Kenneth 54
Koch, Josef 54f
Koebner, Richard 9, 69
Koffka, Kurt 95
Köhler, Wolfgang 94f
Köhn, Andreas 69, 270
König, Robert 249, 272
Kraepelin, Emil 194
Krampen, Günter 93, 95f, 99, 273
Kreis, Friedrich 165, 206
Kretschmer, Ernst 46f, 270
Kreuter, Alma 188, 270
Krijnen, Christian 249, 270
Kripke, Saul 228, 270
Krohn, Claus-Dieter 77, 270
Kronfeld, Arthur 196, 270
Kubalica, Tomasz 9, 265
Kühl, Stefan 50, 270
Kühnemann, Eugen 35
Külpe, Oswald 93f, 101f, 270
Kuttner, Hans 54

Łagiewski, Maciej 29, 270

Lanczik, Mario 187, 270
Laplace, Pierre S. 223
Laubhardt, Rudolf 54f
Leibbrand, Werner 187, 270
Leibniz, Gottfried W. 120, 243
Lenin, Wladimir I. 37, 188
Lewin, Kurt 94
Lewkowitz, Albert 47ff, 269f
Lindpointner, Rudolf 270
Lipps, Theodor 39
Litt, Theodor 45
Lochner, Rudolf 172, 270
Lohmeyer, Ernst 9, 39, 69ff, 71ff, 161
Löwi, Eduard 31ff, 255
Löwi, Frieda 32ff, 44, 56
Löwi, Marianne 32f, 255
Löwi, Mary 11, 44, 56, 58, 62ff, 75, 256
Lummer, Otto 35

Mahler, Gustav 32
Malten, Ludolf 34, 43
Mann, Thomas 32
Marbe, Karl 93f
Marck, Siegfried 9, 16, 42f, 71, 75, 80ff, 121, 238f, 241, 270
Marcus, Ernst 51
Maxwell, James C. 232
McCelland, David C 63
Meder, Norbert 75, 85, 270, 273
Medicus, Fritz 45
Meier, Katayon 84, 164, 184f, 271
Meinong, Alexius 95, 103
Meyer, Joachim-Ernst 190, 271
Mikorey, Max 271
Mittelstraß, Jürgen 210, 226, 232, 265, 271
Montessori, Maria 40, 166
Mühle, Eduard 25, 29, 31f, 45, 271
Mühlen, Patrik v. z. 270
Müller, Arno 48, 54f
Müller, Georg Elias 36
Müller, Johannes 135
Müller, Roland 29f, 46, 49, 271
Munk, Hermann 125, 267, 271
Münkler, Herfried 34, 271
Murchison, Carl 41, 271
Myers, David 92f, 96, 141, 152, 271
Nachtsheim, Stephan 9f, 85, 265, 271
Nagel, Thomas 110, 221f, 227ff, 245, 271
Natanson, Maurice 215, 271
Natorp, Paul 103, 107, 116f, 124, 269, 271
Nehring, Alfons 82, 271
Neumann, Heinrich 187
Nijensohn, Daniel 192, 271
Nothelle-Woters, Simone 181, 271
Novick, Rudolf 265
Oberer, Hariolf 84, 271
Olson, Willard C. 63, 271
Opahle, Oswald 72, 82f, 164, 166, 271
Orth, Ernst Wolfgang 83, 131, 271
Otto, Wolfgang 39, 69ff, 161, 272

Pape, Hans-Christian 270, 272
Parmer, Rebecca 65, 67
Passie, Torsten 204, 272
Pauen, Michael 231, 272
Paul, Gerhard 76, 272
Penfield, Wilder 136
Perikles 223
Pestalozzi, Johann H. 164, 173f, 180
Peters, Wilhelm 80f
Petzelt, Alfred 9, 74f, 84, 167, 272
Platzek, Reinhard 223ff, 272
Plessner, Helmuth 70, 85, 123, 272
Popper, Karl R. 152, 227, 272
Przyrembel, Alexandra 272
Putnam, Hilary 272

Rayner, Keith 160, 272
Razovsky, Cecilia 51, 56, 58
Reger, Max 32
Reinhold, Josef 86, 272
Rendl, Lois 249, 272
Richart-Wilmes, Peter 37, 72, 267
Richter, Hans Günther 83, 272
Rickert, Heinrich 36, 115f, 261, 272
Rimpau, Wilhelm 190, 272
Ritzel, Nataly 42f, 66f, 272
Ritzel, Wolfgang 32, 34, 42f, 65ff, 82f, 106, 164ff, 170, 172, 175, 240, 272
Roosevelt, Franklin D 62
Rothe, Erich 54
Różanowski, Ryszard 30, 273
Rubinstein, Ben 59ff
Ruchniewicz, Krzysztof 265
Ryle, Gilbert 121

Schaefer, Clemens 69, 71
Schaffter, Dorothy 65, 67
Schelosky, Hans 80f
Scherer, Hans-Joachim 190
Schiffers, Johanna 187, 270
Schmidt, Robert 92, 124, 264

Schmied-Kowarzik, Wolfdietrich 21, 33, 69, 83f, 164, 167, 273
Schmithüsen, Franziska 93, 95f, 99, 273
Schmuhl, Hans-Walter 189, 273
Schneider, Kurt 194
Schneider, Manuel 85, 123, 273
Schott, Heinz 114, 187ff, 196, 198, 273
Schuppe, Wilhelm 101
Schwarz, Hans-Peter 55, 273
Seidel, Ralf 188, 190, 202, 219, 271, 273
Seidler, Eduard 47, 273
Selg, Herbert 111, 273
Seward, Gorgene 60f
Seward, John 60f, 67
Shorter, Edward 187, 273
Silbernagl, Stefan 270
Singer, Wolf 223f, 273
Skinner, Burrhus F. 96
Spada, Hans 92, 273
Spaemann, Robert 227, 273
Spranger, Eduard 95, 101, 166
Stadie, Susanne 38, 273
Staehelin, Rudolf 86, 264
Stangl, Werner 141, 151f, 275
Steggerda, Morris 50, 56, 58
Stein, Edith 42, 70f, 273
Stenzel, Julius 9
Stern, Käthe 16, 40f, 62, 153f, 156, 192, 261, 264
Stern, William 33, 39ff
Stoffels, Hans 190, 275
Stuhlmann, Friedrich 34, 273
Stumpf, Carl 36, 95
Swertz, Christian 21, 273

Thiel, Ernst 81
Tilitzki, Christian 24, 43, 274
Titchener, Edward 92
Tölle, Rainer 114, 187ff, 196, 198, 273
Tolman, Edward C. 96
Tretter, Felix v. 225, 274

Vierhaus, Rudolf 12, 274
Villinger, Werner 188ff
Vossler, Karl 69

Waetzmann, Erich 35
Wagner, Hans 10, 21, 70, 84, 115, 240, 245ff, 265, 267, 270, 274
Wagner, Werner 188
Watson, John B. 96
Weber, Ernst 125
Weizsäcker, Viktor v. 189f, 219, 272, 274f
Wender, Karl-Friedrich 151, 274
Wernicke, Carl 187 f
Wertheimer, Max 94f
Wettley, Annemarie 187, 270
Whitehead, Alfred N. 232
Wiebel, Arnold 69, 274
Wienbruch, Ulrich 209, 274
Wiener, Alfred 33, 274
Wilhelm II. 32
Williams, Moyra 82, 265
Wobbermin, Georg 69
Wolandt, Barbara 12, 85, 274
Wolandt, Gerd 12, 21f, 36f, 71, 74, 84f, 101, 168, 182, 209, 274
Wundt, Wilhelm 33, 92ff, 102, 159, 274

Zander, Hartwig 85, 164, 274
Zeidler, Kurt W. 12, 16, 85, 243, 249, 270, 274
Zülch, Klaus J. 86, 275
Zwirner, Eberhard 75, 121, 135, 275

8. Sachregister

Aktion T4 190
Alles-oder-nichts-Gesetz 124
Anschauungsunterricht 164, 180
Arbeitsgemeinschaft 177ff
Aufmerksamkeit 39, 86, 166, 175
Ausdruck 116, 162, 175, 177, 181, 202, 207, 215, 237

Bahnung 86
Behaviorismus 96f, 128f
Bildungsbegriff, Bildungsverständnis 84, 165, 170, 173

Daseinsanalyse 198ff, 203ff
Denkpsychologie 108
– Begriff der 104
Dialog, s. Verständigung
Doppelaspekt-Theorie 222, 227, 238f

Eigenschaften-Dualismus 229, 239
Einheit
– psychophysische 233, 245, 248, 250
Empirismus 14
Erinnerung 110, 148, 235
Erleben 221, 234
– Begriff d. 23, 109f, 123, 127, 134, 162, 200, 212, 222, 238, 242, 250
– physiol. u. psychol. Verhältnis 239
– krankes 194
– Zeitbestimmtheit 237
Erlebnis
– Begriff des 127
– Ichbestimmtheit 140
– Prinzipienstruktur 214
– Rückbezüglichkeit, Beziehung auf sich selbst 110, 129, 214, 236, 242ff
Erlebniszusammenhang 210f, 236
Erziehungswissenschaft 83, 171ff, 175, 177, 179, 183
Eugenik 49f, 267, 273
Euthanasie 188, 190, 273, 275
Evolution 225
Evolutionismus 227
Evolutionstheorie 226f, 127, 141, 151f
Experiment
– psychologisches 61, 86, 96, 145, 150, 152, 162, 213
– psychophysische 126
Extraspektion 96, 128

Funktionalismus
– psychologischer 95f

Ganzheit
– erlebte 117
– präsenzbestimmte 121
– des Erlebnisses 119
– des Urteils 107
– gegliederte 166
– Prinzip d. 110
Geisteswissenschaften 15, 19, 80, 168f, 247, 268
Gemeinschaft 18, 48, 105, 122, 165, 168, 173ff, 182ff, 194
– Begriff der 179
– der Subjekte 18, 246, 251
Gestaltpsychologie 15, 79, 94, 97, 106

Ich 107, 118
– als tätige Rückbeziehung 110, 236f
– als Ausdruck 215
Ichbewusstsein 109, 212, 214, 227
Ideenflucht 201f, 205, 264, 269
Identitätstheorie 223, 228
Innenperspektive 128, 222, 227, 229, 232f
Intentionalität 95, 98
– Arzt und Patient 208
– in der Medizin 213
Intersubjektivität, Intermonadizität 168, 210
Introspektion 92f, 95f, 128

Kategorien 17, 243, 248, 250, 268
Klasse 165, 176f, 179f
Kommunikation
– gestörte, kranke 194
Konzentration 166, 175
Krankheit 197f, 208, 215f
Kultur 172, 183f
– als System objektiver Geltungswerte 174

Laplacescher Dämon 223
Lebensgeschichte
– innere 199, 201, 264
Lehrerpersönlichkeit 70, 165, 178, 180
Leib-Seele-Dualismus 121
Leib-Seele-Problem 87, 161, 219f, 228, 250, 261, 265
Lerngruppe 165, 173, 176, 179

Lesenlernen
- als Dialog 154
Lobotomie 191
Lokalisation 37, 136

Mensch
- als Subjekt 247f
Menschenwissenschaften 168f
Methoden
- allgemeine 18
- pädagogische 173
- psychophysische 124
Modalität 135, 142
monás, Monade 118, 120, 130, 132, 174, 207, 212, 216, 242, 246, 250f
- als individuelles Ich 251
- als Prinzip und Tatsache 118, 251
- als psychophysische Einheit 244
Monismus
- psychophysischer 222

Naturalismus 220f, 230, 246
Neukantianismus 16ff, 23, 101ff, 107, 115ff, 130, 238, 241, 246, 264f, 270, 274
- Marburger 16f, 101ff, 107, 116, 271
- Südwestdeutscher 16, 101ff, 115
Neurologie 91, 100, 186, 188, 201
Nürnberger Gesetze 44, 51
Nervenfasern
- afferente 38, 136ff
- efferente 137
- periphere 137

Organismus, Organismusbegriff 19, 130, 221
- monadische Struktur 130

Parallelismus
- psychophysischer 38, 137
Pädagogik
- als Wissenschaft 172
- Praxis d. 167, 171f, 178
Persönlichkeitsbildung 174, 180f
Phänomenologie 101, 117, 197, 204f, 207, 245
- des Denkens 98

Philosophie
- als Letztbegründungstheorie 17
- der Subjektivität 241

Physikalismus 220, 222, 230, 234
Präsenz 98, 119, 131, 224, 237
Präsenzbestimmtheit
- des Erlebnisses 119
- des Organismus 120
Prinzipien
- kategoriale 143, 245, 248f
Prinzipientheorie 23, 274
Prinzipienwissenschaften 19, 105, 127
Problem
- psychophysisches 232f, 238f, 248
Psychiatrie
- anthropologische Begründung 197, 204, 206
- Grundlagen 196, 203, 212
- Objekt der 215
Psychoanalyse 114
Psychologie
- experimentelle 36, 40, 93f, 125, 129, 145, 149f, 161, 192, 212
- kognitive 99, 128, 220
Psychologismus 35, 100ff, 108, 115, 117, 204
Psychose 192, 194f, 197, 201, 205, 216

Recht der Menschheit 13
Reduktionismus 222f, 227, 231f, 234, 248, 250
Reformpädagogik 156, 165f, 170f, 174f, 179f
Reichsbürgergesetz 45, 275
Reizstärke, Reizschwelle 124ff

Schwellentheorie 124
Sinnesempfindungen 123, 129, 136f, 142, 235
- Modalität d. 142
Sinnesmodalitäten 142
Sinneswahrnehmung 124, 140
- als psychologischer Akt 138
Sprachanalytik 14
Sprache
- als Prinzip und Tatsache 207
Strukturalismus
- psychologischer 92
Subjekt, Subjektivität
- als Sichbestimmen 244
- Einheit 118
- empirische 115
- konkrete 105, 116ff, 242, 270
- reine 17f, 101, 103, 115ff
- reine und empirische 18

Subjekt-Objekt-Relation 115, 197
Subjekt-Subjekt-Relation 118, 122, 151, 174, 209
Symptom 199, 202, 211, 216

Tachistoskop 153
Tatsachenwissenschaft 19, 105
Theorie
– der konkreten Subjektivität 12, 15, 20ff, 86f, 101, 103, 118, 121f, 204, 241ff, 249, 251
– des Erlebens 15, 22, 243
Theory of Signal Detection (SDT) 151
Transzendentalphilosophie 12, 18, 20ff, 104, 108, 238f, 265, 272
Typenlehre
– Kretschmers 47

Übungstherapie, Rehabilitation 37, 136, 140
Unbewusstes
– Kritik 112f
Unterricht
– projektorientierter 179f
Unterrichtsfächer 166, 181
Unterrichtspraxis 165, 171, 173f, 176, 179, 183
– Funktion des Lehrers 176
Urteile
– als Ganzheiten 107, 166

Vergegenwärtigung 98
Verständigung 113, 120, 129, 173, 175ff, 182, 194, 199, 202, 207, 210ff, 216, 251
– als Dialog 122, 146ff, 154, 212f
Vollzug
– als pädagogisches Prinzip 173

Wahrnehmungspsychologie 16, 94, 102, 123
Weber-Fechnersches-Gesetz 125
Weltbürger 13
Wissenschaften
– axiotische 19
– Gliederung 18
– monadische 19
Wissenschaftsreihe 19

Zeitbegriff 235
Zeitlichkeit 84, 117, 119, 128, 214, 235, 243f

Zentralnervensystem 137, 219
Zionismus, zionistisch 32, 35, 49, 183f
Zwangssterilisation 188f, 268

Dank

Dieses Buch hätte ohne die Unterstützung meiner Frau, Freunden und Kollegen nicht erscheinen können. Meinem Aachener Kollegen, dem Historiker Dr. Christian Bremen, danke ich für seine Hinweise zur Erschließung des Archivmaterials. Zusammen mit dem Religionspädagogen Herrn Prof. Dr. Guido Meyer hat er die Publikation dieses Buchs im Rahmen des vom Landschaftsverband Rheinland und der Sparkassen-Kulturstiftung Rheinland finanziell geförderten Schul- und Ausstellungsprojekts *We, the six million* unterstützt. Die Archiv-Recherchen haben sich über mehrere Jahre erstreckt. Begonnen hat alles mit einigen Briefen von Frau Simone Nothelle-Woters in die USA. Ihre Arbeit hat die weitere Quellenforschung ermöglicht. Herr Dr. Ralf Seidel hat mich mit seinem fachkundigen Rat während der Verfassung des Psychiatrie-Kapitels unterstützt. Frau Prof. Dr. Iwona Alechnowicz, Opole, danke ich für ihre freundliche Mithilfe »vor Ort« im Universitätsarchiv Wrocław und vor allem Herrn Prof. Dr. Stephan Nachtsheim für die Unterstützung des Hönigswald-Archivs, Aachen, in dem die Schriften und biographischen Quellen zu Löwi – teils im Original, teils in Kopie – nun aufbewahrt werden. Sein philosophisch-kritischer Rat ist für mich unentbehrlich. Herr Dr. Erhard Völkel und Frau Kerstin Dauvermann haben die Entstehung und abschließende Gestaltung kritisch begleitet. Ihnen verdanke ich nützliche und wesentliche Hinweise für die inhaltliche und redaktionelle Gestaltung des Buchmanuskripts. Die Gespräche mit ihnen zu physiologischen, medizinischen und pädagogischen Fragen waren mir sehr wichtig. Meiner Tochter Julia Breil danke ich für das abschließende Korrekturlesen.

Reinhold Breil